2019
HUBEI RURAL STATSTICAL YEARBOOK
湖北农村统计年鉴

《湖北农村统计年鉴》编辑委员会 编

中国统计出版社
China Statistics Press

图书在版编目（CIP）数据

湖北农村统计年鉴. 2019 / 《湖北农村统计年鉴》编辑委员会编. -- 北京 : 中国统计出版社, 2019.11
ISBN 978-7-5037-9069-0

Ⅰ. ①湖… Ⅱ. ①湖… Ⅲ. ①农业统计－统计资料－湖北－2019－年鉴 Ⅳ. ①F327.63-66

中国版本图书馆 CIP 数据核字(2019)第 255084 号

湖北农村统计年鉴-2019

作　　者/ 《湖北农村统计年鉴》编辑委员会
责任编辑/ 钟　钰
责任校对/ 胡志勇
装帧设计/ 夏少鹏
出版发行/ 中国统计出版社有限公司
地　　址/ 北京市丰台区西三环南路甲 6 号
邮政编码/ 100073
电　　话/ 邮购（010）63376909　书店（010）68783171
网　　址/ http://www.zgtjcbs.com
印　　刷/ 武汉市楚风印刷有限公司
经　　销/ 新华书店
开　　本/ 890mm×1240mm　1/16
字　　数/ 14.6 千字
印　　张/ 24.75
版　　别/ 2019 年 12 月第 1 版
版　　次/ 2019 年 12 月第 1 次印刷
定　　价/ 218 元

如有印装差错，由本社发行部调换。

编 辑 说 明

一、《湖北农村统计年鉴-2019》由湖北省统计局、农业农村厅、水利厅、林业局、水产局、畜牧兽医局、农机局、监狱管理局等部门共同编辑。

二、本年鉴农业技术推广及应用资料、农垦统计资料由农业农村厅提供；水利建设资料由水利厅提供；林业统计资料由省林业局提供；渔业统计资料由省水产局提供；畜禽规模养殖及畜产品加工企业等统计资料由省畜牧兽医局提供；农业机械化统计资料由省农机局提供；监狱系统农场资料由省监狱管理局提供；耕地情况由省自然资源厅提供；其余资料由省统计局提供。

三、《湖北农村统计年鉴-2019》收录了2018年湖北省农业农村统计资料及省级部分历史年份资料。其中，2007-2017年农业产值增加值、粮食作物、经济作物、畜牧业、渔业等统计数据依据第三次全国农业普查结果进行了修订。

四、本年鉴由于组稿、资料整理和编辑时间紧迫，难免有失误之处，敬请广大读者谅解并欢迎指正。

《湖北农村统计年鉴-2019》编辑委员会

目　录

《湖北农村统计年鉴-2019》

1.农村基本情况☑

2.农业产值

3.种植业

4.林业及土特产

5.畜牧业

6.渔业

7.农业机械化

8.农村主要能源及物资消耗

9.农业技术推广及应用

10.水利建设

11.农垦及监狱系统农场

农村基层组织情况

单位：个

地区	乡镇政府个数	其中：镇个数	办事处个数	村民委员会个数	村民小组个数
湖北省	**925**	**762**	**310**	**23571**	**205059**
武汉市	4	1	156	1893	16649
武汉市辖区	1		99	135	835
汉南区			4	50	198
蔡甸区	1		11	283	2031
江夏区			15	268	2656
黄陂区	1		15	580	6119
新洲区	1	1	12	577	4810
黄石市	**28**	**27**	**8**	**774**	**7486**
黄石市辖区	1	1	3	15	105
阳新县	16	16		419	3699
大冶市	11	10	5	340	3682
十堰市	**106**	**72**	**13**	**1806**	**10037**
茅箭区	3	1	4	41	196
张湾区	4	2	4	69	415
郧阳区	19	16		339	1751
郧西县	16	9		276	2006
竹山县	17	9		240	1428
竹溪县	15	11		312	1680
房县	20	12		305	1445
丹江口	12	12	5	224	1116
宜昌市	**86**	**67**	**24**	**1348**	**8097**
宜昌市辖区	5	2	18	72	598
夷陵区	11	9	1	177	1090
远安县	7	6		102	494
兴山县	8	6		89	502
秭归县	12	8		186	1111
长阳自治县	11	8		154	970
五峰自治县	8	5		96	711
宜都市	9	8	1	123	828
当阳市	7	7	3	155	934
枝江市	8	8	1	194	859
襄阳市	**78**	**74**	**27**	**2304**	**14575**
高新区	2	2	3	26	164
襄城区	3	2	6	118	648
樊城区	2	2	8	70	555
襄州区	12	12	3	418	2905
南漳县	10	10		283	1349
谷城县	10	9		242	1219
保康县	11	10		257	1215
老河口	8	7	2	217	1577
枣阳市	12	12	3	483	3552
宜城市	8	8	2	190	1391
鄂州市	**21**	**18**	**4**	**324**	**4024**
梁子湖	5	5		87	1006
华容区	6	4		106	1335
鄂城区	10	9	4	131	1683
荆门市	**52**	**50**	**7**	**1320**	**9873**
东宝区	7	6	2	163	1030
掇刀区	2	2	4	78	707
沙洋县	13	13		232	2493
钟祥市	16	15	1	491	3298
京山县	14	14		356	2345
孝感市	**95**	**72**	**13**	**2635**	**23096**

续表

单位：个

地区	乡镇政府个数	其中：镇个数	办事处个数	村民委员会个数	村民小组个数
孝感市辖区				19	127
孝南区	11	8	4	231	3240
孝昌县	12	8		445	3493
大悟县	17	14		362	3685
云梦县	12	9		286	2411
应城市	10	10	5	374	3266
安陆市	13	9	2	381	3132
汉川市	20	14	2	537	3742
荆州市	**101**	**89**	**15**	**1500**	**19041**
荆州开发区	1			14	81
沙市区	4	4	8	50	398
荆州区	7	7	3	112	869
公安县	16	14		259	3253
监利县	21	18		323	5123
江陵县	9	7		119	1534
石首市	12	11	2	154	2539
洪湖市	15	14	2	234	2744
松滋市	16	14		235	2500
黄冈市	**115**	**99**	**11**	**4027**	**37491**
龙感湖农场				56	56
黄州区	4	3	4	116	861
团风县	10	8		290	2342
红安县	11	10		402	3832
罗田县	12	10		414	4091
英山县	11	8		309	2577
浠水县	13	12		649	5812
蕲春县	14	13		579	4862
黄梅县	16	12		469	4125
麻城市	16	15	3	452	6189
武穴市	8	8	4	291	2744
咸宁市	**64**	**52**	**6**	**902**	**10034**
咸安区	10	9	3	138	2296
嘉鱼县	8	8		79	511
通城县	11	9		167	2001
崇阳县	12	8		187	1875
通山县	12	8		187	1742
赤壁市	11	10	3	144	1609
随州市	**37**	**37**	**8**	**848**	**8384**
曾都区	5	5	4	149	1504
随县	19	19		347	2837
广水市	13	13	4	352	4043
恩施自治州	**83**	**52**	**5**	**2312**	**22341**
恩施市	13	5	3	172	1530
利川市	12	7	2	545	5859
建始县	10	7		367	3232
巴东县	12	10		296	3480
宣恩县	9	5		279	2677
咸丰县	10	7		263	2394
来凤县	8	6		185	1800
鹤峰县	9	5		205	1369
仙桃市	**15**	**15**	**3**	**632**	**4517**
潜江市	**10**	**10**	**7**	**351**	**2736**
天门市	**22**	**21**	**3**	**528**	**6349**
神农架林区	**8**	**6**		**67**	**329**

耕地情况

单位：公顷

地区	耕地	水田	水浇地	旱地
湖北省	**5235395**	**2647870**	**479411**	**2108114**
武汉市	**293857**	**139783**	**84117**	**69957**
武汉市辖区	23917	8090	13336	2490
汉南区	10774	357	10334	83
蔡甸区	39392	14594	24443	355
江夏区	69894	37152	93	32649
黄陂区	88679	53197	3158	32324
新洲区	61202	26394	32753	2055
黄石市	**117297**	**63743**	**1196**	**52358**
黄石市辖区	1548	522	233	793
阳新县	65751	32554	786	32411
大冶市	49998	30668	177	19153
十堰市	**239317**	**45055**	**2905**	**191357**
十堰市辖区	2838	310	886	1642
郧阳区	48551	8166	413	39972
郧西县	45691	3740	273	41678
竹山县	40103	8378	469	31256
竹溪县	34149	7604	3	26542
房县	36311	9208	245	26858
丹江口市	31674	7650	614	23410
宜昌市	**347355**	**122680**	**18040**	**206635**
宜昌市辖区	4360	1096	230	3033
夷陵区	36042	14266	182	21594
远安县	22402	13300	1032	8071
兴山县	19514	3431	11	16072
秭归县	29871	4963	131	24777
长阳县	53900	3809	18	50073
五峰县	28397	529	0	27868
宜都市	22225	8484	53	13687
当阳市	79886	46776	16377	16733
枝江市	50757	26026	5	24727
襄阳市	**703432**	**259801**	**11147**	**432484**
襄阳市辖区	51963	26168	1953	23842
襄州区	165257	40866	1349	123043
南漳县	85390	35383	1936	48072
谷城县	38958	21244	1098	16616
保康县	42465	5008	0	37458
老河口市	57383	14313	862	42207
枣阳市	160315	69285	1798	89232
宜城市	101701	47535	2151	52016
鄂州市	**55289**	**25743**	**16367**	**13180**
梁子湖区	19287	10341	603	8343
华容区	18436	7470	9335	1631
鄂城区	17566	7932	6428	3205
荆门市	**501773**	**324148**	**8588**	**169037**
荆门市辖区	67515	50597	1337	15580
京山市	118460	78231	1157	39072
沙洋县	122344	98966	1074	22303
钟祥市	193455	96353	5020	92082
孝感市	**439275**	**277101**	**57870**	**104303**

续表　　单位：公顷

地区	耕地	水田	水浇地	旱地
孝南区	53115	36020	2681	14414
孝昌县	58681	38411	646	19625
大悟县	66275	30685	121	35469
云梦县	37161	27082	6040	4039
应城市	64998	48998	196	15804
安陆市	64901	51560	258	13083
汉川市	94144	44347	47928	1870
荆州市	**682706**	**435123**	**225768**	**21816**
沙市区	20210	12063	8148	0
荆州区	51676	34381	17163	131
公安县	129193	72050	52742	4400
监利县	176598	126111	50486	1
江陵县	67832	44965	22867	0
石首市	66668	38198	27299	1170
洪湖市	75972	51511	24399	62
松滋市	94558	55843	22664	16052
黄冈市	**532728**	**349428**	**16124**	**167176**
黄州区	10271	5375	3701	1195
团风县	28547	20978	1403	6167
红安县	60643	36036	853	23753
罗田县	36601	33430	24	3148
英山县	25177	14478	92	10607
浠水县	72022	54229	1762	16031
蕲春县	67085	50311	711	16064
黄梅县	76972	42025	271	34676
麻城市	104228	58729	2260	43239
武穴市	51182	33838	5048	12296
咸宁市	**200830**	**130628**	**17075**	**53127**
咸安区	33467	22645	874	9948
嘉鱼县	33812	14797	12789	6227
通城县	30045	24444	136	5464
崇阳县	34340	21419	2047	10875
通山县	28023	14929	643	12451
赤壁市	41144	32394	587	8162
随州市	**253609**	**178309**	**5242**	**70058**
曾都区	46165	34460	690	11016
随县	128464	92237	2422	33805
广水市	78980	51612	2130	25238
恩施州	**451653**	**107301**	**312**	**344039**
恩施市	80703	15016	0	65686
利川市	111066	33580	17	77469
建始县	46655	4533	25	42097
巴东县	60605	2345	253	58008
宣恩县	45951	16213	2	29737
咸丰县	48053	17439	0	30614
来凤县	34298	14904	0	19395
鹤峰县	24321	3272	16	21034
仙桃市	**119424**	**61193**	**4750**	**53481**
潜江市	**122230**	**62168**	**5261**	**54801**
天门市	**167344**	**65626**	**4379**	**97339**
神农架林区	**7277**	**40**	**272**	**6965**

农村劳动力文化程度和年龄状况

单位：万人

地区	外出从业人员	其中：男性	从业人员文化程度			从业人员年龄状况		
			小学及以下	初中	高中及以上	20岁以下	21岁-49岁	50岁以上
湖北省	**1138.52**	**673.49**	**123.35**	**624.4**	**390.77**	**149.42**	**811.47**	**177.64**
武汉市	**70.13**	**43.79**	**6.22**	**37.04**	**26.87**	**10.07**	**46.2**	**13.86**
武汉市辖区	3.22	1.83	0.24	1.61	1.37	0.32	2.3	0.6
汉南区	1.69	1.02	0.04	0.37	1.28	0.25	1.38	0.06
蔡甸区	6.33	3.26	0.31	3.33	2.69	0.66	4.43	1.24
江夏区	11	6.23	1.36	5.2	4.44	2.18	6.68	2.14
黄陂区	26.83	17.89	3.46	14.76	8.61	3.63	17.93	5.27
新洲区	21.06	13.56	0.81	11.77	8.48	3.03	13.48	4.55
黄石市	**48.31**	**30.86**	**5.87**	**25.88**	**16.56**	**6**	**33.43**	**8.88**
黄石市辖区	1.16	0.71	0.11	0.52	0.53	0.15	0.75	0.26
阳新县	30.29	18.17	3.8	16.66	9.83	3.92	20.96	5.41
大冶市	16.86	11.98	1.96	8.7	6.2	1.93	11.72	3.21
十堰市	**76.31**	**46.57**	**11.24**	**42.34**	**22.73**	**9.04**	**53.6**	**13.67**
茅箭区	1.01	0.66	0.14	0.44	0.43	0.06	0.76	0.19
张湾区	1.58	0.99	0.29	0.8	0.49	0.19	1.04	0.35
郧阳区	15.65	9.88	1.95	9.09	4.61	2.28	10.64	2.73
郧西县	14.85	8.65	1.96	8.41	4.48	1.33	10.69	2.83
竹山县	13.27	8.2	2.22	7.28	3.77	1.69	9.13	2.45
竹溪县	8.29	5.25	1.66	4.42	2.21	1.33	5.45	1.51
房县	13.38	8.01	2.32	7.1	3.96	1.5	9.67	2.21
丹江口市	8.28	4.93	0.7	4.8	2.78	0.66	6.22	1.4
宜昌市	**70.59**	**41.98**	**5.9**	**36.04**	**28.65**	**7.44**	**50.82**	**12.33**
宜昌市辖区	3.76	2.31	0.3	1.63	1.83	0.36	2.65	0.75
夷陵区	10.15	6.19	1.01	4.39	4.75	1.18	6.92	2.05
远安县	4.75	2.91	0.36	2.88	1.51	0.64	3.34	0.77
兴山县	2.38	1.6	0.17	1.4	0.81	0.22	1.75	0.41
秭归县	9.3	5.1	0.65	5.65	3	0.9	7.15	1.25
长阳自治县	10.76	6.67	1.31	5.53	3.92	1.28	7.61	1.87
五峰自治县	3.61	2.11	0.45	1.83	1.33	0.44	2.51	0.66
宜都市	10.42	6.08	0.75	5.6	4.07	1	7.42	2
当阳市	7.78	4.56	0.61	3.79	3.38	0.97	5.82	0.99
枝江市	7.68	4.45	0.29	3.34	4.05	0.45	5.65	1.58
襄阳市	**102.13**	**58.26**	**7.5**	**49.97**	**44.66**	**12.46**	**74.09**	**15.58**
高新区	1.32	0.87	0.14	0.66	0.52	0.16	0.93	0.23
襄城区	5.55	3.06	0.29	3.1	2.16	0.88	3.08	1.59
樊城区	6.2	2.5	0.49	3.57	2.14	0.59	2.95	2.66
襄州区	23.38	12.71	0.62	3.9	18.86	0.86	21.38	1.14
南漳县	11.73	7	1.83	6.77	3.13	1.63	8.01	2.09
谷城县	10.97	7.38	1.14	7.14	2.69	1.31	8.03	1.63
保康县	5.6	3.53	0.83	2.77	2	0.45	4.27	0.88
老河口市	8.11	4.43	0.54	4.98	2.59	1.69	5.69	0.73
枣阳市	18.95	11.5	1	11.39	6.56	3.18	12.66	3.11
宜城市	10.32	5.28	0.62	5.69	4.01	1.71	7.09	1.52
鄂州市	**15.39**	**9.73**	**0.72**	**9.29**	**5.38**	**2.07**	**10.62**	**2.71**
梁子湖区	4.37	2.77	0.2	2.57	1.6	0.52	3.12	0.74
华容区	3.63	2.36	0.12	2.1	1.41	0.26	2.51	0.86
鄂城区	7.39	4.6	0.4	4.62	2.37	1.29	4.99	1.11
荆门市	**53.75**	**33.42**	**3.82**	**27.99**	**21.94**	**5.72**	**41.86**	**6.17**
东宝区	4.08	2.64	0.2	1.48	2.4	0.37	3.15	0.56
掇刀区	2.02	1.45	0.13	0.92	0.97	0.3	1.28	0.44
沙洋县	13.2	7.69	1.24	6.76	5.2	1.23	10.87	1.1
钟祥市	21	13.72	1.84	11.96	7.2	2.45	16.21	2.34
京山市	13.45	7.92	0.41	6.87	6.17	1.37	10.35	1.73
孝感市	**136.5**	**86.07**	**11.66**	**84.03**	**40.81**	**18.94**	**99.49**	**18.07**

续表

单位：万人

地区	外出从业人员	其中：男性	从业人员文化程度			从业人员年龄状况		
			小学及以下	初中	高中及以上	20岁以下	21岁-49岁	50岁以上
孝感市辖区	0.58	0.34	0.05	0.25	0.28	0.12	0.36	0.1
孝南区	17.15	11.38	1.65	11.63	3.87	1.4	13.51	2.24
孝昌县	19.38	12.13	1.84	12.74	4.8	3.17	14.42	1.79
大悟县	19.25	12.36	1.04	11.58	6.63	3.31	13.13	2.81
云梦县	18.83	11.76	2	12.46	4.37	2.34	13.66	2.83
应城市	18.96	11.15	1.7	10.99	6.27	2.73	13.74	2.49
安陆市	16.52	11.43	0.98	9.3	6.24	1.86	13.14	1.52
汉川市	25.83	15.52	2.4	15.08	8.35	4.01	17.53	4.29
荆州市	**117.76**	**63.98**	**12.35**	**63.09**	**42.32**	**17.95**	**82.37**	**17.44**
荆州开发区	0.69	0.35	0.01	0.39	0.29	0.02	0.56	0.11
沙市区	2.79	1.5	0.21	0.97	1.61	0.38	2.17	0.24
荆州区	6.89	3.73	0.39	3.4	3.1	0.58	5.1	1.21
公安县	19.04	10.24	1.49	9.92	7.63	2.85	13.4	2.79
监利县	33.56	18.28	5.1	18.73	9.73	7.52	19.47	6.57
江陵县	6.49	3.6	0.67	3.24	2.58	0.87	5.41	0.21
石首市	12.82	6.66	1.13	6.66	5.03	1.45	9.59	1.78
洪湖市	16.09	8.93	1.95	9.2	4.94	2.07	11.71	2.31
松滋市	19.39	10.69	1.4	10.58	7.41	2.21	14.96	2.22
黄冈市	**165.3**	**99.11**	**26.55**	**91.12**	**47.63**	**20.78**	**118.24**	**26.28**
龙感湖农场	0.32	0.17	0.02	0.17	0.13	0.04	0.25	0.03
黄州区	3.92	2.76	0.38	2.06	1.48	0.39	3.03	0.5
团风县	10.33	6.42	3.5	3.97	2.86	1.26	7.16	1.91
红安县	14.96	8.73	2.2	8.47	4.29	3.37	7.38	4.21
罗田县	16.25	9.22	1.57	8.46	6.22	1.45	12.18	2.62
英山县	10.34	6.86	1.3	5.9	3.14	1.01	8.14	1.19
浠水县	25.45	14.63	4.53	13.73	7.19	3.22	17.7	4.53
蕲春县	24.33	13.85	4.15	13.51	6.67	3.38	16.42	4.53
黄梅县	13.69	7.4	2.47	7.88	3.34	1.5	12.06	0.13
麻城市	26.26	16.91	4.11	15.37	6.78	3.15	19.43	3.68
武穴市	19.45	12.16	2.32	11.6	5.53	2.01	14.49	2.95
咸宁市	**54.16**	**30.95**	**5.76**	**31.13**	**17.27**	**8.94**	**37.88**	**7.34**
咸安区	7.23	4.61	1.21	3.44	2.58	1.44	4.94	0.85
嘉鱼县	7.07	4.15	0.76	3.54	2.77	0.98	4.39	1.7
通城县	10.92	5.88	1.06	6.76	3.1	2.42	7.68	0.82
崇阳县	10.85	5.96	1.22	6.47	3.16	1.52	8.11	1.22
通山县	9.42	5.54	0.92	5.93	2.57	1.35	6.69	1.38
赤壁市	8.67	4.81	0.59	4.99	3.09	1.23	6.07	1.37
随州市	**50.89**	**28.13**	**5.27**	**29.47**	**16.15**	**7.71**	**35.89**	**7.29**
曾都区	9.52	5.75	0.67	5.17	3.68	1.47	6.87	1.18
随县	18.19	10.12	1.94	10.5	5.75	3.33	12.64	2.22
广水市	23.18	12.26	2.66	13.8	6.72	2.91	16.38	3.89
恩施自治州	**88.2**	**52.38**	**12.63**	**49.23**	**26.34**	**11.36**	**63.67**	**13.17**
恩施市	12.54	7.32	1.68	7.21	3.65	1.58	8.59	2.37
利川市	20.8	12.2	2.2	12.37	6.23	2.88	15.52	2.4
建始县	12.47	7.89	1.83	7.47	3.17	1.35	9.13	1.99
巴东县	8.86	5.34	1.3	4.73	2.83	1.19	5.67	2
宣恩县	10.61	6	1.62	6.75	2.24	1.28	7.51	1.82
咸丰县	8.07	5.31	1.02	4.08	2.97	1.12	6.27	0.68
来凤县	10.12	5.66	2.44	4.26	3.42	1.55	7.32	1.25
鹤峰县	4.73	2.66	0.54	2.36	1.83	0.41	3.66	0.66
仙桃市	**33.13**	**17.4**	**2.73**	**18.35**	**12.05**	**4.53**	**23.89**	**4.71**
潜江市	**20.58**	**11.05**	**1.79**	**11.6**	**7.19**	**2.78**	**15.37**	**2.43**
天门市	**34.35**	**19.08**	**3.16**	**17.18**	**14.01**	**3.57**	**23.2**	**7.58**
神农架林区	**1.04**	**0.73**	**0.18**	**0.65**	**0.21**	**0.06**	**0.85**	**0.13**

农村劳动力外出渠道和从业时间

单位：万人

地区	外出渠道				外出从业时间		
	政府有关部门组织	中介组织介绍	企业招收	自发及其他	1个月—3个月	3个月—6个月	6个月以上
湖北省	**107.77**	**78.03**	**163.85**	**788.88**	**92.92**	**227.73**	**817.86**
武汉市	**7.29**	**3.83**	**10.8**	**48.21**	**6.97**	**16.94**	**46.22**
武汉市辖区	0.45	0.21	0.94	1.62	0.2	0.61	2.41
汉南区	0.26		0.85	0.58	0.05	0.25	1.39
蔡甸区	0.23	0.34	1.05	4.71	0.89	1.53	3.91
江夏区	1.28	0.77	1.56	7.39	1.16	2.93	6.91
黄陂区	2.92	0.93	3.1	19.88	2.21	6.62	18
新洲区	2.15	1.58	3.3	14.03	2.46	5	13.6
黄石市	**3.84**	**2.53**	**8.8**	**33.14**	**3.66**	**9.66**	**34.99**
黄石市辖区	0.08	0.09	0.27	0.72	0.07	0.17	0.92
阳新县	2.06	1.52	5.52	21.19	1.85	4.87	23.57
大冶市	1.7	0.92	3.01	11.23	1.74	4.62	10.5
十堰市	**8.51**	**6.59**	**9.37**	**51.84**	**5.63**	**15.73**	**54.95**
茅箭区	0.05	0.04	0.18	0.74	0.04	0.14	0.83
张湾区	0.1	0.24	0.14	1.1	0.09	0.28	1.21
郧阳区	1.4	1.31	2.8	10.14	1.33	3.73	10.59
郧西县	2.85	1.5	1.95	8.55	0.78	2.98	11.09
竹山县	1.18	1.23	1.11	9.75	1.67	3.28	8.32
竹溪县	0.7	0.28	1.1	6.21	0.45	1.38	6.46
房县	1.76	1.34	1.18	9.1	0.82	2.32	10.24
丹江口市	0.47	0.65	0.91	6.25	0.45	1.62	6.21
宜昌市	**7.87**	**5.83**	**11.93**	**44.96**	**6.58**	**15.07**	**48.94**
宜昌市辖区	0.32	0.37	0.62	2.45	0.38	0.95	2.43
夷陵区	1.13	0.93	1.86	6.23	1.02	2.03	7.1
远安县	0.55	0.48	1.08	2.64	0.4	0.83	3.52
兴山县	0.2	0.07	0.31	1.8	0.09	0.48	1.81
秭归县	1.2	0.6	1.1	6.4	0.7	1.58	7.02
长阳自治县	1.22	0.92	1.57	7.05	1.25	3.04	6.47
五峰自治县	0.95	0.33	0.37	1.96	0.28	0.81	2.52
宜都市	1.02	0.85	1.98	6.57	0.7	2.14	7.58
当阳市	0.78	0.75	1.75	4.5	0.79	1.39	5.6
枝江市	0.5	0.53	1.29	5.36	0.97	1.82	4.89
襄阳市	**6.76**	**6.84**	**23.42**	**65.11**	**7.47**	**18.13**	**76.53**
高新区	0.02	0.15	0.28	0.87	0.19	0.27	0.86
襄城区	0.42	0.5	0.84	3.79	0.62	1.35	3.58
樊城区	0.1	0.29	2.6	3.21	0.42	1.41	4.37
襄州区	1.36	1.28	10.66	10.08	1.2	2.51	19.67
南漳县	0.7	0.77	1.93	8.33	1.06	2.15	8.52
谷城县	0.52	0.43	0.99	9.03	0.75	2.03	8.19
保康县	0.55	0.4	0.52	4.13	0.54	1.29	3.77
老河口市	0.33	0.8	0.62	6.36	0.54	1.2	6.37
枣阳市	1.98	1.55	2.32	13.1	0.97	3.2	14.78
宜城市	0.78	0.67	2.66	6.21	1.18	2.72	6.42
鄂州市	**0.72**	**1.04**	**2.34**	**11.31**	**1.46**	**3.6**	**10.33**
梁子湖区	0.35	0.33	0.7	3	0.33	1.12	2.92
华容区	0.14	0.19	0.7	2.6	0.31	0.89	2.43
鄂城区	0.23	0.52	0.94	5.71	0.82	1.59	4.98
荆门市	**5.97**	**4.43**	**8.65**	**34.7**	**4.5**	**9.17**	**40.08**
东宝区	0.6	0.23	0.96	2.29	0.39	0.81	2.88
掇刀区	0.27	0.18	0.41	1.16	0.15	0.45	1.42
沙洋县	1.48	0.84	2.54	8.34	1.52	2.3	9.38
钟祥市	2.29	2.08	2.84	13.79	1.76	3.79	15.45
京山市	1.33	1.1	1.9	9.12	0.68	1.82	10.95
孝感市	**14.63**	**9.89**	**20.33**	**91.65**	**12.68**	**34.34**	**89.48**

续表

单位：万人

地区	外出渠道				外出从业时间		
	政府有关部门组织	中介组织介绍	企业招收	自发及其他	1个月—3个月	3个月—6个月	6个月以上
孝感市辖区				0.58	0.05	0.06	0.47
孝南区	1.97	1.45	1.77	11.96	1.4	4.89	10.86
孝昌县	2.74	1.77	2.35	12.52	2.37	6.42	10.59
大悟县	2.93	1.28	2.35	12.69	1.6	3.74	13.91
云梦县	1.66	1.11	1.46	14.6	1.11	5.23	12.49
应城市	0.6	0.95	3.61	13.8	1.11	2.88	14.97
安陆市	1.64	1.23	2.96	10.69	1.65	4.23	10.64
汉川市	3.09	2.1	5.83	14.81	3.39	6.89	15.55
荆州市	**7.09**	**6.77**	**12.26**	**91.64**	**6.19**	**18.44**	**93.13**
荆州开发区	0.03	0.01	0.04	0.61	0.01	0.01	0.67
沙市区	0.08	0.09	0.83	1.79	0.08	0.48	2.23
荆州区	0.32	0.38	0.82	5.37	0.58	1.22	5.09
公安县	1.41	0.83	1.14	15.66	0.97	2.51	15.56
监利县	1.78	2.08	2.83	26.87	1.21	5.95	26.4
江陵县	0.48	0.23	0.26	5.52	0.46	0.96	5.07
石首市	1.33	1.14	3.02	7.33	0.79	2.52	9.51
洪湖市	0.29	0.48	1.33	13.99	1.04	1.93	13.12
松滋市	1.37	1.53	1.99	14.5	1.05	2.86	15.48
黄冈市	**16.57**	**13.23**	**21.61**	**113.89**	**17.79**	**36.05**	**111.46**
龙感湖农场		0.03	0.03	0.26	0.01	0.02	0.29
黄州区	0.34	0.18	0.52	2.88	0.15	0.71	3.06
团风县	1.03	1.02	1.09	7.19	1.44	2.64	6.25
红安县	1.71	1.18	3.4	8.67	2.39	4.1	8.47
罗田县	1.02	1.49	1.98	11.76	2.22	3.56	10.47
英山县	1.47	1.23	1.22	6.42	0.92	2.23	7.19
浠水县	2.18	1.88	4.55	16.84	2.15	4.06	19.24
蕲春县	4.45	1.8	3.22	14.86	2.17	5.21	16.95
黄梅县	0.74	0.05	0.85	12.05	0.36	3.27	10.06
麻城市	1.81	2.37	3.6	18.48	4.3	6.56	15.4
武穴市	1.82	2	1.15	14.48	1.68	3.69	14.08
咸宁市	**5.2**	**3.73**	**7.45**	**37.77**	**4.32**	**10.88**	**38.95**
咸安区	1.08	0.4	0.63	5.11	0.74	1.58	4.9
嘉鱼县	0.55	0.86	1.06	4.6	0.52	1.48	5.07
通城县	0.7	0.72	1.66	7.84	0.87	2.2	7.85
崇阳县	1.04	0.9	2.08	6.83	0.97	2.26	7.62
通山县	1.28	0.32	0.95	6.87	0.57	1.87	6.98
赤壁市	0.55	0.53	1.07	6.52	0.65	1.49	6.53
随州市	**4**	**4.56**	**8.06**	**34.27**	**4.26**	**11.54**	**35.09**
曾都区	0.64	0.9	1.85	6.13	0.49	1.82	7.21
随县	1.71	1.99	1.99	12.5	1.02	4.71	12.46
广水市	1.65	1.67	4.22	15.64	2.75	5.01	15.42
恩施自治州	**13.11**	**4.48**	**5.34**	**65.27**	**7.33**	**13.82**	**67.05**
恩施市	2.17	0.82	0.74	8.81	1.56	1.99	8.99
利川市	0.58	0.48	0.65	19.09	1.93	2.71	16.16
建始县	1.21	0.6	0.97	9.69	0.92	1.77	9.78
巴东县	1.1	0.79	1.33	5.64	0.75	1.47	6.64
宣恩县	1	0.33	0.38	8.9	0.49	1.21	8.91
咸丰县	2.26	0.41	0.41	4.99	0.64	2.07	5.36
来凤县	1.54	0.31	0.63	7.64	0.65	1.73	7.74
鹤峰县	3.25	0.74	0.23	0.51	0.39	0.87	3.47
仙桃市	**1.45**	**0.85**	**5.15**	**25.68**	**1.6**	**4.99**	**26.54**
潜江市	**2.85**	**2.31**	**4.53**	**10.89**	**0.88**	**3.29**	**16.41**
天门市	**1.9**	**1.11**	**3.78**	**27.56**	**1.51**	**5.62**	**27.22**
神农架林区	**0.01**	**0.01**	**0.03**	**0.99**	**0.09**	**0.46**	**0.49**

农村劳动力转移地点

单位：万人

地区	外出地点				
	县内乡外	省内县外	省外（不含港澳台及境外）	港、澳、台	境外
湖北省	**195.03**	**310.42**	**629.91**	**1.7**	**1.46**
武汉市	**16.21**	**36.69**	**17.14**	**0.04**	**0.05**
武汉市辖区	1.58	1.08	0.56		
汉南区	1.26	0.41	0.02		
蔡甸区	1.9	3.55	0.88		
江夏区	3.29	4.72	2.98	0.01	
黄陂区	6.05	17.3	3.43	0.01	0.04
新洲区	2.13	9.63	9.27	0.02	0.01
黄石市	**10.19**	**12.27**	**25.47**	**0.23**	**0.15**
黄石市辖区	0.46	0.41	0.29		
阳新县	4.76	6.91	18.42	0.2	
大冶市	4.97	4.95	6.76	0.03	0.15
十堰市	**14.11**	**20.35**	**41.35**	**0.28**	**0.22**
茅箭区	0.78	0.03	0.2		
张湾区	0.94	0.34	0.3		
郧阳区	3.14	6.75	5.63		0.13
郧西县	2.13	4.08	8.63		0.01
竹山县	2.01	3.11	8.09	0.03	0.03
竹溪县	1.41	1.37	5.51		
房县	1.69	2.29	9.11	0.24	0.05
丹江口市	2.01	2.38	3.88	0.01	
宜昌市	**19.57**	**23.48**	**27.42**	**0.05**	**0.07**
宜昌市辖区	1.59	1.25	0.89	0.02	0.01
夷陵区	3.13	3.57	3.41	0.02	0.02
远安县	1.1	1.4	2.25		
兴山县	0.43	0.94	1.01		
秭归县	2.9	3.1	3.3		
长阳自治县	2.26	4.65	3.83		0.02
五峰自治县	0.6	1.49	1.52		
宜都市	2.73	3.07	4.61	0.01	
当阳市	2.4	1.65	3.73		
枝江市	2.43	2.36	2.87		0.02
襄阳市	**16.6**	**22.57**	**62.84**	**0.06**	**0.06**
高新区	0.75	0.38	0.19		
襄城区	1.16	0.75	3.64		
樊城区	1.47	1.58	3.13		0.02
襄州区	4.94	6.6	11.82	0.01	0.01
南漳县	1.22	2.41	8.08	0.02	
谷城县	1.42	2.24	7.29	0.01	0.01
保康县	1.01	1.49	3.08	0.01	0.01
老河口市	0.56	1.01	6.53		0.01
枣阳市	1.73	4.39	12.82	0.01	
宜城市	2.34	1.72	6.26		
鄂州市	**5.46**	**5.03**	**4.79**	**0.02**	**0.09**
梁子湖区	1.23	1.68	1.44	0.01	0.01
华容区	1.38	1.36	0.83		0.06
鄂城区	2.85	1.99	2.52	0.01	0.02
荆门市	**8.84**	**15.28**	**29.5**	**0.08**	**0.05**
东宝区	0.81	1.31	1.96		
掇刀区	0.48	0.94	0.6		
沙洋县	2.44	4.56	6.2		
钟祥市	3.63	6.03	11.24	0.05	0.05
京山市	1.48	2.44	9.5	0.03	
孝感市	**21.1**	**39.16**	**75.61**	**0.21**	**0.42**

续表 单位：万人

地区	外出地点				
	县内乡外	省内县外	省外（不含港澳台及境外）	港、澳、台	境外
孝感市辖区	0.1	0.24	0.24		
孝南区	2.55	4.29	10.3	0.01	
孝昌县	2.81	4.72	11.66	0.13	0.06
大悟县	3.89	6.41	8.85	0.02	0.08
云梦县	1.93	4.76	12.11	0.01	0.02
应城市	2.47	4.53	11.88	0.02	0.06
安陆市	2.03	4.42	9.85	0.02	0.2
汉川市	5.32	9.79	10.72		
荆州市	**14.4**	**26.02**	**77.31**	**0.02**	**0.01**
荆州开发区	0.35	0.23	0.11		
沙市区	0.89	0.52	1.37	0.01	
荆州区	1.45	2.11	3.33		
公安县	2.01	4.2	12.83		
监利县	3.34	6.53	23.69		
江陵县	0.57	1.58	4.33		0.01
石首市	1.98	2.63	8.21		
洪湖市	1.51	4.88	9.7		
松滋市	2.3	3.34	13.74	0.01	
黄冈市	**25.16**	**45.45**	**94.07**	**0.35**	**0.27**
龙感湖农场	0.06	0.08	0.18		
黄州区	1.43	0.98	1.51		
团风县	1.95	3.62	4.68	0.03	0.05
红安县	3.07	5.81	5.99	0.03	0.06
罗田县	2.64	4.08	9.52		0.01
英山县	1.37	2.33	6.62	0.01	0.01
浠水县	2.74	6.7	15.88	0.03	0.1
蕲春县	3.57	6.3	14.27	0.17	0.02
黄梅县	2.36	5.21	6.1	0.01	0.01
麻城市	4.12	6.52	15.57	0.05	
武穴市	1.85	3.82	13.75	0.02	0.01
咸宁市	**8.33**	**13.3**	**32.44**	**0.08**	**0.01**
咸安区	1.44	1.39	4.39	0.01	
嘉鱼县	1.2	2.08	3.79		
通城县	1.51	2.19	7.22		
崇阳县	1.53	3.76	5.52	0.04	
通山县	1.23	2.08	6.1	0.01	
赤壁市	1.42	1.8	5.42	0.02	0.01
随州市	**8.95**	**12.58**	**29.29**	**0.03**	**0.04**
曾都区	2.57	2.64	4.29	0.01	0.01
随县	2.39	4.25	11.53	0.01	0.01
广水市	3.99	5.69	13.47	0.01	0.02
恩施自治州	**12.37**	**16.73**	**59.07**	**0.02**	**0.01**
恩施市	3	2.24	7.3		
利川市	1.72	3.1	15.98		
建始县	1.98	3.23	7.26		
巴东县	1.21	2.64	5	0.01	
宣恩县	1.47	1.43	7.7		0.01
咸丰县	0.71	1.37	5.99		
来凤县	1.11	1.39	7.61	0.01	
鹤峰县	1.17	1.33	2.23		
仙桃市	**5.17**	**10.31**	**17.43**	**0.22**	
潜江市	**4.86**	**3.88**	**11.84**		
天门市	**3.44**	**7.24**	**23.65**	**0.01**	**0.01**
神农架林区	**0.27**	**0.08**	**0.69**		

农村劳动力外出地域及从事行业

单位：万人

地区	外出地域				外出从业人员从事行业		
	东部	中部	西部	东北地区	第一产业	第二产业	第三产业
湖北省	**488.86**	**537.72**	**70.25**	**38.53**	**61.12**	**610.79**	**466.61**
武汉市	**13.08**	**54.13**	**2.25**	**0.58**	**2.88**	**37.86**	**29.39**
武汉市辖区	0.21	2.98	0.03		0.26	1.37	1.59
汉南区		1.69				0.91	0.78
蔡甸区	0.69	5.48	0.11	0.05	0.27	3.22	2.84
江夏区	2.37	8.28	0.32	0.02	0.72	5.82	4.46
黄陂区	2.48	23.94	0.23	0.13	1.2	13.42	12.21
新洲区	7.33	11.76	1.56	0.38	0.43	13.12	7.51
黄石市	**25.01**	**22.78**	**0.08**	**0.06**	**2.5**	**28.1**	**17.71**
黄石市辖区	0.12	0.9	0.08	0.06	0.2	0.59	0.37
阳新县	18.42	11.67			1.59	18.08	10.62
大冶市	6.47	10.21			0.71	9.43	6.72
十堰市	**28.29**	**35.27**	**6.88**	**5.37**	**4.74**	**39.01**	**32.56**
茅箭区	0.16	0.81	0.02	0.02	0.04	0.46	0.51
张湾区	0.17	1.34	0.05	0.02	0.03	0.87	0.68
郧阳区	2.36	10.31	1.01	1.84	1.57	6.47	7.61
郧西县	4.66	6.21	2.28	1.69	1.06	7.9	5.89
竹山县	4.98	5.12	1.96	1.15	1.22	7	5.05
竹溪县	4.97	2.9	0.25	0.17	0.35	4.1	3.84
房县	7.84	4.19	0.86	0.2	0.22	7.26	5.9
丹江口市	3.15	4.39	0.45	0.28	0.25	4.95	3.08
宜昌市	**19.35**	**44.75**	**4.41**	**1.96**	**4.93**	**35.35**	**30.31**
宜昌市辖区	0.63	2.87	0.13	0.1	0.38	1.87	1.51
夷陵区	2.08	6.7	0.87	0.46	0.5	4.69	4.96
远安县	1.86	2.57	0.21	0.11	0.46	2.55	1.74
兴山县	0.57	1.37	0.21	0.23	0.15	1.23	1
秭归县	2.7	6.2	0.4		0.9	4.7	3.7
长阳自治县	2.74	6.91	0.8	0.29	1.42	4.81	4.53
五峰自治县	1.07	2.22	0.28	0.04	0.19	1.75	1.67
宜都市	3.35	6.2	0.58	0.28	0.28	5.56	4.58
当阳市	2.37	4.7	0.5	0.21	0.54	3.93	3.31
枝江市	1.98	5.01	0.43	0.24	0.11	4.26	3.31
襄阳市	**44.27**	**43.97**	**11.27**	**2.5**	**5.35**	**55.32**	**41.46**
高新区		1.32					1.32
襄城区	2.23	2.65	0.44	0.23	0.36	2.78	2.41
樊城区	2.36	3.06	0.69	0.07	0.49	3	2.71
襄州区	9.36	11.74	1.63	0.63	1.26	11.67	10.45
南漳县	4.2	4.43	2.26	0.82	1.01	5.08	5.64
谷城县	4.39	3.66	2.79	0.11	0.96	6.86	3.15
保康县	2.42	2.6	0.39	0.17	0.41	3.54	1.65
老河口市	5.88	1.82	0.29	0.11	0.17	5.35	2.59
枣阳市	8.13	8.18	2.27	0.36	0.29	12.49	6.17
宜城市	5.3	4.51	0.51		0.4	4.55	5.37
鄂州市	**4.21**	**10.49**	**0.35**	**0.22**	**0.48**	**8.78**	**6.13**
梁子湖区	1.37	2.91	0.07		0.12	2.53	1.72
华容区	0.72	2.74	0.08	0.03	0.1	2.03	1.5
鄂城区	2.12	4.84	0.2	0.19	0.26	4.22	2.91
荆门市	**21.77**	**27.97**	**2.71**	**1.17**	**3.31**	**29.84**	**20.6**
东宝区	1.1	2.45	0.35	0.18	0.24	2.35	1.49
掇刀区	0.51	1.43	0.04	0.04	0.2	1.14	0.68
沙洋县	4.81	7.71	0.5	0.18	0.49	7.33	5.38
钟祥市	7.66	11.51	1.29	0.44	1.73	12	7.27
京山市	7.69	4.87	0.53	0.33	0.65	7.02	5.78
孝感市	**50.02**	**62.25**	**10.18**	**13.42**	**5.53**	**73.5**	**57.47**

续表

单位：万人

地区	外出地域				外出从业人员从事行业		
	东部	中部	西部	东北地区	第一产业	第二产业	第三产业
孝感市辖区	0.16	0.34	0.03	0.05		0.31	0.27
孝南区	8.31	6.84	0.55	1.44	0.95	10.1	6.1
孝昌县	6.43	7.53	2.11	3.12	1.11	8.79	9.48
大悟县	5.99	10.3	2.02	0.84	0.97	10.34	7.94
云梦县	6.31	7.88	0.8	3.81	0.49	11.59	6.75
应城市	8.59	7.67	1.32	1.3	0.55	10.43	7.98
安陆市	5.61	6.45	2.07	2.17	0.53	9.33	6.66
汉川市	8.62	15.24	1.28	0.69	0.93	12.61	12.29
荆州市	**63.17**	**46.79**	**6.33**	**1.44**	**3.07**	**67.06**	**47.63**
荆州开发区	0.11	0.58				0.45	0.24
沙市区	1.09	1.64	0.05		0.03	2.09	0.67
荆州区	2.75	3.85	0.23	0.06	0.24	3.84	2.81
公安县	10.39	7.63	0.82	0.2	0.66	10.73	7.65
监利县	20.47	10.98	1.55	0.56	1.03	16.5	16.03
江陵县	4.04	2.15	0.27	0.02	0.09	4.2	2.2
石首市	5.96	5.53	1.3	0.03	0.23	8.29	4.3
洪湖市	7.1	7.62	1.06	0.31	0.42	9.36	6.31
松滋市	11.26	6.81	1.05	0.26	0.37	11.6	7.42
黄冈市	**76.93**	**74.55**	**9.98**	**3.22**	**12.64**	**85.1**	**67.56**
龙感湖农场	0.16	0.14	0.02		0.03	0.19	0.1
黄州区	1.36	2.42	0.06	0.08	0.22	2.23	1.47
团风县	3.68	5.57	0.7	0.3	1.27	6.98	2.08
红安县	4.39	9.76	0.47	0.25	1.67	7.79	5.5
罗田县	8.6	7.04	0.5	0.1	0.5	9.66	6.09
英山县	4.59	4.13	1.58	0.02	0.88	5.99	3.47
浠水县	12.19	10.92	1.37	0.84	2.15	12.33	10.97
蕲春县	12.65	9.87	1.13	0.49	2.37	11.76	10.2
黄梅县	5.28	8.39			0.16	7.85	5.68
麻城市	12.77	10.64	2.7	0.1	2.48	8.07	15.71
武穴市	11.26	5.67	1.45	1.04	0.91	12.25	6.29
咸宁市	**28.48**	**23.42**	**1.3**	**0.88**	**4.91**	**27.91**	**21.34**
咸安区	4	2.88	0.29	0.06	0.34	3.61	3.28
嘉鱼县	2.71	4.11	0.16	0.09	0.5	3.49	3.08
通城县	7.22	3.7			0.65	5.86	4.41
崇阳县	5.04	5.35	0.21	0.21	1.16	5.23	4.46
通山县	5.04	3.94	0.25	0.18	1.13	4.93	3.36
赤壁市	4.47	3.44	0.39	0.34	1.13	4.79	2.75
随州市	**24.13**	**22.82**	**2.1**	**1.77**	**2.23**	**26.68**	**21.98**
曾都区	3.56	5.31	0.38	0.25	0.64	4.21	4.67
随县	9.26	7.63	0.69	0.59	0.92	8.8	8.47
广水市	11.31	9.88	1.03	0.93	0.67	13.67	8.84
恩施自治州	**45.43**	**31.91**	**7.97**	**2.86**	**4.88**	**53.5**	**29.82**
恩施市	5.96	5.41	0.99	0.18	0.44	8.04	4.06
利川市	10.72	4.98	3.08	2.02	1.46	12.03	7.31
建始县	5.5	5.36	1.34	0.27	0.67	7.42	4.38
巴东县	3.59	4.09	1.01	0.16	0.53	4.12	4.21
宣恩县	6.94	3.32	0.25	0.09	0.75	7.27	2.59
咸丰县	4.49	3.34	0.21	0.03	0.24	6.07	1.76
来凤县	6.27	2.91	0.86	0.07	0.59	5.62	3.91
鹤峰县	1.96	2.5	0.23	0.04	0.2	2.93	1.6
仙桃市	**16.05**	**15.48**	**0.75**	**0.63**	**1.19**	**13.86**	**18.08**
潜江市	**9.83**	**9.1**	**1.33**	**0.32**	**1.67**	**11.93**	**6.98**
天门市	**18.34**	**11.69**	**2.29**	**2.01**	**0.68**	**16.48**	**17.19**
神农架林区	**0.5**	**0.35**	**0.07**	**0.12**	**0.13**	**0.51**	**0.4**

农村劳动力外出目的及培训情况

单位：万人

地区	外出从业目的			外出从业人员职业技能培训情况		
	务工	自营	其他	参加过职业技能培训	其中：参加过政府举办的技能培训	持有职业技术资格证书
湖北省	**853.09**	**182.11**	**103.32**	**343.26**	**149.66**	**167.47**
武汉市	**53.34**	**11.06**	**5.73**	**24.41**	**10.94**	**10.99**
武汉市辖区	2.64	0.25	0.33	1.29	0.56	0.76
汉南区	1.48	0.19	0.02	0.53	0.26	1.26
蔡甸区	4.73	1.29	0.31	1.59	0.66	0.71
江夏区	8.17	1.63	1.2	3.58	1.67	1.94
黄陂区	19.98	5.34	1.51	9.56	3.38	3.02
新洲区	16.34	2.36	2.36	7.86	4.41	3.3
黄石市	**35.67**	**7.17**	**5.47**	**6**	**3.8**	**6.92**
黄石市辖区	0.96	0.1	0.1	0.22	0.1	0.08
阳新县	22.61	3.95	3.73	3.74	2.13	3.65
大冶市	12.1	3.12	1.64	2.04	1.57	3.19
十堰市	**60.44**	**7.97**	**7.9**	**24.79**	**14.55**	**11.15**
茅箭区	0.77	0.07	0.17	0.3	0.17	0.19
张湾区	1.3	0.1	0.18	0.49	0.24	0.27
郧阳区	11.6	1.8	2.25	4.07	2.37	2.27
郧西县	10.93	2.35	1.57	6.04	3.65	2.49
竹山县	10.79	1.35	1.13	3.16	1.91	1.56
竹溪县	6.65	0.44	1.2	1.56	0.73	0.49
房县	11.31	1.21	0.86	5.59	3.45	1.71
丹江口市	7.09	0.65	0.54	3.58	2.03	2.17
宜昌市	**53.87**	**9.6**	**7.12**	**25.75**	**11.96**	**13.28**
宜昌市辖区	3.05	0.39	0.32	1.37	0.45	1.43
夷陵区	7.6	1.42	1.13	5.01	2.11	2.87
远安县	3.96	0.5	0.29	1.89	0.55	0.63
兴山县	2.06	0.16	0.16	0.86	0.45	0.4
秭归县	6.6	1.1	1.6	1.8	1.03	0.7
长阳自治县	8.19	1.31	1.26	2.9	1.2	1.35
五峰自治县	3.17	0.44		1.49	0.87	0.64
宜都市	7.56	1.83	1.03	3.76	1.74	2.01
当阳市	5.65	1.52	0.61	4.68	2.58	2.12
枝江市	6.03	0.93	0.72	1.99	0.98	1.13
襄阳市	**83.11**	**11.01**	**8.01**	**35.35**	**13.11**	**18.39**
高新区	1.04	0.18	0.1	0.15	0.08	0.12
襄城区	4.94	0.61		2.38	0.99	1.21
樊城区	4.86	0.49	0.85	0.76	0.4	0.3
襄州区	19.11	3.13	1.14	8.51	2.17	6.11
南漳县	9.12	0.84	1.77	2.38	1.05	1.25
谷城县	9.08	1.26	0.63	2.02	0.82	1.06
保康县	4.66	0.54	0.4	1.24	0.71	0.52
老河口市	7.16	0.79	0.16	3.31	0.65	1.5
枣阳市	15.73	2.45	0.77	10.35	4.53	4.37
宜城市	7.41	0.72	2.19	4.25	1.71	1.95
鄂州市	**12.07**	**2.66**	**0.66**	**5.83**	**3.06**	**3.13**
梁子湖区	3.6	0.62	0.16	1.09	0.21	0.92
华容区	3.11	0.51	0.01	0.82	0.15	0.87
鄂城区	5.36	1.53	0.49	3.92	2.7	1.34
荆门市	**38.1**	**11.24**	**4.41**	**18.27**	**9.75**	**6.5**
东宝区	3.01	0.52	0.55	2.31	1.71	1.4
掇刀区	1.74	0.24	0.04	1.12	0.45	0.25
沙洋县	9.56	2.37	1.27	3.43	2.52	1.58
钟祥市	14.07	5.33	1.6	5.9	3.15	1.77
京山市	9.72	2.78	0.95	5.51	1.92	1.5
孝感市	**96.35**	**33.12**	**7.03**	**47.69**	**16.85**	**26.48**

续表 单位：万人

地区	外出从业目的			外出从业人员职业技能培训情况		
	务工	自营	其他	参加过职业技能培训	其中：参加过政府举办的技能培训	持有职业技术资格证书
孝感市辖区	0.47	0.11		0.16	0.09	0.08
孝南区	13.3	3.35	0.5	3.37	1.33	1.89
孝昌县	13.71	4.74	0.93	7.98	4.14	11.02
大悟县	12.48	5.39	1.38	5.85	2.42	2.76
云梦县	14.8	3.65	0.38	8.62	1.7	3.05
应城市	13.88	4.11	0.97	4.42	1.84	2.25
安陆市	12.34	3.57	0.61	9.28	1.93	2.27
汉川市	15.37	8.2	2.26	8.01	3.4	3.16
荆州市	**85.88**	**22.33**	**9.55**	**26.55**	**11.48**	**13.02**
荆州开发区	0.55	0.06	0.08	0.06	0.01	0.01
沙市区	2.35	0.22	0.22	0.46	0.13	0.41
荆州区	5.5	0.95	0.44	1.94	0.68	0.81
公安县	15.3	2.4	1.34	5.66	1.72	2.19
监利县	19.95	10.27	3.34	4.98	1.94	3.33
江陵县	5.16	1.2	0.13	0.91	0.58	0.68
石首市	9.14	1.92	1.76	3	1.4	1.39
洪湖市	11.3	2.87	1.92	2.02	1.47	1.3
松滋市	16.63	2.44	0.32	7.52	3.55	2.9
黄冈市	**123.15**	**21.41**	**20.74**	**47.62**	**22.77**	**22.86**
龙感湖农场	0.2	0.09	0.03	0.23	0.11	0.07
黄州区	3.15	0.4	0.37	1.49	0.37	1
团风县	3.11	1.78	5.44	2.38	0.92	1.02
红安县	11.42	2.02	1.52	8.93	2.72	2.77
罗田县	13.46	1.57	1.22	3.45	1.45	1.99
英山县	7.98	2.16	0.2	5.98	2.99	2.39
浠水县	18.57	2.07	4.81	6.97	4.02	3.7
蕲春县	18.33	3.06	2.94	3.94	1.89	1.95
黄梅县	10.89	2.23	0.57	4.12	3.5	1.95
麻城市	21.31	2.72	2.23	5.81	2.42	3.01
武穴市	14.73	3.31	1.41	4.32	2.38	3.01
咸宁市	**39.15**	**8.7**	**6.31**	**16.45**	**6.62**	**7.77**
咸安区	5.16	1.05	1.02	1.5	0.77	0.36
嘉鱼县	5.47	0.85	0.75	3.02	1.09	1.25
通城县	7.48	1.69	1.75	3.6	1.49	1.28
崇阳县	8.44	1.33	1.08	3.16	1.52	1.69
通山县	6.96	1.76	0.7	2.29	0.58	2.02
赤壁市	5.64	2.02	1.01	2.88	1.17	1.17
随州市	**35.77**	**9.51**	**5.61**	**18.43**	**6.82**	**8.57**
曾都区	7.32	1.24	0.96	3.55	1.03	2.11
随县	12.17	3.39	2.63	6.25	2.12	3.72
广水市	16.28	4.88	2.02	8.63	3.67	2.74
恩施自治州	**75.3**	**7.46**	**5.44**	**22.68**	**9.75**	**7.95**
恩施市	10.32	1.21	1.01	3.8	2.56	1.58
利川市	17.3	1.59	1.91	3.71	1.48	1.57
建始县	11.03	0.78	0.66	2.67	1.05	1.02
巴东县	7.31	1.18	0.37	3.43	1.23	0.8
宣恩县	8.91	1.19	0.51	1.37	0.78	0.73
咸丰县	7.38	0.58	0.11	3.13	1.4	1.14
来凤县	8.92	0.61	0.59	3.68	0.86	0.71
鹤峰县	4.13	0.32	0.28	0.89	0.39	0.4
仙桃市	**22.13**	**7.12**	**3.88**	**8.99**	**2.35**	**4.02**
潜江市	**16.59**	**2.08**	**1.91**	**7.13**	**3.23**	**3.24**
天门市	**21.6**	**9.6**	**3.15**	**6.89**	**2.39**	**2.8**
神农架林区	**0.57**	**0.07**	**0.4**	**0.43**	**0.23**	**0.4**

农村劳动力外出劳务收入

单位：万元、万人

地区	劳务经济总收入（年）	按月收入分的外出务工人数				
		1000 元以下	1001 元—2000 元	2001 元—3000 元	3001 元—4000 元	4000 元以上
湖北省	**39917203**	**29.65**	**182.74**	**395.71**	**326.61**	**203.82**
武汉市	**2641144**	**4.07**	**13.52**	**25.57**	**17.3**	**9.67**
武汉市辖区	75528	0.01	0.34	1.07	1.49	0.31
汉南区	65656		0.08	0.59	0.73	0.29
蔡甸区	213791	0.06	0.62	2.31	2.23	1.11
江夏区	348275	0.19	1.43	5.42	2.35	1.61
黄陂区	986953	3.05	6.91	7.53	5.25	4.09
新洲区	950941	0.76	4.14	8.65	5.25	2.26
黄石市	**1950488**	**0.6**	**3.02**	**15.94**	**8.74**	**20.01**
黄石市辖区	41942	0.04	0.15	0.59	0.11	0.27
阳新县	1214023	0.55	0.98	11.12	5.41	12.23
大冶市	694523	0.01	1.89	4.23	3.22	7.51
十堰市	**2328855**	**0.42**	**10.49**	**18.2**	**28.06**	**19.14**
茅箭区	37794		0.08	0.35	0.48	0.1
张湾区	46909		0.3	0.72	0.46	0.1
郧阳区	435652	0.3	3.49	4.02	4.58	3.26
郧西县	458784	0.03	2.27	3.99	5.43	3.13
竹山县	393037	0.06	1.14	3.14	4.85	4.08
竹溪县	325949		1.02	1.42	3.32	2.53
房县	400636	0.03	1.51	3.09	5.58	3.17
丹江口市	230094		0.68	1.47	3.36	2.77
宜昌市	**2362860**	**1.58**	**13.01**	**25.71**	**18.72**	**11.57**
宜昌市辖区	279001	0.33	0.77	1.29	1.01	0.36
夷陵区	367117	0.05	1.04	2.83	3.42	2.81
远安县	128166	0.01	0.92	1.62	1.68	0.52
兴山县	66888		0.2	0.73	0.79	0.66
秭归县	222047	0.3	1.8	3.1	2	2.1
长阳自治县	366516	0.4	2.28	4.01	2.01	2.06
五峰自治县	58442	0.09	0.6	1.37	1.05	0.5
宜都市	370039	0.21	2.63	4.42	2.18	0.98
当阳市	236593	0.19	1.83	3.02	2.26	0.48
枝江市	268051		0.94	3.32	2.32	1.1
襄阳市	**3455417**	**1.18**	**16.28**	**36.58**	**32.33**	**15.76**
高新区	35300		0.1	0.71	0.3	0.21
襄城区	195860	0.03	0.55	1.65	1.61	1.71
樊城区	188850	0.06	1	2.8	1.46	0.88
襄州区	809663		3.48	8.69	7.87	3.34
南漳县	491487	0.66	2.15	3.69	3.33	1.9
谷城县	407572	0.01	2.22	2.64	5.19	0.91
保康县	134243	0.1	0.68	1.6	2	1.22
老河口市	264912	0.02	1.69	3.02	2.18	1.2
枣阳市	602244	0.3	2.85	9	4.26	2.54
宜城市	325286		1.56	2.78	4.13	1.85
鄂州市	**514123**	**0.61**	**4.45**	**4.59**	**3.69**	**2.06**
梁子湖区	148688	0.09	1.55	1.7	0.7	0.33
华容区	112835	0.19	1.6	1.37	0.32	0.15
鄂城区	252600	0.33	1.3	1.52	2.67	1.58
荆门市	**1973837**	**0.25**	**8.62**	**18.04**	**17.07**	**9.77**
东宝区	164788	0.01	0.35	1.1	1.6	1.02
掇刀区	78957		0.11	0.73	0.83	0.35
沙洋县	501600	0.1	0.86	3.88	4.73	3.63
钟祥市	747240	0.06	5.98	6.67	5.73	2.56
京山市	481252	0.08	1.32	5.66	4.18	2.21
孝感市	**5122230**	**3.9**	**21.48**	**48.16**	**36.74**	**26.22**

续表 单位：万元、万人

地区	劳务经济总收入（年）	按月收入分的外出务工人数				
		1000 元以下	1001 元—2000 元	2001 元—3000 元	3001 元—4000 元	4000 元以上
孝感市辖区	22750		0.02	0.19	0.36	0.01
孝南区	627590	0.32	2.21	5.83	5.21	3.58
孝昌县	700793	0.62	3.77	7.71	3.92	3.36
大悟县	775201	1.01	4.98	6.02	3.99	3.25
云梦县	649257	0.02	1.18	6.22	8.59	2.82
应城市	789339		2.85	5.21	5.93	4.97
安陆市	671800	0.05	0.94	6.62	4.42	4.49
汉川市	885500	1.88	5.53	10.36	4.32	3.74
荆州市	**4117171**	**4.25**	**26.43**	**46.22**	**28.76**	**12.1**
荆州开发区	21485	0.01	0.01	0.31	0.27	0.09
沙市区	115647	0.01	0.18	0.64	1.36	0.6
荆州区	253011		0.77	2.94	2.25	0.93
公安县	590106	1.11	4.68	8.06	3.63	1.56
监利县	1113428	2.22	10.4	10.98	6.98	2.98
江陵县	251621		0.87	4.47	0.82	0.33
石首市	458967	0.01	2.55	4.46	3.99	1.81
洪湖市	516636	0.33	2.32	5.86	5.37	2.21
松滋市	796270	0.56	4.65	8.5	4.09	1.59
黄冈市	**5880042**	**3.83**	**26**	**57.32**	**53.78**	**24.37**
龙感湖农场	12240		0.01	0.07	0.12	0.12
黄州区	141206	0.1	0.94	1.41	1.07	0.4
团风县	296864	0.48	2.52	3.72	3.53	0.08
红安县	588000	0.87	2.66	5.77	2.31	3.35
罗田县	682500	0.06	0.84	3.37	6.59	5.39
英山县	255681		2.73	6.46	1.14	0.01
浠水县	872130	0.38	5.83	8.93	9.01	1.3
蕲春县	940316	0.31	2.28	5.68	8.98	7.08
黄梅县	537211	0.02	0.89	6.3	6.2	0.28
麻城市	893122	1.59	5.81	8.06	8.12	2.68
武穴市	660772	0.02	1.49	7.55	6.71	3.68
咸宁市	**1724519**	**4.27**	**7.53**	**18.04**	**14.57**	**9.75**
咸安区	254147	0.07	1.12	2.65	2.33	1.06
嘉鱼县	268090	0.01	1.01	2.67	1.92	1.46
通城县	323695	3.52	3.25	4.15		
崇阳县	368973		0.41	3.8	3.68	2.96
通山县	219945	0.17	0.83	2.56	3.53	2.33
赤壁市	289669	0.5	0.91	2.21	3.11	1.94
随州市	**1651191**	**1.34**	**9.89**	**17.51**	**15.28**	**6.87**
曾都区	333839	0.31	2.03	4.53	2.54	0.11
随县	430000	0.56	4.04	5.35	5.12	3.12
广水市	887352	0.47	3.82	7.63	7.62	3.64
恩施自治州	**2835501**	**1.86**	**10.7**	**34.88**	**21.67**	**19.09**
恩施市	502902	0.24	1.87	3.7	3.99	2.74
利川市	519770	0.61	0.13	8.93	3.39	7.74
建始县	339822	0.13	1.44	5.1	3.48	2.32
巴东县	301158	0.23	1.57	3.3	2.62	1.14
宣恩县	323086	0.09	2.25	4.4	2.9	0.97
咸丰县	314345	0.33	1.49	3.8	1.02	1.43
来凤县	360933	0.21	1.57	3.43	3.11	1.8
鹤峰县	173485	0.02	0.38	2.22	1.16	0.95
仙桃市	**1115825**	**0.86**	**5.4**	**12.58**	**11.22**	**3.07**
潜江市	**794086**	**0.21**	**2.12**	**7.51**	**7.03**	**3.71**
天门市	**1407914**	**0.39**	**3.76**	**8.26**	**11.55**	**10.39**
神农架林区	**42000**	**0.03**	**0.04**	**0.6**	**0.1**	**0.27**

农村劳动力外出从来环境及社会保障

单位：万人

地区	从业环境				社会保障					
	雇主拖欠工资人数	从事高危、有害工作人数	致伤致残人数	享受劳保补贴人数	与雇主签定劳动合同	参与养老保险人数	参与医疗保险人数	参与失业保险人数	参与生育保险人数	参与工伤保险人数
湖北省	**9.4**	**42.26**	**1.76**	**153.22**	**521.76**	**592.7**	**718.47**	**124.81**	**87.22**	**265.23**
武汉市	**0.7**	**0.99**	**0.04**	**16.67**	**33.69**	**31.51**	**40.75**	**12.43**	**12.66**	**21.59**
武汉市辖区		0.09		1.02	2.31	1.75	1.73	1.31	1.3	2.03
汉南区				1.61	1.67	1.66	1.66	1.66	1.6	1.66
蔡甸区	0.01	0.06		0.78	4.52	3.55	4.09	2.33	2.07	2.4
江夏区	0.01	0.06		3.51	5.7	4.47	5.55	2.95	2.56	3.67
黄陂区	0.35	0.42	0.01	5.69	9.46	11.62	19.7	2.25	2.02	8.26
新洲区	0.33	0.36	0.03	4.06	10.03	8.46	8.02	1.93	3.11	3.57
黄石市	**0.39**	**2**	**0.05**	**7.65**	**20.31**	**19.62**	**24.91**	**6.97**	**5.18**	**12.99**
黄石市辖区		0.03		0.07	0.57	0.5	0.55	0.32	0.28	0.32
阳新县	0.14	0.61	0.05	2.55	12.9	11.93	14.7	4.93	3.73	7.3
大冶市	0.25	1.36		5.03	6.84	7.19	9.66	1.72	1.17	5.37
十堰市	**0.63**	**5.56**	**0.21**	**8.23**	**31.6**	**40.43**	**50.36**	**6.13**	**3.02**	**15.55**
茅箭区	0.01	0.04	0.01	0.23	0.62	0.62	0.68	0.12	0.12	0.22
张湾区		0.02		0.23	0.98	0.92	0.94	0.26	0.14	0.4
郧阳区	0.19	0.67	0.03	2.06	6.25	7.85	11.24	1.16	0.54	2.7
郧西县	0.15	1.78	0.03	0.78	6.43	7.86	9.28	0.87	0.56	2.29
竹山县	0.12	0.98	0.07	0.87	4.05	9.22	11.49	0.45	0.68	2.36
竹溪县	0.05	0.66	0.02	0.83	2.89	3.81	5.37	0.57	0.22	0.83
房县	0.04	1.17	0.04	1.12	6.6	5.7	6.21	1.21	0.29	4.36
丹江口市	0.07	0.24	0.01	2.11	3.78	4.45	5.15	1.49	0.47	2.39
宜昌市	**0.28**	**2.64**	**0.17**	**10.11**	**36.47**	**39.81**	**44.88**	**10.96**	**10.89**	**23.06**
宜昌市辖区	0.07	0.01		0.14	2.52	2.89	2.9	1.94	1.94	2.11
夷陵区	0.03	0.43	0.05	1.74	6.47	6.84	7.29	1.96	1.47	3.62
远安县	0.02	0.23	0.01	0.57	2.45	2.12	2.19	0.62	0.6	1.24
兴山县		0.07		0.53	1.2	1.94	1.86	0.2	0.14	0.54
秭归县	0.03	0.2	0.01	0.9	3	3.4	4.1	1.7	1.1	1.9
长阳自治县	0.11	0.5	0.02	0.94	6.12	7.03	7.34	1.23	2.81	3.59
五峰自治县		0.36		1.02	1.9	2.36	3.27	0.23	0.2	1.47
宜都市	0.01	0.34	0.01	1.81	5.13	5.62	7.62	1.5	1.1	3.4
当阳市		0.34	0.07	1.71	4.41	4.5	4.79	0.84	0.89	2.96
枝江市	0.01	0.16		0.75	3.27	3.11	3.52	0.74	0.64	2.23
襄阳市	**0.3**	**2.25**	**0.09**	**21.53**	**49.03**	**49.28**	**53.4**	**15.69**	**7.61**	**25.51**
高新区	0.02			0.17	0.77	0.65	0.71	0.27	0.17	0.37
襄城区	0.01	0.14	0.01	1.34	3.11	3.96	3.3	1.21	0.6	2.1
樊城区	0.04	0.22	0.01	0.33	1.16	2.28	2.81	0.22	0.16	0.4
襄州区	0.02	0.3	0.01	3.01	11.42	7.38	6.6	7.02	1.38	5.92
南漳县		0.27	0.02	1.45	5	7.32	11.73	0.53	0.86	2.24
谷城县	0.01	0.4	0.01	0.84	4.42	3.9	3.88	0.46	0.38	2.38
保康县	0.07	0.27	0.01	0.32	3.26	3.95	4.64	0.87	0.74	1.32
老河口市	0.02	0.19	0.01	1.21	3.65	3.83	5.18	0.6	0.14	2.16
枣阳市		0.21		11.75	12.45	13.41	10.01	4.16	2.74	7.48
宜城市	0.11	0.25	0.01	1.11	3.79	2.6	4.54	0.35	0.44	1.14
鄂州市	**0.09**	**0.25**	**0.01**	**0.99**	**4.71**	**8.51**	**8.81**	**1.04**	**0.88**	**2.66**
梁子湖区		0.04		0.2	1.44	0.95	1.11	0.32	0.49	1.08
华容区	0.04	0.07		0.54	1.01	0.92	0.93	0.4	0.18	0.73
鄂城区	0.05	0.14	0.01	0.25	2.26	6.64	6.77	0.32	0.21	0.85
荆门市	**0.08**	**0.94**	**0.02**	**6.68**	**28.34**	**26.17**	**32.77**	**6.68**	**3.45**	**14.58**
东宝区		0.16		1.64	3.36	3.23	3.27	1.25	0.67	2.77
掇刀区		0.03		0.17	1.5	1.52	1.87	0.2	0.2	0.59
沙洋县		0.1		1.41	4.77	5.12	7.23	2.54	1.58	3.62
钟祥市	0.03	0.49	0.02	1.87	9.49	7.66	9.9	0.99	0.54	3.51
京山市	0.05	0.16		1.59	9.22	8.64	10.5	1.7	0.46	4.09
孝感市	**2.08**	**9.23**	**0.24**	**12.13**	**65.13**	**85.23**	**99.65**	**14.33**	**6.38**	**26.88**

续表 单位：万人

地区	从业环境				社会保障					
	雇主拖欠工资人数	从事高危、有害工作人数	致伤致残人数	享受劳保补贴人数	与雇主签定劳动合同	参与养老保险人数	参与医疗保险人数	参与失业保险人数	参与生育保险人数	参与工伤保险人数
孝感市辖区				0.03	0.39	0.57	0.58	0.31	0.31	0.38
孝南区	0.5	0.72	0.01	0.91	4.51	14.73	15.76	1.3	0.99	1.71
孝昌县	0.08	2.7	0.11	1.8	8.15	7.65	14.07	1.32	0.34	2.59
大悟县	0.3	1.28	0.04	3.3	12.28	19.25	19.25	2.92	1.4	5.24
云梦县	0.29	2.95	0.03	0.92	9.45	7.23	4.28	1.58	0.07	5.22
应城市	0.01	0.08		2.63	10.42	15.09	17.11	2.36	1.06	3.22
安陆市	0.21	1.03	0.04	0.06	8.95	5.62	10.68	1.04	0.17	2.15
汉川市	0.69	0.47	0.01	2.48	10.98	15.09	17.92	3.5	2.04	6.37
荆州市	**0.57**	**1.42**	**0.15**	**9.83**	**44.86**	**48.43**	**70.09**	**5.7**	**3.96**	**21.33**
荆州开发区				0.01	0.32	0.21	0.22	0.16	0.11	0.16
沙市区				0.04	0.67	1.88	1.88	0.07	0.05	0.54
荆州区	0.01	0.02	0.02	0.01	3.3	3.71	4.01	0.22	0.21	2.09
公安县	0.07	0.3	0.05	1.41	9.85	9.22	9.21	0.97	0.51	2.98
监利县	0.34	0.41	0.07	2.03	2.04	12.02	25.7	0.87	0.7	2.79
江陵县	0.07	0.12		0.53	4.76	1.23	3.83	0.31	0.11	1.61
石首市		0.25		1.06	4.9	6.38	6.79	2.17	2.03	3.61
洪湖市	0.06	0.09		1.41	5.89	6.25	10.71	0.08	0.05	1.05
松滋市	0.02	0.23	0.01	3.33	13.13	7.53	7.74	0.85	0.19	6.5
黄冈市	**2.03**	**8.47**	**0.41**	**30.72**	**74.41**	**105.38**	**117.73**	**19.62**	**15.67**	**37.17**
龙感湖农场		0.04		0.21	0.26	0.32	0.32	0.1	0.08	0.08
黄州区		0.1		0.45	1.82	1.57	1.55			0.18
团风县	0.28	0.39	0.02	1.31	3.45	6.02	7.56	0.75	0.61	1.56
红安县	0.44	0.8	0.02	4.28	5.84	10.49	12.25	2.4	2.37	4.23
罗田县	0.14	0.79	0.04	1.89	9.09	10.14	11.57	5.67	4.87	6.83
英山县	0.07	1.03	0.01	5.31	7.99	7.98	9.56	3.39	2.11	4.15
浠水县	0.23	1.28	0.05	4.52	9.41	19.75	23.78	1.32	1.06	4.84
蕲春县	0.26	0.71	0.22	2.46	8.04	10.38	11.99	2.29	1.28	4.05
黄梅县	0.25	0.9	0.01	1.6	5.48	8.45	8.47	1.13	0.8	0.46
麻城市	0.12	1.57	0.01	6.82	13.53	11.52	11.23	1.29	1.25	6.99
武穴市	0.24	0.86	0.03	1.87	9.5	18.76	19.45	1.28	1.24	3.8
咸宁市	**0.52**	**1.8**	**0.06**	**7.9**	**29.5**	**31.55**	**35.06**	**6.71**	**3.25**	**15.17**
咸安区	0.01	0.04	0.02	0.91	4.38	2.65	2.84	0.5	0.43	2.29
嘉鱼县	0.02	0.13		1.16	5.94	6.43	6.45	1.61	0.67	3.64
通城县	0.05	0.51		1.54	5.29	4.55	5.62	1.05	0.09	2.68
崇阳县	0.04	0.08	0.01	1.33	5.71	9.05	8.98	1.88	0.95	1.64
通山县	0.16	0.56	0.02	2.03	3.09	4.91	6.07	0.43	0.4	2.04
赤壁市	0.24	0.48	0.01	0.93	5.09	3.96	5.1	1.24	0.71	2.88
随州市	**0.64**	**0.9**	**0.05**	**5.88**	**24.73**	**27.79**	**32.12**	**5.23**	**4.22**	**12.96**
曾都区	0.03	0.23	0.01	2.24	3.49	7.45	7.28	0.77	0.57	2.17
随县	0.06	0.26	0.01	1.74	8.74	6.65	8.78	0.58	0.55	2.83
广水市	0.55	0.41	0.03	1.9	12.5	13.69	16.06	3.88	3.1	7.96
恩施自治州	**0.51**	**3.96**	**0.19**	**6.71**	**42.51**	**44.16**	**60.16**	**6.37**	**5.27**	**17**
恩施市	0.03	0.75	0.01	1.24	7.35	5.07	6.64	1.1	0.73	4.6
利川市	0.16	0.48	0.03	1.01	10.7	14.73	19.67	1.01	2.07	4.13
建始县	0.06	0.69	0.02	0.99	5.32	6.07	8.3	1.1	0.79	2.35
巴东县	0.02	0.22		0.42	3.6	4.15	6.05	1	0.44	2.01
宣恩县	0.03	0.72	0.03	0.44	4.5	4.31	7.08	0.7	0.5	1.57
咸丰县	0.16	0.34	0.1	0.81	3.35	3.62	3.58	0.3	0.1	1.4
来凤县	0.03	0.59		1.12	5.25	3.86	6.55	0.29	0.18	0.52
鹤峰县	0.02	0.17		0.68	2.44	2.35	2.29	0.87	0.46	0.42
仙桃市	**0.35**	**0.97**	**0.04**	**1.87**	**13.5**	**11.72**	**21.44**	**0.92**	**0.72**	**8.32**
潜江市	**0.05**	**0.23**	**0.02**	**5.2**	**13.81**	**10.44**	**12.39**	**4.55**	**3.25**	**5.42**
天门市	**0.15**	**0.63**	**0.01**	**1.03**	**8.69**	**12.03**	**13.26**	**1.43**	**0.74**	**4.94**
神农架林区	**0.03**	**0.02**		**0.09**	**0.47**	**0.64**	**0.69**	**0.05**	**0.07**	**0.1**

《湖北农村统计年鉴-2019》

1.农村基本情况

2.农业产值☑

3.种植业

4.林业及土特产

5.畜牧业

6.渔业

7.农业机械化

8.农村主要能源及物资消耗

9.农业技术推广及应用

10.水利建设

11.农垦及监狱系统农场

全省农林牧渔业总产值

（按当年价格计算）　　　　单位：亿元

年 份	农林牧渔业总产值	农业	林业	牧业	渔业	农林牧渔专业及辅助性活动
1978	84.46					
1979	109.85					
1980	94.95	64.7	7.28	17.29	1.46	
1985	192.32	129.61	8.15	39.08	8.18	
1986	219.1	146.79	8.75	43.86	10.77	
1987	249.68	160.13	9.97	54.86	14.19	
1988	297.51	175.12	10.98	80.8	18.83	
1989	335.04	198.56	11.75	91.47	20.66	
1990	402.23	252.92	14.15	98.04	23.88	
1991	405.04	247.01	16.81	102.19	25.06	
1992	435.42	265.53	17.36	110.37	27.59	
1993	501.17	301.99	22.39	134.02	42.77	
1994	786.84	481.82	26.47	219.53	59.01	
1995	988.53	612.12	28.33	268.09	79.98	
1996	1140.76	670.27	33.62	337.02	99.86	
1997	1243.68	711.91	37.33	381.4	113.04	
1998	1222.58	688.06	41.29	371.37	121.86	
1999	1126.1	645.98	40.86	311.43	127.83	
2000	1125.64	615.74	40.24	338.77	130.89	
2001	1172.82	658.26	27.11	352.63	134.82	
2002	1203.3	671.2	28.33	354.84	148.93	
2003	1342.09	733.36	34.78	383.71	170.43	
2004	1695.44	921.59	31.78	514.52	205.68	21.87
2005	1775.58	932.15	37.3	545.4	236.49	24.24
2006	1842.2	995.46	40.5	487.09	221.42	97.73
2007	2281.21	1147.31	41.86	678.27	310.83	102.94
2008	2900.59	1385.21	49.69	985.51	372.98	107.2
2009	2924.66	1490.91	57.67	851.62	413.14	111.33
2010	3407.64	1883.22	65.37	883.09	458.58	117.38
2011	4110.16	2244.55	86.1	1137.84	508.8	132.87
2012	4542.16	2416.35	100.1	1244.29	626.2	155.22
2013	4920.13	2585.15	122	1286.55	748.4	178.03
2014	5162.94	2651.16	157	1301.06	844.2	209.53
2015	5387.13	2674.07	180.6	1354.28	922.77	255.42
2016	5863.98	2794.79	203.43	1527.29	1030.01	308.46
2017	6129.72	2962.49	213.26	1478.1	1089.08	386.79
2018	6207.83	3033.76	235.23	1386.53	1105.95	446.36

注:农林牧渔业总产值 2007 年-2017 年数据依据第三次全国农业普查结果进行了修订。

全省农林牧渔业增加值

（按当年价格计算）　　单位：亿元

年 份	农林牧渔业增加值	农业	林业	牧业	渔业	农林牧渔专业及辅助性活动
1995	639.31	414.41	19.42	148.28	57.19	
1996	716.34	444.17	22.53	179.79	69.85	
1997	767.92	459.2	25.57	207.86	75.28	
1998	748.22	439.51	28.49	197.85	82.37	
1999	694.8	408.26	28.03	175.29	83.21	
2000	684.13	380.24	26.12	194.79	82.98	
2001	711.18	408.53	16.65	200.38	85.62	
2002	734.26	417.11	17.25	201.42	98.48	
2003	808.63	451.46	20.47	217.4	109.02	10.29
2004	1031.06	563.99	18.42	305.57	131.86	11.22
2005	1081.23	571.87	20.54	324.19	152.31	12.32
2006	1140.41	624.96	23.3	311.39	165.87	14.89
2007	1368.49	718.98	25.21	395.24	192.01	37.05
2008	1755.53	877.34	30.22	574.56	233.91	39.49
2009	1758.99	932.07	35.08	490.83	259.35	41.67
2010	2088.38	1207.57	40.06	507.28	288.3	45.18
2011	2518.67	1474.59	46.51	632.22	315.87	49.48
2012	2732.88	1565.46	53.54	672.96	382.84	58.06
2013	2951.62	1666.87	62.02	687.49	467.35	67.89
2014	3080.59	1715.93	76.5	691.13	518.04	79
2015	3210.92	1727.91	100.68	720.92	553.92	107.48
2016	3527.93	1865.06	112.33	810.63	618.44	121.47
2017	3690.3	1962.12	117.57	785.29	663.97	161.34
2018	3733.62	2008.90	128.63	736.19	673.80	186.11

注：农林牧渔业增加值 2007 年-2017 年数据依据第三次全国农业普查结果进行了修订。

分地区农林牧渔业总产值

单位：万元

地区	农林牧渔业总产值	农业	林业	牧业	渔业	农林牧渔专业及辅助性活动
湖北省	**62078323**	**30337610**	**2352341**	**13865289**	**11059524**	**4463558**
武汉市	**6197368**	**3924610**	**116594**	**668744**	**1032789**	**454631**
武汉市辖区	485918	339189	1223	13894	124242	7370
汉南	242051	119195	1567	29657	89362	2270
蔡甸	732681	480997	5128	42247	173506	30803
江夏	1543433	974070	39007	230601	216755	83000
黄陂	1901457	1207223	42585	224969	261680	165000
新洲	1291828	803936	27084	127376	167244	166188
黄石市	**1641322**	**631395**	**87403**	**315007**	**519929**	**87588**
黄石市辖区	68987	40997	176	10647	11432	5735
阳新	842070	312701	54837	119972	310980	43580
大冶	730265	277697	32390	184388	197517	38273
十堰市	**2761319**	**1558127**	**271442**	**691650**	**163974**	**76126**
茅箭区	26919	11875	4115	9630	101	1198
张湾区	48916	33812	4432	7984	1682	1006
郧阳区	463379	252888	35195	161204	5875	8217
郧西县	360844	226721	34381	89000	2529	8213
竹山县	472354	294727	65504	73640	24870	13613
竹溪县	367937	246006	29215	81042	872	10802
房　县	516772	283961	60883	110547	44812	16569
丹江口市	504198	208137	37717	158603	83233	16508
宜昌市	**6666159**	**4018829**	**240060**	**1479514**	**453264**	**474492**
宜昌市辖区	159172	114670	3515	29561	2046	9380
夷陵区	1055737	709416	26830	223577	17609	78305
宜都市	782116	449576	41575	206197	32623	52145
枝江市	1327252	728883	38563	269793	195267	94746
当阳市	1326945	772033	25942	276707	156708	95555
远安县	332822	220394	18597	63866	6161	23804
兴山县	222953	121091	17766	68462	561	15073
秭归县	452862	295524	15391	107451	603	33893
长阳县	648923	379548	14021	167045	41489	46820
五峰县	357377	227694	37860	66855	197	24771
襄阳市	**7273460**	**3699533**	**185766**	**2382975**	**456961**	**548225**
高新区	39953	26175	143	7457	1823	4355
襄城区	296825	172498	13774	62034	27952	20567
樊城区	200515	150397	7648	20042	8002	14426
襄州区	1699451	796196	11340	610876	120085	160954
南漳县	769492	375951	46441	304051	13603	29446
谷城县	624565	309997	41344	218258	25003	29963
保康县	344561	195784	26923	100560	4626	16668
老河口市	770318	406782	5706	210108	79489	68233
枣阳市	1634647	800470	14168	577528	111553	130929
宜城市	893134	465282	18280	272061	64826	72684
鄂州市	**1621018**	**365202**	**34593**	**315036**	**829872**	**76315**
梁子湖区	524101	109578	13746	86042	290057	24678
华容区	455704	98761	9548	95826	230149	21420
鄂城区	641213	156863	11299	133168	309666	30217
荆门市	**4011981**	**1788124**	**88464**	**896622**	**901267**	**337504**
东宝区	340608	156502	8487	93257	64486	17876
掇刀区	216355	123923	4942	33632	37207	16651
沙洋县	1140153	479461	9510	242571	328714	79897
钟祥市	1299682	602026	31071	301146	251512	113927
京山市	1015183	426212	34454	226016	219348	109153
孝感市	**5042178**	**2286169**	**178804**	**1263108**	**955337**	**358760**

续表 单位：万元

地区	农林牧渔业总产值	农业	林业	牧业	渔业	农林牧渔专业及辅助性活动
孝感市辖区	12105	6849	93	2365	1951	848
孝南区	583754	252910	6078	130595	133230	60941
孝昌县	585109	308512	22177	145699	68124	40597
大悟县	628479	326775	92934	113042	71306	24422
云梦县	611079	333826	7920	153415	89557	26360
应城市	821195	334062	4448	201178	237857	43649
安陆市	625759	254857	23299	235012	64603	47988
汉川市	1174698	468377	21856	281802	288708	113954
荆州市	**7114173**	**2943501**	**135442**	**1161463**	**2287809**	**585958**
开发区	23292	19185	97	1611	599	1800
沙市区	281320	147894	6209	19624	69693	37900
荆州区	711335	361692	11423	123205	158115	56900
公安县	1133497	588587	17380	184076	247047	96407
监利县	1724633	630585	25549	233793	685198	149508
江陵县	436858	238548	10107	88417	52978	46808
石首市	673698	273521	25313	135603	181226	58035
洪湖市	1406464	368015	20327	99795	829327	89000
松滋市	723076	315474	19037	275339	63626	49600
黄冈市	**6623641**	**2893345**	**349049**	**1654453**	**1212196**	**514598**
龙感湖管理区	100699	13464	595	32347	51692	2602
黄州区	245843	123767	10260	20302	73736	17779
团风县	269678	110956	18361	58926	62020	19415
红安县	402133	182450	41228	114905	22563	40987
罗田县	458315	252225	32763	110207	18560	44560
英山县	538428	399563	36151	52124	8673	41917
浠水县	1049318	400214	41423	292293	260748	54640
蕲春县	854418	329372	44553	215596	205196	59701
黄梅县	824201	334369	32450	172532	221563	63287
麻城市	996695	445380	66292	289490	102858	92675
武穴市	883912	301585	24972	295733	184586	77036
咸宁市	**3294921**	**1670937**	**229112**	**620930**	**531705**	**242237**
咸安区	520319	206379	35425	133757	107904	36854
嘉鱼县	773643	520717	14303	30450	152658	55515
通城县	428247	161193	51698	146128	27635	41593
崇阳县	460828	203298	29545	156565	32005	39415
通山县	322812	125206	58574	91432	31226	16374
赤壁市	789072	454143	39567	62598	180277	52487
随州市	**2579332**	**1243819**	**135685**	**793373**	**196898**	**209557**
曾都区	493701	170728	13547	236694	29560	43172
随县	1155630	606432	50919	310101	95365	92812
广水市	930002	466659	71219	246578	71973	73573
恩施自治州	**3028338**	**1652455**	**231718**	**923681**	**12491**	**207993**
恩施市	533125	282579	40383	172131	2440	35592
利川市	639557	351110	49006	192064	2967	44410
建始县	385006	212342	30613	114665	1106	26280
巴东县	364445	198350	27609	111798	1184	25504
宣恩县	319588	172675	24390	98859	1443	22221
咸丰县	316681	174721	24123	95062	1390	21385
来凤县	252928	138525	19101	77263	934	17105
鹤峰县	217008	122153	16493	61839	1027	15496
仙桃市	**1462007**	**494156**	**15094**	**208047**	**680100**	**64610**
潜江市	**1315820**	**522841**	**23408**	**233704**	**432673**	**103194**
天门市	**1407616**	**621861**	**23917**	**248972**	**391860**	**121006**
神农架林区	**37669**	**22706**	**5790**	**8010**	**399**	**764**

分地区农林牧渔业增加值

单位：万元

地区	农林牧渔业总产值	农业	林业	牧业	渔业	农林牧渔专业及辅助性活动
湖北省	**37336185**	**20088971**	**1286250**	**7361921**	**6737966**	**1861077**
武汉市	**3804494**	**2574782**	**66170**	**353494**	**625507**	**184541**
武汉市辖区	280619	207649	682	8590	60885	2814
汉南	140574	71145	906	15290	52310	922
蔡甸	449695	298627	2814	20072	115671	12510
江夏	954276	656420	21620	113535	128991	33709
黄陂	1183724	808780	25138	127967	154748	67092
新洲	795606	532160	15010	68040	112902	67494
黄石市	**994347**	**411790**	**51405**	**173786**	**319406**	**37960**
黄石市辖区	41123	25722	78	5896	6963	2464
阳新	514867	208747	32626	64008	190736	18750
大冶	438357	177321	18701	103882	121707	16746
十堰市	**1615013**	**988281**	**138670**	**355842**	**99760**	**32460**
茅箭区	15157	7532	2102	4952	61	510
张湾区	29270	21446	2264	4108	1023	429
郧阳区	268396	160401	17980	82937	3574	3504
郧西县	212197	143803	17564	45789	1539	3502
竹山县	279225	186938	33464	37887	15131	5805
竹溪县	217792	156035	14925	41695	531	4606
房　县	302415	180109	31103	56875	27263	7065
丹江口市	290561	132017	19268	81599	50638	7039
宜昌市	**4066783**	**2684691**	**124080**	**782282**	**273191**	**202539**
宜昌市辖区	99287	76603	1817	15630	1233	4004
夷陵区	650031	473910	13868	118215	10613	33425
宜都市	472763	300329	21488	109025	19663	22258
枝江市	807633	486915	19932	142651	117692	40443
当阳市	810695	515740	13409	146307	94451	40788
远安县	204484	147229	9612	33769	3713	10161
兴山县	133046	80892	9183	36199	338	6434
秭归县	277016	197418	7955	56813	363	14467
长阳县	394111	253549	7247	88324	25006	19985
五峰县	217717	152106	19569	35349	119	10574
襄阳市	**4370718**	**2496874**	**108695**	**1261830**	**280204**	**223115**
高新区	24238	17666	83	3599	1118	1772
襄城区	182839	116422	8060	32848	17140	8370
樊城区	127171	101505	4475	10413	4907	5871
襄州区	1006611	537365	6635	323470	73635	65505
南漳县	462234	253735	27173	161001	8341	11984
谷城县	376511	209222	24191	115572	15331	12194
保康县	210759	132138	15753	53248	2837	6783
老河口市	464800	274544	3339	110406	48742	27769
枣阳市	977440	540250	8290	307212	68403	53285
宜城市	538115	314027	10696	144061	39751	29581
鄂州市	**972178**	**238907**	**20078**	**169490**	**513017**	**30686**
梁子湖区	315810	71736	8031	46248	179832	9963
华容区	272864	64607	5542	51554	142547	8613
鄂城区	383504	102564	6505	71688	190638	12110
荆门市	**2400002**	**1186702**	**51935**	**478053**	**545285**	**138027**
东宝区	205302	104319	4983	49662	39031	7307
掇刀区	132733	82572	2901	17943	22506	6811
沙洋县	681898	317296	5582	129372	196983	32665
钟祥市	776899	400021	18243	160864	151173	46598
京山市	603170	282494	20226	120212	135592	44646
孝感市	**3025504**	**1530123**	**94209**	**671688**	**575296**	**154188**

续表

单位：万元

地区	农林牧渔业总产值	农业	林业	牧业	渔业	农林牧渔专业及辅助性活动
孝感市辖区	7424	4588	49	1253	1169	365
孝南区	351334	171957	3359	69491	80870	25657
孝昌县	350341	198124	11661	77768	47735	15053
大悟县	377030	220225	48865	59410	43070	5460
云梦县	373077	223160	4165	80737	53688	11327
应城市	497195	224760	3339	107445	148358	13293
安陆市	363617	173572	6541	124548	39600	19356
汉川市	705486	313737	16230	151036	160806	63677
荆州市	**4284879**	**1966521**	**73204**	**617437**	**1390339**	**237378**
开发区	15383	13390	55	847	362	729
沙市区	171196	98701	3374	10942	42821	15358
荆州区	430698	240375	6004	64184	97077	23058
公安县	698815	400148	9256	97979	152365	39067
监利县	1048658	418567	14087	125473	429948	60583
江陵县	262538	159379	5474	45883	32834	18968
石首市	402561	183084	13670	69558	112732	23517
洪湖市	820805	238634	10877	51756	483473	36065
松滋市	434225	214243	10407	150815	38727	20033
黄冈市	**3977686**	**1951653**	**187292**	**883184**	**738899**	**216658**
龙感湖管理区	56348	6923	239	15864	32273	1049
黄州区	149373	81004	4944	10616	45497	7311
团风县	159177	71225	10469	31770	37524	8190
红安县	250431	132874	23214	61456	14618	18269
罗田县	274878	167989	17937	57911	11771	19271
英山县	341568	270383	19627	28091	5140	18327
浠水县	622255	268392	20851	156950	152687	23376
蕲春县	497570	218123	22380	112645	122396	22024
黄梅县	497766	227096	16571	92240	135063	26796
麻城市	597109	298509	37794	156838	64481	39487
武穴市	531212	209134	13266	158803	117449	32560
咸宁市	**1973745**	**1077161**	**129520**	**333399**	**328740**	**104925**
咸安区	304567	131745	19831	71119	66064	15808
嘉鱼县	444044	311477	7503	15171	87580	22313
通城县	262701	110652	31121	83550	18194	19184
崇阳县	280683	136908	17448	87820	20672	17835
通山县	185318	79008	32413	48056	18899	6942
赤壁市	496432	307370	21204	27684	117331	22843
随州市	**1532305**	**818981**	**77685**	**422698**	**121908**	**91033**
曾都区	283106	112166	7753	126106	18309	18772
随县	692801	399609	29124	164841	58939	40288
广水市	556398	307206	40808	131751	44660	31973
恩施自治州	**1751659**	**1045887**	**125714**	**483413**	**7638**	**89007**
恩施市	309689	181152	22089	89471	1485	15492
利川市	374003	224331	26687	102064	1806	19115
建始县	221004	132582	16581	60112	675	11054
巴东县	208607	124676	14919	57323	722	10967
宣恩县	183695	109066	13195	51124	906	9404
咸丰县	181968	110116	12993	48941	848	9070
来凤县	146388	87428	10332	40721	570	7337
鹤峰县	126305	76536	8918	33657	626	6568
仙桃市	**896093**	**334209**	**7989**	**110976**	**416071**	**26848**
潜江市	**794651**	**349483**	**12397**	**126904**	**264108**	**41759**
天门市	**853995**	**419226**	**13712**	**133067**	**238364**	**49626**
神农架林区	**22133**	**13700**	**3495**	**4378**	**233**	**327**

《湖北农村统计年鉴-2019》

粮食作物播种面积

单位：千公顷

年份	粮食作物	小麦	稻谷	薯类	玉米	大豆
1978	5544.78	1122.28	2894.63	427.23	403.14	173.43
1980	5352.04	1292.29	2708.22	387.46	406.91	138.94
1985	5108.25	1331.42	2538.57	354.01	374.17	134.64
1990	5200.01	1352.10	2636.47	391.90	386.11	164.65
1991	5194.50	1347.53	2622.79	402.38	395.19	150.61
1992	4955.35	1287.91	2537.49	392.59	376.18	140.23
1993	4812.05	1271.23	2377.82	384.33	365.96	181.69
1994	4797.95	1225.60	2373.26	203.39	373.02	201.52
1995	4776.65	1179.93	2408.66	397.65	393.77	188.01
1996	4880.28	1230.14	2448.58	419.53	405.07	174.71
1997	4944.66	1276.52	2467.51	415.74	400.30	182.51
1998	4737.15	1212.08	2244.74	431.02	442.84	201.32
1999	4673.11	1074.43	2284.98	448.72	460.82	207.01
2000	4156.20	845.10	1995.29	467.61	424.10	224.75
2001	4015.73	735.85	1953.77	237.75	401.11	218.01
2002	3816.08	679.02	1888.75	430.61	384.04	217.82
2003	3572.74	603.43	1808.75	208.56	349.81	196.47
2004	3817.89	605.08	2084.02	403.79	357.49	186.05
2005	4068.05	730.61	2162.39	397.75	428.79	179.79
2006	3902.27	1016.93	1975.07	218.67	431.93	118.40
2007	4032.18	1099.41	2027.17	217.51	444.55	117.20
2008	3891.72	1006.35	1956.92	212.20	488.24	115.60
2009	4072.96	1001.98	2093.62	230.05	536.46	111.36
2010	4135.78	1011.70	2087.84	260.83	572.53	109.94
2011	4191.52	1028.32	2081.07	283.93	603.37	108.12
2012	4294.51	1084.08	2086.42	275.94	663.58	105.67
2013	4416.60	1117.11	2202.55	272.53	653.43	103.27
2014	4522.12	1099.38	2201.79	274.15	745.72	136.79
2015	4784.38	1122.15	2383.35	276.80	813.53	144.40
2016	4816.14	1140.67	2358.67	276.35	797.33	202.25
2017	4852.99	1153.21	2368.07	282.72	794.78	212.34
2018	4847.01	1104.96	2390.99	308.13	781.20	219.77

注:2007 年-2017 年数据依据第三次全国农业普查结果进行了修订。

经济作物播种面积

单位：千公顷

年份	经济作物	棉花	油菜籽	花生	芝麻	黄红麻	甘蔗	甜菜	烤烟
1978	2386.27	593.19	165.27	34.14	102.71	8.39	2.31	0.13	24.75
1980	2125.02	591.67	175.75	40.76	113.51	12.17	1.49	0.12	9.69
1985	2223.46	464.97	361.42	65.94	173.31	94.17	7.85	0.08	37.67
1990	2161.13	455.92	744.31	63.75	126.85	27.33	8.07	0.01	46.35
1991	2229.42	461.55	610.10	61.59	128.17	20.42	8.47	0.02	56.83
1992	2228.48	507.19	534.41	64.73	126.32	18.15	10.64	0.02	72.76
1993	2313.42	486.06	522.14	79.70	127.24	22.41	15	0.03	64.32
1994	2383.48	497.58	615.87	86.97	114.77	11.70	15.73		38.69
1995	2655.06	502.03	838.82	91.91	110.04	10.83	15.97	0.03	41.16
1996	2698.73	474.38	855.26	90.82	107.72	8.59	16.59		51.92
1997	2794.55	480.56	829.80	95.20	107.35	10.10	18		70.99
1998	2958.83	431.58	887.01	121.48	113.62	7.94	19.97		48.47
1999	3115.55	310.70	1003.64	143.87	127.14	4.30	23.34		48.32
2000	3427.87	318.07	1158.94	193.42	143.82	3.14	22.17		48.10
2001	3473.26	346.65	1118.06	210.06	129.93	2.65	18.88		40.43
2002	3465.53	286.37	1155.25	206.04	138.88	5.13	19.18		42.90
2003	3580.50	355.02	1174.63	201.11	124	2.97	17.24		39.45
2004	3407.24	408.30	1186.10	173.03	111.20	1.36	10.01		39.94
2005	3323.25	360.95	1178.65	171.71	102.52	0.98	9.95		43.68
2006	3198.32	496.40	1001.20	140.10	97.24	0.69	3.70		32.13
2007	2961.51	514.22	912.69	139.45	88.14	0.53	3.48		32.42
2008	3241.14	543.00	1056	180.24	87.79	0.41	6.19		45.97
2009	3257.20	460.08	1112.36	190.41	91.45	0.26	9.36		54.42
2010	3244.47	480.05	1089.43	198.50	82.46	0.07	7.04		39.36
2011	3266.40	488.66	1055.39	203.96	77.28	0.06	6.60		45.61
2012	3393.32	472.87	1062.61	257.57	74.28	0.05	6.37		49.40
2013	3318.17	415.59	1098.94	217.77	69.06	0.04	5.95		46.69
2014	3272.64	344.80	1101.62	218.37	71.50	0.02	5.83		36.53
2015	3201.92	264.74	1070.11	221.65	66.75	0.02	6.30		39.60
2016	3092.36	204.96	983.62	232.14	64.31	0.04	6.42	0.02	40.89
2017	3103.14	204.80	971.17	230.53	62.69	0.03	6.57	0.02	36.62
2018	3105.89	159.26	932.97	232.60	67.87	0.01	6.45	0.02	33.63

注:2007 年-2017 年数据依据第三次全国农业普查结果进行了修订。

主要农产品产量

单位：万吨

年份	粮食			棉花	油料		
		夏粮	秋粮			花生	油菜籽
1949	578.13	101.85	476.28	5.74	13.37	3.17	4.12
1952	747.54	148.81	598.73	12.17	22.34	4.56	7.09
1957	986.08	180.87	805.21	21.02	25.26	11.23	4.86
1962	960.41	246.34	714.07	14.22	18.30	3.81	4.29
1965	1241.34	255.01	986.33	38.29	22.32	5.15	6.76
1970	1268.67	187.06	1081.62	29.64	14.93	4.82	3.94
1975	1561.51	230.10	1331.41	40.61	21.44	5.12	10.65
1978	1725.60	315.04	1410.56	36.67	23.71	4.90	10.72
1980	1536.43	341.32	1195.11	31.63	20.58	5.85	11.59
1985	2216.13	429.58	1786.56	49.22	72.98	13.52	41.14
1990	2475.03	474.96	2000.07	51.73	95.75	12.79	70.90
1991	2244.10	476.20	1767.90	49.11	106.29	11.44	83.75
1992	2426.60	450.90	1975.70	60.99	99.74	15.72	70.86
1993	2325.70	471.87	1853.85	42.50	111.74	20.68	78.35
1994	2422.10	472.70	1949.40	45.00	137.77	24.81	98.07
1995	2463.84	447.20	2016.64	58.60	189.44	27.28	146.24
1996	2484.40	465.24	2019.16	43.01	181.82	30.77	134.88
1997	2634.40	542.60	2091.80	58.09	195.47	31.24	147.53
1998	2475.79	501.69	1974.10	32.50	216.69	42.87	154.76
1999	2451.88	392.71	2059.17	28.15	228.27	48.15	159.97
2000	2218.49	322.39	1896.10	30.43	269.98	53.46	192.40
2001	2138.49	319.14	1819.35	37.35	279.45	63.99	194.79
2002	2074.00	232.27	1841.73	32.26	245.29	72.25	151.40
2003	1921.02	255.65	1665.37	32.50	272.72	68.37	187.10
2004	2100.12	271.24	1828.96	39.54	314.38	63.19	235.12
2005	2177.38	302.49	1874.89	37.50	293.90	60.19	219.15
2006	2099.10	369.08	1730.02	55.20	254.45	48.40	191.83
2007	2139.07	409.86	1729.21	55.73	252.78	49.01	190.71
2008	2145.47	382.28	1763.19	49.86	279.20	50.24	209.17
2009	2291.05	392.08	1898.97	48.05	306.83	64.21	227.13
2010	2304.26	411.90	1892.36	47.18	302.28	66.64	220.35
2011	2407.45	415.67	1991.78	52.58	293.13	71.67	206.02
2012	2485.14	437.75	2047.39	53.15	305.13	78.16	212.15
2013	2586.21	490.08	2096.13	45.97	315.57	72.21	227.90
2014	2658.26	493.82	2164.44	35.95	321.18	73.83	230.86
2015	2914.75	493.09	2421.66	29.76	316.71	73.21	226.02
2016	2796.35	497.59	2298.76	19.00	305.15	77.98	211.14
2017	2846.12	488.25	2357.87	18.36	307.69	78.37	213.17
2018	2839.47	467.60	2371.87	14.93	302.48	80.67	205.31

注:2007 年-2017 年数据依据第三次全国农业普查结果进行了修订。

粮食作物生产情况（2017–2018）

单位：千公顷、万吨

指标名称	播种面积		产　量	
	2017 年	2018 年	2017 年	2018 年
全年粮食	4852.99	4847.01	2846.12	2839.47
一、夏收粮食	1363.19	1321.33	488.25	467.60
（一）谷物	1163.11	1114.77	430.05	413.33
1.小麦	1153.22	1104.96	426.90	410.37
2.其他小谷物	9.90	9.81	3.15	2.96
#大　麦	8.2	8.29	2.69	2.54
燕　麦	0.1	0.09	0.0	0.03
荞　麦	0.3	0.38	0.1	0.06
其他小杂粮	1.3	1.05	0.4	0.33
（二）豆类	17.69	16.64	3.11	2.59
#其他小豆类	17.69	16.64	3.11	2.59
（三）薯类	182.39	189.92	55.09	51.68
#马铃薯	182.39	189.92	55.09	51.68
二、秋收粮食	3489.81	3525.67	2357.87	2371.87
（一）谷物	3168.69	3177.01	2285.98	2290.71
1.稻谷	2368.07	2390.99	1927.16	1965.62
#早稻	174.04	164.53	100.87	97.55
中稻	1991.65	2034.30	1688.73	1733.86
晚稻	202.38	192.17	137.56	134.21
2.玉米	794.78	781.20	356.75	323.38
3.其他小谷物	5.84	4.82	2.07	1.71
（二）豆类	220.78	230.45	35.37	35.82
1.大豆	212.34	219.77	34.31	34.21
2.绿　豆	4.51	6.88	0.61	0.93
3.红小豆	1.77	2.85	0.09	0.34
4.其他小豆类	2.16	0.96	0.37	0.34
（三）薯类	100.33	118.21	36.54	45.34
1.马铃薯	21.36	27.31	9.79	12.83
2.甘薯	78.97	90.90	26.75	32.51

分地区粮食作物播种面积

单位：千公顷

地区	粮食作物面积	夏收粮食			
			小麦	豆类	马铃薯
湖北省	**4847.01**	**1321.33**	**1104.96**	**16.64**	**189.92**
武汉市	**150.78**	**11.18**	**10.15**	**0.22**	**0.72**
武汉市辖区	11.70	0.72	0.72		
蔡甸区	21.49	1.93	1.63	0.11	0.15
江夏区	32.77	0.69	0.63		0.06
黄陂区	47.17	2.74	2.40	0.03	0.29
新洲区	37.64	5.10	4.76	0.08	0.22
黄石市	**91.18**	**9.98**	**7.62**	**0.48**	**1.87**
黄石市辖区	0.86	0.13	0.10	0.01	0.03
大冶市	39.47	4.33	3.31	0.20	0.80
阳新县	50.84	5.53	4.21	0.26	1.04
十堰市	**218.78**	**81.72**	**59.41**	**5.59**	**16.40**
茅箭区	0.38	0.12	0.08		0.03
张湾区	0.53	0.17	0.12		0.06
郧阳区	52.94	25.34	23.15	0.79	1.39
竹山县	39.94	12.57	7.59	1.48	3.50
竹溪县	38.84	12.22	4.30	2.22	5.41
郧西县	39.51	16.43	12.14	0.79	3.50
房县	21.66	4.07	2.25	0.05	1.75
丹江口市	24.98	10.79	9.79	0.25	0.75
宜昌市	**324.01**	**82.93**	**39.24**	**2.12**	**39.14**
宜昌市辖区	4.12	0.21	0.03	0.11	0.07
夷陵区	42.48	7.49	0.03	0.33	7.05
当阳市	83.40	20.75	17.76	0.11	1.52
枝江市	61.18	20.61	17.69	0.59	1.76
宜都市	22.42	4.29	0.62	0.15	3.52
远安县	14.30	2.37	0.75	0.20	1.02
兴山县	13.84	3.87	0.07	0.32	3.48
秭归县	22.87	5.08	1.25	0.07	3.76
长阳县	30.20	7.31	0.87	0.08	6.35
五峰县	29.20	10.94	0.17	0.16	10.61
襄阳市	**830.15**	**393.79**	**380.50**	**0.84**	**11.61**
襄阳市直	56.62	24.09	24.04		0.05
襄州区	217.31	109.61	106.75	0.22	2.33
南漳县	82.65	38.31	36.56		1.68
谷城县	47.85	19.15	18.25	0.25	0.65
老河口市	73.77	36.29	36.11	0.15	0.03
枣阳市	213.15	105.17	103.73	0.07	0.99
宜城市	107.61	50.17	48.94	0.15	1.00
保康县	31.18	11.01	6.12		4.87
鄂州市	**43.42**	**6.64**	**6.26**	**0.03**	**0.29**
梁子湖区	17.50	2.15	1.99	0.01	0.13
华容区	12.35	2.16	2.09	0.01	0.04
鄂城区	13.57	2.33	2.18	0.01	0.11
荆门市	**476.75**	**125.29**	**123.46**	**0.48**	**1.18**
荆门市直	48.09	7.67	7.23	0.19	0.25
京山市	122.84	34.09	33.35	0.19	0.55
沙洋县	128.64	25.62	25.40	0.10	0.05
钟祥市	177.18	57.91	57.48		0.33
孝感市	**360.45**	**82.13**	**79.01**	**0.40**	**2.61**

续表 1

单位：千公顷

地区	粮食作物面积	夏收粮食	小麦	豆类	马铃薯
孝南区	33.19	3.65	3.51	0.04	0.11
孝昌县	41.74	8.21	7.81	0.02	0.39
大悟县	42.66	11.50	10.56	0.08	0.75
云梦县	39.86	7.99	7.02	0.12	0.86
应城市	53.44	7.23	7.18	0.01	0.04
安陆市	65.59	17.93	17.59	0.01	0.33
汉川市	83.97	25.61	25.35	0.12	0.14
荆州市	**737.99**	**175.76**	**169.82**	**1.95**	**0.74**
荆州市直	68.34	15.71	15.29	0.21	0.15
公安县	148.79	43.46	41.35	0.23	0.12
监利县	182.85	20.15	18.95	1.07	0.13
江陵县	91.58	38.75	38.70	0.01	0.04
石首市	55.44	11.24	11.09	0.08	0.05
洪湖市	100.12	20.49	20.07	0.34	0.06
松滋市	90.86	25.96	24.37	0.03	0.20
黄冈市	**411.64**	**46.53**	**38.83**	**0.20**	**7.34**
黄州区	8.74	3.65	3.61	0.00	0.04
团风县	18.25	1.90	1.69	0.01	0.20
红安县	30.61	2.11	1.60	0.00	0.51
罗田县	42.94	8.96	8.52	0.07	0.32
英山县	18.83	4.36	2.72	0.00	1.64
浠水县	57.27	2.22	1.27	0.01	0.95
蕲春县	67.97	2.89	0.47	0.06	2.24
黄梅县	67.17	9.07	8.62	0.04	0.41
麻城市	51.46	6.32	5.59	0.00	0.73
武穴市	48.39	5.05	4.73	0.01	0.31
咸宁市	**204.71**	**13.05**	**6.12**	**0.85**	**5.94**
咸安区	36.14	1.73	0.25	0.48	0.99
嘉鱼县	29.31	3.43	3.11	0.03	0.30
通城县	31.94	1.75	0.43	0.13	1.19
崇阳县	41.07	2.41	1.36	0.11	0.80
赤壁市	43.11	2.39	0.53	0.05	1.81
通山县	23.14	1.33	0.43	0.05	0.85
随州市	**227.81**	**74.67**	**71.07**	**0.33**	**2.99**
随县	131.34	49.26	47.07	0.11	1.94
曾都区	39.38	13.08	12.49	0.10	0.42
广水市	57.09	12.33	11.51	0.13	0.63
恩施自治州	**375.60**	**99.34**	**1.74**	**2.71**	**94.39**
恩施市	61.05	16.95	0.05	0.67	16.21
利川市	78.97	20.22	0.11	0.66	19.45
建始县	49.75	15.77	0.05	0.36	14.93
巴东县	60.96	18.09	1.53	0.74	15.77
咸丰县	46.18	11.85		0.06	11.79
宣恩县	31.65	6.54		0.05	6.49
来凤县	29.22	4.55		0.17	4.38
鹤峰县	17.81	5.37		0.01	5.36
仙桃市	**119.93**	**27.31**	**25.25**	**0.23**	**0.67**
潜江市	**103.52**	**29.99**	**29.08**	**0.09**	**0.71**
天门市	**164.22**	**59.17**	**57.14**	**0.10**	**1.91**
神农架林区	**6.07**	**1.87**	**0.27**	**0.03**	**1.40**

续表 2 单位：千公顷

地区	秋收粮食面积	稻谷	早稻	中稻和一季晚稻	双季晚稻
湖北省	**3525.67**	**2390.99**	**164.53**	**2034.30**	**192.17**
武汉市	**139.61**	**109.22**	**18.73**	**69.84**	**20.66**
武汉市辖区	10.98	4.18	0.03	4.07	0.08
蔡甸区	19.57	9.61	0.13	9.38	0.10
江夏区	32.08	24.05	4.00	14.60	5.45
黄陂区	44.42	41.39	6.92	27.33	7.13
新洲区	32.55	29.99	7.64	14.46	7.89
黄石市	**81.20**	**65.83**	**6.71**	**51.49**	**7.63**
黄石市辖区	0.73	0.56	0.08	0.36	0.12
大冶市	35.15	28.52	2.92	22.32	3.28
阳新县	45.32	36.76	3.71	28.81	4.23
十堰市	**137.06**	**27.21**		**27.21**	
茅箭区	0.27	0.01		0.01	
张湾区	0.36	0.02		0.02	
郧阳区	27.60	5.14		5.14	
竹山县	27.38	5.21		5.21	
竹溪县	26.61	5.33		5.33	
郧西县	23.07	2.07		2.07	
房县	17.58	4.91		4.91	
丹江口市	14.18	4.52		4.52	
宜昌市	**241.08**	**82.89**	**2.39**	**77.83**	**2.67**
宜昌市辖区	3.91	0.29		0.29	
夷陵区	34.99	9.88		9.88	
当阳市	62.65	34.44		34.44	
枝江市	40.56	24.28	2.39	19.22	2.67
宜都市	18.13	4.19		4.19	
远安县	11.93	6.61		6.61	
兴山县	9.97	1.05		1.05	
秭归县	17.79	1.08		1.08	
长阳县	22.89	0.99		0.99	
五峰县	18.26	0.08		0.08	
襄阳市	**436.35**	**206.11**		**206.11**	
襄阳市直	32.54	20.89		20.89	
襄州区	107.70	42.27		42.27	
南漳县	44.33	26.06		26.06	
谷城县	28.70	16.98		16.98	
老河口市	37.48	10.32		10.32	
枣阳市	107.98	49.81		49.81	
宜城市	57.45	37.41		37.41	
保康县	20.17	2.37		2.37	
鄂州市	**36.78**	**30.84**	**4.15**	**21.59**	**5.10**
梁子湖区	15.35	13.71	2.52	8.17	3.02
华容区	10.19	8.16	0.91	6.03	1.22
鄂城区	11.24	8.97	0.72	7.39	0.86
荆门市	**351.46**	**260.04**	**4.56**	**249.49**	**5.99**
荆门市直	40.42	35.21		35.21	
京山市	88.75	66.29	4.16	56.58	5.55
沙洋县	103.01	90.18	0.39	89.35	0.43
钟祥市	119.28	68.35		68.35	
孝感市	**278.32**	**258.98**	**4.62**	**248.37**	**5.99**

续表 3

单位：千公顷

地区	秋收粮食面积	稻谷			
			早稻	中稻和一季晚稻	双季晚稻
孝南区	29.54	28.66	0.42	27.79	0.46
孝昌县	33.52	31.45	1.70	27.64	2.11
大悟县	31.16	29.74	0.03	29.68	0.03
云梦县	31.86	28.56	0.94	26.24	1.38
应城市	46.22	44.12	0.65	42.73	0.73
安陆市	47.66	45.32		45.32	
汉川市	58.36	51.13	0.88	48.97	1.27
荆州市	**562.23**	**483.06**	**39.01**	**396.22**	**47.82**
荆州市直	52.63	43.30	0.13	43.01	0.16
公安县	105.33	88.45	6.74	72.09	9.62
监利县	162.71	154.96	20.92	108.76	25.29
江陵县	52.82	49.11	0.71	47.54	0.86
石首市	44.21	32.70	1.44	29.50	1.77
洪湖市	79.63	70.06	7.02	55.42	7.62
松滋市	64.90	44.46	2.06	39.90	2.50
黄冈市	**365.11**	**331.26**	**47.79**	**228.01**	**55.47**
黄州区	5.10	3.97	0.62	2.48	0.87
团风县	16.35	15.81	1.44	12.81	1.56
红安县	28.50	26.45	4.22	17.67	4.56
罗田县	33.98	27.81	0.51	26.71	0.60
英山县	14.47	11.52	0.56	10.34	0.62
浠水县	55.05	52.40	9.89	28.97	13.54
蕲春县	65.08	61.49	19.23	21.00	21.27
黄梅县	58.11	50.53	3.50	43.15	3.88
麻城市	45.13	41.44	4.64	31.97	4.83
武穴市	43.34	39.84	3.19	32.91	3.74
咸宁市	**191.66**	**146.57**	**27.10**	**88.78**	**30.69**
咸安区	34.41	27.44	2.17	22.60	2.67
嘉鱼县	25.88	18.72	1.85	14.53	2.33
通城县	30.19	25.22	8.65	7.68	8.89
崇阳县	38.65	27.02	7.00	11.67	8.35
赤壁市	40.73	37.69	7.05	22.63	8.00
通山县	21.80	10.48	0.37	9.67	0.44
随州市	**153.14**	**136.34**		**136.34**	
随县	82.08	73.51		73.51	
曾都区	26.30	23.50		23.50	
广水市	44.77	39.33		39.33	
恩施自治州	**276.26**	**45.52**		**45.52**	
恩施市	44.10	3.09		3.09	
利川市	58.75	16.94		16.94	
建始县	33.98	3.12		3.12	
巴东县	42.87	1.88		1.88	
咸丰县	34.33	6.97		6.97	
宣恩县	25.11	5.37		5.37	
来凤县	24.67	7.35		7.35	
鹤峰县	12.44	0.79		0.79	
仙桃市	**92.62**	**68.34**	**0.60**	**67.03**	**0.71**
潜江市	**73.53**	**60.55**	**0.11**	**60.44**	
天门市	**105.05**	**78.14**	**8.75**	**59.95**	**9.44**
神农架林区	**4.20**	**0.10**		**0.10**	

续表 4 单位：千公顷

地区	秋收粮食面积				
		玉米	高粱	大豆	秋薯
湖北省	**3525.67**	**781.20**	**4.25**	**219.77**	**118.21**
武汉市	**139.61**	**18.63**	**0.02**	**9.19**	**1.95**
武汉市辖区	10.98	3.54		3.03	0.18
蔡甸区	19.57	7.77		1.84	0.17
江夏区	32.08	6.23		1.22	0.41
黄陂区	44.42	0.89	0.02	1.40	0.67
新洲区	32.55	0.21		1.69	0.53
黄石市	**81.20**	**8.71**	**0.20**	**2.33**	**4.05**
黄石市辖区	0.73	0.12	0.00	0.02	0.03
大冶市	35.15	3.75	0.08	1.01	1.75
阳新县	45.32	4.84	0.11	1.31	2.27
十堰市	**137.06**	**75.85**	**0.48**	**15.17**	**14.42**
茅箭区	0.27	0.21		0.04	
张湾区	0.36	0.30		0.04	
郧阳区	27.60	17.54		1.55	2.86
竹山县	27.38	13.83	0.07	4.53	2.74
竹溪县	26.61	11.93	0.27	4.27	3.55
郧西县	23.07	14.22	0.06	2.75	3.20
房县	17.58	11.18	0.04	1.16	0.12
丹江口市	14.18	6.63	0.03	0.82	1.95
宜昌市	**241.08**	**131.10**		**10.81**	**15.54**
宜昌市辖区	3.91	2.28		0.06	1.28
夷陵区	34.99	20.88		1.48	2.68
当阳市	62.65	22.62		2.18	3.23
枝江市	40.56	12.83		2.55	0.87
宜都市	18.13	9.98		0.34	3.40
远安县	11.93	4.31		0.19	0.81
兴山县	9.97	8.24		0.59	0.07
秭归县	17.79	15.76		0.82	0.13
长阳县	22.89	19.70		1.40	0.60
五峰县	18.26	14.50		1.20	2.47
襄阳市	**436.35**	**218.20**	**1.14**	**5.87**	**4.55**
襄阳市直	32.54	11.42		0.18	0.05
襄州区	107.70	62.71	1.11	0.83	0.77
南漳县	44.33	17.51		0.32	0.39
谷城县	28.70	10.29		0.91	0.35
老河口市	37.48	26.49		0.59	0.03
枣阳市	107.98	56.95	0.03	0.54	0.63
宜城市	57.45	18.27		0.75	1.01
保康县	20.17	14.56		1.76	1.33
鄂州市	**36.78**	**1.94**	**1.19**	**1.93**	**0.65**
梁子湖区	15.35	0.64	0.18	0.37	0.43
华容区	10.19	0.27	0.74	0.73	0.08
鄂城区	11.24	1.03	0.26	0.83	0.14
荆门市	**351.46**	**55.65**		**34.36**	**1.29**
荆门市直	40.42	4.67		0.46	0.09
京山市	88.75	15.17		6.67	0.52
沙洋县	103.01	4.82		7.88	0.10
钟祥市	119.28	30.99		19.35	0.58
孝感市	**278.32**	**12.36**	**0.15**	**5.52**	**0.78**

续表 5　　单位：千公顷

地区	秋收粮食面积	玉米	高粱	大豆	秋薯
孝南区	29.54	0.58		0.28	0.01
孝昌县	33.52	0.75		0.87	0.15
大悟县	31.16	0.22	0.15	0.72	0.29
云梦县	31.86	2.53		0.60	0.09
应城市	46.22	0.73		1.24	0.10
安陆市	47.66	1.58		0.71	0.05
汉川市	58.36	5.96		1.10	0.09
荆州市	**562.23**	**34.19**	**0.09**	**43.25**	**1.03**
荆州市直	52.63	5.99		3.03	0.11
公安县	105.33	3.89	0.06	12.67	0.12
监利县	162.71	0.69		6.90	0.11
江陵县	52.82	0.36		3.32	0.03
石首市	44.21	1.62		9.79	0.09
洪湖市	79.63	2.98	0.03	6.47	0.05
松滋市	64.90	18.67		1.06	0.53
黄冈市	**365.11**	**11.25**	**0.13**	**15.66**	**6.23**
黄州区	5.10	0.62		0.45	0.05
团风县	16.35	0.12		0.24	0.15
红安县	28.50	0.55		0.93	0.56
罗田县	33.98	1.86	0.05	3.06	1.05
英山县	14.47	1.50		0.81	0.62
浠水县	55.05	1.15		1.19	0.29
蕲春县	65.08	0.64	0.09	1.52	1.15
黄梅县	58.11	2.63		4.15	0.70
麻城市	45.13	1.19		1.47	1.01
武穴市	43.34	0.98		1.84	0.65
咸宁市	**191.66**	**21.80**		**7.99**	**14.30**
咸安区	34.41	3.39		1.34	1.85
嘉鱼县	25.88	5.93		0.86	0.18
通城县	30.19	1.19		1.65	2.02
崇阳县	38.65	5.47		1.77	4.33
赤壁市	40.73	1.02		1.37	0.61
通山县	21.80	4.80		1.00	5.30
随州市	**153.14**	**13.37**		**1.42**	**1.78**
随县	82.08	7.98		0.48	0.10
曾都区	26.30	2.35		0.14	0.26
广水市	44.77	3.05		0.80	1.42
恩施自治州	**276.26**	**155.97**	**0.67**	**22.31**	**50.19**
恩施市	44.10	28.07	0.55	5.31	6.70
利川市	58.75	31.39		4.52	5.67
建始县	33.98	22.74		2.58	5.43
巴东县	42.87	29.69	0.12	3.33	7.36
咸丰县	34.33	14.92		2.46	9.82
宣恩县	25.11	12.17		2.15	5.32
来凤县	24.67	8.18		1.45	7.55
鹤峰县	12.44	8.82		0.51	2.33
仙桃市	**92.62**	**13.95**		**9.72**	**0.53**
潜江市	**73.53**	**2.39**		**10.37**	**0.22**
天门市	**105.05**	**3.48**		**23.30**	**0.11**
神农架林区	**4.20**	**2.35**	**0.18**	**0.57**	**0.58**

分地区粮食总产量

单位：吨

地区	粮食总产量	夏粮总产量	小麦	豆类	马铃薯
湖北省	**28394656**	**4675956**	**4103717**	**25938**	**516799**
武汉市	**941426**	**31391**	**28600**	**348**	**2135**
武汉市辖区	56919	2200	2200		0
蔡甸区	120439	5959	5200	172	500
江夏区	207977	1780	1600		180
黄陂区	325722	6792	5800	36	855
新洲区	230368	14660	13800	140	600
黄石市	**572841**	**26988**	**21415**	**761**	**4767**
黄石市辖区	4777	348	270	11	67
大冶市	254530	11804	9334	350	2100
阳新县	313534	14836	11811	400	2600
十堰市	**821688**	**235219**	**174623**	**8380**	**51600**
茅箭区	1189	327	227		100
张湾区	1709	517	317		200
郧阳区	201143	78700	73300	1200	4200
竹山县	149714	34600	21700	2200	10700
竹溪县	145918	33926	13200	3250	16900
郧西县	126596	45007	32557	1250	11200
房县	97684	12004	5984	80	5900
丹江口市	97736	30140	27340	400	2400
宜昌市	**1540414**	**252483**	**131432**	**3369**	**110010**
宜昌市辖区	15956	436	100	146	190
夷陵区	206575	24532	82	600	23600
当阳市	473361	70450	61600	150	4300
枝江市	326614	67382	58500	1000	5800
宜都市	98627	12050	1700	250	10100
远安县	81216	6140	2500	300	2420
兴山县	51811	9907	250	457	9200
秭归县	83013	13620	3700	120	9800
长阳县	108296	19450	2500	130	16800
五峰县	94944	28516	500	216	27800
襄阳市	**4817179**	**1927880**	**1883000**	**1360**	**39650**
襄阳市直	349876	115250	115100		150
襄州区	1294860	616250	606200	350	8200
南漳县	448100	136600	130300		6000
谷城县	276580	81010	78600	410	2000
老河口市	362993	165520	165200	220	100
枣阳市	1282350	540520	535000	120	3600
宜城市	669910	235110	231100	260	3500
保康县	132510	37620	21500		16100
鄂州市	**271083**	**19750**	**18700**	**50**	**800**
梁子湖区	113168.00	6302.00	5873.00	15.00	385.00
华容区	73936.00	6459.00	6325.00	21.00	113.00
鄂城区	83979.00	6989.00	6502.00	14.00	302.00
荆门市	**2951418**	**399800**	**394910**	**760**	**3670**
荆门市直	335618	22990	21790	300	900
京山市	727024	108160	106360	300	1500
沙洋县	909377	83100	82560	160	170
钟祥市	979399	185550	184200		1100
孝感市	**2427680**	**240596**	**232215**	**661**	**7400**

续表 1 单位：吨

地区	粮食总产量	夏粮总产量	小麦	豆类	马铃薯
孝南区	243217	11061	10700	60	300
孝昌县	269793	23332	22400	30	900
大悟县	295630	29355	26900	140	2000
云梦县	255811	23317	20417	200	2700
应城市	362733	19910	19798	12	100
安陆市	454094	55119	54100	19	1000
汉川市	546402	78502	77900	200	400
荆州市	**4733888**	**530898**	**516799**	**3126**	**2300**
荆州市直	426840	46943	45899	341	500
公安县	907450	132496	127900	350	350
监利县	1351149	57418	55300	1700	400
江陵县	522457	120257	120100	12	100
石首市	313121	32539	32200	118	150
洪湖市	687071	60521	59700	561	200
松滋市	525801	80723	75700	44	600
黄冈市	**2830156**	**138017**	**115259**	**284**	**22000**
黄州区	44218	9935	9835	1	100
团风县	114866	5803	5185	18	600
红安县	182810	6166	4612	5	1550
罗田县	262001	27201	25979	120	1000
英山县	108584	12301	7400	1	4900
浠水县	430134	6607	3900	7	2700
蕲春县	477823	8848	1600	76	6800
黄梅县	484556	26920	25680	40	1200
麻城市	375443	19154	16952	1	2200
武穴市	349721	15081	14116	15	950
咸宁市	**1238738**	**36533**	**17829**	**1412**	**16842**
咸安区	229378	4444	753	799	2892
嘉鱼县	181237	10145	9300	45	800
通城县	185894	4838	1138	200	3500
崇阳县	235006	6950	4000	200	2300
赤壁市	292644	6776	1696	80	5000
通山县	114580	3380	943	88	2350
随州市	**1521861**	**253064**	**242600**	**550**	**9003**
随县	859526	172740	166400	180	5703
曾都区	261188	42922	41100	170	1400
广水市	401148	37402	35100	200	1900
恩施自治州	**1466868**	**243473**	**5052**	**4080**	**232922**
恩施市	209789	42018	137	1050	40800
利川市	321206	45400	300	1000	44100
建始县	206637	43750	130	500	41800
巴东县	202564	41754	4485	1100	36100
咸丰县	200570	30012		90	29922
宣恩县	120809	15577		77	15500
来凤县	134184	10450		250	10200
鹤峰县	71109	14513		13	14500
仙桃市	**755020**	**78030**	**72600**	**400**	**1800**
潜江市	**629880**	**87700**	**84900**	**200**	**2200**
天门市	**853775**	**169040**	**162900**	**160**	**5900**
神农架林区	**20911**	**5246**	**943**	**48**	**3800**

续表 2

单位：吨

地区	秋粮总产量	稻谷	早稻	中稻和一季晚稻	双季晚稻
湖北省	**23718700**	**19656224**	**975479**	**17338624**	**1342121**
武汉市	**910035**	**803097**	**107237**	**563700**	**132160**
武汉市辖区	54719	33260	180	32600	480
蔡甸区	114480	75880	800	74400	680
江夏区	206197	174293	22893	116500	34900
黄陂区	318931	309864	39664	223700	46500
新洲区	215708	209800	43700	116500	49600
黄石市	**545853**	**498020**	**38370**	**409100**	**50550**
黄石市辖区	4429	3920	470	2700	750
大冶市	242727	221800	17000	182500	22300
阳新县	298697	272300	20900	223900	27500
十堰市	**586469**	**224010**		**224010**	
茅箭区	863	80		80	
张湾区	1192	130		130	
郧阳区	122443	42300		42300	
竹山县	115114	43100		43100	
竹溪县	111992	44200		44200	
郧西县	81589	16600		16600	
房县	85680	40800		40800	
丹江口市	67596	36800		36800	
宜昌市	**1287931**	**692264**	**14200**	**658564**	**19500**
宜昌市辖区	15520	2200		2200	
夷陵区	182043	82200		82200	
当阳市	402911	293300		293300	
枝江市	259232	198400	14200	164700	19500
宜都市	86577	34700		34700	
远安县	75076	56100		56100	
兴山县	41904	8306		8306	
秭归县	69393	8328		8328	
长阳县	88846	8100		8100	
五峰县	66428	630		630	
襄阳市	**2889299**	**1900400**		**1900400**	
襄阳市直	234626	184800		184800	
襄州区	678610	393700		393700	
南漳县	311500	229700		229700	
谷城县	195570	154400		154400	
老河口市	197473	96500		96500	
枣阳市	741830	471000		471000	
宜城市	434800	350200		350200	
保康县	94890	20100		20100	
鄂州市	**251333**	**232553**	**25200**	**173700**	**33653**
梁子湖区	106866	101154	15029	66271	19854
华容区	67477	61848	5616	48168	8064
鄂城区	76990	69551	4555	59261	5735
荆门市	**2551618**	**2249720**	**28420**	**2179600**	**41700**
荆门市直	312628	291500		291500	
京山市	618864	539000	25900	474700	38400
沙洋县	826277	793920	2520	788100	3300
钟祥市	793849	625300		625300	
孝感市	**2187084**	**2125150**	**28190**	**2055520**	**41440**

续表 3

单位：吨

地区	秋粮总产量	稻谷			
			早稻	中稻和一季晚稻	双季晚稻
孝南区	232157	229271	2471	223800	3000
孝昌县	246461	241358	10658	215300	15400
大悟县	266275	262595	180	262175	240
云梦县	232494	221907	5707	207100	9100
应城市	342823	336871	3971	328000	4900
安陆市	398975	391845		391845	
汉川市	467899	441303	5203	427300	8800
荆州市	**4202991**	**3970237**	**237468**	**3379700**	**353069**
荆州市直	379897	347241	741	345400	1100
公安县	774954	735991	41091	624900	70000
监利县	1293730	1278860	127860	961800	189200
江陵县	402200	394700	4300	384200	6200
石首市	280581	255667	8467	235000	12200
洪湖市	626550	602300	42600	502800	56900
松滋市	445078	355477	12408	325600	17469
黄冈市	**2692139**	**2588425**	**278577**	**1914600**	**395249**
黄州区	34283	30486	3443	20800	6243
团风县	109062	107318	7918	89300	10100
红安县	176644	170534	23334	119700	27500
罗田县	234800	215940	2917	209000	4023
英山县	96284	86456	3107	79100	4249
浠水县	423527	414980	57133	260700	97147
蕲春县	468974	457255	113955	188600	154700
黄梅县	457636	435001	21201	386000	27800
麻城市	356290	343857	26770	282200	34887
武穴市	334640	326600	18800	279200	28600
咸宁市	**1202206**	**1063217**	**160817**	**700500**	**201900**
咸安区	224933	203931	12331	173700	17900
嘉鱼县	171092	148042	11842	120300	15900
通城县	181056	168071	51271	58600	58200
崇阳县	228056	189065	41265	93600	54200
赤壁市	285868	279208	42108	184100	53000
通山县	111200	74900	2000	70200	2700
随州市	**1268797**	**1204000**		**1204000**	
随县	686786	653500		653500	
曾都区	218265	207300		207300	
广水市	363746	343200		343200	
恩施自治州	**1223395**	**355730**		**355730**	
恩施市	167772	24600		24600	
利川市	275806	126300		126300	
建始县	162887	26900		26900	
巴东县	160810	14300		14300	
咸丰县	170558	57100		57100	
宣恩县	105232	42730		42730	
来凤县	123734	57600		57600	
鹤峰县	56596	6200		6200	
仙桃市	**676990**	**598400**	**3700**	**589500**	**5200**
潜江市	**542180**	**515700**	**700**	**515000**	**0**
天门市	**684735**	**634500**	**52600**	**514200**	**67700**
神农架林区	**15665**	**800**		**800**	

续表 4 单位：吨

地区	秋粮总产量	玉米	高粱	大豆	秋薯
湖北省	**23718700**	**3233805**	**15015**	**342083**	**453402**
武汉市	**910035**	**81800**	**70**	**14930**	**8535**
武汉市辖区	54719	15600		5130	660
蔡甸区	114480	34200		3000	800
江夏区	206197	27500		2000	1845
黄陂区	318931	3700	70	2200	2900
新洲区	215708	800		2600	2330
黄石市	**545853**	**29070**	**694**	**3565**	**14395**
黄石市辖区	4429	370	10	23	95
大冶市	242727	12700	299	1582	6300
阳新县	298697	16000	384	1960	8000
十堰市	**586469**	**278416**	**1550**	**24788**	**52777**
茅箭区	863	716		67	
张湾区	1192	1000		62	
郧阳区	122443	66100		2595	10785
竹山县	115114	52300	240	7500	10640
竹溪县	111992	45300	830	7200	12922
郧西县	81589	48200	200	4198	11500
房县	85680	42200	150	1903	430
丹江口市	67596	22600	130	1263	6500
宜昌市	**1287931**	**520500**		**17489**	**56673**
宜昌市辖区	15520	8500		100	4719
夷陵区	182043	86600		2500	10649
当阳市	402911	93400		3500	12451
枝江市	259232	52700		4200	3890
宜都市	86577	39500		550	11500
远安县	75076	16300		300	2364
兴山县	41904	32500		880	200
秭归县	69393	59300		1342	423
长阳县	88846	76300		2211	1995
五峰县	66428	55400		1906	8482
襄阳市	**2889299**	**953000**	**3800**	**9300**	**22050**
襄阳市直	234626	49300		300	220
襄州区	678610	275500	3700	1400	4300
南漳县	311500	78600		800	2200
谷城县	195570	37800		1400	1750
老河口市	197473	99800		1000	100
枣阳市	741830	266500	100	900	3280
宜城市	434800	78300		1000	5300
保康县	94890	67200		2500	4900
鄂州市	**251333**	**8200**	**3802**	**3300**	**2667**
梁子湖区	106866	2686	564	637	1615
华容区	67477	1117	2367	1230	357
鄂城区	76990	4397	858	1433	695
荆门市	**2551618**	**247800**		**48683**	**5252**
荆门市直	312628	20100		683	345
京山市	618864	68200		9500	2036
沙洋县	826277	21400		10500	422
钟祥市	793849	138100		28000	2449
孝感市	**2187084**	**50000**	**500**	**8050**	**2647**

续表 5 单位：吨

地区	秋粮总产量	玉米	高粱	大豆	秋薯
孝南区	232157	2500		361	20
孝昌县	246461	3000		1118	585
大悟县	266275	1000	500	1200	926
云梦县	232494	9200		898	366
应城市	342823	3600		1900	420
安陆市	398975	6200		800	130
汉川市	467899	24500		1773	200
荆州市	**4202991**	**155119**	**340**	**72500**	**3928**
荆州市直	379897	26919		4900	537
公安县	774954	17100	200	21000	468
监利县	1293730	3200		11200	400
江陵县	402200	1600		5800	100
石首市	280581	7000		17600	312
洪湖市	626550	13700	140	10200	160
松滋市	445078	85600		1800	1951
黄冈市	**2692139**	**50100**	**511**	**25082**	**26788**
黄州区	34283	2900		732	130
团风县	109062	500		550	634
红安县	176644	2200		1500	2400
罗田县	234800	8600	172	5100	4681
英山县	96284	6500		1200	2100
浠水县	423527	5300		1800	1432
蕲春县	468974	2800	339	2700	5500
黄梅县	457636	12800		6800	2712
麻城市	356290	5300		2200	4900
武穴市	334640	3200		2500	2300
咸宁市	**1202206**	**73600**		**11231**	**52780**
咸安区	224933	11900		1992	6600
嘉鱼县	171092	20800		1368	600
通城县	181056	3800		2200	6850
崇阳县	228056	17600		2300	19000
赤壁市	285868	3200		1871	1530
通山县	111200	16300		1500	18200
随州市	**1268797**	**53900**		**2549**	**7841**
随县	686786	31900		873	480
曾都区	218265	9600		203	1061
广水市	363746	12400		1473	6300
恩施自治州	**1223395**	**637400**	**3048**	**33740**	**190730**
恩施市	167772	107500	2500	7160	25500
利川市	275806	121300		6811	20845
建始县	162887	109200		4200	22245
巴东县	160810	114800	548	4361	26249
咸丰县	170558	75100		5100	32895
宣恩县	105232	40800		3080	18500
来凤县	123734	28200		2228	35400
鹤峰县	56596	40500		800	9096
仙桃市	**676990**	**60900**		**15200**	**2400**
潜江市	**542180**	**10200**		**15300**	**980**
天门市	**684735**	**13900**		**35800**	**500**
神农架林区	**15665**	**9900**	**700**	**576**	**2459**

经济作物生产情况（2017−2018）

单位：千公顷、万吨

指标名称	播种面积		产量	
	2017 年	2018 年	2017 年	2018 年
经济作物	3103.14	3105.89	—	—
一、油料作物	1291.33	1255.82	307.69	302.48
其中：花　生	230.53	232.60	78.37	80.67
油菜籽	971.17	932.97	213.17	205.31
芝　麻	62.69	67.87	10.55	11.42
胡麻籽				0.00
葵花籽	4.32	3.53	0.88	0.68
二、棉花	204.80	159.26	18.40	14.93
三、麻类合计	0.57	1.69	0.25	0.53
其中：生黄红麻	0.03	0.01	0.01	0.003
生苎麻	0.51	1.68	0.24	0.53
生大麻				
生亚麻	0.02		0.0002	
四、糖料	6.59	6.47	26.99	27.77
（一）甘蔗	6.57	6.45	26.98	27.70
（二）甜菜	0.02	0.02	0.01	0.07
五、烟叶(未加工烟草)	39.69	37.46	6.84	6.60
其中：烤烟(未去梗)	36.62	33.63	6.18	5.57
六、中草药材	155.39	191.99	—	—
其中：人　参	0.48	0.45	0.06	0.06
甘　草	0.62	0.50	0.38	0.38
枸　杞	0.56	0.66	0.14	0.13
七、蔬菜及食用菌	1188.62	1224.27	3826.40	3963.94
（一）叶菜类	162.97	166.12	473.12	485.81
其中：芹　菜	34.92	36.49	95.36	100.50
油　菜	37.22	37.30	105.69	106.29
菠　菜	33.02	34.61	82.71	95.28
（二）白菜类	216.94	221.61	683.76	709.88
其中：大白菜	159.36	166.78	520.87	556.40
（三）甘蓝类	69.34	70.71	239.13	247.69
其中：卷心菜	53.44	54.37	174.73	188.45
（四）根茎类	200.07	201.59	688.33	687.74
其中：白萝卜	124.76	124.96	427.26	455.89
胡萝卜	22.97	25.11	76.44	83.85
生　姜	7.31	7.93	14.37	15.80
榨菜头	3.54	3.66	9.73	10.05

续表

单位：千公顷、万吨

指标名称	播种面积		产量	
	2017 年	2018 年	2017 年	2018 年
（五）瓜菜类	114.69	119.63	423.97	449.80
其中：黄 瓜	51.57	54.90	175.23	190.90
南 瓜	20.61	23.18	80.10	89.83
冬 瓜	17.39	18.31	73.06	75.54
（六）豆类	92.45	96.83	270.53	283.88
其中：豇 豆	49.78	51.89	146.33	151.87
四季豆	31.54	32.92	84.25	88.63
（七）茄果菜类	155.76	164.44	431.23	453.60
其中：茄 子	41.02	42.84	118.26	123.18
辣 椒	79.60	82.16	181.25	186.99
西红柿	30.14	31.53	106.57	113.47
（八）葱蒜类	57.21	59.26	169.09	170.83
其中：大 葱	19.92	21.16	57.05	59.15
蒜 头	24.67	25.38	62.12	63.31
（九）水生菜类	70.55	75.29	266.86	287.38
其中：莲 藕	62.03	64.59	240.87	254.71
（十）其它蔬菜	48.64	48.79	138.62	142.61
（十一）食用菌	—	—	41.76	44.71
1.干品	—	—	14.07	14.60
其中:香 菇	—	—	11.11	11.58
黑木耳	—	—	2.09	2.27
2.鲜品	—	—	27.69	30.12
其中:蘑 菇	—	—	21.53	21.35
八、瓜果类	92.42	96.11	327.20	342.53
其中：西 瓜	72.73	75.76	268.95	284.03
香 瓜(甜瓜)	12.59	13.06	39.84	41.45
草 莓	3.20	4.94	5.80	7.58
九、其他农作物	123.72	132.82	—	—
其中：青饲料	65.96	71.93	—	—
十、特种作物	—	—	—	—
花卉	34.17	36.05	—	—
鲜切花（万枝）	—	—	14057	15392
盆栽观赏植物（万盆）	—	—	2726	3389
香料原料	—	—	0.40	0.43
其中：花 椒	—	—	0.15	0.21
八 角	—	—	0.08	0.08

分地区经济作物播种面积

单位：千公顷

地区	经济作物播种面积	油料作物	花生	油菜籽	芝麻	棉花
湖北省	**3105.89**	**1255.82**	**232.60**	**932.97**	**67.87**	**159.26**
武汉市	**258.26**	**53.69**	**13.18**	**32.41**	**8.10**	**12.45**
武汉市辖区	25.60	1.59	0.43	0.50	0.66	0.09
汉南区	11.52	0.34	0.03	0.17	0.14	0.01
蔡甸区	34.64	2.94	0.38	1.92	0.64	1.07
江夏区	50.93	11.17	2.09	6.03	3.05	0.10
黄陂区	84.34	22.27	8.16	11.98	2.13	4.13
新洲区	51.23	15.38	2.09	11.81	1.48	7.05
黄石市	**82.96**	**44.60**	**5.32**	**33.01**	**6.12**	**4.06**
黄石市辖区	2.08	0.59	0.10	0.35	0.14	0.09
阳新县	44.79	24.44	2.38	17.66	4.31	2.20
大冶市	36.09	19.57	2.84	15.00	1.67	1.77
十堰市	**186.60**	**75.77**	**18.62**	**43.74**	**12.63**	**0.07**
茅箭区	0.84	0.08	0.01	0.02	0.05	
张湾区	2.44	0.27	0.12	0.11	0.04	
郧阳区	35.03	13.59	2.62	8.10	2.85	0.07
郧西县	35.22	11.08	2.56	5.47	2.96	
竹山县	37.43	21.40	8.71	10.96	1.73	
竹溪县	30.98	14.24	1.93	9.22	2.44	
房县	31.48	8.82	1.29	6.52	0.99	
丹江口市	13.18	6.29	1.38	3.34	1.57	
宜昌市	**263.82**	**90.45**	**11.59**	**76.26**	**2.39**	**8.59**
宜昌市辖区	7.73	1.39	0.27	1.08	0.02	
夷陵区	39.54	12.28	1.63	10.23	0.38	
远安县	10.38	6.90	0.24	6.65	0.01	
兴山县	16.14	4.58	0.25	4.24	0.05	
秭归县	23.38	8.12	1.80	5.92	0.33	
长阳自治县	31.71	8.23	1.52	6.65	0.03	
五峰自治县	22.47	1.96	0.19	1.76		
宜都市	15.41	8.87	0.77	8.06	0.04	
当阳市	49.30	23.68	3.48	19.19	1.01	1.10
枝江市	47.76	14.44	1.44	12.48	0.52	7.49
襄阳市	**220.98**	**102.89**	**50.37**	**37.09**	**7.24**	**10.25**
高新区	1.34	0.63	0.32	0.24		
襄城区	11.33	3.18	1.55	1.13	0.03	0.01
樊城区	10.95	3.09	1.39	1.29	0.41	
襄州区	38.96	25.23	21.34	2.10	1.79	1.94
南漳县	21.44	6.19	0.65	5.04	0.50	
谷城县	17.34	7.62	2.16	3.61	0.14	
保康县	20.51	9.19	0.81	5.91	0.15	
老河口市	28.23	9.04	3.35	2.93	1.81	1.01
枣阳市	22.38	15.31	10.60	2.85	1.69	1.53
宜城市	48.50	23.41	8.20	11.99	0.72	5.76
鄂州市	**49.76**	**17.73**	**2.57**	**11.66**	**0.33**	**5.67**
梁子湖区	13.56	5.80	1.20	3.58	0.10	0.97
华容区	16.35	6.14	0.58	4.10	0.14	2.48
鄂城区	19.85	5.79	0.79	3.98	0.09	2.22
荆门市	**184.55**	**116.06**	**16.41**	**95.63**	**3.96**	**5.74**
东宝区	15.87	8.92	1.32	7.22	0.38	0.23
掇刀区	16.90	11.30	1.62	9.63	0.05	0.39
沙洋县	57.10	42.65	4.44	36.96	1.25	0.94
钟祥市	54.95	34.01	6.41	26.87	0.73	1.79
京山市	39.73	19.18	2.62	14.95	1.55	2.39
孝感市	**221.03**	**91.29**	**29.29**	**58.96**	**3.02**	**10.26**

续表 1　　单位：千公顷

地区	经济作物播种面积	油料作物	花生	油菜籽	芝　麻	棉花
孝感市辖区	0.66	0.57	0.24	0.30	0.03	
孝南区	29.91	13.63	1.65	11.60	0.38	2.05
孝昌县	28.55	16.84	4.95	11.03	0.86	0.87
大悟县	39.31	23.77	18.93	4.69	0.15	0.37
云梦县	29.28	7.87	0.26	7.48	0.13	2.09
应城市	29.55	9.98	1.10	8.52	0.36	1.00
安陆市	22.08	8.53	1.80	5.83	0.88	1.43
汉川市	41.69	10.10	0.36	9.51	0.23	2.45
荆州市	**352.13**	**179.84**	**1.73**	**172.39**	**5.72**	**41.35**
荆州开发区	1.40	0.36		0.36		
沙市区	9.68	1.87		1.86	0.01	0.23
荆州区	25.66	6.87	0.16	5.92	0.79	2.05
公安县	62.68	30.67	0.30	30.02	0.35	13.98
监利县	112.41	75.29	0.20	74.12	0.97	8.07
江陵县	20.40	13.64	0.45	12.55	0.64	1.24
石首市	31.20	11.58	0.13	11.16	0.29	5.51
洪湖市	51.24	27.62	0.12	25.20	2.30	3.17
松滋市	37.46	11.94	0.37	11.20	0.37	7.10
黄冈市	**403.34**	**184.46**	**46.77**	**126.90**	**10.01**	**27.93**
龙感湖农场	1.47	0.05		0.05		0.02
黄州区	15.45	2.54	0.16	2.07	0.15	2.29
团风县	14.17	7.29	1.65	3.28	2.21	1.91
红安县	38.73	25.64	18.38	6.96	0.30	1.25
罗田县	37.49	13.83	2.19	10.44	1.20	0.01
英山县	20.33	5.76	0.91	4.21	0.32	0.27
浠水县	63.47	26.24	4.82	20.07	1.30	5.40
蕲春县	76.11	24.69	1.91	21.75	1.00	3.83
黄梅县	37.60	24.59	1.10	22.26	1.20	5.65
麻城市	65.97	33.19	14.54	17.07	1.54	4.60
武穴市	32.55	20.64	1.11	18.74	0.79	2.70
咸宁市	**220.12**	**86.88**	**8.11**	**74.03**	**3.45**	**4.21**
咸安区	47.02	27.77	1.92	25.12	0.73	0.25
嘉鱼县	39.98	7.42	0.49	6.07	0.86	0.15
通城县	28.17	10.33	1.35	8.75	0.04	0.23
崇阳县	26.86	9.53	1.45	8.02	0.06	0.50
通山县	20.20	6.78	1.31	5.33	0.14	
赤壁市	57.89	25.05	1.59	20.74	1.62	3.08
随州市	**91.93**	**40.38**	**11.53**	**23.44**	**0.35**	**6.05**
曾都区	14.38	5.66	0.44	3.94	0.07	0.73
随县	33.06	14.36	3.70	8.20	0.15	1.40
广水市	44.49	20.36	7.39	11.30	0.13	3.92
恩施自治州	**350.97**	**60.77**	**9.51**	**48.21**	**0.40**	
恩施市	59.21	9.59	1.40	7.44		
利川市	79.16	7.48	0.76	6.02		
建始县	35.03	8.63	1.29	6.49		
巴东县	48.85	15.80	2.58	12.47	0.40	
宣恩县	32.77	3.68	1.29	2.39		
咸丰县	49.44	6.93	1.44	5.49		
来凤县	17.17	5.47	0.46	5.01		
鹤峰县	29.34	3.19	0.29	2.90		
仙桃市	**99.47**	**52.26**	**1.18**	**49.04**	**2.04**	**10.47**
潜江市	**45.27**	**20.79**	**1.46**	**18.29**	**1.04**	**2.01**
天门市	**70.77**	**37.62**	**4.93**	**31.62**	**1.07**	**10.15**
神农架林区	**3.93**	**0.34**	**0.03**	**0.29**		

续表 2

单位：千公顷

地区	麻类面积	糖料面积	烟叶(未加工烟草)面积		中草药材面积	蔬菜及食用菌面积
				烤烟(未去梗)		
湖北省	**1.69**	**6.47**	**37.46**	**33.63**	**191.99**	**1224.27**
武汉市		**0.42**			**0.32**	**164.18**
武汉市辖区		0.05				20.12
汉南区					0.04	8.94
蔡甸区						23.92
江夏区						32.47
黄陂区		0.15				53.21
新洲区		0.22			0.28	25.52
黄石市	**0.09**	**0.14**			**1.53**	**28.49**
黄石市辖区						1.36
阳新县	0.07	0.02			0.63	15.25
大冶市	0.02	0.12			0.90	11.88
十堰市	**0.03**	**0.46**	**5.09**	**5.09**	**18.63**	**82.62**
茅箭区					0.02	0.74
张湾区					0.01	2.14
郧阳区	0.02	0.01			1.92	18.51
郧西县		0.36	0.40	0.40	4.94	17.83
竹山县	0.01	0.02	1.15	1.15	1.60	13.19
竹溪县		0.06	1.22	1.22	3.69	11.74
房县		0.01	2.28	2.28	5.96	12.43
丹江口市			0.04	0.04	0.49	6.04
宜昌市		**0.03**	**3.35**	**2.97**	**5.89**	**136.54**
宜昌市辖区						6.33
夷陵区			0.01	0.01	0.80	24.87
远安县					0.02	2.60
兴山县			1.13	1.13	1.19	8.81
秭归县			1.50	1.50	0.75	12.86
长阳自治县			0.25	0.12	0.17	22.94
五峰自治县			0.44	0.21	2.83	10.28
宜都市			0.02		0.06	6.02
当阳市					0.07	21.96
枝江市		0.03				19.87
襄阳市		**0.10**	**3.11**	**3.11**	**4.93**	**81.96**
高新区						0.64
襄城区					1.11	6.44
樊城区					0.02	7.49
襄州区		0.01			0.23	10.70
南漳县		0.02	0.67	0.67		12.76
谷城县					0.25	8.52
保康县			2.43	2.43	2.02	6.77
老河口市		0.01				15.33
枣阳市		0.04	0.01	0.01	0.62	4.32
宜城市		0.02			0.68	8.99
鄂州市		**0.13**				**21.80**
梁子湖区		0.02				4.80
华容区		0.04				6.37
鄂城区		0.07				10.63
荆门市		**0.22**	**0.01**		**0.88**	**48.23**
东宝区		0.02			0.30	5.17
掇刀区		0.01				3.71
沙洋县		0.11			0.17	11.70
钟祥市		0.02			0.27	16.77
京山市		0.06	0.01		0.14	10.88
孝感市	**0.01**	**0.31**			**0.83**	**105.95**

续表 3　　　　　　　　　　　　　　　　　　单位：千公顷

地区	麻类面积	糖料面积	烟叶(未加工烟草)面积	烤烟(未去梗)	中草药材面积	蔬菜及食用菌面积
孝感市辖区		0.01				0.08
孝南区		0.02			0.07	12.65
孝昌县		0.11			0.05	9.75
大悟县	0.01	0.01			0.46	12.55
云梦县						18.68
应城市		0.01				17.14
安陆市		0.04			0.21	10.09
汉川市		0.11			0.04	25.01
荆州市	**0.03**	**1.07**			**1.03**	**91.86**
荆州开发区						1.00
沙市区						6.76
荆州区		0.03				14.20
公安县		0.15			0.13	11.48
监利县		0.43				20.37
江陵县	0.01	0.12			0.02	3.88
石首市		0.13			0.23	9.69
洪湖市	0.02	0.13			0.50	11.23
松滋市		0.08			0.15	13.25
黄冈市	**1.09**	**0.95**			**52.16**	**120.03**
龙感湖农场						1.03
黄州区		0.01				9.48
团风县		0.05				4.08
红安县		0.01			0.19	11.15
罗田县	0.01	0.15			12.33	9.79
英山县		0.05			6.74	6.76
浠水县		0.14			0.25	28.92
蕲春县	1.06	0.36			28.19	13.48
黄梅县		0.02				6.90
麻城市		0.04			4.41	21.86
武穴市	0.02	0.12			0.05	6.58
咸宁市	**0.43**	**1.36**			**8.81**	**92.62**
咸安区	0.17	0.01			0.03	15.27
嘉鱼县	0.05	0.62				28.80
通城县					5.83	7.03
崇阳县	0.08	0.22			1.22	11.73
通山县	0.06				0.80	7.87
赤壁市	0.07	0.51			0.93	21.92
随州市		0.05			0.46	38.05
曾都区					0.09	7.10
随县		0.01			0.20	13.89
广水市		0.04			0.17	17.06
恩施自治州	**0.01**	**0.01**	**25.88**	**22.44**	**94.06**	**139.47**
恩施市			3.38	2.57	16.19	28.99
利川市			5.95	5.66	16.06	37.04
建始县			2.20	1.25	5.87	12.00
巴东县			3.40	3.07	11.27	15.58
宣恩县			3.64	3.50	10.06	11.03
咸丰县			3.75	3.01	18.39	20.12
来凤县			0.88	0.70	2.78	6.63
鹤峰县			2.68	2.68	13.44	8.08
仙桃市		**1.04**			**0.03**	**30.54**
潜江市		**0.05**				**20.73**
天门市		**0.13**			**1.17**	**19.02**
神农架林区			**0.02**	**0.02**	**1.26**	**2.18**

续表 4　　　　单位：千公顷

地区	瓜果类面积				其他农作物面积	
		西瓜	香　瓜 (甜瓜)	草　莓		青饲料
湖北省	**96.11**	**75.76**	**13.06**	**4.94**	**132.82**	**71.93**
武汉市	**16.38**	**13.74**	**1.78**	**0.86**	**10.82**	**5.78**
武汉市辖区	1.59	1.05	0.26	0.28	2.16	1.97
汉南区	1.63	1.52	0.10	0.01	0.56	0.42
蔡甸区	4.05	3.29	0.65	0.11	2.66	0.33
江夏区	4.44	3.91	0.50	0.03	2.75	1.26
黄陂区	2.71	2.31	0.18	0.22	1.87	1.25
新洲区	1.96	1.66	0.09	0.21	0.82	0.55
黄石市	**2.27**	**2.04**	**0.06**	**0.17**	**1.78**	**0.99**
黄石市辖区	0.04	0.04				
阳新县	1.38	1.29	0.03	0.06	0.80	0.43
大冶市	0.85	0.71	0.03	0.11	0.98	0.56
十堰市	**1.33**	**1.06**	**0.13**	**0.14**	**2.60**	**1.33**
茅箭区						
张湾区	0.02	0.01		0.01		
郧阳区	0.58	0.42	0.07	0.09	0.33	0.25
郧西县	0.23	0.22		0.01	0.38	0.07
竹山县	0.06	0.06				
竹溪县	0.03	0.02		0.01		
房县	0.09	0.03	0.05	0.01	1.89	1.01
丹江口市	0.32	0.30	0.01	0.01		
宜昌市	**4.80**	**2.61**	**1.64**	**0.45**	**14.17**	**12.24**
宜昌市辖区	0.01		0.01			
夷陵区	0.74	0.30	0.07	0.34	0.84	0.67
远安县	0.04	0.04			0.82	0.55
兴山县	0.10	0.10			0.33	0.31
秭归县	0.08	0.08			0.07	0.07
长阳自治县	0.06	0.05		0.01	0.06	0.05
五峰自治县	0.02	0.02			6.94	6.94
宜都市	0.14	0.06	0.04	0.04	0.30	0.30
当阳市	0.96	0.43	0.44	0.02	1.53	1.09
枝江市	2.65	1.53	1.08	0.04	3.28	2.26
襄阳市	**12.25**	**11.49**	**0.41**	**0.26**	**5.49**	**3.32**
高新区	0.07			0.07		
襄城区	0.29	0.26		0.03	0.30	0.30
樊城区	0.35	0.19	0.11	0.05		
襄州区	0.77	0.74	0.02	0.01	0.08	
南漳县	0.25	0.23		0.02	1.55	0.39
谷城县	0.17	0.15	0.01	0.01	0.78	0.03
保康县	0.07	0.03		0.01	0.03	0.02
老河口市	1.30	1.16	0.13	0.01	1.54	1.51
枣阳市	0.50	0.40	0.01	0.03	0.05	0.05
宜城市	8.48	8.33	0.13	0.02	1.16	1.02
鄂州市	**2.46**	**0.98**	**0.47**	**0.25**	**1.97**	**0.57**
梁子湖区	0.93	0.34	0.21	0.01	1.04	0.29
华容区	0.77	0.42	0.14	0.04	0.55	0.17
鄂城区	0.76	0.22	0.12	0.20	0.38	0.11
荆门市	**6.91**	**4.95**	**0.93**	**0.24**	**6.50**	**3.14**
东宝区	1.12	0.71	0.23	0.05	0.11	0.08
掇刀区	1.02	0.77	0.09	0.09	0.47	0.06
沙洋县	0.84	0.69	0.13	0.02	0.69	0.35
钟祥市	1.99	1.50	0.26	0.04	0.10	0.10
京山市	1.94	1.28	0.22	0.04	5.13	2.55
孝感市	**7.69**	**5.92**	**1.47**	**0.30**	**4.69**	**1.88**

续表 5　　　　单位：千公顷

地区	瓜果类面积	西瓜	香　瓜(甜瓜)	草　莓	其他农作物面积	青饲料
孝感市辖区						
孝南区	1.33	1.03	0.25	0.05	0.16	0.07
孝昌县	0.85	0.55	0.20	0.10	0.08	0.01
大悟县	1.11	0.82	0.27	0.02	1.03	1.03
云梦县	0.52	0.42	0.10		0.12	0.02
应城市	1.22	0.98	0.20	0.04	0.20	0.01
安陆市	1.36	1.06	0.30		0.42	0.21
汉川市	1.30	1.06	0.15	0.09	2.68	0.53
荆州市	**14.26**	**11.60**	**2.35**	**0.31**	**22.69**	**10.38**
荆州开发区	0.03	0.02		0.01	0.01	0.01
沙市区	0.47	0.20	0.10	0.17	0.35	0.07
荆州区	2.06	1.30	0.74	0.02	0.45	0.05
公安县	1.99	1.52	0.38	0.09	4.28	1.69
监利县	1.75	1.36	0.39		6.50	2.64
江陵县	1.28	1.10	0.18		0.21	0.03
石首市	1.86	1.49	0.36	0.01	2.20	0.12
洪湖市	1.52	1.43	0.09		7.05	5.45
松滋市	3.30	3.18	0.11	0.01	1.64	0.32
黄冈市	**4.73**	**3.42**	**0.65**	**0.27**	**11.99**	**6.41**
龙感湖农场	0.07	0.07			0.30	0.30
黄州区	0.50	0.34	0.03	0.12	0.63	0.33
团风县	0.37	0.27	0.03	0.01	0.47	0.23
红安县	0.31	0.27		0.04	0.18	0.16
罗田县	0.49	0.29	0.05	0.06	0.88	0.75
英山县	0.03	0.03			0.72	0.32
浠水县	0.52	0.35	0.06	0.01	2.00	0.69
蕲春县	0.65	0.43	0.08	0.01	3.85	1.96
黄梅县	0.44	0.36	0.08			
麻城市	0.37	0.31	0.06		1.50	0.30
武穴市	0.98	0.70	0.26	0.02	1.46	1.37
咸宁市	**9.00**	**7.69**	**1.09**	**0.22**	**16.81**	**4.57**
咸安区	2.94	2.70	0.23	0.01	0.58	
嘉鱼县	1.53	1.08	0.35	0.10	1.41	0.69
通城县	0.26	0.23	0.02	0.01	4.49	1.71
崇阳县	0.93	0.70	0.19	0.04	2.65	0.12
通山县	0.36	0.28	0.04	0.04	4.33	0.47
赤壁市	2.98	2.70	0.26	0.02	3.35	1.58
随州市	**4.19**	**2.71**	**0.64**	**0.84**	**2.75**	**1.17**
曾都区	0.52	0.40	0.11	0.01	0.28	0.13
随县	1.30	1.07	0.20	0.03	1.90	0.93
广水市	2.37	1.24	0.33	0.80	0.57	0.11
恩施自治州	**2.37**	**1.48**	**0.13**	**0.54**	**28.40**	**18.41**
恩施市	0.21	0.14	0.02	0.05	0.83	0.23
利川市	0.54	0.23	0.04	0.19	12.09	7.67
建始县	0.22	0.08		0.13	6.11	4.47
巴东县	0.44	0.25	0.05	0.13	2.36	1.18
宣恩县	0.46	0.34			3.90	3.75
咸丰县	0.25	0.23		0.02		
来凤县	0.22	0.18	0.02	0.02	1.19	0.25
鹤峰县	0.03	0.03			1.92	0.86
仙桃市	**3.60**	**2.85**	**0.71**	**0.04**	**1.53**	**1.39**
潜江市	**1.64**	**1.43**	**0.19**	**0.02**	**0.05**	**0.05**
天门市	**2.23**	**1.79**	**0.41**	**0.03**	**0.45**	**0.24**
神农架林区					**0.13**	**0.06**

分地区经济作物产量

单位：吨

地区	油料产量				棉花产量	麻类产量
		花生	油菜籽	芝麻		
湖北省	**3024833**	**806667**	**2053137**	**114236**	**149314**	**5281**
武汉市	**133568**	**44126**	**75114**	**14328**	**11700**	
武汉市辖区	4152	1762	917	1473	75	
汉南区	897	96	565	236	25	
蔡甸区	9513	1762	6593	1158	1000	
江夏区	27330	6544	14497	6289	100	
黄陂区	53140	27000	23480	2660	3900	
新洲区	38536	6962	29062	2512	6600	
黄石市	**104573**	**15485**	**73306**	**15493**	**3908**	**1092**
黄石市辖区	2165	560	825	780	103	
阳新县	51990	6842	37084	7890	1901	851
大冶市	50418	8083	35397	6823	1904	241
十堰市	**158216**	**54155**	**85573**	**17245**	**87**	**89**
茅箭区	179	25	78	76		
张湾区	585	170	357	58		
郧阳区	21481	5007	13054	3397	87	58
郧西县	18436	7184	7375	3751		
竹山县	53677	26145	23990	3542		29
竹溪县	27879	4791	19181	2853		2
房县	23362	7664	13886	1772		
丹江口市	12617	3169	7652	1796		
宜昌市	**202936**	**34556**	**163893**	**4143**	**8000**	
宜昌市辖区	2670	645	2018	5		
夷陵区	25154	4998	19529	559		
远安县	14049	651	13375	23		
兴山县	8814	493	8095	133		
秭归县	17857	4997	12060	661		
长阳自治县	14347	3668	10606	38		
五峰自治县	3534	408	3119			
宜都市	21602	2283	19216	103		
当阳市	54511	11110	41797	1604	1100	
枝江市	40398	5303	34078	1017	6900	
襄阳市	**313476**	**197782**	**86592**	**11490**	**9718**	
高新区	1996	1327	554			
襄城区	11730	6530	4120	27	18	
樊城区	9274	5114	3521	639		
襄州区	104836	96082	6003	2751	1800	
南漳县	15258	2178	11732	1348		
谷城县	19470	8078	7895	259		
保康县	16021	1853	10090	153		
老河口市	22500	10970	6850	3361	900	
枣阳市	46370	36800	7640	1490	1800	
宜城市	66021	28850	28187	1462	5200	
鄂州市	**42843**	**7736**	**27546**	**517**	**5100**	
梁子湖区	14012	3598	8851	153	874	
华容区	15321	1766	9988	227	2235	
鄂城区	13510	2372	8707	137	1991	
荆门市	**285902**	**62228**	**217487**	**6125**	**5618**	
东宝区	21958	5009	16366	583	196	
掇刀区	27653	5965	21618	70	404	
沙洋县	103787	17148	84476	2163	900	
钟祥市	87687	24781	61827	1079	1800	
京山市	44817	9325	33200	2230	2318	
孝感市	**223106**	**81577**	**136908**	**4561**	**9400**	**44**

续表 1

单位：吨

地区	油料产量	花生	油菜籽	芝麻	棉花产量	麻类产量
孝感市辖区	1206	395	780	31		
孝南区	32334	6354	25464	516	1800	
孝昌县	36855	13824	21792	1239	900	
大悟县	60130	50465	9071	594	300	44
云梦县	21529	1220	20033	276	1900	
应城市	23368	3383	19512	473	900	
安陆市	19177	4319	13755	1043	1200	
汉川市	28507	1617	26501	389	2400	
荆州市	**426456**	**6590**	**408115**	**11751**	**38232**	**102**
荆州开发区	1134	2	1127	5		
沙市区	5077		5044	33	200	
荆州区	22291	745	19501	2045	2000	
公安县	94715	1168	92666	881	12632	
监利县	121625	521	119008	2096	7600	
江陵县	45177	2163	41019	1995	1100	59
石首市	29969	531	28910	528	5100	
洪湖市	79868	516	75792	3560	2900	43
松滋市	26600	944	25048	608	6700	
黄冈市	**484195**	**170687**	**296171**	**12287**	**26116**	**3176**
龙感湖农场	131		131		20	
黄州区	5670	566	4677	165	2200	
团风县	15384	3905	7812	2357	1700	
红安县	87213	70754	15738	721	1200	
罗田县	34234	8252	24304	1678	13	7
英山县	14626	3686	9815	318	300	
浠水县	65811	17278	46521	1362	4800	
蕲春县	58629	6523	50485	1557	3403	3124
黄梅县	57537	3965	51708	1342	5480	
麻城市	94419	52060	39449	1475	4500	
武穴市	50541	3698	45531	1312	2500	45
咸宁市	**159429**	**32651**	**116998**	**5787**	**4000**	**753**
咸安区	54409	13292	39956	1161	300	412
嘉鱼县	14079	2142	10384	1553	200	147
通城县	13956	2403	10895	90	200	
崇阳县	20910	7637	13113	160	600	6
通山县	10867	2911	7719	237		
赤壁市	45208	4266	34931	2586	2700	188
随州市	**98587**	**40399**	**46420**	**674**	**5035**	
曾都区	13439	1580	8948	71	590	
随县	31078	14329	11994	301	1282	
广水市	54070	24490	25478	302	3163	
恩施自治州	**122858**	**21723**	**96702**	**438**		**25**
恩施市	21777	3295	17973			25
利川市	14883	1940	11360			
建始县	18529	2010	15341			
巴东县	26546	5608	19775	438		
宣恩县	6937	2979	3958			
咸丰县	19139	3825	15314			
来凤县	9997	1215	8782			
鹤峰县	5050	851	4199			
仙桃市	**118539**	**4108**	**108997**	**5434**	**10100**	
潜江市	**49780**	**5916**	**41560**	**2304**	**1900**	
天门市	**100021**	**26898**	**71470**	**1653**	**10400**	
神农架林区	**348**	**50**	**285**	**6**		

续表 2

单位：吨

地区	糖料产量	烟叶产量	烤烟	蔬菜及食用菌产量	食用菌	瓜果类产量
湖北省	**277654**	**66020**	**55745**	**39639428**	**447138**	**3425342**
武汉市	19820			7668384	122595	551506
武汉市辖区	4563			1018249	38488	49502
汉南区				290048	1000	53850
蔡甸区				844616	2684	128593
江夏区				1577050	8953	147992
黄陂区	6260			2359327	3515	113629
新洲区	8997			1579094	67955	57940
黄石市	**5810**			**674782**	**22210**	**87306**
黄石市辖区				68199	4506	498
阳新县	1192			304126	7169	44382
大冶市	4618			302457	10535	42426
十堰市	**15974**	**9734**	**9734**	**1545027**	**28160**	**44463**
茅箭区				23906	98	50
张湾区				93599	158	346
郧阳区	432			368843	2114	18887
郧西县	12558	519	519	284804	1376	8012
竹山县	689	2741	2741	231058	784	2064
竹溪县	2082	1930	1930	173751	3500	830
房县	213	4440	4440	217530	18976	2251
丹江口市		104	104	151536	1154	12023
宜昌市	**1319**	**6215**	**5234**	**4684593**	**56081**	**193861**
宜昌市辖区	11			169098	712	375
夷陵区		26	26	830184	1085	22068
远安县				135193	47655	1236
兴山县		1992	1992	251131	506	4827
秭归县		2722	2722	387885	385	2654
长阳自治县		608	188	791703	108	1365
五峰自治县		818	306	269917	62	540
宜都市		49		238407	288	3897
当阳市	72			904134	3368	43149
枝江市	1236			706941	1912	113750
襄阳市	**10022**	**5266**	**5266**	**2798591**	**31401**	**527294**
高新区				20893		2350
襄城区	223			240469	270	13896
樊城区				240914	822	13526
襄州区	1018			366521	1314	33278
南漳县	1532	1294	1294	371024	10460	10257
谷城县	216			307906	1153	5493
保康县		3802	3802	185455	4982	986
老河口市	718			563018	2841	55906
枣阳市	4370	170	170	198578	7639	19980
宜城市	1945			303813	1920	371622
鄂州市	**6713**			**1034511**	**1190**	**65490**
梁子湖区	1184			241956	1057	24652
华容区	2243			295395	133	20530
鄂城区	3286			497160		20308
荆门市	**10825**	**7**		**1735145**	**32446**	**220549**
东宝区	1083			183120	8526	33053
掇刀区	360			132192	2838	27319
沙洋县	5582			393795	5414	27197
钟祥市	1045			626671	10227	68546
京山市	2755	7		399367	5441	64434
孝感市	**18347**			**4120097**	**18916**	**323983**

续表 3

单位：吨

地区	糖料产量	烟叶产量	烤烟	蔬菜及食用菌产量	食用菌	瓜果类产量
孝感市辖区	133			2326		
孝南区	1776			643617	841	65150
孝昌县	6712			434412	1039	52301
大悟县	97			314078	284	13941
云梦县				841567	4379	19441
应城市	720			619330	4144	63825
安陆市	788			295416	4492	60175
汉川市	8121			969351	3737	49150
荆州市	**36340**			**3040566**	**10347**	**562597**
荆州开发区				44931		1698
沙市区				303302		20317
荆州区	1124			673871	13	94782
公安县	4876			436561	671	86440
监利县	14268			472594	2601	56164
江陵县	5571			159796	75	73482
石首市	4770			377849	3772	61000
洪湖市	3284			317718	2379	45235
松滋市	2447			253944	836	123479
黄冈市	**34010**			**3451347**	**17296**	**136026**
龙感湖农场				24226		1500
黄州区	325			277124	1351	14684
团风县	2108			113767	849	10801
红安县	108			301134	301	9288
罗田县	4758			290590	2953	14425
英山县	1031			190937	1219	714
浠水县	2630			813288	8736	14864
蕲春县	14858			367094	471	18644
黄梅县	1086			214827	992	12866
麻城市	1586			638574	117	10512
武穴市	5520			219786	307	27728
咸宁市	**74556**			**2432615**	**10706**	**231788**
咸安区	414			298007	1410	73556
嘉鱼县	45280			1196241	2	57053
通城县				129930	317	3048
崇阳县	8966			185059	1020	18317
通山县				166847	3654	5008
赤壁市	19896			456531	4303	74806
随州市	**2025**			**1522943**	**89138**	**148690**
曾都区				245285	3160	6420
随县	526			461698	62374	49806
广水市	1499			815960	23604	92464
恩施自治州	**294**	**44748**	**35461**	**2627217**	**4840**	**43058**
恩施市	294	7476	3876	593632	1310	5506
利川市		9986	9745	775492	1478	8315
建始县		4306	2000	207153	1387	2475
巴东县		5974	5223	307607	438	8259
宣恩县		5608	5030	140452	33	10389
咸丰县		5900	4194	286145		4124
来凤县		1516	1411	115465	13	3401
鹤峰县		3982	3982	201271	181	589
仙桃市	**32481**			**529852**	**1220**	**97887**
潜江市	**3465**			**928775**	**168**	**76892**
天门市	**5653**			**819415**	**101**	**113952**
神农架林区		**50**	**50**	**25568**	**323**	

《湖北农村统计年鉴-2019》

1.农村基本情况

2.农业产值

3.种植业

4.林业及土特产 ☑

5.畜牧业

6.渔业

7.农业机械化

8.农村主要能源及物资消耗

9.农业技术推广及应用

10.水利建设

11.农垦及监狱系统农场

全省林业生产情况

指标名称	计量单位	全省合计
一、荒山荒(沙)地造林面积	公顷	181597
1.人工造林	公顷	143803
其中：竹林面积	公顷	686
2.飞播造林	公顷	
3.无林地和疏林地新封	公顷	37794
(一)按经济成份分		
(1)公有经济造林	公顷	67440
①国有经济造林	公顷	29693
②集体经济造林	公顷	37747
(2)非公有经济造林	公顷	114157
(二)按林种用途分		
(1)用材林	公顷	65479
(2)经济林	公顷	39446
(3)防护林	公顷	74612
(4)薪炭林	公顷	1609
(5)特种用途林	公顷	451
二、有林地造林面积	公顷	25384
1.林冠下造林	公顷	
2.飞播营林	公顷	
3.有林地和灌木林地新封	公顷	25384
三、更新造林	公顷	4098
四、四旁（零星）植树	万株	11404
五、年末实有封山（沙）育林面积	公顷	1178631
六、森林抚育	公顷	273258
七、林木种苗		
1.林木种子采集量	吨	2150
2.当年苗木产量	万株	142896
3.育苗面积	公顷	42105
八、主要林产品产量		
1.生漆	吨	2664
2.油桐籽	吨	21400
3.乌桕籽	吨	10234
4.油茶籽	吨	194836
5.五倍子	吨	2767
6.棕片	吨	3014
7.松脂	吨	13280
8.竹笋干	吨	16547
9.核桃	吨	123487
10.板栗	吨	405495
11.花椒	吨	1940
12.八角	吨	124
九、竹木采伐		
1.木材	万立方米	368.0
其中：村及村以下采伐	万立方米	297.5
2.竹材	万根	3744.0
其中：村及村以下采伐	万根	3096.9

茶叶产量

单位：吨

地区	茶叶产量				
		绿茶	青茶	红茶	黑茶
湖北省	**329831**	**235352**	**1163**	**33397**	**50760**
武汉市	**2568**	**2450**		**37**	
武汉市辖区	40	33			
汉南区					
蔡甸区					
江夏区	256	256			
黄陂区	1424	1406		18	
新洲区	848	755		19	
黄石市	**1008**	**839**		**54**	
黄石市辖区	2	2			
阳新县	904	735		54	
大冶市	102	102			
十堰市	**14272**	**12517**	**325**	**852**	**320**
茅箭区	234	34			
张湾区	125	112			
郧阳区	462	455		7	
郧西县	285	285			
竹山县	5786	5396		70	320
竹溪县	5768	4889	325	554	
房县	733	727		6	
丹江口市	879	619		215	
宜昌市	**89704**	**75440**		**12721**	**391**
宜昌市辖区	1140	1140			
夷陵区	28711	28314		212	185
远安县	2655	1941		450	
兴山县	2341	2210			
秭归县	6627	6415		171	
长阳县	5561	5404			71
五峰县	22895	15998		6751	135
宜都市	18665	12909		5137	
当阳市	1090	1090			
枝江市	19	19			
襄阳市	**9189**	**8462**		**317**	**410**
高新区	1	1			
襄城区	6	6			
樊城区					
襄州区					
南漳县	694	694			
谷城县	3506	2871		225	410
保康县	4436	4344		92	
老河口市	7	7			
枣阳市	453	453			
宜城市	86	86			
鄂州市	**223**	**167**		**50**	
梁子湖区	223	167		50	
华容区					
鄂城区					
荆门市	**253**	**239**		**14**	
东宝区	86	72		14	
掇刀区					
沙洋县	1	1			
钟祥市	144	144			
京山市	22	22			
孝感市	**8214**	**7357**		**802**	

续表　　　　　　　　　　　　　　　　　　　　　　　　单位：吨

地区	茶叶产量				
		绿茶	青茶	红茶	黑茶
孝昌县	1407	1407			
大悟县	6218	5417		801	
云梦县					
应城市	375	375			
安陆市	137	82			
汉川市					
荆州市	**265**	**65**			**200**
荆州开发区					
沙市区					
荆州区					
公安县	18	18			
监利县					
江陵县					
石首市	234	34			200
洪湖市					
松滋市	13	13			
黄冈市	**38796**	**36993**		**714**	**110**
龙感湖农场					
黄州区					
团风县	269	266			
红安县	2662	2662			
罗田县	1315	1315			
英山县	27751	26012		703	105
浠水县	1430	1400			
蕲春县	1732	1706		11	5
黄梅县	563	558			
麻城市	3051	3051			
武穴市	23	23			
咸宁市	**54807**	**9603**	**291**	**1223**	**40102**
咸安区	2598	1883	269		446
嘉鱼县	1717	677	20		
通城县	2179	1744		198	237
崇阳县	4528	2322			
通山县	1945	1201	2	380	
赤壁市	41840	1776		645	39419
随州市	**3096**	**3020**		**57**	
曾都区	106	77		29	
随县	2197	2156		28	
广水市	793	787			
恩施州	**107348**	**78161**	**527**	**16556**	**9227**
恩施市	23406	20328		2434	629
利川市	17369	10543	1	6780	
建始县	715	690		10	
巴东县	3139	3023		45	55
宣恩县	17498	15166		937	1386
咸丰县	9120	4850	526	2595	1149
来凤县	4074	1337			
鹤峰县	32027	22224		3755	6008
仙桃市					
潜江市					
天门市					
神农架林区	**88**	**39**	**20**		

园林水果产量

单位：吨

地区	园林水果						
		梨	柑桔类				
				柑	桔	橙	柚
湖北省	**6554592**	**373131**	**4880533**	**1835117**	**2050519**	**828200**	**165341**
武汉市	**128486**	**9689**	**35325**	**2456**	**32138**	**656**	**64**
武汉市辖区	10850	943	1918	294	1597	17	9
汉南区	3820	952	336	83	156	87	
蔡甸区	19757	1507	6563	1939	4017	552	55
江夏区	33642	431	22474		22474		
黄陂区	18283	896	3212		3212		
新洲区	42134	4960	822	140	682		
黄石市	**60503**	1877	41662	8903	**27844**	4201	714
黄石市辖区	1756	20	1414	12	1396	1	5
阳新县	43883	1149	34259	7608	22183	3848	620
大冶市	14864	708	5989	1283	4265	352	89
十堰市	**267811**	**618**	**228482**	**5007**	**219396**	**4076**	
茅箭区	303	5	67		67		
张湾区	2070	45	360		360		
郧阳区	35302	19	25464	4656	20184	624	
郧西县	7852	309	1013	168	845		
竹山县	6197	73	219	171	48		
竹溪县	2829	43	32		32		
房县	8955	33	3642	12	3533	94	
丹江口市	204303	91	197685		194327	3358	
宜昌市	**3853731**	**24250**	**3745102**	**1563276**	**1376303**	**787387**	**18136**
宜昌市辖区	118765	45	118515	47234	67224	235	3822
夷陵区	834271	428	817144	89516	721813	4716	1099
远安县	71873	75	68205		68205		
兴山县	102794	3370	96918	1208	8043	87667	
秭归县	603606	559	601478	15922	10523	574769	264
长阳县	150598	1185	127912	92303	23085	11507	1017
五峰县	14192	2900	9311	3264	5054	389	604
宜都市	634480	23	632218	420311	205707	3172	3028
当阳市	534310	550	516048	280000	233000	1420	1628
枝江市	788842	15115	757353	613518	33649	103512	6674
襄阳市	**455427**	**40025**	**27267**	**4207**	**22975**	**33**	
高新区	1162	68	14		14		
襄城区	6852	2011	129	74	55		
樊城区	2860	330	336	26	310		
襄州区	41051	8203	641	641			
南漳县	32520	332	21670	1558	20079	33	
谷城县	5119	610	1627	190	1437		
保康县	3724	114	293	136	105		
老河口市	40209	20172	165		165		
枣阳市	279887	5500	540	540			
宜城市	42043	2685	1852	1042	810		
鄂州市	**37590**	**4209**	**24381**	**1634**	**17776**	**188**	**4783**
梁子湖区	8620	313	7626	679	4556	103	2288
华容区	15254	1920	8238	162	6829	9	1238
鄂城区	13716	1976	8517	793	6391	76	1257
荆门市	**379302**	**153386**	**142519**	**24808**	**109211**	**6196**	**1195**
东宝区	96224	2550	85267	7912	72134	4500	652
掇刀区	10381		7847	70	7674	25	78
沙洋县	20321	4715	9669	1615	6430	584	
钟祥市	142000	96864	21845	9872	10421	1087	465
京山市	110376	49257	17891	5339	12552		
孝感市	**156968**	**11094**	**21731**	**8294**	**12153**	**628**	**649**

续表　　　　单位：吨

地区	园林水果						
		梨	柑桔类				
				柑	桔	橙	柚
孝感市辖区	29		15	15			
孝南区	12502	395	1335	141	1076	118	
孝昌县	84747	1753	15282	5993	8159	481	649
大悟县	13425	1832	85	85			
云梦县	8200	850	2070	2060		3	
应城市	13800	3442	615		615		
安陆市	13019	504	1143		1117	26	
汉川市	11246	2318	1186		1186		
荆州市	**456179**	**13317**	**305430**	**142927**	**105485**	**17071**	**39947**
荆州开发区	1993	6	57		24	6	27
沙市区	1376	327	265	132	133		
荆州区	27764	6012	8851	2701	1732	3128	1290
公安县	198142	4447	96285	11801	66535	7117	10832
监利县	8601	1684	2786	372	2414		
江陵县	7433	92	1153	146	720	39	248
石首市	23831	169	16191	3227	10120	1477	1367
洪湖市	1786	20	782		782		
松滋市	185253	560	179060	124548	23025	5304	26183
黄冈市	**60884**	**3025**	**18624**	**2519**	**15558**	**252**	**280**
龙感湖农场	197	85	110		110		
黄州区	1309	140	519		519		
团风县	592	109	161	39	109		8
红安县	4313	508	747		747		
罗田县	9850	303	945		945		
英山县	202	25	34	21	13		
浠水县	5256	217	3072		2954	118	
蕲春县	25793	301	6154	1510	4578	58	8
黄梅县	2100	252	1333	131	1202		
麻城市	5283	973	681	307	364		
武穴市	5989	112	4868	511	4017	76	264
咸宁市	**86579**	**12343**	**39942**	**7791**	**27809**	**4223**	**64**
咸安区	3846	294	1652	127	1252	219	
嘉鱼县	5624	10	3501	474	1772	1255	
通城县	6255	92	4608	4608			
崇阳县	19255	7884	1091	66	964	29	32
通山县	17208	1900	10450	50	9550	850	
赤壁市	34391	2163	18640	2466	14271	1870	32
随州市	**158779**	**9473**	**6773**	**121**	**6652**		
曾都区	3798	46	354		354		
随县	75577	3768	4534		4534		
广水市	79404	5659	1885	121	1764		
恩施州	**356657**	**72732**	**232212**	**62326**	**67486**	**2958**	**99430**
恩施市	38102	5421	19734	2013	11771	194	5751
利川市	47385	40270	4174	2755	685	77	651
建始县	17086	1731	4559	1661	900	135	1862
巴东县	80705	1454	62750	29735	29573	1368	2074
宣恩县	120136	6731	112923	24481	1780		86662
咸丰县	23485	13961	4200	38	2978	49	1135
来凤县	19607	1692	16076	1557	12121	1130	1268
鹤峰县	10151	1472	7796	86	7678	5	27
仙桃市	**16253**	**2207**	**5175**	**154**	**4934**	**87**	
潜江市	**62567**	**6942**	**2719**	**287**	**2109**	**244**	**79**
天门市	**16497**	**7933**	**3189**	**407**	**2690**		
神农架林区	**379**	**11**					

茶园、果园面积

单位：公顷

地区	年末实有茶园面积	本年采摘面积	年末果园面积	梨园	柑桔园	桃园	葡萄园
湖北省	**321495**	**232675**	**366174**	**23878**	**227234**	**51126**	**15474**
武汉市	**7179**	**5837**	**8208**	**505**	**2456**	**2247**	**1450**
武汉市辖区	137	52	592	37	140	209	192
汉南区			275	50	24	60	89
蔡甸区			1080	107	321	200	243
江夏区	590	476	2695	28	1688	284	161
黄陂区	4076	3288	1225	57	221	317	297
新洲区	2376	2021	2341	226	62	1177	468
黄石市	**3631**	**3004**	**5044**	**154**	**3148**	**532**	**331**
黄石市辖区	7	7	179	5	112	21	1
阳新县	3045	2699	3523	84	2578	271	211
大冶市	579	298	1342	65	458	240	119
十堰市	**41069**	**24545**	**24934**	**107**	**21024**	**939**	**181**
茅箭区	336	245	40	1	6	2	1
张湾区	306	167	437	7	10	40	1
郧阳区	1857	664	1857	5	1054	443	41
郧西县	915	397	821	58	193	56	67
竹山县	17620	13630	831	11	13	64	26
竹溪县	15047	7197	401	6	19	175	12
房县	2197	987	1801	5	1575	28	8
丹江口市	2791	1258	18746	14	18154	131	25
宜昌市	**59224**	**47795**	**142657**	**762**	**135840**	**2193**	**633**
宜昌市辖区	649	579	5045	1	5034	5	3
夷陵区	14867	12885	24455	34	23195	78	344
远安县	3230	2287	4111	18	3274	435	56
兴山县	3183	1935	6852	90	6655	23	13
秭归县	7010	4897	22969	16	22754	12	3
长阳自治县	6961	4541	9266	63	7562	61	59
五峰自治县	14303	13071	410	83	273	1	9
宜都市	8420	7077	21553	9	21220	276	13
当阳市	578	500	24537	45	23400	820	71
枝江市	23	23	23459	403	22473	482	62
襄阳市	**16393**	**12819**	**26442**	**2008**	**1868**	**19054**	**836**
高新区	67	67	968	50	15	475	417
襄城区	10	10	405	99	9	145	64
樊城区			94	10	11	53	11
襄州区			2070	378	41	1276	36
南漳县	1670	1046	2734	21	1464	224	47
谷城县	6212	5305	308	31	112	95	28
保康县	7449	5406	382	8	21	91	19
老河口市	12	12	2579	1097	33	1045	77
枣阳市	793	793	14892	224	36	14061	85
宜城市	180	180	2010	90	126	1589	52
鄂州市	**438**	**423**	**2763**	**465**	**1069**	**228**	**156**
梁子湖区	408	393	1297	138	468	62	10
华容区	30	30	636	61	235	106	101
鄂城区			830	266	366	60	45
荆门市	**1195**	**1017**	**18043**	**4231**	**7205**	**4122**	**971**
东宝区	389	389	4897	67	4031	191	198
掇刀区	13	13	649	13	432	97	24
沙洋县	18	13	1231	147	503	148	228
钟祥市	316	300	6121	2605	1516	1058	349
京山市	459	302	5145	1399	723	2628	172
孝感市	**21314**	**16674**	**6376**	**426**	**594**	**3689**	**376**

续表 单位：公顷

地区	年末实有茶园面积	本年采摘面积	年末果园面积	梨园	柑桔园	桃园	葡萄园
孝感市辖区	203	197	22		5	4	
孝南区	451	203	684	11	36	613	18
孝昌县	6330	4318	3350	62	343	1912	73
大悟县	13850	11516	920	107	9	653	
云梦县			210	28	56	37	56
应城市	240	225	230	90	17	58	59
安陆市	240	215	550	41	84	307	81
汉川市			410	87	44	105	89
荆州市	**749**	**740**	**21294**	**572**	**16372**	**895**	**3225**
荆州开发区			65	1	3		61
沙市区			75	15	33	3	19
荆州区			917	254	263	53	325
公安县	85	85	5889	195	2760	432	2407
监利县			338	71	97	122	36
江陵县			342	4	111	101	112
石首市	439	439	1146	7	876	92	167
洪湖市			98	1	51	9	14
松滋市	225	216	12424	24	12178	83	84
黄冈市	**29424**	**24139**	**8160**	**451**	**1839**	**3561**	**1020**
龙感湖农场			18	7	10		
黄州区			185	20	53	37	70
团风县	560	418	115	21	35	2	41
红安县	2800	2273	651	50	37	80	473
罗田县	1504	1138	820	90	64	66	60
英山县	17080	15156	41	3	3	15	9
浠水县	1100	900	730	33	254	128	72
蕲春县	1730	1368	3638	32	428	2988	49
黄梅县	770	356	390	43	119	8	20
麻城市	3810	2465	622	138	73	159	147
武穴市	70	65	950	14	763	78	79
咸宁市	**32670**	**20067**	**23723**	**3966**	**8755**	**2819**	**809**
咸安区	6330	2164	1322	31	250	517	51
嘉鱼县	1501	1225	709	1	456	112	8
通城县	4870	3258	2900	50	2466	165	49
崇阳县	5567	3193	6813	2527	689	1337	291
通山县	3661	2421	8233	934	3861	492	210
赤壁市	10741	7806	3746	423	1033	196	200
随州市	**7499**	**7311**	**14700**	**910**	**931**	**7360**	**1441**
曾都区	388	259	961	39	38	561	28
随县	4561	4552	10482	571	759	5285	1081
广水市	2550	2500	3257	300	134	1514	332
恩施州	**99615**	**67298**	**60595**	**8891**	**25831**	**2727**	**2492**
恩施市	18290	13883	6074	862	1949	222	511
利川市	12254	7552	4340	2651	543	87	109
建始县	2562	2007	4060	256	452	194	867
巴东县	8275	3822	11937	434	7951	1209	182
宣恩县	15009	10833	13947	678	11684	385	8
咸丰县	15630	7450	15901	3580	1195	319	693
来凤县	3282	2981	3021	179	1510	73	109
鹤峰县	24313	18770	1315	251	547	238	13
仙桃市			**536**	**59**	**138**	**135**	**166**
潜江市			**2292**	**234**	**115**	**536**	**1346**
天门市	**13**		**298**	**129**	**49**	**75**	**34**
神农架林区	**1082**	**1006**	**109**	**8**		**14**	**7**

林产品产量

单位：吨

单位名称	生漆	油桐籽	乌桕籽	油茶籽	核桃	板栗	五倍子	棕片	松脂	竹笋干
湖北省	**2664**	**21400**	**10234**	**194836**	**123487**	**405495**	**2767**	**3014**	**13280**	**16547**
武汉市				**7400**		**2780**				
蔡甸区										
江夏区						19				
黄陂区				6504		2141				
新洲区				896		620				
黄石市		**233**	**13**	**18150**	**20**	**1504**		**165**		**1275**
大冶市				6000		750				
阳新县		233	13	12150	20	754		165		1275
十堰市	**608**	**12254**	**417**	**1885**	**46245**	**40850**	**1024**	**223**	**8**	**1435**
茅箭区					25	195				
张湾区	1	14		11	6	1620	3			
郧阳区	280	1885	200	50	7500	10800	106		5	100
郧西县	1	9488	7	900	9589	2765	10			116
竹山县	5	435	10	391	7918	4980	618	30		100
竹溪县	96	25		69	3206	1593	242	50		135
房县	225	256		163	14160	12379	45	143	3	902
丹江口市		150	200	300	3800	6500				81
武当山特区		1		1	41	18				1
宜昌市	**112**	**325**	**184**	**1095**	**37649**	**9030**	**1162**	**1219**	**6388**	**2058**
西陵区										
伍家岗区										
点军区					92	88				
猇亭区										
夷陵区				155	3160	2000	125			500
远安县				10	930	1554				1016
兴山县	17			20	17800	1319	13			72
秭归县	2	3		6	11535	1869	49			
长阳自治县	70	20	150	500	2500	1500	150	10	10	150
五峰自治县	10	6		317	1530	208	796	219	37	
宜都市	13	296	34	50	92	452	23	985		80
当阳市				37	10	40	6	5	6341	240
枝江市										
襄阳市	**7**	**355**	**109**	**26585**	**22189**	**26568**	**191**	**545**	**634**	**458**
襄城区					2	13				
樊城区					13					
襄州区				534	50	150				
南漳县		185		2284	5812	8367	150	155	400	322
谷城县	2	41	10	13292	430	2041	9	15	150	37
保康县	5	75	99	1252	15000	14017	32	375	84	99
老河口市					750					
枣阳市		18		8920		757				
宜城市		36		303	132	1223				
鄂州市			**120**	**5371**		**1472**				**25**
荆门市		**20**	**67**	**9796**	**1610**	**22016**		**50**	**3000**	**81**
东宝区				360	92	1945				
掇刀区					4					
漳河新区				100		10				
京山县		20	14	8794	539	17583		12	3000	16
沙洋县						75				
钟祥市			53	542	975	2403		38		65
屈家岭管理区										
孝感市		**110**	**5313**	**4485**		**44082**				**130**

续表　　　　单位：吨

单位名称	生漆	油桐籽	乌桕籽	油茶籽	核桃	板栗	五倍子	棕片	松脂	竹笋干
孝南区				105		122				
孝昌县		30	3	900		1385				
大悟县		80	5310	3230		41175				126
云梦县										
应城市										
安陆市				250		1400				4
汉川市										
荆州市		**45**		**2870**	**48**	**119**			**50**	**230**
沙市区										
荆州区										
公安县										
监利县										
江陵县										
石首市						74				
洪湖市										
松滋市		45		2870	48	45			50	230
黄冈市		**2074**	**2780**	**35914**	**127**	**226607**	**4**		**3200**	**733**
黄州区						210				
团风县		6		419		3450				12
红安县		15	627	2800		36743	4		150	
罗田县		726	962	1223	127	89972				136
英山县		315	821	7854		7494			3000	90
浠水县		12	10	1045		13020			50	38
蕲春县				2750		3679				180
黄梅县				609		1325				18
麻城市		1000	360	19135		70500				150
武穴市				79		214				109
龙感湖管理区										
咸宁市		**246**	**174**	**61676**		**4407**		**278**		**9358**
咸安区				2927		265				2586
嘉鱼县				1103		71				
通城县		56		31107		2695				1370
崇阳县		190		1287		842		136		2101
通山县			22	23752		384		142		2201
赤壁市			152	1500		150				1100
随州市		**1000**	**994**	**11533**	**1108**	**8459**	**141**			**304**
曾都区		346	604	1023	70	1355	71			
广水市		310	210	2350	198	1636				144
随县		344	180	8160	830	5468	70			160
恩施自治州	**1935**	**4736**	**63**	**8076**	**14326**	**15065**	**241**	**534**		**456**
恩施市	128	10	6	1100	2810	3019	18	22		7
利川市	1307	320		600	4007	1620				300
建始县	200	155	30	45	550	250	110			
巴东县	91	100		6	2860	2592	10	10		15
宣恩县	80	29		1108	2412	2352	2	46		19
咸丰县	32	6		2157	133	2052	3	6		28
来凤县	72	4093		3000	26	1402	72	28		73
鹤峰县	25	23	27	60	1528	1778	26	422		14
仙桃市										
潜江市										
天门市										
神农架林区	**2**	**2**			**165**	**2536**	**4**			**4**

长江防护林工程建设情况

单位名称	荒山荒(沙)地造林面积（公顷）	在造林面积中			退化林修复面积（公顷）	森林抚育面积（公顷）	年末实有封山（沙）育林面积（公顷）
		人工造林（公顷）	飞播造林（公顷）	无林地和疏林地新封（公顷）			
湖北省	**18267**	**10999**		**7268**	**1333**		**160228**
武汉市							
江夏区							
黄陂区							
黄石市	**1877**	**800**		**1077**			**2700**
大冶市	327	133		194			400
阳新县	1550	667		883			2300
十堰市	**1300**	**700**		**600**			**7368**
茅箭区							767
张湾区							
郧阳区	633	300		333			1932
郧西县	534	267		267			1800
竹山县							
竹溪县	133	133					2869
房县							
丹江口市							
宜昌市	**133**	**133**					**467**
远安县							
秭归县							
五峰自治县							467
枝江市	133	133					
襄阳市							
襄城区							
樊城区							
襄州区							
谷城县							
保康县							
老河口市							
宜城市							
鄂州市							
荆门市	**799**	**466**		**333**			**333**
东宝区	133	133					
京山县	533	200		333			333
沙洋县	133	133					
钟祥市							
屈家岭管理区							
孝感市	**1300**	**567**		**733**			**1133**
孝南区							
孝昌县	533	200		333			533
大悟县	700	300		400			400

续表 1

单位名称	荒山荒(沙)地造林面积（公顷）	在造林面积中			退化林修复面积（公顷）	森林抚育面积（公顷）	年末实有封山（沙）育林面积（公顷）
		人工造林（公顷）	飞播造林（公顷）	无林地和疏林地新封（公顷）			
云梦县							
应城市							
安陆市	67	67					200
荆州市	**2267**	**2267**					
荆州区	133	133					
公安县	67	67					
监利县	334	334					
江陵县							
石首市	1333	1333					
洪湖市	400	400					
松滋市							
黄冈市	**2858**	**1399**		**1459**			**122181**
黄州区	133	133					
团风县							867
红安县	333	133		200			33380
罗田县	867	200		667			667
英山县							76867
浠水县	392	200		192			400
蕲春县	400	200		200			9600
黄梅县	133	133					200
麻城市	533	333		200			200
武穴市	67	67					
咸宁市	**3400**	**2400**		**1000**	**1333**		**21379**
咸安区					334		20000
嘉鱼县							
通城县	1134	800		334	333		713
崇阳县	1133	800		333	333		333
通山县	1133	800		333	333		333
赤壁市							
随州市	**3400**	**1667**		**1733**			**1733**
曾都区							
广水市	1533	800		733			733
随县	1867	867		1000			1000
恩施自治州	**533**	**200**		**333**			**2267**
恩施市							
利川市							
建始县							
巴东县							
宣恩县	533	200		333			2267
来凤县							
鹤峰县							
仙桃市							
潜江市	**400**	**400**					
天门市							
神农架林区							**667**

续表 2

单位名称	全部林业投资完成额（万元）	其中：中央投资	1.营造林	2.种苗	3.森林防火	4.病虫害防治	5.科技费用	6.其他
湖北省	**14572**	**7494**	**12123**	**1738**	**227**	**222**	**71**	**191**
武汉市								
江夏区								
黄陂区								
黄石市	**2060**	**860**	**1670**	**240**	**60**	**30**	**30**	**30**
大冶市	160	160	160					
阳新县	1900	700	1510	240	60	30	30	30
十堰市	**1025**	**782**	**925**	**100**				
茅箭区								
张湾区								
郧阳区	275	275	275					
郧西县	160	160	160					
竹山县	150		50	100				
竹溪县	243	150	243					
房县								
丹江口市	197	197	197					
宜昌市	**150**	**100**	**150**					
远安县								
秭归县								
五峰自治县								
枝江市	150	100	150					
襄阳市								
襄城区								
樊城区								
襄州区								
谷城县								
保康县								
老河口市								
宜城市								
鄂州市	**30**	**30**	**30**					
荆门市	**451**	**300**	**416**	**21**				**14**
东宝区	100	100	100					
京山县	100	100	65	21				14
沙洋县	251	100	251					
钟祥市								
屈家岭管理区								
孝感市	**542**	**520**	**286**	**98**	**52**	**36**	**30**	**40**
孝南区								
孝昌县	222	200	134	56	10	5		17
大悟县	240	240	72	42	42	31	30	23
云梦县								
应城市								
安陆市	80	80	80					

续表 3

单位名称	全部林业投资完成额（万元）	其中：中央投资	1.营造林	2.种苗	3.森林防火	4.病虫害防治	5.科技费用	6.其他
荆州市	**5350**	**500**	**5122**	**210**		**2**		**16**
荆州区	100	100	12	84		2		2
公安县	50		50					
监利县	250	250	250					
江陵县								
石首市	4600	150	4600					
洪湖市	350		210	126				14
松滋市								
黄冈市	**1182**	**1020**	**857**	**117**	**115**	**68**	**11**	**14**
黄州区								
团风县								
红安县								
罗田县								
英山县	120	120	120					
浠水县	334	210	228		60	46		
蕲春县	180	180	180					
黄梅县	168	130	95	26	24	15	4	4
麻城市	280	280	174	75	28			3
武穴市	100	100	60	16	3	7	7	7
咸宁市	**2217**	**1827**	**1695**	**394**		**86**		**42**
咸安区	100	85	90	10				
嘉鱼县								
通城县								
崇阳县	500	500	500					
通山县	1617	1242	1105	384		86		42
赤壁市								
随州市	**1065**	**1055**	**832**	**214**				**19**
曾都区								
广水市	220	210	182	19				19
随县	845	845	650	195				
恩施自治州	**200**	**200**	**120**	**64**				**16**
恩施市								
利川市								
建始县								
巴东县								
宣恩县	200	200	120	64				16
来凤县								
鹤峰县								
仙桃市								
潜江市	**300**	**300**	**20**	**280**				
天门市								
神农架林区								

天然林保护工程建设情况

单位名称	工程区造林面积（公顷）	人工造林（公顷）	飞播造林（公顷）	无林地和疏林地新封（公顷）	退化林修复面积（公顷）	森林抚育面积（公顷）	年末实有封山（沙）育林面积（公顷）	年末实有森林管护面积（公顷）
湖北省	**6233**	**2000**		**4233**		**23731**	**104301**	**3322527**
十堰市	**2800**	**1333**		**1467**		**10400**	**25338**	**941372**
十堰市直						566	2971	1840
茅箭区						367	1333	16699
张湾区						267	1367	38059
郧阳区	733	400		333		1000	2933	134585
郧西县	667	400		267		533	4667	156174
竹山县	334	67		267		800	2467	137506
竹溪县	200	200				2467	5000	125280
房县	800	200		600		4000	3467	175202
丹江口市	66	66				400	333	132027
武当山特区							800	24000
宜昌市	**666**	**133**		**533**		**2066**	**24065**	**801510**
宜昌市直						333	2400	29934
西陵区								298
伍家岗区								1148
点军区								31929
猇亭区								5167
夷陵区							7330	171073
远安县						333	1933	62116
兴山县						400		128817
秭归县							2334	140660
长阳自治县							1867	134280
五峰自治县	666	133		533		1000	3867	53406
宜都市							4334	42682
襄阳市	**1134**	**334**		**800**		**3600**	**11799**	**269877**
南漳县	267	267				533	2666	73696
谷城县	333			333		2000	5600	104974
保康县	534	67		467		1067	3533	91207
恩施自治州	**1633**	**200**		**1433**		**2398**	**38299**	**985369**
恩施州直							899	55466
恩施市						333	12267	153203
利川市						333		188019
建始县	533			533		333	6399	86240
巴东县	167			167		533	9000	132033
宣恩县	466	133		333			2667	119241
咸丰县	67	67					3467	69487
来凤县						333	2200	49380
鹤峰县	400			400		533	1400	132300
神农架林区						**5267**	**4800**	**227010**

续表

单位名称	全部林业投资完成额（万元）	在全部完成投资中					
		中央投资（万元）	营造林（万元）	森林管护（万元）	生态效益补偿（万元）	社会保险（万元）	政社性支出（万元）
湖北省	**92246**	**68299**	**8713**	**18609**	**49401**	**8723**	**1731**
十堰市	**28971**	**21151**	**2110**	**5148**	**16835**	**2491**	**412**
十堰市直	1811	708	1100	280	110	321	
茅箭区	328	299		145	129	54	
张湾区	768	550		44	676	27	
郧阳区	4340	3117	350	298	2820	308	
郧西县	4386	3544	230	608	3337	201	
竹山县	3114	2228	130	289	2248	92	55
竹溪县	3603	2922	230	1279	933	614	103
房县	7023	4957	70	1959	3469	691	198
丹江口市	3108	2583		148	2777	183	
武当山特区	490	243		98	336		56
宜昌市	**20558**	**14194**	**3512**	**4019**	**10444**	**1465**	**207**
宜昌市直	58	58		5		53	
西陵区	9	1		2	7		
伍家岗区	21			3	18		
点军区	229	181		134	95		
猇亭区	3826	6	3280	13	46	10	
夷陵区	3048	2378		558	2192	257	41
远安县	1395	996	50	321	837	156	31
兴山县	2040	1477		473	1259	274	34
秭归县	3001	3001	50	317	2197	131	16
长阳自治县	3743	3409	62	1066	2334	261	20
五峰自治县	2375	1979	70	1007	959	161	34
宜都市	813	708		120	500	162	31
襄阳市	**12351**	**9977**	**1677**	**3332**	**4309**	**1470**	**400**
南漳县	5578	3912	1347	53	2228	412	375
谷城县	3440	3233	60	1868	877	635	
保康县	3333	2832	270	1411	1204	423	25
恩施自治州	**21720**	**16149**	**386**	**3724**	**14533**	**1803**	**254**
恩施州直	121	59	12	3	76	30	
恩施市	6051	5582	69	426	4982	418	96
利川市	3581	3337		292	2834	420	35
建始县	2175	1865	80	250	1176	249	34
巴东县	3508		125	1283	2004	96	
宣恩县	1993	1477	50	338	1333	246	26
咸丰县	1936	1694	50	147	1468	235	34
来凤县	1097	877		112	660	20	29
鹤峰县	1258	1258		873		89	
神农架林区	**7363**	**5655**	**1028**	**1527**	**2856**	**1494**	**458**

退耕还林工程建设情况

单位名称	造林面积合计（公顷）	1.退耕地造林	25°以上坡耕地退耕造林	15°-25°水源地耕地退耕造林	严重沙化耕地退耕造林	2.荒山荒地造林	3.无林地和疏林地新封山育林
湖北省	**4666**	**4666**	**2330**	**2336**			
武汉市							
蔡甸区							
江夏区							
黄陂区							
新洲区							
黄石市							
大冶市							
阳新县							
十堰市	**3100**	**3100**	**1173**	**1927**			
茅箭区	17	17		17			
张湾区							
郧阳区	333	333		333			
郧西县	133	133		133			
竹山县	1040	1040	1040				
竹溪县	133	133	133				
房县	777	777		777			
丹江口市	667	667		667			
武当山特区							
宜昌市							
宜昌市直							
伍家岗区							
点军区							
猇亭区							
夷陵区							
远安县							
兴山县							
秭归县							
长阳自治县							
五峰自治县							
宜都市							
当阳市							
枝江市							
襄阳市							
襄城区							
樊城区							
襄州区							
南漳县							
保康县							
老河口市							
枣阳市							

续表 1

单位名称	造林面积合计（公顷）	1.退耕地造林	25°以上坡耕地退耕造林	15°-25°水源地耕地退耕造林	严重沙化耕地退耕造林	2.荒山荒地造林	3.无林地和疏林地新封山育林
宜城市							
荆门市							
东宝区							
京山县							
沙洋县							
钟祥市							
孝感市							
安陆市							
荆州市							
松滋市							
黄冈市							
黄州区							
团风县							
红安县							
罗田县							
英山县							
浠水县							
蕲春县							
黄梅县							
麻城市							
武穴市							
咸宁市							
咸安区							
嘉鱼县							
通城县							
崇阳县							
通山县							
赤壁市							
随州市							
曾都区							
广水市							
随县							
恩施自治州	**1566**	**1566**	**1157**	**409**			
恩施市	533	533	533				
利川市	666	666	257	409			
建始县	367	367	367				
巴东县							
宣恩县							
咸丰县							
来凤县							
鹤峰县							
天门市							
神农架林区							

续表 2

单位名称	全部林业投资完成额（万元）	其中：中央投资	1.种苗费	2.完善政策补助资金	3.巩固退耕还林成果专项资金	新一轮退耕还林补助资金	其他费用
湖北省	**48418**	**39232**	**3802**	**26050**	**1379**	**16823**	**364**
武汉市	**647**	**549**		**647**			
蔡甸区	98			98			
江夏区							
黄陂区							
新洲区	549	549		549			
黄石市	**1461**	**738**	**56**	**667**		**738**	
大冶市	329			329			
阳新县	1132	738	56	338		738	
十堰市	**12182**	**9686**	**1590**	**6243**		**4291**	**58**
茅箭区	50	23	10	27		13	
张湾区	185	185		185			
郧阳区	1998	1987	200	1167		620	11
郧西县	1887	1875		1175		700	12
竹山县	2226	2212	568	934		710	14
竹溪县	160	160	60			100	
房县	3195	3174	352	1174		1648	21
丹江口市	2411		400	1511		500	
武当山特区	70	70		70			
宜昌市	**6284**	**6284**		**3958**	**192**	**2127**	**7**
宜昌市直							
伍家岗区							
点军区	115	115		115			
猇亭区							
夷陵区	973	973		973			
远安县	485	485		265		220	
兴山县	1109	1109		769		340	
秭归县	2788	2788		1577	192	1012	7
长阳自治县							
五峰自治县	814	814		259		555	
宜都市							
当阳市							
枝江市							
襄阳市	**4631**	**3580**	**440**	**2230**	**554**	**1390**	**17**
襄城区	71	71		71			
樊城区	71	71		71			
襄州区	357	357		357			
南漳县	1045				554	480	11
保康县	1950	1944	440	594		910	6
老河口市	428	428		428			
枣阳市	306	306		306			

续表 3

单位名称	全部林业投资完成额（万元）	其中：中央投资	1.种苗费	2.完善政策补助资金	3.巩固退耕还林成果专项资金	新一轮退耕还林补助资金	其他费用
宜城市	403	403		403			
荆门市	**1700**	**1700**		**1700**			
东宝区	285	285		285			
京山县	587	587		587			
沙洋县	368	368		368			
钟祥市	460	460		460			
孝感市	**386**	**386**		**386**			
安陆市	386	386		386			
荆州市	**140**	**140**		**140**			
松滋市	140	140		140			
黄冈市	**4746**	**3278**	**616**	**3415**		**714**	**1**
黄州区	102			102			
团风县	381			340		40	1
红安县	985		400	585			
罗田县	512	512		512			
英山县	1138	1138	216	412		510	
浠水县	448	448		448			
蕲春县	632	632		468		164	
黄梅县	288	288		288			
麻城市							
武穴市	260	260		260			
咸宁市	**3131**	**1959**		**1924**		**985**	**222**
咸安区	399			291		108	
嘉鱼县	218	218					218
通城县	528	528		528			
崇阳县	769			524		245	
通山县	1113	1109		581		528	4
赤壁市	104	104				104	
随州市	**1513**	**809**		**880**	**633**		
曾都区	176	176		176			
广水市	704			704			
随县	633	633			633		
恩施自治州	**10730**	**9280**	**1100**	**3585**		**6010**	**35**
恩施市	1224	1224	320	504		400	
利川市	4274	3520	400	754		3120	
建始县	1557	880	220	661		660	16
巴东县							
宣恩县							
咸丰县	1186	1172		613		559	14
来凤县	1174	1169	160	569		440	5
鹤峰县	1315	1315		484		831	
天门市	**88**	**88**		**88**			
神农架林区	**779**	**755**		**187**		**568**	**24**

林业系统野生动植物保护及自然保护区建设情况

指标名称	计量单位	本年实际
一、年末实有自然保护区个数	个	59
其中：国家级	个	17
二、年末实有自然保护区面积	公顷	916996
其中：国家级	公顷	479047
三、国际重要湿地个数	个	4
国际重要湿地面积	公顷	60990
四、野生动植物保护管理站	个	112
五、野生动物救护中心	个	14
六、野生动物繁育机构	个	266
七、野生动物基因库	个	
八、野生动物疫源疫病监测站个数	个	57
九、从事野生动植物保护的职工人数	人	663
其中：各类专业技术人员	人	285
十、野生动植物及自然保护区建设投资完成额	万元	4946
其中：中央投资	万元	826
地方投资	万元	2628

《湖北农村统计年鉴-2019》

全省畜牧生产情况

指标名称	计量单位	湖北省
一、畜禽期末存栏(笼)数		
（一）猪存栏	万头	2521.80
其中：能繁殖母猪	万头	238.98
（二）牛存栏	万头	241.09
（三）羊存栏	万只	546.79
1.山羊	万只	546.79
2.绵羊	万只	
（四）活家禽存笼	万只	34706.88
二、畜禽当年出栏(笼)数		
（一）猪出栏	万头	4363.50
（二）牛出栏	万头	108.33
（三）羊出栏	万只	609.23
1.山羊	万只	609.23
2.绵羊	万只	
（四）活家禽出笼	万只	53244.82
三、畜产品产量		
（一）猪肉产量	万吨	333.18
（二）牛肉	万吨	15.82
（三）羊肉	万吨	9.75
（四）禽肉	万吨	71.35
（五）禽蛋产量	万吨	171.53
（六）生牛奶	万吨	12.81

其它畜牧业生产情况

指标名称	计量单位	湖北省
一、存栏		
1、活牲畜存栏（除猪牛羊外）	万头	0.44
(1)马	万头	0.35
(2)驴	万头	0.07
(3)骡	万头	0.02
(4)骆驼	万头	
2、家兔	万只	107.70
二、出栏		
1、活牲畜出栏（除猪牛羊外）	万头	0.13
(1)马	万头	0.08
(2)驴	万头	0.05
(3)骡	万头	0.002
(4)骆驼	万头	
2、家兔	万只	168.12
三、肉、产品产量		
1、活牲畜（除猪牛羊外）肉	吨	197
(1)马	吨	138
(2)驴	吨	57
(3)骡	吨	2
(4)骆驼	吨	
2、家兔	吨	3683
3、其他肉产量	吨	4552
4、其他奶产量	吨	
5、山羊毛产量	吨	48
其中:山羊粗毛	吨	48
6、天然蜂蜜	吨	23434
7、其它禽蛋产量	吨	1388
8、蚕茧产量	吨	3992
其中：桑蚕茧	吨	3856
柞蚕茧	吨	136

分地区畜禽出栏(笼)

地区	猪出栏（万头）	牛出栏（头）	羊出栏（只）	山羊出栏（只）	家禽出笼（万只）
湖北省	**4363.50**	**1083000**	**6092000**	**6092000**	**53244.82**
武汉市	**247.30**	**23307**	**37080**	**37080**	**3820.34**
武汉市辖区	4.20	863	679	679	37.92
汉南区	14.40		1500	1500	55.42
蔡甸区	14.10	1749	1481	1481	411.24
江夏区	91.70	2483	1705	1705	1197.32
黄陂区	90.50	12875	19230	19230	1089.02
新洲区	32.30	5337	12485	12485	1029.41
黄石市	**100.97**	**9301**	**40067**	**40067**	**2006.71**
黄石市辖区	5.37	220	360	360	17.42
阳新县	41	6333	32806	32806	428.15
大冶市	54.60	2748	6901	6901	1561.14
十堰市	**156.09**	**60492**	**826580**	**826580**	**2340.44**
十堰市辖区	3.60	240	16314	16314	128.88
郧阳区（郧县）	51	12007	85719	85719	174.74
郧西县	19.70	8532	205886	205886	116.51
竹山县	19.50	8006	45034	45034	118.68
竹溪县	21.10	14232	54690	54690	101.12
房县	20.80	2957	377843	377843	141.14
丹江口市	20.30	14758	41094	41094	1559.37
宜昌市	**555.90**	**40067**	**1201415**	**1201415**	**2677.95**
宜昌市辖区	11.13	305	4665	4665	58.41
夷陵区	94.80	2124	61158	61158	398.06
远安县	24.61	1680	27728	27728	34.41
兴山县	24.35	1298	144985	144985	36.60
秭归县	48.18	750	50774	50774	64.97
长阳县	54.48	1676	463943	463943	73.11
五峰县	27.01	1102	75527	75527	35.47
宜都市	72.70	11706	252376	252376	442.63
当阳市	98.20	5215	98590	98590	871.01
枝江市	100.40	14211	21669	21669	663.28
襄阳市	**566.10**	**326519**	**1281124**	**1281124**	**6408.41**
襄阳市辖区	22.80	10916	40609	40609	438.78
襄州区	99.50	112982	297941	297941	1428.00
南漳县	102.10	47665	211049	211049	512.00
谷城县	48.79	25217	120896	120896	507.68
保康县	21.70	6501	97632	97632	151.53
老河口市	83.50	27148	89387	89387	688.57
枣阳市	106.80	70080	383600	383600	2019.50
宜城市	80.90	26010	40010	40010	662.35
鄂州市	**93.20**	**10008**	**13181**	**13181**	**1072.69**
梁子湖区	26.40	2783	1918	1918	290.31
华容区	27.50	2083	8758	8758	349.97
鄂城区	39.30	5142	2505	2505	432.41
荆门市	**384.60**	**89254**	**442162**	**442162**	**3746.74**
荆门市辖区	43.97	7709	232397	232397	473.39
京山市	97.20	10656	45803	45803	951.20
沙洋县	89.90	48232	19278	19278	1248.80
钟祥市	153.50	22657	144684	144684	1073.35
孝感市	**298.30**	**75681**	**198652**	**198652**	**8555.28**
孝感市辖区	0.425	81	1680	1680	6.29
孝南区	23.14	7200	1999	1999	593.56

续表

地区	猪出栏（万头）	牛出栏（头）	羊出栏（只）	山羊出栏（只）	家禽出笼（万只）
孝昌县	37.475	18930	42237	42237	1036.35
大悟县	34.44	17931	48494	48494	345.80
云梦县	34.54	5946	3128	3128	1474.84
应城市	37.61	4180	9285	9285	1196.57
安陆市	72.10	20382	89835	89835	1005.40
汉川市	58.52	1031	1994	1994	2896.47
荆州市	**414.10**	**25093**	**134971**	**134971**	**5727.20**
荆州市辖区	32.28	1372	7282	7282	1641.77
公安县	76.70	2113	17361	17361	463.15
监利县	72.10	4957	1696	1696	1492.02
江陵县	26.06	3983	6902	6902	531.42
石首市	48.30	5982	6806	6806	588.58
洪湖市	35.11	2329	1816	1816	387.06
松滋市	123.50	4357	93108	93108	623.20
黄冈市	**424**	**241219**	**603258**	**603258**	**4316.98**
黄冈市辖区（龙感湖农场）	7.20		813	813	30.38
黄州区	6.02	1225	2282	2282	87.14
团风县	7.18	9636	23461	23461	429.15
红安县	46.50	17683	26409	26409	171.50
罗田县	15	19473	174833	174833	1010.85
英山县	14	3815	96800	96800	134.21
浠水县	65.80	18756	41827	41827	911.98
蕲春县	44.05	70215	63953	63953	378.40
黄梅县	47.70	6661	13121	13121	387.60
麻城市	67.70	89081	146229	146229	451.31
武穴市	102.80	4674	13530	13530	324.46
咸宁市	**226.50**	**13579**	**158236**	**158236**	**2824.50**
咸安区	41.20	1362	5748	5748	1886.06
嘉鱼县	11	663	2105	2105	132.85
通城县	66.50	1510	7549	7549	71.61
崇阳县	60.10	3328	34648	34648	259.06
通山县	30.64	3343	93925	93925	133.25
赤壁市	17.04	3374	14261	14261	341.67
随州市	**196.10**	**64518**	**441855**	**441855**	**6010.93**
曾都区	53.96	15414	41725	41725	1715.79
随县	74.90	26872	232939	232939	3177.97
广水市	67.20	22232	167191	167191	1117.17
恩施州	**413.80**	**67519**	**667978**	**667978**	**1069.19**
恩施市	86	22131	142351	142351	194.23
利川市	65.90	14581	54705	54705	249.79
建始县	61.10	3721	166618	166618	159.81
巴东县	67.30	2848	178377	178377	95.89
宣恩县	45.21	8302	36000	36000	100.02
咸丰县	47.81	8921	17426	17426	111.51
来凤县	23.10	5015	18551	18551	124.09
鹤峰县	17.39	2000	53950	53950	33.85
仙桃市	**89.80**	**6890**	**4682**	**4682**	**630.23**
潜江市	**90.70**	**14901**	**18076**	**18076**	**1136.60**
天门市	**102.90**	**14068**	**8604**	**8604**	**876.64**
神农架	**3.50**	**886**	**14400**	**14400**	**24.00**

分地区主要畜禽产品产量

地区	猪肉（吨）	牛肉（吨）	羊肉（吨）	禽肉（吨）	禽蛋（吨）
湖北省	**3331799**	**158200**	**97500**	**713537**	**1715330**
武汉市	**192300**	**3343**	**647**	**50130**	**90250**
武汉市辖区	3132	135	11	487	1073
汉南区	11013		26	667	814
蔡甸区	10785	255	26	4568	4928
江夏区	69408	361	27	16890	22942
黄陂区	72987	1875	331	15038	18453
新洲区	24976	717	226	12480	42040
黄石市	74900	1358	672	28615	41332
黄石市辖区	3589	27	6	304	743
阳新县	30100	936	534	6208	19251
大冶市	41212	395	132	22103	21338
十堰市	**114500**	**8772**	**9551**	**28067**	**60682**
十堰市辖区	2701	35	189	1546	1414
郧阳区	37318	1734	990	2270	11187
郧西县	14456	1232	2379	1521	6160
竹山县	14312	1156	520	1423	8735
竹溪县	15460	2056	632	1058	4075
房县	15280	427	4366	1693	8787
丹江口市	14973	2132	475	18557	20324
宜昌市	**431100**	**6530**	**19352**	**34620**	**59685**
宜昌市辖区	9000	39	71	786	1590
夷陵区	72717	273	998	5147	7552
远安县	19010	320	353	484	1514
兴山县	19421	160	1905	426	1089
秭归县	38846	103	738	1309	1939
长阳县	42681	251	8833	834	1905
五峰县	22429	163	889	697	1370
宜都市	55437	1754	3982	5971	5815
当阳市	74828	900	1262	10975	24252
枝江市	76731	2567	321	7991	12659
襄阳市	**429800**	**47657**	**23501**	**105955**	**347008**
襄阳市辖区	16600	1635	688	5008	8236
襄州区	75322	16445	4752	25009	56603
南漳县	76676	7168	3993	7781	34600
谷城县	35900	3639	2300	8790	60677
保康县	20147	940	1673	1899	9716
老河口市	62954	3859	1725	6610	22284
枣阳市	80692	10221	7700	40458	110292
宜城市	61510	3750	670	10400	44600
鄂州市	**70900**	**1496**	**160**	**15597**	**39690**
梁子湖区	19900	420	47	4168	9388
华容区	21000	316	61	5138	10320
鄂城区	30000	760	52	6291	19982
荆门市	**298500**	**12993**	**8129**	**53843**	**111831**
荆门市辖区	34884	1117	4365	7694	12141
京山市	76798	1574	716	14600	37631
沙洋县	67321	7034	345	16039	32249
钟祥市	119497	3268	2703	15510	29810
孝感市	**222600**	**10568**	**3295**	**110300**	**241676**
孝感市辖区	390	6	7	55	194
孝南区	17500	931	26	6950	20050

续表

地区	猪肉（吨）	牛肉（吨）	羊肉（吨）	禽肉（吨）	禽蛋（吨）
孝昌县	27900	2781	522	17795	25824
大悟县	24500	2255	765	4486	13517
云梦县	25500	864	44	16241	25520
应城市	27800	612	175	17534	89337
安陆市	54700	2975	1725	23129	30879
汉川市	44300	144	31	24110	36355
荆州市	**314100**	**3667**	**1426**	**66721**	**163400**
荆州市辖区	24339	200	77	19126	23807
公安县	57656	309	183	5396	23624
监利县	54453	725	18	17382	44005
江陵县	19500	582	73	6191	16940
石首市	36130	874	72	6857	20005
洪湖市	26330	340	19	4509	19517
松滋市	95693	637	984	7260	15502
黄冈市	**327600**	**34700**	**11208**	**82400**	**268689**
黄冈市辖区（龙感湖农场）	5700		14	540	620
黄州区	4700	178	44	1198	3310
团风县	5800	1403	450	7731	36605
红安县	38700	2568	507	3931	13853
罗田县	11400	2570	3320	19808	16311
英山县	10800	539	1762	1455	4154
浠水县	49600	2725	802	17859	67749
蕲春县	37500	10230	1213	8593	56428
黄梅县	35000	945	247	8825	24078
麻城市	51100	12864	2591	8592	36068
武穴市	77300	678	259	3868	9513
咸宁市	**167700**	**1921**	**3026**	**33042**	**44622**
咸安区	29000	191	112	22085	11664
嘉鱼县	8200	93	40	1537	3877
通城县	50293	210	144	843	1865
崇阳县	45200	469	663	3062	8406
通山县	23000	479	1797	1500	7652
赤壁市	12007	479	270	4015	11158
随州市	**147600**	**9300**	**5658**	**62010**	**127975**
曾都区	39713	2313	506	17566	49824
随县	56918	3775	2752	33269	28135
广水市	50969	3212	2400	11175	50016
恩施州	**316500**	**10660**	**10174**	**15180**	**39117**
恩施市	65378	3405	1998	2627	4898
利川市	49965	2155	920	3094	9387
建始县	46191	615	2684	2696	4731
巴东县	50869	422	2655	1448	7522
宣恩县	35700	1385	597	1413	4000
咸丰县	36800	1605	243	1755	2475
来凤县	18000	740	263	1729	3981
鹤峰县	13600	333	814	418	2123
仙桃市	**71755**	**969**	**54**	**4255**	**17095**
潜江市	**71574**	**2070**	**213**	**13712**	**27092**
天门市	**77301**	**2040**	**129**	**8767**	**35247**
神农架	**3300**	**133**	**270**	**300**	**304**

乡镇畜牧兽医站基本情况

地区	一、基层畜牧兽医站数（个）	二、职工总数		三、离退休人员（人）
		职工总数（人）	其中：在编人数（人）	
湖北省	**1108**	**13604**	**6268**	**5779**
武汉市	**61**	**847**	**592**	**645**
武汉市辖区	5	10	6	24
汉南区	4	8	5	
蔡甸区	11	102	102	105
江夏区	12	174	64	102
黄陂区	16	273	273	274
新洲区	13	280	142	140
黄石市	**39**	**298**	**144**	**347**
黄石市辖区	7	40	16	26
阳新县	19	140	95	228
大冶市	13	118	33	93
十堰市	**124**	**958**	**180**	**453**
茅箭区	7	19	7	7
张湾区	8	16	16	2
白浪区	1	9	3	6
郧阳区	20	175	23	93
郧西县	18	150	25	42
竹山县	17	29	29	4
竹溪县	15	165	32	67
房县	20	315	45	75
丹江口市	18	80		157
宜昌市	**84**	**1246**	**438**	**562**
宜昌市辖区	6	21	18	17
夷陵区	13	212	29	59
远安县	7	47		
兴山县	8	55	55	10
秭归县	12	167	85	56
长阳县	11	488	246	242
五峰县	8	129		
宜都市	10	12	2	
当阳市	1	3	3	3
枝江市	8	112		175
襄阳市	**89**	**2179**	**1119**	**1260**
襄阳市辖区	2	17	9	3
襄城区	2	168	63	39
樊城区	2	84	53	31
襄州区	12	485	24	128
南漳县	12	445	259	343
谷城县	10	183	121	141
保康县	11	21	19	4
老河口市	10	182	81	101
枣阳市	18	322	322	219
宜城市	10	272	168	251
鄂州市	**21**	**33**	**33**	**0**
荆门市	**55**	**587**	**25**	**39**
屈家岭管理区				
东宝区	7	64		33
掇刀区	4	72		
京山市	14	130		
沙洋县	13	141	25	1
钟祥市	17	180		5
孝感市	**111**	**1138**	**725**	**314**

续表 1

地区	一、基层畜牧兽医站数（个）	二、职工总数		三、离退休人员（人）
		职工总数（人）	其中：在编人数（人）	
孝南区	12	107	17	34
孝昌县	14	126	68	41
大悟县	17	224	207	89
云梦县	12	26	26	0
应城市	16	321	247	74
安陆市	16	174		
汉川市	24	160	160	76
荆州市	**120**	**1280**	**672**	**173**
荆州开发区	4	4	4	0
沙市区	5	20	8	5
荆州区	10	53	15	
公安县	16	173	173	
监利县	23	508	275	155
江陵县	12	82	82	9
石首市	14	151	30	4
洪湖市	20	159	45	
松滋市	16	130	40	
黄冈市	**134**	**1806**	**1461**	**441**
龙感湖管理区	6	6	6	
黄州区	9	43	23	
团风县	10	45	20	
红安县	12	155	26	69
罗田县	12	245	200	46
英山县	11	146	146	
浠水县	13	133	90	165
蕲春县	15	434	434	
黄梅县	16	131	48	3
麻城市	18	336	336	158
武穴市	12	132	132	
咸宁市	**72**	**443**	**98**	**326**
咸安区	14	69		45
嘉鱼县	8	67		98
通城县	11	98	98	144
崇阳县	12	60		19
通山县	12	98		20
赤壁市	15	51		
随州市	**45**	**379**	**272**	**173**
随州市辖区	2	36	35	29
曾都区	8	120	14	98
随县	18	196	196	41
广水市	17	27	27	5
恩施州	**90**	**1945**	**368**	**505**
恩施市	17	462	82	17
利川市	14	69	69	14
建始县	10	243	27	6
巴东县	12	355	30	123
宣恩县	9	162	32	146
咸丰县	11	330	100	174
来凤县	8	189	11	1
鹤峰县	9	135	17	24
仙桃市	**18**	**58**	**30**	**163**
潜江市	**20**	**162**	**43**	**264**
天门市	**25**	**245**	**68**	**114**
神农架林区				

续表 2

地区	四、技术职称状况			
	高级技术职称（人）	中级技术职称（人）	初级技术职称（人）	技术员（人）
湖北省	**92**	**1387**	**3158**	**2561**
武汉市	**3**	**73**	**231**	**252**
武汉市辖区		6	2	2
汉南区		1	4	
蔡甸区	1	9	56	36
江夏区		5	22	27
黄陂区		10	64	172
新洲区	2	42	83	15
黄石市	**4**	**34**	**56**	**35**
黄石市辖区		2	6	8
阳新县	4	27	24	
大冶市		5	26	27
十堰市	**1**	**72**	**144**	**129**
茅箭区				9
张湾区		1	15	
白浪区	1	3	3	2
郧阳区		9	8	6
郧西县		8	45	86
竹山县		6	19	4
竹溪县		25	7	
房县		13	27	5
丹江口市		7	20	17
宜昌市	**1**	**51**	**193**	**158**
宜昌市辖区	1	4	4	3
夷陵区		12	17	
远安县				46
兴山县		5	13	37
秭归县				
长阳县		28	146	72
五峰县				
宜都市		2	10	
当阳市			3	
枝江市				
襄阳市	**16**	**219**	**640**	**614**
襄阳市辖区		1	1	11
襄城区	1	19	45	103
樊城区	2	14	33	34
襄州区	1	67	123	156
南漳县		18	158	119
谷城县	4	18	30	53
保康县		12	9	
老河口市		21	49	
枣阳市		33	170	119
宜城市	8	16	22	19
鄂州市	**10**	**21**	**2**	
荆门市	**2**	**36**	**28**	**55**
屈家岭管理区				
东宝区				
掇刀区				
京山市				
沙洋县	2	36	28	55
钟祥市				
孝感市	**6**	**123**	**397**	**315**

续表 3

地区	四、技术职称状况			
	高级技术职称（人）	中级技术职称（人）	初级技术职称（人）	技术员（人）
孝南区		5	6	96
孝昌县		3	100	
大悟县		50	118	56
云梦县				
应城市	6	51	117	73
安陆市				
汉川市		14	56	90
荆州市	**2**	**208**	**374**	**273**
荆州开发区		2		
沙市区			6	14
荆州区		2	4	2
公安县		25	93	55
监利县		86	93	96
江陵县		8	49	25
石首市		40	57	24
洪湖市	1	10	20	15
松滋市	1	35	52	42
黄冈市	**43**	**271**	**558**	**244**
龙感湖管理区			6	
黄州区		5	25	10
团风县		13	22	10
红安县				132
罗田县	43	71	130	
英山县				
浠水县		6	68	18
蕲春县		46	138	
黄梅县		33	40	9
麻城市		89	53	17
武穴市		8	76	48
咸宁市		**46**	**24**	**87**
咸安区		46	13	
嘉鱼县				
通城县			11	87
崇阳县				
通山县				
赤壁市				
随州市		**45**	**129**	**95**
随州市辖区		8	28	
曾都区		3	7	
随县		20	85	91
广水市		14	9	4
恩施州	**2**	**104**	**298**	**300**
恩施市		12	70	
利川市		26	40	
建始县	2	9	16	
巴东县		14	15	1
宣恩县		8	17	1
咸丰县		4	107	216
来凤县		6	5	
鹤峰县		25	28	82
仙桃市		**7**	**11**	**4**
潜江市	**2**	**56**	**47**	
天门市		**21**	**26**	
神农架林区				

续表 4

地区	五、经营情况			
	盈余站数（个）	盈余金额（万元）	亏损站数（个）	亏损金额（万元）
湖北省	**235**	**346.82**	**117**	**831.44**
武汉市	**26**	**0.51**	**9**	**37.35**
武汉市辖区				
汉南区				
蔡甸区				
江夏区	12	0.01		
黄陂区	1	0.49	9	37.35
新洲区	13	0.01		
黄石市				
黄石市辖区				
阳新县				
大冶市				
十堰市	**34**	**33.63**	**22**	**40.88**
茅箭区				
张湾区	2	1.86		
白浪区			1	2.50
郧阳区				
郧西县			18	33.89
竹山县				
竹溪县	13	2.13	2	0.99
房县	19	29.64	1	3.50
丹江口市				
宜昌市	**28**	**33.82**		
宜昌市辖区				
夷陵区				
远安县				
兴山县	8	7.00		
秭归县				
长阳县	11	26.80		
五峰县	8	0.02		
宜都市				
当阳市	1			
枝江市				
襄阳市	**21**	**66.62**	**9**	**30.14**
襄阳市辖区	2	3.10		
襄城区				
樊城区			2	10.00
襄州区				
南漳县	12	52.00		
谷城县	3	2.22	4	10.84
保康县				
老河口市				
枣阳市	4	9.30	3	9.30
宜城市				
鄂州市				
荆门市	**7**	**8.95**	**6**	**5.02**
屈家岭管理区				
东宝区				
掇刀区				
京山市				
沙洋县	7	8.95	6	5.02
钟祥市				
孝感市	**52**	**75.72**	**21**	**467.10**

续表 5

地区	五、经营情况			
	盈余站数（个）	盈余金额（万元）	亏损站数（个）	亏损金额（万元）
孝南区				
孝昌县				
大悟县	12	30.17	5	27.10
云梦县				
应城市	16	22.40		
安陆市			16	440.00
汉川市	24	23.14		
荆州市			**5**	**46.00**
荆州开发区				
沙市区			5	46.00
荆州区				
公安县				
监利县				
江陵县				
石首市				
洪湖市				
松滋市				
黄冈市	**39**	**56.45**	**17**	**35.34**
龙感湖管理区				
黄州区				
团风县	3	9.00	7	15.50
红安县				
罗田县	12	28.80		
英山县				
浠水县				
蕲春县				
黄梅县	16	12.82		
麻城市	8	5.84	10	19.84
武穴市				
咸宁市				
咸安区				
嘉鱼县				
通城县				
崇阳县				
通山县				
赤壁市				
随州市	**15**	**12.20**	**18**	**93.24**
随州市辖区	2	1.52		
曾都区			7	65.00
随县	6	8.80	1	1.60
广水市	7	1.88	10	26.64
恩施州	**3**	**2.96**		
恩施市				
利川市				
建始县				
巴东县	3	2.96		
宣恩县				
咸丰县				
来凤县				
鹤峰县				
仙桃市				
潜江市	**10**	**55.97**	**10**	**76.38**
天门市				
神农架林区				

县以上畜牧三站一所机构和人员

地区	畜牧站		草原工作站		家畜繁育改良站		饲料监察所	
	机构数	职工人数	机构数	职工人数	机构数	职工人数	机构数	职工人数
湖北省	**102**	**1365**	**23**	**149**	**17**	**60**	**44**	**840**
武汉市	**4**	**74**	**1**	**6**			**1**	**33**
武汉市辖区	1							
汉南区	1	23						
蔡甸区								
江夏区	1	37						
黄陂区	1	14	1	6				
新洲区							1	33
黄石市	**7**	**72**						
黄石市辖区	5	12						
阳新县	1	5						
大冶市	1	55						
十堰市	**9**	**168**	**3**	**16**	**3**	**4**	**5**	**60**
茅箭区	1	3			1	1	1	1
张湾区	1	2						
白浪区	1	15						
郧阳区	1	5						
郧西县	1	8						
竹山县	1	63					1	18
竹溪县	1	19	1	6	1	2	1	10
房县	1	45	1	5	1	1	1	6
丹江口市	1	8	1	5			1	25
宜昌市	**14**	**96**	**4**	**23**	**2**	**12**	**3**	**71**
宜昌市辖区	4	17						
夷陵区	1	7	1	7	1	7	1	37
远安县	2	2						
兴山县	1	2	1	1				
秭归县	1	3					1	6
长阳县	1	8	1	8	1	5	1	28
五峰县	1							
宜都市	1	5	1	7				
当阳市	1	37						
枝江市	1	15						
襄阳市	**8**	**59**	**3**	**15**	**1**	**3**	**1**	**3**
襄阳市辖区	1	2						
襄城区	1	8						
樊城区								
襄州区								
南漳县	1	14	1	13	1	3	1	3
谷城县	1	11						
保康县	1	5						
老河口市	1	5	1	1				
枣阳市	1	6	1	1				
宜城市	1	8						
鄂州市	**1**	**33**						
荆门市	**5**	**55**					**2**	**7**
屈家岭管理区								
东宝区	1	8						
掇刀区	1	12						
京山市	1	8						
沙洋县	1	15					1	2
钟祥市	1	12					1	5
孝感市	**8**	**194**	**2**	**15**	**1**	**3**	**3**	**98**

续表

地区	畜牧站		草原工作站		家畜繁育改良站		饲料监察所	
	机构数	职工人数	机构数	职工人数	机构数	职工人数	机构数	职工人数
孝南区	1	13						
孝昌县	1	59						
大悟县	1	15	1	10			1	74
云梦县	1	15						
应城市	2	13	1	5	1	3	1	6
安陆市	1	66						
汉川市	1	13					1	18
荆州市	**9**	**171**					**3**	**199**
荆州开发区	1	2						
沙市区	1	14						
荆州区	1	45						
公安县	1	8					1	3
监利县	1	23					1	125
江陵县	1	29						
石首市	1	28					1	71
洪湖市	1	15						
松滋市	1	7						
黄冈市	**13**	**206**	**5**	**55**	**4**	**22**	**10**	**113**
龙感湖管理区	1	14					1	3
黄州区	1	7					1	2
团风县	1	25			1	1	1	7
红安县	2	53	1	7			1	4
罗田县	1	4	1	5	1	5	1	9
英山县	1	12						
浠水县	2	24	1	26	1	1	1	2
蕲春县	1	2	1	2			1	4
黄梅县	1	16					1	3
麻城市	1	11	1	15	1	15	1	77
武穴市	1	38					1	2
咸宁市	**6**	**27**	**2**	**1**	**1**	**1**	**6**	**92**
咸安区	1	5	1	1			1	29
嘉鱼县	1	1					1	21
通城县	1	3	1				1	4
崇阳县	1	3			1	1	1	17
通山县	1	8					1	13
赤壁市	1	7					1	8
随州市	**6**	**116**	**1**	**5**	**1**	**3**	**2**	**9**
随州市辖区	2	34						
曾都区	1	16					1	5
随县	1	12	1	5			1	4
广水市	2	54			1	3		
恩施州	**8**	**48**	**1**	**8**	**4**	**12**	**5**	**131**
恩施市	1	3			1	2	1	5
利川市	1	4			1	4		
建始县	1	18					1	37
巴东县	1	2						
宣恩县	1	6						
咸丰县	1	4			1	4	1	31
来凤县	1	4	1	8	1	2	1	28
鹤峰县	1	7					1	30
仙桃市	**1**	**13**	**1**	**5**			**1**	**18**
潜江市	**1**	**5**					**1**	**4**
天门市	**1**	**13**					**1**	**2**
神农架林区	**1**	**15**						

畜禽规模养殖情况

地　区	1、年出栏 500 头以上生猪（个、户）	（1）出栏 500-999 头（个、户）	（2）出栏 1000-2999 头（个、户）	（3）出栏 3000-4999 头（个、户）	（4）出栏 5000-9999 头（个、户）	（5）出栏 10000-49999 头（个、户）	（6）出栏 5 万头以上（个、户）
湖北省	**12701**	**7164**	**4112**	**645**	**407**	**335**	**38**
武汉市	**326**	**138**	**68**	**26**	**32**	**59**	**3**
武汉市辖区	2			1	1		
汉南区	6			2	1	2	1
蔡甸区	4		1		1	1	1
江夏区	95	30	15	4	13	32	1
黄陂区	156	89	33	9	9	16	
新洲区	63	19	19	10	7	8	
黄石市	**346**	**200**	**101**	**15**	**22**	**4**	**4**
黄石市辖区	4	2	1	1			
阳新县	74	50	12	3	3	3	3
大冶市	268	148	88	11	19	1	1
十堰市	**360**	**235**	**90**	**22**	**6**	**7**	
茅箭区	1	1					
张湾区	3	3					
白浪区							
郧阳区	134	75	51	4		4	
郧西县	17	15	1	1			
竹山县	19	10	3	4	2		
竹溪县	43	32	5	4	2		
房县	121	81	27	9	2	2	
丹江口市	22	18	3			1	
宜昌市	**1345**	**892**	**361**	**43**	**26**	**23**	
宜昌市辖区	9		7	1	1		
夷陵区	71	44	21		1	5	
远安县	59	30	18	6	3	2	
兴山县	9	7		1	1		
秭归县	42	29	10	1	1	1	
长阳县	59	37	20		2		
五峰县	38	28	8	2			
宜都市	285	158	110	9	3	5	
当阳市	376	284	77	4	5	6	
枝江市	397	275	90	19	9	4	
襄阳市	**1954**	**996**	**692**	**135**	**64**	**59**	**8**
襄阳市辖区							
襄城区	82	42	25	11	2	2	
樊城区	47		46			1	
襄州区	224	61	94	27	16	26	
南漳县	392	198	154	25	12	3	
谷城县	218	139	53	16	8	2	
保康县	8	7	1				
老河口市	56	13	25	5	7	2	4
枣阳市	565	322	191	32	8	10	2
宜城市	362	214	103	19	11	13	2
鄂州市	**177**	**53**	**77**	**19**	**21**	**7**	
荆门市	**1098**	**598**	**361**	**63**	**37**	**34**	**5**
屈家岭管理区	25	10	11	2		1	1
东宝区	56	44	6	2	2	2	
掇刀区	18	12	3	1	1	1	
京山市	264	119	105	22	12	6	
沙洋县	444	270	124	18	18	14	
钟祥市	291	143	112	18	4	10	4
孝感市	**1689**	**924**	**643**	**55**	**34**	**28**	**5**

续表 1

地　区	1、年出栏 500 头以上生猪（个、户）	（1）出栏 500-999 头（个、户）	（2）出栏 1000-2999 头（个、户）	（3）出栏 3000-4999 头（个、户）	（4）出栏 5000-9999 头（个、户）	（5）出栏 10000-49999 头（个、户）	（6）出栏 5 万头以上（个、户）
孝南区	145	75	59	7	2	2	
孝昌县	236	137	85	7	4	1	2
大悟县	99	34	47	11	7		
云梦县	205	164	32	8	1		
应城市	165	117	34	4	4	6	
安陆市	287	107	140	14	9	14	3
汉川市	552	290	246	4	7	5	
荆州市	**916**	**496**	**318**	**51**	**21**	**25**	**5**
荆州开发区	2	1			1		
沙市区	8	2	3	1	1	1	
荆州区	53	28	13	5	6	1	
公安县	123	72	42	7	1	1	
监利县	350	170	145	15	4	16	
江陵县	39	14	19	4	1	1	
石首市	68	56	7		1	2	2
洪湖市	69	54	12	1	1	1	
松滋市	204	99	77	18	5	2	3
黄冈市	**1527**	**889**	**456**	**98**	**56**	**25**	**3**
龙感湖管理区	11		2	5	4		
黄州区	19	6	6	5	2		
团风县	62	18	31	5	7	1	
红安县	270	187	68	5	1	7	2
罗田县	66	42	18	3	2	1	
英山县	10	4	3	1	2		
浠水县	207	101	66	22	12	5	1
蕲春县	185	111	49	19	6		
黄梅县	216	134	71	7	4		
麻城市	159	100	39	8	10	2	
武穴市	322	186	103	18	6	9	
咸宁市	**707**	**352**	**299**	**28**	**15**	**11**	**2**
咸安区	146	50	91	3			2
嘉鱼县	32	21	11				
通城县	107	57	36	7	3	4	
崇阳县	204	142	59	2	1		
通山县	96	14	67	4	6	5	
赤壁市	122	68	35	12	5	2	
随州市	**1093**	**709**	**307**	**42**	**21**	**11**	**3**
随州市辖区	152	106	37	5	3	1	
曾都区	244	149	74	9	6	6	
随县	392	270	97	13	8	3	1
广水市	305	184	99	15	4	1	2
恩施州	**166**	**102**	**44**	**10**	**5**	**5**	
恩施市	24	10	5	5	1	3	
利川市	33	18	8	5	1	1	
建始县	25	13	12				
巴东县	52	37	14		1		
宣恩县	4	4					
咸丰县	18	13	3		1	1	
来凤县	7	6	1				
鹤峰县	3	1	1		1		
仙桃市	**337**	**197**	**95**	**18**	**14**	**13**	
潜江市	**284**	**145**	**100**	**12**	**20**	**7**	
天门市	**375**	**238**	**99**	**8**	**13**	**17**	
神农架林区	**1**		**1**				

续表 2

地　区	2、年存笼 2000 只以上蛋鸡（个、户）	（1）存笼 2000-9999 只（个、户）	（2）存笼 1 万-4.99 万只（个、户）	（3）存笼 5 万-9.99 万只（个、户）	（4）存笼 10 万-49.99 万只（个、户）	（5）存笼 50 万只以上（个、户）
湖北省	**10249**	**5807**	**4097**	**249**	**91**	**5**
武汉市	**579**	**365**	**186**	**19**	**8**	**1**
武汉市辖区	1		1			
汉南区						
蔡甸区	1			1		
江夏区	22	10	8	1	3	
黄陂区	144	105	36	2		1
新洲区	411	250	141	15	5	
黄石市	**149**	**76**	**69**	**3**	**1**	
黄石市辖区	8	6	2			
阳新县	103	50	50	2	1	
大冶市	38	20	17	1		
十堰市	**414**	**328**	**83**	**2**	**1**	
茅箭区	2	1	1			
张湾区	1	1				
白浪区						
郧阳区	210	168	41	1		
郧西县	26	20	6			
竹山县	25	15	10			
竹溪县	9	7	2			
房县	131	110	20		1	
丹江口市	10	6	3	1		
宜昌市	**150**	**48**	**89**	**12**	**1**	
宜昌市辖区	1		1			
夷陵区	37	14	18	5		
远安县	3		2		1	
兴山县	4	1	2	1		
秭归县	1		1			
长阳县	12	3	8	1		
五峰县	2	2				
宜都市	33	25	8			
当阳市	36	1	32	3		
枝江市	21	2	17	2		
襄阳市	**1071**	**448**	**569**	**34**	**19**	**1**
襄阳市辖区	1	1				
襄城区	21	11	8	1	1	
樊城区	63	39	22	2		
襄州区	130	73	51	5	1	
南漳县	141	95	45	1		
谷城县	166	40	95	21	10	
保康县	7	7				
老河口市	168	35	132		1	
枣阳市	353	134	212	3	4	
宜城市	21	13	4	1	2	1
鄂州市	**124**	**62**	**54**	**6**	**2**	
荆门市	**1655**	**1181**	**444**	**25**	**4**	**1**
屈家岭管理区	3		2	1		
东宝区	11	3	6	2		
掇刀区	21	9	11	1		
京山市	891	742	146	1	2	
沙洋县	512	339	154	17	1	1
钟祥市	217	88	125	3	1	
孝感市	**1164**	**786**	**336**	**23**	**19**	

续表 3

地 区	2、年存笼 2000 只以上蛋鸡（个、户）	（1）存笼 2000-9999 只（个、户）	（2）存笼 1 万-4.99 万只（个、户）	（3）存笼 5 万-9.99 万只（个、户）	（4）存笼 10 万-49.99 万只（个、户）	（5）存笼 50 万只以上（个、户）
孝南区	83	52	27	3	1	
孝昌县	48	32	16			
大悟县	29	22	6	1		
云梦县	456	376	78	1	1	
应城市	208	108	88	8	4	
安陆市	167	79	69	7	12	
汉川市	173	117	52	3	1	
荆州市	**914**	**463**	**422**	**22**	**6**	**1**
荆州开发区	47	46		1		
沙市区	33	23	10			
荆州区	65	48	11	2	3	1
公安县	255	163	88	3	1	
监利县	89	36	48	4	1	
江陵县	75	53	22			
石首市	154	21	125	7	1	
洪湖市	108	38	66	4		
松滋市	88	35	52	1		
黄冈市	**2679**	**1358**	**1239**	**63**	**19**	
龙感湖管理区						
黄州区	37	16	20	1		
团风县	360	41	311	5	3	
红安县	148	109	35	3	1	
罗田县	164	112	49	1	2	
英山县	157	96	60		1	
浠水县	929	657	257	12	3	
蕲春县	308	10	267	23	8	
黄梅县	99	18	67	14		
麻城市	437	288	145	3	1	
武穴市	40	11	28	1		
咸宁市	**92**	**58**	**29**	**5**		
咸安区	7	1	4	2		
嘉鱼县	53	40	12	1		
通城县	5		5			
崇阳县	2			2		
通山县	4	4				
赤壁市	21	13	8			
随州市	**217**	**65**	**129**	**17**	**6**	
随州市辖区	24	12	10	2		
曾都区	49	20	19	6	4	
随县	33	5	23	3	2	
广水市	111	28	77	6		
恩施州	**55**	**23**	**25**	**5**	**2**	
恩施市	10	2	5	2	1	
利川市	11		10	1		
建始县	7	4	3			
巴东县	8	8				
宣恩县	8	5	3			
咸丰县	3	1	2			
来凤县	3	1	1	1		
鹤峰县	5	2	1	1	1	
仙桃市	**667**	**346**	**312**	**9**		
潜江市	**75**	**39**	**34**	**1**	**1**	
天门市	**243**	**160**	**77**	**3**	**2**	**1**
神农架林区	**1**	**1**				

续表 4

地　区	3、年存笼2000只以上蛋鸭（个、户）	（1）存笼2000-9999只（个、户）	（2）存笼10000-19999只（个、户）	（3）存笼20000-29999只（个、户）	（4）存笼30000-39999只（个、户）	（5）存笼40000-49999只（个、户）	（6）存笼50000只以上（个、户）
湖北省	**2402**	**2191**	**153**	**29**	**15**	**4**	**10**
武汉市	**16**	**9**	**7**				
武汉市辖区							
汉南区							
蔡甸区							
江夏区							
黄陂区	12	5	7				
新洲区	4	4					
黄石市	**66**	**59**	**6**	**1**			
黄石市辖区							
阳新县	62	55	6	1			
大冶市	4	4					
十堰市	**12**	**12**					
茅箭区							
张湾区							
白浪区							
郧阳区							
郧西县							
竹山县							
竹溪县							
房县	10	10					
丹江口市	2	2					
宜昌市	**13**	**12**			**1**		
宜昌市辖区							
夷陵区							
远安县							
兴山县							
秭归县							
长阳县							
五峰县							
宜都市	2	1			1		
当阳市	11	11					
枝江市							
襄阳市	**264**	**244**	**17**		**1**	**1**	**1**
襄阳市辖区							
襄城区	6	5	1				
樊城区							
襄州区	7	7					
南漳县	13	13					
谷城县	1	1					
保康县							
老河口市	2	2					
枣阳市	10	9				1	
宜城市	225	207	16		1		1
鄂州市	**73**	**60**	**8**	**3**	**1**		**1**
荆门市	**626**	**565**	**35**	**16**	**5**	**3**	**2**
屈家岭管理区	1			1			
东宝区							
掇刀区							
京山市	488	482	3	3			
沙洋县	42	8	19	8	4	1	2
钟祥市	95	75	13	4	1	2	
孝感市	**102**	**90**	**9**	**1**			**2**

续表 5

地　区	3、年存笼2000只以上蛋鸭（个、户）	（1）存笼2000-9999只（个、户）	（2）存笼10000-19999只（个、户）	（3）存笼20000-29999只（个、户）	（4）存笼30000-39999只（个、户）	（5）存笼40000-49999只（个、户）	（6）存笼50000只以上（个、户）
孝南区	2	2					
孝昌县	8	8					
大悟县	3	3					
云梦县							
应城市	10	9		1			
安陆市	48	41	5				2
汉川市	31	27	4				
荆州市	**580**	**545**	**29**	**2**	**2**		**2**
荆州开发区	36	36					
沙市区	1			1			
荆州区	45	43	2				
公安县	109	102	5	1	1		
监利县	18	10	5		1		2
江陵县	171	160	11				
石首市	143	140	3				
洪湖市	57	54	3				
松滋市							
黄冈市	**146**	**134**	**9**		**2**		**1**
龙感湖管理区	5		3		2		
黄州区	3	3					
团风县	28	27	1				
红安县	38	36	2				
罗田县							
英山县	2	2					
浠水县	29	29					
蕲春县							
黄梅县	21	20	1				
麻城市	4	3					1
武穴市	16	14	2				
咸宁市	**7**	**7**					
咸安区	3	3					
嘉鱼县	2	2					
通城县	2	2					
崇阳县							
通山县							
赤壁市							
随州市	**232**	**212**	**13**	**4**	**2**		**1**
随州市辖区	19	18	1				
曾都区	54	50	3		1		
随县	3	1	1	1			
广水市	156	143	8	3	1		1
恩施州							
恩施市							
利川市							
建始县							
巴东县							
宣恩县							
咸丰县							
来凤县							
鹤峰县							
仙桃市	**95**	**90**	**4**	**1**			
潜江市	**82**	**78**	**4**				
天门市	**88**	**74**	**12**	**1**	**1**		
神农架林区							

续表 6

地　区	4、年出笼 1 万只以上肉鸡（个、户）	（1）出笼 1 万-2.99 万只（个、户）	（2）出笼 3 万-4.99 万只（个、户）	（3）出笼 5 万-9.99 万只（个、户）	（4）出笼 10 万-49.99 万只（个、户）	（5）出笼 50 万-99.99 万只（个、户）	（6）出笼 100 万只以上（个、户）
湖北省	**2910**	**1384**	**776**	**444**	**253**	**19**	**34**
武汉市	**351**	**172**	**99**	**67**	**13**		
武汉市辖区							
汉南区							
蔡甸区							
江夏区	304	150	86	59	9		
黄陂区	47	22	13	8	4		
新洲区							
黄石市	**39**	**5**	**12**	**17**	**5**		
黄石市辖区	8		2	4	2		
阳新县	8	5		2	1		
大冶市	23		10	11	2		
十堰市	**95**	**66**	**14**	**7**	**7**	**1**	
茅箭区	1				1		
张湾区	8		4		4		
白浪区							
郧阳区	12	9	2	1			
郧西县	5	5					
竹山县	30	24	5	1			
竹溪县	5	2	2	1			
房县	27	26	1				
丹江口市	7			4	2	1	
宜昌市	**250**	**85**	**58**	**85**	**20**	**2**	
宜昌市辖区	11	4		4	3		
夷陵区	38	14	15	4	3	2	
远安县	4	3			1		
兴山县							
秭归县	1				1		
长阳县	10	10					
五峰县							
宜都市	86	48	24	14			
当阳市	62	1	18	34	9		
枝江市	38	5	1	29	3		
襄阳市	**410**	**78**	**150**	**121**	**47**	**7**	**7**
襄阳市辖区							
襄城区							
樊城区	10	1	3	5	1		
襄州区	44	6	14	17	7		
南漳县	81	5	54	22			
谷城县	44	8	8	21	7		
保康县							
老河口市	9	1	4	2	2		
枣阳市	74	4	12	26	21	7	4
宜城市	148	53	55	28	9		3
鄂州市	**55**	**20**	**17**	**10**	**7**	**1**	
荆门市	**144**	**75**	**35**	**16**	**18**		
屈家岭管理区	1				1		
东宝区	6	4	1	1			
掇刀区	4	4					
京山市	15	12	1	1	1		
沙洋县	72	34	18	7	13		
钟祥市	46	21	15	7	3		
孝感市	**687**	**534**	**129**	**20**	**4**		

续表 7

地　区	4、年出笼 1 万只以上肉鸡（个、户）	（1）出笼 1 万-2.99 万只（个、户）	（2）出笼 3 万-4.99 万只（个、户）	（3）出笼 5 万-9.99 万只（个、户）	（4）出笼 10 万-49.99 万只（个、户）	（5）出笼 50 万-99.99 万只（个、户）	（6）出笼 100 万只以上（个、户）
孝南区							
孝昌县	1	1					
大悟县							
云梦县							
应城市	3	1			2		
安陆市	28	14	8	4	2		
汉川市	655	518	121	16			
荆州市	**328**	**135**	**120**	**58**	**12**	**2**	**1**
荆州开发区							
沙市区							
荆州区	18	3	4	8		2	1
公安县							
监利县	257	96	107	47	7		
江陵县	22	21			1		
石首市	7	2		2	3		
洪湖市							
松滋市	24	13	9	1	1		
黄冈市	**128**	**13**	**2**	**5**	**106**	**1**	**1**
龙感湖管理区							
黄州区							
团风县							
红安县	3	1		1	1		
罗田县	66				64	1	1
英山县	13			1	12		
浠水县	1			1			
蕲春县	4				4		
黄梅县	15	9	2	2	2		
麻城市	3				3		
武穴市	23	3			20		
咸宁市	**315**	**139**	**133**	**36**	**7**		
咸安区	269	116	125	24	4		
嘉鱼县							
通城县	5		2	3			
崇阳县	3	3					
通山县	28	10	6	9	3		
赤壁市	10	10					
随州市	**73**	**38**	**3**	**2**	**6**		**24**
随州市辖区	5	2			1		2
曾都区	16	2	2				12
随县	12	1		1	4		6
广水市	40	33	1	1	1		4
恩施州	**17**	**9**	**3**		**1**	**4**	
恩施市	6	2				4	
利川市	4	1	2		1		
建始县	3	3					
巴东县	1	1					
宣恩县							
咸丰县	3	2	1				
来凤县							
鹤峰县							
仙桃市							
潜江市	**16**	**13**	**1**			**1**	**1**
天门市							
神农架林区	**2**	**2**					

续表 8

地　区	5、年出笼5000只肉鸭以上的总户数	（1）出笼5000-9999只（个、户）	（2）出笼10000-29999只（个、户）	（3）出笼30000-99999只（个、户）	（4）出笼100000只以上（个、户）	6、年出栏50头以上肉牛（个、户）	（1）出栏50-99头（个、户）
湖北省	**927**	**569**	**251**	**64**	**43**	**3125**	**1608**
武汉市	**161**	**132**	**21**	**6**	**2**	**48**	**31**
武汉市辖区							
汉南区							
蔡甸区							
江夏区						2	1
黄陂区	161	132	21	6	2	30	20
新洲区						16	10
黄石市	**8**	**6**	**2**			**33**	**25**
黄石市辖区							
阳新县	8	6	2			15	10
大冶市						18	15
十堰市						**246**	**107**
茅箭区							
张湾区							
白浪区							
郧阳区						76	19
郧西县						30	7
竹山县						88	54
竹溪县						27	11
房县						8	4
丹江口市						17	12
宜昌市	**38**	**30**	**1**	**6**	**1**	**159**	**100**
宜昌市辖区							
夷陵区						18	12
远安县						3	
兴山县						4	4
秭归县						2	1
长阳县						6	3
五峰县						3	3
宜都市						59	32
当阳市	35	28		6	1	1	
枝江市	3	2	1			63	45
襄阳市	**6**	**5**			**1**	**717**	**318**
襄阳市辖区							
襄城区						9	3
樊城区						37	15
襄州区						56	20
南漳县						130	49
谷城县						186	149
保康县						3	2
老河口市						35	16
枣阳市	1				1	181	30
宜城市	5	5				80	34
鄂州市						**25**	**19**
荆门市	**101**	**62**	**38**		**1**	**262**	**111**
屈家岭管理区							
东宝区	1	1				5	2
掇刀区	1				1	3	1
京山市	13	4	9			13	12
沙洋县	44	19	25			120	45
钟祥市	42	38	4			121	51
孝感市	**459**	**289**	**113**	**20**	**37**	**339**	**289**

续表 9

地　区	5、年出笼5000只肉鸭以上的总户数	（1）出笼5000-9999只（个、户）	（2）出笼10000-29999只（个、户）	（3）出笼30000-99999只（个、户）	（4）出笼100000只以上（个、户）	6、年出栏50头以上肉牛（个、户）	（1）出栏50-99头（个、户）
孝南区	6	4	2			9	6
孝昌县	11		11			221	209
大悟县						15	12
云梦县	173	128		9	36	13	13
应城市	12		11	1		5	3
安陆市	4		1	3		73	44
汉川市	253	157	88	7	1	3	2
荆州市	**34**	**2**	**23**	**9**		**124**	**95**
荆州开发区						1	
沙市区	1	1				2	1
荆州区	2			2		9	6
公安县						11	10
监利县	31	1	23	7		4	1
江陵县						6	6
石首市						62	56
洪湖市						3	1
松滋市						26	14
黄冈市	**76**	**23**	**32**	**20**	**1**	**539**	**183**
龙感湖管理区							
黄州区						2	2
团风县	12		2	9	1	72	
红安县						132	51
罗田县	2	1	1			48	11
英山县						12	9
浠水县						33	19
蕲春县						61	29
黄梅县	37	7	20	10		26	15
麻城市	8	8				136	38
武穴市	17	7	9	1		17	9
咸宁市	**3**	**3**				**26**	**15**
咸安区						2	1
嘉鱼县						5	3
通城县						5	4
崇阳县						9	6
通山县						5	1
赤壁市	3	3					
随州市	**35**	**12**	**21**	**2**		**458**	**204**
随州市辖区						114	42
曾都区	2		2			123	45
随县	17	5	12			60	14
广水市	16	7	7	2		161	103
恩施州	**5**	**5**				**26**	**13**
恩施市						9	4
利川市	5	5				6	2
建始县						2	1
巴东县						5	4
宣恩县						3	2
咸丰县							
来凤县							
鹤峰县						1	
仙桃市	**1**			**1**		**9**	**7**
潜江市						**18**	**14**
天门市						**94**	**75**
神农架林区						**2**	**2**

续表 10

地　区	（2）出栏100-499头（个、户）	（3）出栏500-999头（个、户）	（4）出栏1000头以上（个、户）	7、年出栏100只以上肉羊（个、户）	（1）出栏100-199只（个、户）	（2）出栏200-499只（个、户）	（3）出栏500-999只（个、户）
湖北省	**1308**	**136**	**73**	**6351**	**3910**	**1841**	**383**
武汉市	**17**			**73**	**48**	**22**	**2**
武汉市辖区							
汉南区							
蔡甸区				3		3	
江夏区	1			3	1	1	
黄陂区	10			45	29	14	2
新洲区	6			22	18	4	
黄石市	**7**	**1**		**49**	**29**	**16**	**3**
黄石市辖区							
阳新县	5			39	23	14	2
大冶市	2	1		10	6	2	1
十堰市	**119**	**17**	**3**	**1135**	**851**	**247**	**30**
茅箭区				1	1		
张湾区				6	4	2	
白浪区				1			1
郧阳区	52	5		108	37	66	5
郧西县	23			122	31	85	6
竹山县	21	10	3	91	54	21	10
竹溪县	15	1		77	25	47	4
房县	4			682	663	16	3
丹江口市	4	1		47	36	10	1
宜昌市	**47**	**9**	**3**	**1127**	**899**	**201**	**23**
宜昌市辖区				27	24	3	
夷陵区	4	2		77	51	22	1
远安县	1	2		112	96	10	5
兴山县				38	33	5	
秭归县	1			42	28	12	2
长阳县	3			530	413	105	12
五峰县				14	13	1	
宜都市	27			154	147	6	1
当阳市			1	112	80	30	2
枝江市	11	5	2	21	14	7	
襄阳市	**297**	**54**	**48**	**1088**	**444**	**376**	**113**
襄阳市辖区				1		1	
襄城区	6			37	21	14	2
樊城区	22			35	31	3	1
襄州区	20	10	6	73	28	32	6
南漳县	81			241	85	108	45
谷城县	37			225	108	96	20
保康县	1			7	5	2	
老河口市	17	1	1	75	33	26	9
枣阳市	71	41	39	284	92	41	16
宜城市	42	2	2	110	41	53	14
鄂州市	**6**			**34**	**17**	**15**	**2**
荆门市	**114**	**25**	**12**	**441**	**199**	**194**	**37**
屈家岭管理区							
东宝区	2	1		23	4	11	5
掇刀区	1		1	7	5	1	1
京山市			1	65	53	8	3
沙洋县	53	13	9	118	57	58	3
钟祥市	58	11	1	228	80	116	25
孝感市	**48**	**1**	**1**	**319**	**134**	**111**	**68**

续表 11

地　区	（2）出栏100-499头（个、户）	（3）出栏500-999头（个、户）	（4）出栏1000头以上（个、户）	7、年出栏100只以上肉羊（个、户）	（1）出栏100-199只（个、户）	（2）出栏200-499只（个、户）	（3）出栏500-999只（个、户）
孝南区	2		1	4	3		1
孝昌县	11	1		147	65	30	49
大悟县	3			7	7		
云梦县							
应城市	2			61	36	24	
安陆市	29			91	20	52	18
汉川市	1			9	3	5	
荆州市	**28**		**1**	**112**	**67**	**40**	**3**
荆州开发区	1			4	3	1	
沙市区	1						
荆州区	3			3	1	1	1
公安县			1	23	14	8	1
监利县	3			3	1	1	
江陵县				3	3		
石首市	6			62	37	24	1
洪湖市	2			3	2	1	
松滋市	12			11	6	4	
黄冈市	**347**	**9**		**905**	**503**	**328**	**59**
龙感湖管理区							
黄州区				7	3	4	
团风县	67	5		70	25	35	9
红安县	81			249	153	78	14
罗田县	35	2		210	195	13	1
英山县	3			32	25	7	
浠水县	14			31	24	7	
蕲春县	32			23	6	14	3
黄梅县	11			20	3	12	3
麻城市	96	2		229	51	149	26
武穴市	8			34	18	9	3
咸宁市	**11**			**97**	**51**	**29**	**8**
咸安区	1			4	2	2	
嘉鱼县	2			12	9	3	
通城县	1			10	7	2	1
崇阳县	3			54	22	21	5
通山县	4			16	10	1	2
赤壁市				1	1		
随州市	**238**	**11**	**5**	**804**	**536**	**229**	**33**
随州市辖区	67	4	1	107	67	39	
曾都区	73	4	1	97	50	46	
随县	42	1	3	42	3	20	19
广水市	56	2		558	416	124	14
恩施州	**11**	**2**		**89**	**66**	**22**	**1**
恩施市	5			11	6	4	1
利川市	3	1		6	3	3	
建始县	1			13	11	2	
巴东县		1		23	12	11	
宣恩县	1			2	2		
咸丰县				1		1	
来凤县				33	32	1	
鹤峰县	1						
仙桃市	**2**			**7**	**4**	**3**	
潜江市	**3**	**1**		**13**	**10**	**2**	**1**
天门市	**13**	**6**		**52**	**47**	**5**	
神农架林区				**6**	**5**	**1**	

续表 12

地　区	（4）出栏1000-2999只（个、户）	（5）出栏3000只以上（个、户）	8、年存栏100头奶牛以上的总户数	（1）存栏100-199头（个、户）	（2）存栏200-499头（个、户）	（3）存栏500-999头（个、户）	（4）存栏1000-1999头（个、户）
湖北省	**194**	**23**	**23**	**3**	**11**	**3**	**2**
武汉市	**1**		**3**		**2**		
武汉市辖区			1				
汉南区							
蔡甸区							
江夏区	1		2		2		
黄陂区							
新洲区							
黄石市	**1**						
黄石市辖区							
阳新县							
大冶市	1						
十堰市	**4**	**3**					
茅箭区							
张湾区							
白浪区							
郧阳区							
郧西县							
竹山县	3	3					
竹溪县	1						
房县							
丹江口市							
宜昌市	**2**	**2**	**4**		**4**		
宜昌市辖区							
夷陵区	1	2	4		4		
远安县	1						
兴山县							
秭归县							
长阳县							
五峰县							
宜都市							
当阳市							
枝江市							
襄阳市	**152**	**3**	**3**	**2**	**1**		
襄阳市辖区							
襄城区			3	2	1		
樊城区							
襄州区	7						
南漳县	3						
谷城县	1						
保康县							
老河口市	7						
枣阳市	132	3					
宜城市	2						
鄂州市							
荆门市	**8**	**3**					
屈家岭管理区							
东宝区	2	1					
掇刀区							
京山市	1						
沙洋县							
钟祥市	5	2					
孝感市	**5**	**1**					

续表 13

地　区	（4）出栏1000-2999只（个、户）	（5）出栏3000只以上（个、户）	8、年存栏100头奶牛以上的总户数	（1）存栏100-199头（个、户）	（2）存栏200-499头（个、户）	（3）存栏500-999头（个、户）	（4）存栏1000-1999头（个、户）
孝南区							
孝昌县	3						
大悟县							
云梦县							
应城市	1						
安陆市		1					
汉川市	1						
荆州市	**1**	**1**					
荆州开发区							
沙市区							
荆州区							
公安县							
监利县	1						
江陵县							
石首市							
洪湖市							
松滋市		1					
黄冈市	**8**	**7**	**11**		**4**	**2**	**2**
龙感湖管理区			1		1		
黄州区			1		1		
团风县		1	2			1	1
红安县	2	2	2			1	1
罗田县		1					
英山县							
浠水县			1		1		
蕲春县			1		1		
黄梅县	2		1				
麻城市	2	1	1				
武穴市	2	2	1				
咸宁市	**8**	**1**	**2**	**1**		**1**	
咸安区			1	1			
嘉鱼县							
通城县							
崇阳县	6						
通山县	2	1					
赤壁市			1			1	
随州市	**4**	**2**					
随州市辖区		1					
曾都区		1					
随县							
广水市	4						
恩施州							
恩施市							
利川市							
建始县							
巴东县							
宣恩县							
咸丰县							
来凤县							
鹤峰县							
仙桃市							
潜江市							
天门市							
神农架林区							

续表 14

地　区	（5）存栏2000-4999头(个、户)	（6）存栏5000头以上（个、户）	9、年出笼鹅100只以上（个、户）	10、年出笼特禽1000只以上（个、户）	11、年出栏肉兔50只以上（个、户）
湖北省	**4**		**842**	**538**	**365**
武汉市	**1**		**13**	**67**	**17**
武汉市辖区	1				
汉南区					
蔡甸区			1		2
江夏区					
黄陂区			7	4	3
新洲区			5	63	12
黄石市			**16**	**3**	
黄石市辖区					
阳新县			15	2	
大冶市			1	1	
十堰市			**2**	**8**	**53**
茅箭区					
张湾区					
白浪区					
郧阳区					40
郧西县					
竹山县					
竹溪县					
房县				8	13
丹江口市			2		
宜昌市			**63**	**19**	**25**
宜昌市辖区				1	
夷陵区				1	
远安县					2
兴山县				5	9
秭归县				5	3
长阳县					
五峰县					
宜都市				7	1
当阳市			3		
枝江市			60		10
襄阳市			**96**	**27**	**87**
襄阳市辖区			6		
襄城区					
樊城区					
襄州区			14	10	16
南漳县					
谷城县					6
保康县					
老河口市			5		38
枣阳市			66	11	24
宜城市			5	6	3
鄂州市				**11**	**1**
荆门市			**142**	**51**	**46**
屈家岭管理区					
东宝区			5	6	1
掇刀区					
京山市				11	11
沙洋县			132	32	32
钟祥市			5	2	2
孝感市			**393**	**96**	**64**

续表 15

地　区	（5）存栏2000-4999 头(个、户)	（6）存栏 5000 头以上（个、户）	9、年出笼鹅 100 只以上（个、户）	10、年出笼特禽 1000 只以上（个、户）	11、年出栏肉兔 50 只以上（个、户）
孝南区			50	1	
孝昌县					
大悟县					
云梦县			1	1	
应城市			27	50	6
安陆市				10	35
汉川市			315	34	23
荆州市			**38**	**22**	**6**
荆州开发区					
沙市区			1		
荆州区			5	1	
公安县			9		
监利县			5	8	1
江陵县			8		
石首市			5	5	1
洪湖市			5	7	4
松滋市				1	
黄冈市	**3**		**44**	**23**	**13**
龙感湖管理区			1		
黄州区			34		
团风县			3		4
红安县				5	3
罗田县					
英山县			1		
浠水县					1
蕲春县					
黄梅县	1		5	17	5
麻城市	1				
武穴市	1			1	
咸宁市			**18**	**3**	**11**
咸安区					
嘉鱼县					
通城县			18	1	
崇阳县					3
通山县				1	8
赤壁市				1	
随州市			**5**	**179**	**7**
随州市辖区					
曾都区			1	2	
随县			4	10	7
广水市				167	
恩施州			**1**	**18**	**32**
恩施市				1	
利川市				12	6
建始县					
巴东县					
宣恩县			1		2
咸丰县					1
来凤县				5	23
鹤峰县					
仙桃市					
潜江市			**1**	**2**	
天门市			**10**	**8**	**3**
神农架林区				**1**	

畜产品加工企业情况（一）

名称	肉制品			禽蛋制品		
	加工企业个数（个）	固定资产(万元)	年产值(万元)	加工企业个数（个）	固定资产(万元)	年产值(万元)
合计	**667**	**627958**	**3863774**	**97**	**134277**	**593727**
武汉市	38	65986	410510	3	33000	12300
黄石市	26	14570	83924	2	550	23800
十堰市	24	19400	125304			
宜昌市	63	37518	264188	11	4190	11525
襄阳市	55	109021	1308103	12	13150	110130
鄂州市	16	4300	112727	1	700	851
荆门市	61	50862	339300	9	17985	129843
孝感市	36	28793	173511	7	28886	134315
荆州市	50	48304	112471	19	23864	86498
黄冈市	91	113483	333905	6	760	2855
咸宁市	39	53440	19557	1		
随州市	44	16255	260435	3	1885	7954
恩施州	89	42035	225445	1	210	48
仙桃市	4	16021	46393	1	3602	12000
潜江市	15	5220	26040	16	3195	55250
天门市	14	2590	21900	5	2300	6358
神农架林区	2	160	63			

畜产品加工企业情况（二）

名称	乳制品			蜂制品		
	加工企业个数（个）	固定资产(万元)	年产值(万元)	加工企业个数（个）	固定资产(万元)	年产值(万元)
合计	**16**	**259700**	**588910**	**57**	**159068**	**242447**
武汉市	4	62360	295200	8	122089	37652
黄石市						
十堰市				2	544	744
宜昌市	6	26000	154800	5	2455	19820
襄阳市	2	1240	6200	14	11292	93928
鄂州市				1	800	1143
荆门市	1	1500	3960	6	3510	24236
孝感市				7	4524	24771
荆州市				4	3454	10015
黄冈市	2	160000	107750	3	4320	6520
咸宁市	1	8600	21000	1	1700	15276
随州市				3	2130	4820
恩施州				1	500	523
仙桃市				1	950	2000
潜江市						
天门市				1	800	1000
神农架林区						

畜牧部门饲料加工企业情况表

项　目	一、饲料加工厂(站)个数(个)	二、从业人员（人）	三、全年实际产量(吨)	其中			四、年产值(万元)	五、年利润(万元)	六、固定资产（万元）
				预混料	浓缩料	全价料			
全省合计	319	14727	12480469	883661	793330	9533652	6944061	767004	1485065
年产 1000 吨以下	82	560	97841	40184	3788	41253	22267	2333	27666
年产 1001-2000 吨	26	274	44790	13748	3360	12547	21599	2434	11358
年产 2001-4000 吨	26	696	91414	23351	11819	52654	38885	4617	36670
年产 4001-10000 吨	30	904	480242	72035	66952	337155	149988	11626	71127
年产 10001 吨以上	155	12293	11766182	734343	707410	9090043	6711322	745995	1338244

兽药生产企业情况表

地　区	固定资产（万元）	年销售收入(万元)	年产值(万元)	年利润(万元)	从业人数(人)
湖北省	**88668**	**358033**	**544115**	**20483**	**2518**
武汉市	4500	26800	26900	3560	470
黄石市	3297	5540	6190	518	132
十堰市	5768	13847	12287	708	105
宜昌市					
襄阳市	5130	8167	15149	530	101
鄂州市					
荆门市	11900	33638	206687	2522	214
孝感市	24795	51764	54764	5176	256
荆州市					
黄冈市	28374	213298	216204	6694	1017
咸宁市	900	1500	1600	30	45
随州市					
恩施州					
仙桃市	1000	350	380	100	21
潜江市	1004	2529	2954	494	95
天门市	2000	600	1000	150	62
神农架林区					

畜禽规模饲养情况

项　目	场、户数（个、户）	年存、出栏（笼）量（万头、万只）
生猪出栏 500 头以上	12701	2685.29
商品肉鸡出笼 1 万只以上	2910	24669.77
商品蛋鸡存笼 2000 只以上	10249	13982.48
年存栏奶牛 100 头以上	23	2.49
年出栏肉牛 50 头以上	3125	65.52
年出栏肉羊 100 只以上	6351	177.70
年出笼鹅 100 只以上	842	172.70
年出笼特禽 1000 只以上	538	1501.80
年出栏肉兔 50 只以上	365	73.67

《湖北农村统计年鉴-2019》

水产品总产量及捕捞产量

单位：吨

单位	合 计	捕捞产量							养殖产量小计	增殖渔业产量小计
		小计	鱼类	甲壳类			贝类	其它类		
				小计	虾	蟹				
湖北省	**4584045**	**181064**	**143965**	**31415**	**28849**	**2566**	**3858**	**1826**	**4208179**	**194802**
武汉市	**443141**	**20530**	**16784**	**3705**	**3705**		**41**		**399232**	**23379**
武汉市直	90798	4120	3977	143	143				86333	345
新洲区	103186	1656	1273	383	383				99425	2105
江夏区	89238	8274	7368	906	906				67050	13914
蔡甸区	62687	2246	2028	218	218				56688	3753
黄陂区	97232	4234	2138	2055	2055		41		89736	3262
黄石市	**206837**	**7177**	**5425**	**1366**	**1340**	**26**	**379**	**7**	**176059**	**23601**
黄石市直	3262	32	30					2	3085	145
大冶市	79336	1805	1714	85	65	20	1	5	59925	17606
阳新县	124239	5340	3681	1281	1275	6	378		113049	5850
十堰市	**54224**	**16640**	**15824**	**680**	**679**	**1**	**121**	**15**	**32190**	**5394**
十堰市直	6								6	
十堰市辖区	1034	80	80						954	
丹江口市	38252	12533	12120	278	278		120	15	22586	3133
郧县	3061	1475	1189	286	286				1531	55
郧西	1141	206	186	20	20				480	455
竹山县	7043	1700	1650	50	50				4378	965
竹溪县	934	101	99	2	2				525	308
房县	2753	545	500	44	43	1	1		1730	478
荆州市	**1089892**	**12171**	**9747**	**2051**	**1778**	**273**	**311**	**62**	**1067897**	**9824**
荆州区	108216	2552	2057	474	422	52	13	8	105290	374
沙市区	41637	954	816	138	138				40674	9
荆州市开发区	506								506	
江陵县	28924	907	805	102	102				27425	592
松滋市	32091	100	80	20	20				31241	750
公安县	121689	3495	3495						117105	1089
石首市	109740								107880	1860
监利县	255023	2184	1383	707	562	145	75	19	248546	4293
洪湖市	392066	1979	1111	610	534	76	223	35	389230	857
宜昌市	**169286**	**17350**	**13766**	**3584**	**3574**	**10**			**141754**	**10182**
宜昌市直	280	100	80	20	20				110	70
夷陵区	5200	1300	1150	150	150				3600	300
宜都市	5610	333	333						4477	800
枝江市	82670	8220	6689	1531	1531				71080	3370
当阳市	65166	2621	1617	1004	994	10			58936	3609
远安县	2195	158	149	9	9				1969	68
兴山县	162	140	140						4	18
秭归县	150	60	40	20	20				20	70
长阳县	7811	4400	3550	850	850				1542	1869
五峰县	42	18	18						16	8
襄阳市	**192067**	**9860**	**8986**	**809**	**705**	**104**	**51**	**14**	**140319**	**41888**
襄阳市辖区	19996	1067	965	102	96	6			17965	964
老河口市	36820	840	817	20	10	10	2	1	23780	12200
襄州区	41454	3405	3009	390	311	79	1	5	30401	7648
枣阳市	41599	975	880	82	77	5	7	6	24794	15830
宜城市	31000	1850	1670	180	180				26003	3147
南漳县	8220	418	418						7042	760
谷城县	11982	1085	1007	35	31	4	41	2	9992	905
保康县	996	220	220						342	434
鄂州市	**298338**	**10707**	**8356**	**1834**	**1728**	**106**	**178**	**339**	**273394**	**14237**
鄂城区	104595	7085	5238	1401	1368	33	120	326	93566	3944
华容区	108185	3622	3118	433	360	73	58	13	94270	10293
梁子湖区	85558								85558	
荆门市	**449415**	**9642**	**6826**	**2502**	**2367**	**135**	**133**	**181**	**429110**	**10663**

续表

单位：吨

单位	合　计	捕捞产量							养殖产量小计	增殖渔业产量小计
		小计	鱼类	甲壳类			贝类	其它类		
				小计	虾	蟹				
荆门市辖区										
沙洋县	172326	660	230	430	430				168916	2750
钟祥市	143934	1384	1384						139282	3268
京山县	75708	4249	2728	1298	1191	107	58	165	70964	495
沙洋农场	5165	158	158						5007	
东宝区	21587	1063	852	211	211				19098	1426
掇刀区	16203	1028	701	236	210	26	75	16	14652	523
漳河新区	12216	1100	773	327	325	2			8965	2151
屈家岭管理区	2276								2226	50
孝感市	**401288**	**13285**	**8619**	**4453**	**4137**	**316**	**196**	**17**	**377510**	**10493**
孝南区	67953	614	417	197	197				64898	2441
孝昌县	20480	2334	1560	759	759			15	17119	1027
大悟县	24300	1800	1450	350	315	35			21300	1200
安陆市	27026	1537	845	690	690			2	24373	1116
云梦县	49987	184	118	66	66				49773	30
应城市	67702	4008	3020	987	987		1		62194	1500
汉川市	143473	2807	1208	1404	1123	281	195		137487	3179
孝感市辖区	367	1	1						366	
黄冈市	**449000**	**26552**	**21156**	**3262**	**3084**	**178**	**1348**	**786**	**394429**	**28019**
黄州区	37219	2518	2518						30307	4394
团风县	43331	2674	2457	78	75	3		139	37985	2672
红安县	14460	1590	1290	285	285			15	12525	345
麻城市	27657	4167	3500	630	580	50	12	25	20865	2625
罗田县	6050	30	30						4920	1100
英山县	5944	383	358	22	22			3	5561	
浠水县	77551	7996	5876	1590	1590		480	50	64506	5049
蕲春县	75658	3642	3578	21	20	1	38	5	67903	4113
武穴市	56330	3552	1549	636	512	124	818	549	46562	6216
黄梅县	86725								85220	1505
龙感湖区	18075								18075	
咸宁市	**210000**	**11106**	**8810**	**2202**	**1699**	**503**	**89**	**5**	**196936**	**1958**
咸宁市直										
咸安区	46040	3287	2512	763	522	241	7	5	42453	300
嘉鱼县	61276	1100	565	535	510	25			59754	422
赤壁市	66332	3039	2337	621	426	195	81		63293	
通城县	12152	1100	1059	40	30	10	1		10292	760
崇阳县	12700	1080	987	93	61	32			11144	476
通山县	11500	1500	1350	150	150				10000	
恩施州	**2360**	**254**	**237**	**17**	**17**				**2106**	
恩施市	528	9	8	1	1				519	
建始县	99	7	5	2	2				92	
巴东县	191	173	168	5	5				18	
利川市	768	23	21	2	2				745	
宣恩县	77	9	7	2	2				68	
咸丰县	52	10	9	1	1				42	
来凤县	607	19	16	3	3				588	
鹤峰县	38	4	3	1	1				34	
随州市	**81684**	**5529**	**4279**	**1089**	**968**	**121**	**30**	**131**	**66352**	**9803**
曾都区	12091	890	830	55	50	5		5	9721	1480
随县	37097	989	500	411	370	41	30	48	29305	6803
广水市	32496	3650	2949	623	548	75		78	27326	1520
仙桃市	**290194**	**15831**	**12969**	**2472**	**2078**	**394**	**361**	**29**	**274363**	
天门市	**116775**	**2584**	**985**	**940**	**587**	**353**	**504**	**155**	**112272**	**1919**
潜江市	**129486**	**1846**	**1196**	**449**	**403**	**46**	**116**	**85**	**124198**	**3442**
神农架	**58**								**58**	

水产品养殖产量(一)

单位：吨

单位	养殖产量合计	其中：一、鱼类					
		小计	草鱼	鲢鱼	鲫鱼	鳙鱼	鳊鲂
湖北省	**4208178**	**3153952**	**838680**	**484765**	**364998**	**376535**	**233261**
武汉市	**399232**	**352362**	**114884**	**52034**	**36548**	**26172**	**39600**
武汉市直	86333	78725	18649	13141	11504	5478	9460
新洲区	99425	93183	50700	12056	5015	5118	5437
江夏区	67050	58246	11537	3563	8958	4945	8533
蔡甸区	56688	48398	9856	13696	5403	5744	8460
黄陂区	89736	73810	24142	9578	5668	4887	7710
黄石市	**176059**	**158924**	**24149**	**19457**	**22502**	**26565**	**16471**
黄石市直	3085	2680	497	501	643	334	190
大冶市	59925	56169	13000	10320	11000	6900	5530
阳新县	113049	100075	10652	8636	10859	19331	10751
十堰市	**32190**	**30652**	**4199**	**4042**	**2302**	**5036**	**1738**
十堰市直	6	6					
十堰市辖区	954	954	145	189	75	120	5
丹江口市	22586	22080	3388	2258	1807	3386	1129
郧县	1531	1491	130	320	20	130	210
郧西	480	470	120	102	3	90	3
竹山县	4378	4078	271	847	304	651	331
竹溪县	525	513	105	95	53	105	50
房县	1730	1060	40	231	40	554	10
荆州市	**1067897**	**574715**	**149059**	**62271**	**64238**	**40894**	**20672**
荆州区	105290	89712	12977	8117	5822	2984	6722
沙市区	40674	26883	6390	2790	7423	2200	351
荆州市开发区	506	506	122	105	64	63	31
江陵县	27425	14886	4042	2008	790	1518	478
松滋市	31241	18336	3798	3699	1838	1642	829
公安县	117105	66615	13373	5439	4441	5873	4602
石首市	107880	71851	17232	4365	17352	5537	3153
监利县	248546	62632	5995	2093	958	1087	880
洪湖市	389230	223294	85130	33655	25550	19990	3626
宜昌市	**141754**	**133951**	**19944**	**24515**	**17184**	**13202**	**18567**
宜昌市直	110	110	30	40	15	10	5
夷陵区	3600	3440	550	670	750	350	380
宜都市	4477	4105	1008	896	372	562	325
枝江市	71080	68243	9587	10889	7169	5118	10651
当阳市	58936	54841	8458	11696	8550	7015	7093
远安县	1969	1659	305	312	318	140	111
兴山县	4	4	1	1	1	1	
秭归县	20	20	2	6	5	3	2
长阳县	1542	1513					
五峰县	16	16	3	5	4	3	
襄阳市	**140319**	**125924**	**19299**	**28268**	**13070**	**26064**	**9273**
襄阳市辖区	17965	16540	2616	4482	1208	3986	828
老河口市	23780	20269	2667	3350	2660	3510	960
襄州区	30401	28889	4832	5878	3025	6067	3701
枣阳市	24794	23058	3744	7429	2250	5151	179
宜城市	26003	21681	3467	4164	2907	4437	1737
南漳县	7042	6216	825	1765	870	1248	439
谷城县	9992	8956	1080	1139	125	1582	1423
保康县	342	315	68	61	25	83	6
鄂州市	**273393**	**258323**	**96606**	**52826**	**19807**	**43149**	**17341**
鄂城区	93566	88839	43255	20633	4600	9848	4495
华容区	94269	92709	34980	18242	8034	11812	8747
梁子湖区	85558	76775	18371	13951	7173	21489	4099
荆门市	**429110**	**322435**	**85954**	**65567**	**47618**	**43620**	**23630**

续表 1　　单位：吨

单位	养殖产量合计	其中：一、鱼类					
		小计	草鱼	鲢鱼	鲫鱼	鳙鱼	鳊鲂
荆门市辖区							
沙洋县	168916	123019	40431	29060	15185	11688	10289
钟祥市	139282	112774	29980	17533	22410	16354	7863
京山县	70964	49311	10501	10427	5351	9567	2283
沙洋农场	5007	4577	826	715	484	667	420
东宝区	19098	12843	1268	4695	1804	2038	761
掇刀区	14652	10689	1553	1530	936	2012	1012
漳河新区	8965	7394	1125	1216	1145	889	642
屈家岭管理区	2226	1828	270	391	303	405	360
孝感市	**377510**	**314415**	**89158**	**61787**	**43723**	**29390**	**20579**
孝南区	64898	59117	16483	3821	9735	7359	8532
孝昌县	17119	14911	2470	2350	1690	3725	1685
大悟县	21300	18180	4148	3536	2170	2000	1020
安陆市	24373	21413	3541	1960	4842	4844	1968
云梦县	49773	45395	14350	6738	14009	2500	632
应城市	62194	52113	20807	6935	6125	4867	3117
汉川市	137487	103004	27259	36397	5122	4054	3594
孝感市辖区	366	282	100	50	30	41	31
黄冈市	**394429**	**308643**	**64193**	**36855**	**32682**	**67109**	**28989**
黄州区	30307	29769	8552	2899	2989	5948	2480
团风县	37985	36797	10050	7789	2909	7149	1430
红安县	12525	10123	2268	2815	580	1576	778
麻城市	20865	16969	4483	2185	2000	5480	890
罗田县	4920	4617	96	3005	60	1361	30
英山县	5561	5321	1099	1420	268	1585	110
浠水县	64506	53796	9321	3780	5968	13230	8290
蕲春县	67903	58717	9936	5382	7568	12569	8162
武穴市	46562	30994	6805	2934	4425	8078	2538
黄梅县	85220	48506	6985	3630	3858	7668	3156
龙感湖区	18075	13034	4598	1016	2057	2465	1125
咸宁市	**196936**	**152617**	**28034**	**16970**	**16452**	**17897**	**11572**
咸宁市直							
咸安区	42453	31962	8742	6963	4197	3722	2188
嘉鱼县	59754	51094	7280	4100	5119	6485	3245
赤壁市	63293	45823	8653	3393	5006	6393	4353
通城县	10292	8531	1700	1015	800	660	1000
崇阳县	11144	9377	1594	1279	1275	427	706
通山县	10000	5830	65	220	55	210	80
恩施州	**2106**	**2070**	**695**	**339**	**197**	**224**	
恩施市	519	519	227	51	43	22	
建始县	92	92	17	13	11	12	
巴东县	18	18	2	1	2		
利川市	745	730	251	116	76	93	
宣恩县	68	58	21	8	8	7	
咸丰县	42	42	7	6	11	9	
来凤县	588	577	164	137	37	78	
鹤峰县	34	34	6	7	9	3	
随州市	**66352**	**56535**	**8375**	**10338**	**9984**	**9591**	**4198**
曾都区	9721	9343	1657	2266	1837	1951	361
随县	29305	25535	3340	4552	5451	3405	2548
广水市	27326	21657	3378	3520	2696	4235	1289
仙桃市	**274363**	**250602**	**103003**	**32692**	**26586**	**15068**	**10762**
天门市	**112272**	**81378**	**20837**	**11244**	**9854**	**8763**	**8107**
潜江市	**124198**	**30348**	**10287**	**5559**	**2249**	**3790**	**1757**
神农架	**58**	**58**	**4**	**1**	**2**	**1**	**5**

续表 2　　　　单位：吨

单位	其中：一、鱼类								
	青鱼	鲤鱼	黄鳝	黄颡鱼	鳜鱼	泥鳅	乌鳢	鮰鱼	鲶鱼
湖北省	**196610**	**131337**	**147008**	**131874**	**66777**	**37595**	**26995**	**27553**	**17579**
武汉市	**17896**	**14775**	**6015**	**12039**	**12578**	**3471**	**2916**	**2925**	**2896**
武汉市直	6884	2283	3323	1792	3193	127	563	92	238
新洲区	2073	3516	1612	1837	1044	493	657	1157	1160
江夏区	4029	4170	982	3783	4483	20	530	50	700
蔡甸区	731	436	98	1228	1695	296	301	80	280
黄陂区	4179	4370		3399	2163	2535	865	1546	518
黄石市	**14067**	**5712**	**2461**	**6142**	**2835**	**6062**	**5019**	**724**	**2164**
黄石市直	84	15	205		48	30	43	32	21
大冶市	3130	700	100	950	750	500	790	692	190
阳新县	10853	4997	2156	5192	2037	5532	4186		1953
十堰市	**1408**	**733**	**20**	**314**	**508**	**789**	**413**	**1027**	**156**
十堰市直									
十堰市辖区		27			43	202		22	
丹江口市	677	180		280	420	550	380	520	120
郧县	10	20					6	280	
郧西		9				1			
竹山县	721	333	18	32	20	26	12	202	26
竹溪县		105							
房县		59	2	2	25	10	15	3	10
荆州市	**64366**	**15299**	**63535**	**44036**	**20092**	**6273**	**3283**	**6059**	**2146**
荆州区	36500	1500	1000	8850	100	200	300		
沙市区	9	41	13	6920	6	441	3	99	168
荆州市开发区	20	3	15	44	1	3	5		30
江陵县	476	68	2939	1772	3	675	74		39
松滋市	1060	1150	1500	620	700	450	80	180	290
公安县	4731	2654	11263	11899	798	565	341	107	331
石首市	3726	4635	2034	3652	5277	697	1134	128	1034
监利县	2872	540	30026	3684	6676	1769	840	495	228
洪湖市	14972	4708	14745	6595	6531	1473	506	5050	26
宜昌市	**3329**	**8677**	**189**	**19570**	**110**	**837**	**439**	**1618**	**438**
宜昌市直				10					
夷陵区	150	240		350					
宜都市	73	232							
枝江市	2006	1567	68	17550		494		369	
当阳市	1026	6544	121	1448	95	311	439	711	409
远安县	74	94		112	15	32		38	29
兴山县									
秭归县									
长阳县				100				500	
五峰县									
襄阳市	**5284**	**14895**	**809**	**1904**	**414**	**994**	**229**	**462**	**1486**
襄阳市辖区	758	2060	118	35	15	54	32		223
老河口市	1680	2250	180	940	390	250		150	450
襄州区	224	3240	322	548		324	46	292	335
枣阳市	839	2689	86	135	1	178	61	20	222
宜城市	3	3390	70	25	3	100	4		130
南漳县	32	710	12	94		25	34		36
谷城县	1740	525	21	127	5	60	52		90
保康县	8	31				3			
鄂州市	**9435**	**6280**	**1421**	**3042**	**1618**	**337**	**641**	**1451**	**104**
鄂城区	1793	1652	638	1250	215	3	15	90	24
华容区	3357	1029	737	1437	1294	307	390	58	63
梁子湖区	4285	3599	46	355	109	27	236	1303	17
荆门市	**9531**	**19753**	**3534**	**7786**	**1388**	**2723**	**2561**	**1385**	**2132**

续表 3　　　　单位：吨

单位	其中：一、鱼类								
	青鱼	鲤鱼	黄鳝	黄颡鱼	鳜鱼	泥鳅	乌鳢	鮰鱼	鲶鱼
荆门市辖区									
沙洋县	745	8160	1810	1620	560	518	865	134	369
钟祥市	3158	7596	940	2603	254	680	820	1080	630
京山县	3033	2046	499	1045	201	1261	159	35	1010
沙洋农场	265	80		450	40	80	60		
东宝区	827	680	113	279	21	22	12	49	38
掇刀区	1023	852	20	1221			530		
漳河新区	469	329	152	556	310	106	112	87	85
屈家岭管理区	11	10		12	2	56	3		
孝感市	**14897**	**17587**	**4563**	**5498**	**11491**	**5481**	**4436**	**539**	**989**
孝南区	2126	5554	839	821	419	1926	936		276
孝昌县	1950	150	120	20	20	685	30	2	1
大悟县	300	2600	160	300		1620	120		100
安陆市	461	1005	81	905	78	422	246	30	110
云梦县	766	874	213	1658	92	135	2147	21	251
应城市	2266	4354	521	877	428	143	545	25	251
汉川市	7026	3022	2629	917	10454	550	412	461	
孝感市辖区	2	28							
黄冈市	**21331**	**9729**	**6181**	**17027**	**9826**	**1900**	**3470**	**176**	**1656**
黄州区	4274	747	359	807	310	65	132		128
团风县	2912	4242	36	56	30	34	18	15	71
红安县	540	210	21	270	25	520		130	
麻城市	420	280	120	420	110	100	180	21	90
罗田县	10	10	2			5	10		10
英山县	84	253	5	10	46	12	10	4	20
浠水县	2840	785	560	2130	2560	356	359		546
蕲春县	4127	1351	513	4529	2586	351	365		182
武穴市	1567	1579	501	324	1255	97	215	6	249
黄梅县	4030	120	3940	7543	2872	360	2181		360
龙感湖区	527	152	124	938	32				
咸宁市	**11710**	**9576**	**7998**	**3681**	**3687**	**5041**	**2159**	**7803**	**2049**
咸宁市直									
咸安区	1289	2758	428	398	137	254	172		204
嘉鱼县	4400	4170	2925	1500	260	3000	595	7000	800
赤壁市	4918	1696	3955	1205	1392	957	1130	482	887
通城县	860	510	360	40	530	150	100	200	
崇阳县	193	397	130	438	418	180	112	101	108
通山县	50	45	200	100	950	500	50	20	50
恩施州		**546**		**3**	**12**	**8**		**11**	**30**
恩施市		139			12	6		5	11
建始县		30							9
巴东县		3		3				3	2
利川市		194							
宣恩县		14							
咸丰县		6						3	
来凤县		151				2			8
鹤峰县		9							
随州市	**6777**	**3110**	**601**	**832**	**220**	**926**	**368**	**28**	**654**
曾都区	881	151	12	110	8	19	3	23	12
随县	2600	1839	271	495	54	287	24	5	642
广水市	3296	1120	318	227	158	620	341		
仙桃市	**10132**	**191**	**42151**	**7587**	**813**	**1125**	**3**	**146**	**125**
天门市	**5094**	**3580**	**4582**	**1243**	**1179**	**1450**	**994**	**3175**	**510**
潜江市	**1353**	**889**	**2948**	**1170**	**6**	**178**	**64**	**24**	**43**
神农架		**5**							**1**

水产品养殖产量（二）

单位：吨

单位	其中：一、鱼类（续）								
	鲟鱼	鲈鱼	罗非鱼	长吻鮠	银鱼	鳗鲡	鲌鱼	其它	其中观赏鱼
湖北省	**5610**	**12309**	**2253**	**1044**	**2496**	**721**	**37305**	**10647**	**838**
武汉市	**5**	**481**	**156**	**49**	**10**	**121**	**6555**	**236**	
武汉市直		36		21	10	121	1664	146	
新洲区	5	139					1164		
江夏区				28			1935		
蔡甸区		40					54		
黄陂区		266	156				1738	90	
黄石市	**200**	**129**	**209**		**361**		**1044**	**2651**	**7**
黄石市直			29				8		
大冶市	200	50	180					1187	2
阳新县		79			361		1036	1464	5
十堰市	**121**	**381**	**199**		**769**		**5912**	**585**	**32**
十堰市直								6	
十堰市辖区								126	
丹江口市		320			631		5892	142	32
郧县	15	25	150		120		20	35	
郧西	106	10						26	
竹山县		16			18			250	
竹溪县									
房县		10	49						
荆州市	**1010**	**4955**		**534**	**22**		**5509**	**462**	
荆州区	1000	30		10			3600		
沙市区	1	5					23		
荆州市开发区									
江陵县								4	
松滋市							500		
公安县							191	7	
石首市	9	13		524	22		876	451	
监利县		4470					19		
洪湖市		437					300		
宜昌市	**1760**	**284**	**53**	**257**			**2922**	**56**	
宜昌市直									
夷陵区									
宜都市	590	47							
枝江市	136	84		52			2503		
当阳市	356	53	53	5			415	43	
远安县	75						4		
兴山县									
秭归县	2								
长阳县	600	100		200				13	
五峰县	1								
襄阳市	**767**	**374**	**14**		**607**		**1484**	**227**	**158**
襄阳市辖区		12	2				83	28	20
老河口市	2	310			520				100
襄州区	26							29	15
枣阳市		5					49	20	
宜城市		2			2		1200	40	
南漳县	39				85			2	2
谷城县	700	45	12				152	78	21
保康县								30	
鄂州市		**488**	**141**				**1110**	**2526**	
鄂城区		44	141				126	17	
华容区		35					152	2035	
梁子湖区		409					832	474	
荆门市	**141**	**878**	**171**	**2**	**116**	**600**	**3345**		**15**

续表 单位：吨

单位	其中：一、鱼类（续）								
	鲟鱼	鲈鱼	罗非鱼	长吻鮠	银鱼	鳗鲡	鲍鱼	其它	其中观赏鱼
荆门市辖区									
沙洋县	5	205	145				1230		
钟祥市		305	3				565		
京山县		258	23			600	1012		
沙洋农场		80					410		
东宝区	136	30			20		50		15
掇刀区									
漳河新区				2	96		73		
屈家岭管理区							5		
孝感市	**1**	**346**	**269**				**3018**	**663**	**5**
孝南区		15					275		
孝昌县	1	1					10	1	1
大悟县							106		
安陆市		141					767	12	
云梦县			82				927		
应城市			187				652	13	4
汉川市		189					281	637	
孝感市辖区									
黄冈市	**243**	**524**	**385**		**13**		**3923**	**2431**	**326**
黄州区							79		
团风县		28						28	
红安县		320					70		
麻城市	100	20					20	50	260
罗田县		6					12		
英山县			385					10	
浠水县		120					1301	1650	8
蕲春县	4						926	166	10
武穴市	109						285	27	48
黄梅县	30	30			13		1230	500	
龙感湖区									
咸宁市	**1317**	**3445**	**656**		**540**		**1389**	**641**	**25**
咸宁市直									
咸安区		300					197	13	
嘉鱼县	15				200				
赤壁市			343		72		692	296	25
通城县	2	175	1		18		410		
崇阳县	1000	300	257		40		90	332	
通山县	300	2670	55		210				
恩施州	**5**								
恩施市	3								
建始县									
巴东县	2								
利川市									
宣恩县									
咸丰县									
来凤县									
鹤峰县									
随州市	**10**	**10**			**58**		**440**	**15**	**270**
曾都区	10	8					19	15	5
随县		2					20		
广水市					58		401		265
仙桃市	**4**	**14**					**64**	**136**	
天门市				**202**			**564**		
潜江市							**26**	**5**	
神农架	**26**							**13**	

水产品养殖产量（三）

单位	二、甲壳类	其中：虾					其中：河蟹
		小计	青虾	克氏原螯虾	南美白对虾	其他	
湖北省	**985471**	**827997**	**9226**	**812795**	**4648**	**1328**	**157474**
武汉市	**44245**	**33495**	**2634**	**29217**	**1245**	**399**	**10750**
武汉市直	6779	3754	1093	2008	254	399	3025
新洲区	6004	5002	318	4421	263		1002
江夏区	8709	6957	757	6200			1752
蔡甸区	7880	5130	40	4790	300		2750
黄陂区	14873	12652	426	11798	428		2221
黄石市	**16356**	**14649**	**20**	**14579**	**50**		**1707**
黄石市直	405						405
大冶市	3554	2660		2610	50		894
阳新县	12397	11989	20	11969			408
十堰市	**786**	**784**	**88**	**696**			**2**
十堰市直							
十堰市辖区							
丹江口市	365	365	15	350			
郧县	37	35	15	20			2
郧西	10	10		10			
竹山县	200	200	50	150			
竹溪县	10	10		10			
房县	164	164	8	156			
荆州市	**466771**	**360207**	**1**	**359284**	**252**	**670**	**106564**
荆州区	13400	13000		13000			400
沙市区	13065	13065		13016	49		
荆州市开发区							
江陵县	11749	11749		11749			
松滋市	11055	11055		10395		660	
公安县	40742	40109		40109			633
石首市	35371	34929	1	34925	3		442
监利县	178661	130592		130592			48069
洪湖市	162728	105708		105498	200	10	57020
宜昌市	**7318**	**7312**		**7312**			**6**
宜昌市直							
夷陵区	150	150		150			
宜都市	306	306		306			
枝江市	2625	2625		2625			
当阳市	3907	3901		3901			6
远安县	305	305		305			
兴山县							
秭归县							
长阳县	25	25		25			
五峰县							
襄阳市	**13188**	**11996**	**103**	**11439**	**431**	**23**	**1192**
襄阳市辖区	1390	1390		1002	365	23	
老河口市	3465	2455	35	2410	10		1010
襄州区	1374	1374		1348	26		
枣阳市	1721	1691	15	1676			30
宜城市	3389	3379	3	3376			10
南漳县	798	798	18	750	30		
谷城县	1024	882	32	850			142
保康县	27	27		27			
鄂州市	**14852**	**13061**	**494**	**11936**	**631**		**1791**
鄂城区	4712	3152	80	2962	110		1560
华容区	1392	1261	414	753	94		131
梁子湖区	8748	8648		8221	427		100
荆门市	**88120**	**87297**	**230**	**86460**	**597**	**10**	**823**

续表 1

单位	二、甲壳类	其中：虾					其中：河蟹
		小计	青虾	克氏原螯虾	南美白对虾	其他	
荆门市辖区							
沙洋县	43676	43558	40	43484	34		118
钟祥市	22420	22398	3	22365	30		22
京山县	11620	11535	100	11425		10	85
沙洋农场	430	430			430		
东宝区	5196	5116	82	4931	103		80
掇刀区	2920	2460		2460			460
漳河新区	1500	1500	5	1495			
屈家岭管理区	358	300		300			58
孝感市	**57887**	**36597**	**23**	**36454**	**120**		**21290**
孝南区	5466	5086		5086			380
孝昌县	2196	2190		2190			6
大悟县	3000	3000		3000			
安陆市	2932	2866	23	2723	120		66
云梦县	4186	3935		3935			251
应城市	6135	5155		5155			980
汉川市	33888	14281		14281			19607
孝感市辖区	84	84		84			
黄冈市	**82263**	**81396**	**3110**	**77120**	**999**	**167**	**867**
黄州区	534	498	8	383	107		36
团风县	1028	928		928			100
红安县	2245	2245		2045	200		
麻城市	3858	3800		3800			58
罗田县	302	300		300			2
英山县	236	236		236			
浠水县	10430	10430	40	10020	370		
蕲春县	9118	9077	16	8726	322	13	41
武穴市	15402	15342	46	15262		34	60
黄梅县	34094	33524	3000	30404		120	570
龙感湖区	5016	5016		5016			
咸宁市	**41448**	**38314**	**2083**	**36071**	**101**	**59**	**3134**
咸宁市直							
咸安区	10452	9459	52	9323	75	9	993
嘉鱼县	6485	6435	1800	4615		20	50
赤壁市	17245	15359	231	15102	26		1886
通城县	1561	1561		1531		30	
崇阳县	1535	1350		1350			185
通山县	4170	4150		4150			20
恩施州	**36**	**29**		**18**	**11**		**7**
恩施市							
建始县							
巴东县							
利川市	15	8		8			7
宣恩县	10	10		10			
咸丰县							
来凤县	11	11			11		
鹤峰县							
随州市	**8433**	**8195**	**434**	**7735**	**26**		**238**
曾都区	365	360		360			5
随县	3596	3421	174	3247			175
广水市	4472	4414	260	4128	26		58
仙桃市	**22997**	**15062**	**6**	**14891**	**165**		**7935**
天门市	**28496**	**27446**		**27446**			**1050**
潜江市	**92275**	**92157**		**92137**	**20**		**118**
神农架							

续表 2

单位：吨

单位	三、贝类	其中：河蚌	螺	蚬	四、其它类	其中：龟	鳖	蛙
湖北省	**4237**	**2335**	**1572**	**330**	**64518**	**7697**	**45465**	**11356**
武汉市					**2625**	**182**	**1743**	**700**
武汉市直					829	89	465	275
新洲区					238			238
江夏区					95	90	5	
蔡甸区					410		410	
黄陂区					1053	3	863	187
黄石市	**368**	**35**	**193**	**140**	**411**	**45**	**198**	**168**
黄石市直								
大冶市	20	12	8		182	45	62	75
阳新县	348	23	185	140	229		136	93
十堰市	**506**	**500**	**2**	**4**	**246**	**10**	**225**	**11**
十堰市直								
十堰市辖区								
丹江口市					141	10	120	11
郧县					3		3	
郧西								
竹山县					100		100	
竹溪县					2		2	
房县	506	500	2	4				
荆州市	**890**	**310**	**564**	**16**	**25521**	**3082**	**19735**	**2704**
荆州区					2178	600	1500	78
沙市区					726	372	173	181
荆州市开发区								
江陵县					790	184	371	235
松滋市					1850	50	1700	100
公安县	477	300	161	16	9271	108	8858	305
石首市	13	10	3		645	23	462	160
监利县					7253	1294	4541	1418
洪湖市	400		400		2808	451	2130	227
宜昌市	**1**	**1**			**484**	**85**	**332**	**67**
宜昌市直								
夷陵区					10			10
宜都市					66		26	40
枝江市					212	52	160	
当阳市	1	1			187	32	140	15
远安县					5		5	
兴山县								
秭归县								
长阳县					4	1	1	2
五峰县								
襄阳市	**25**	**10**	**15**		**1182**	**26**	**850**	**306**
襄阳市辖区					35	1	16	18
老河口市	18	8	10		28	10	14	4
襄州区					138	1	9	128
枣阳市					15	1	11	3
宜城市					933	3	780	150
南漳县					28	9	16	3
谷城县	7	2	5		5	1	4	
保康县								
鄂州市	**7**	**3**	**4**		**211**	**11**	**127**	**73**
鄂城区	3		3		12		10	2
华容区	4	3	1		164	9	93	62
梁子湖区					35	2	24	9
荆门市					**18555**	**3534**	**13675**	**1346**

续表 3

单位：吨

单位	三、贝类	其中：河蚌	螺	蚬	四、其它类	其中：龟	鳖	蛙
荆门市辖区								
沙洋县					2221	136	1897	188
钟祥市					4088	1650	2198	240
京山县					10033	1296	8522	215
沙洋农场								
东宝区					1059	156	201	702
掇刀区					1043	264	778	1
漳河新区					71	22	49	
屈家岭管理区					40	10	30	
孝感市	**372**	**71**	**301**		**4836**	**161**	**4607**	**68**
孝南区					315	91	224	
孝昌县					12	1	10	1
大悟县					120	55	65	
安陆市					28	2	14	12
云梦县					192	12	180	
应城市					3946		3923	23
汉川市	372	71	301		223		191	32
孝感市辖区								
黄冈市	**1306**	**665**	**473**	**168**	**2217**	**46**	**159**	**2012**
黄州区					4		4	
团风县	80			80	80		10	70
红安县					157	1	6	150
麻城市					38	3	15	20
罗田县					1	1		
英山县					4	1	3	
浠水县					280	20	50	210
蕲春县	55	51	4		13		3	10
武穴市	126	53	73		40		3	37
黄梅县	1045	561	396	88	1575	10	50	1515
龙感湖区					25	10	15	
咸宁市					**2871**	**220**	**301**	**2350**
咸宁市直								
咸安区					39	5	17	17
嘉鱼县					2175	200	175	1800
赤壁市					225	15	36	174
通城县					200		30	170
崇阳县					232		43	189
通山县								
恩施州								
恩施市								
建始县								
巴东县								
利川市								
宣恩县								
咸丰县								
来凤县								
鹤峰县								
随州市	**105**	**93**	**10**	**2**	**1279**	**43**	**1151**	**85**
曾都区					13		10	3
随县	105	93	10	2	69	7	61	1
广水市					1197	36	1080	81
仙桃市	**10**		**10**		**754**	**91**	**643**	**20**
天门市	**647**	**647**			**1751**	**138**	**1613**	
潜江市					**1575**	**23**	**106**	**1446**
神农架								

精养鱼池主养名特优水产品面积

面积：公顷；温室面积：平方米

单位	龟		鳖		河蟹	鳜鱼	青虾
	小计	#温室	小计	#温室			
湖北省	**1852**	**276779**	**34185**	**1123654**	**105618**	**82819**	**8196**
武汉市	**30**	**5800**	**598**	**3260**	**3158**	**1986**	**127**
武汉市直	24	3300	337	1260	919	458	95
新洲区					589		32
江夏区	4	2500			600	267	
蔡甸区			198		650	1178	
黄陂区	2		63	2000	400	83	
黄石市	**5**	**2000**	**103**	**150**	**932**	**529**	
黄石市直					294	44	
大冶市	5	2000	33		298	125	
阳新县			70	150	340	360	
十堰市			**47**		**3**	**99**	**9**
十堰市直							
十堰市辖区						1	
丹江口市						98	
郧县					3		8
郧西							
竹山县			45				
竹溪县			2				
房县							1
荆州市	**1038**	**102024**	**17360**	**129794**	**69515**	**42120**	**1**
荆州区	39	9500	2304	13450	23	40	
沙市区	15	12000	42			15	
荆州市开发区						1	
江陵县	71	60400	382				
松滋市	250	3000	2667	10000	1400	4000	
公安县	267	833	8993	6400	4335	1230	
石首市	28		1037	40000	410	5830	1
监利县	368	16200	1785	59879	26667	18708	
洪湖市		91	150	65	36680	12296	
宜昌市	**7**	**300**	**159**	**500**	**5**	**51**	
宜昌市直							
夷陵区							
宜都市			30				
枝江市	2		50				
当阳市	4	300	71	500	5	51	
远安县			7				
兴山县							
秭归县							
长阳县	1		1				
五峰县							
襄阳市	**27**		**303**		**790**	**314**	**307**
襄阳市辖区	1		10			36	
老河口市	20		20		550	240	40
襄州区	5		10				200
枣阳市					135	28	42
宜城市	1		262		10	10	3
南漳县							7
谷城县			1		95		15
保康县							
鄂州市			**8**	**1560**	**684**	**407**	
鄂城区			8		85	4	
华容区					552	196	
梁子湖区				1560	47	207	
荆门市	**522**	**139880**	**8476**	**474330**	**526**	**2311**	**1284**

续表 1　　　　面积：公顷；温室面积：平方米

单位	龟		鳖		河蟹	鳜鱼	青虾
	小计	#温室	小计	#温室			
荆门市辖区							
沙洋县	14	14500	1405	98500	374	1899	1150
钟祥市	108	53320	1210		25	198	30
京山县	381	46920	5729	375000	37	132	6
沙洋农场						26	
东宝区	2	16300	12	480			
掇刀区	4	3000	86	350			
漳河新区	3		4		24	55	98
屈家岭管理区	10	5840	30		66	1	
孝感市	**34**	**1600**	**975**	**371050**	**16439**	**10557**	**169**
孝南区	5	1000	166	24500	233	2873	
孝昌县	5		5		4	3	
大悟县	10		25				
安陆市	14		101		170	126	167
云梦县		600	210	400	214	182	
应城市			468	346150	906	2273	2
汉川市					14912	5100	
孝感市辖区							
黄冈市	**20**	**175**	**133**	**570**	**2846**	**9458**	**4710**
黄州区			4		24	67	5
团风县	5	50	10	50	300	1242	
红安县	1		4			600	
麻城市					53	322	
罗田县		125			4		
英山县	1		2			8	
浠水县						70	
蕲春县			3		22	1059	195
武穴市			22		110	2100	610
黄梅县			68	520	2333	3990	3900
龙感湖区	13		20				
咸宁市	**5**		**7**	**1140**	**3563**	**12371**	**1381**
咸宁市直							
咸安区	5		7	1100	3100	390	151
嘉鱼县					33	330	
赤壁市				40	200	10256	1230
通城县					25	35	
崇阳县					75	1260	
通山县					130	100	
恩施州					**1**	**1**	
恩施市						1	
建始县							
巴东县							
利川市					1		
宣恩县							
咸丰县							
来凤县							
鹤峰县							
随州市	**35**		**422**	**31000**	**214**	**350**	**178**
曾都区			16		5	3	
随县	4		15		123	22	55
广水市	31		391	31000	86	325	123
仙桃市	**3**	**3000**	**5251**	**5900**	**6318**	**1635**	**30**
天门市	**91**	**22000**	**329**	**104000**	**600**	**630**	
潜江市	**35**		**14**	**400**	**24**		
神农架							

续表 2

面积：公顷；温室面积：平方米

单位	克氏螯虾	鲌鱼	黄颡鱼	鳝鱼	鮰鱼	泥鳅	鲈鱼
湖北省	**291902**	**14851**	**60502**	**25601**	**5524**	**6893**	**1264**
武汉市	**3546**	**514**	**3735**	**886**	**118**	**123**	**113**
武汉市直	329	42	386	677	7	9	3
新洲区							70
江夏区	133	320	200	200	67	33	
蔡甸区	1284		3014	9	14	60	7
黄陂区	1800	152	135		30	21	33
黄石市	**4406**	**183**	**590**	**157**	**68**	**374**	**25**
黄石市直		1		5	4		
大冶市	1866		90	5	64	34	5
阳新县	2540	182	500	147		340	20
十堰市	**144**	**90**	**48**	**24**	**121**	**44**	**8**
十堰市直							
十堰市辖区					1	8	
丹江口市	50	70	21		60	20	
郧县	10	20			40		6
郧西	4						1
竹山县	68		27	24	20	16	
竹溪县	4						
房县	8						1
荆州市	**139223**	**3864**	**10593**	**10569**	**1244**	**940**	**356**
荆州区	8000	2333	1334	224		22	2
沙市区		20	750	1	25	61	10
荆州市开发区			2	1		1	
江陵县	434		248	1143		282	
松滋市	100	1200	250	180	120	50	
公安县	26666	151	4788	2156	104	121	
石首市	12856	130	643	597	50	145	2
监利县	26667	3	1780	4237	42	197	307
洪湖市	64500	27	798	2030	903	61	35
宜昌市	**2359**	**327**	**5351**	**38**	**191**	**93**	**58**
宜昌市直							
夷陵区	10		100				
宜都市	100						30
枝江市	1480	160	4979	27	42	27	10
当阳市	551	167	250	11	135	58	16
远安县	213		20		10	8	
兴山县							
秭归县							
长阳县	5		2		4		2
五峰县							
襄阳市	**673**	**7**	**858**	**332**	**69**	**220**	**6**
襄阳市辖区	43		10	42			
老河口市	140		150	15			
襄州区			360	210	20		
枣阳市	160	5	262	47	49	178	5
宜城市	280		14	16		10	1
南漳县	15		61	2		12	
谷城县	35	2	1			20	
保康县							
鄂州市	**6635**	**196**	**637**	**98**	**103**	**4**	**72**
鄂城区	2026	107	134	57	4	2	22
华容区	320		463	35	3		
梁子湖区	4289	89	40	6	96	2	50
荆门市	**8202**	**1063**	**4939**	**898**	**889**	**208**	**248**

续表 3　　面积：公顷；温室面积：平方米

单位	克氏螯虾	鲌鱼	黄颡鱼	鳝鱼	鮰鱼	泥鳅	鲈鱼
荆门市辖区							
沙洋县	3895	567	1234	215	380	5	12
钟祥市	824	126	2387	345	258		86
京山县	1201	306	714	37	10	51	139
沙洋农场	86	30	36			8	8
东宝区	680	13	46	155	15	5	3
掇刀区	809		370				
漳河新区	508	20	142	146	226	121	
屈家岭管理区	199	1	10			18	
孝感市	**17568**	**486**	**10122**	**820**	**100**	**855**	**59**
孝南区	1450		2000	167		332	
孝昌县	2655	18	1860	190	1	60	1
大悟县	850					325	
安陆市	1000	413	1353	5	46	70	40
云梦县	1240	28	3450	175	8	16	
应城市	3500	2	1044	83	4	1	
汉川市	6873	25	415	200	41	51	18
孝感市辖区							
黄冈市	**49689**	**6046**	**11079**	**2307**	**196**	**1153**	**204**
黄州区	177		180	16		2	
团风县	3870		595	17	18	13	3
红安县	1067	90	830	30	120	700	27
麻城市	1866		1070	70	50	80	50
罗田县	27			2			4
英山县	116		6	2	3		
浠水县	74	50	21	20		20	20
蕲春县	8236	56	1245	112		58	
武穴市	11100	650	1500	250	5	80	
黄梅县	19800	5200	5100	1780		200	100
龙感湖区	3356		532	8			
咸宁市	**26355**	**553**	**6506**	**848**	**1525**	**829**	**100**
咸宁市直							
咸安区	7333	105	486	107		156	35
嘉鱼县	3620		330	200	1000	660	
赤壁市	13020	156	5000	356	30		
通城县	1000	67	30	50	100	1	45
崇阳县	1082	225	560	35	195	12	20
通山县	300		100	100	200		
恩施州	**5**		**3**		**4**	**1**	
恩施市			2		3		
建始县							
巴东县			1		1		
利川市	4						
宣恩县	1						
咸丰县							
来凤县						1	
鹤峰县							
随州市	**2930**	**286**	**377**	**386**	**21**	**243**	**15**
曾都区	67	15	47	10	16	43	10
随县	2003	133	220	146	5	20	5
广水市	860	138	110	230		180	
仙桃市	**9315**		**4634**	**7387**	**663**	**795**	
天门市	**17525**	**1236**	**421**	**238**	**212**	**993**	
潜江市	**3327**		**609**	**613**		**18**	
神农架							

养殖产量、面积（按水面分类）（一）

单位	池塘养殖面积				稻田综合养殖面积				
	小计	其中：精养鱼池		普通池塘	小计	其中：稻田养虾	稻田养鳅	稻田养鳖	其它品种养殖面积
		小计	其中：尾水治理面积						
	公顷	公顷	公顷	公顷	公顷	公顷	公顷	公顷	公顷
湖北省	**535148**	**390913**	**33139**	**144235**	**393504**	**381457**	**2971**	**4882**	**4194**
省直属									
武汉市	**45468**	**33420**	**106**	**12048**	**11137**	**11130**		**7**	
武汉市直	8586	7181	106	1405	172	172			
新洲区	11146	10674		472	2357	2357			
江夏区	9081	6337		2744	4207	4200		7	
蔡甸区	7840	4691		3149	3401	3401			
黄陂区	8815	4537		4278	1000	1000			
黄石市	**15060**	**12794**		**2266**	**4979**	**4708**	**50**	**43**	**178**
黄石市直	430	287		143	147	39			108
大冶市	5380	4067		1313	1866	1776	10	10	70
阳新县	9250	8440		810	2966	2893	40	33	
十堰市	**7203**	**574**	**122**	**6629**	**82**	**61**		**17**	**4**
十堰市直	3			3					
十堰市辖区	82	25	25	57					
丹江口市	1613	167	30	1446	32	18		14	
郧县	2033	122	60	1911					
郧西	464	30		434					
竹山县	2407	200		2207	30	27		3	
竹溪县	140	10		130	5	5			
房县	461	20	7	441	15	11			4
荆州市	**131386**	**114797**	**8776**	**16589**	**156552**	**153722**	**747**	**846**	**1237**
荆州市直									
荆州区	7057	5333	169	1724	8000	8000			
沙市区	2342	1837		505	6000	5960			40
荆州市开发区	76	76							
江陵县	6089	5483		606	10866	10549	159	15	143
松滋市	7045	4220	120	2825	6667	6634			33
公安县	12263	12263	125		24387	24004	120	220	43
石首市	7187	6547	117	640	13333	12161	201	268	703
监利县	31677	25334	160	6343	43333	42666	67	333	267
洪湖市	57650	53704	8085	3946	43966	43748	200	10	8
宜昌市	**12789**	**10297**	**2726**	**2492**	**3893**	**3820**	**8**	**43**	**22**
宜昌市直	120	120							
夷陵区	1200	700		500	100	100			
宜都市	1003	200		803	103	100			3
枝江市	4940	4731	1896	209	1334	1334			
当阳市	4886	4279	815	607	2023	1973		36	14
远安县	581	231	10	350	233	213	8	7	5
兴山县	11	11							
秭归县	15	10		5					
长阳县	20	15	5	5	100	100			
五峰县	13			13					
襄阳市	**29170**	**17229**	**3779**	**11941**	**6687**	**6026**	**22**	**320**	**319**
襄阳市直									
襄阳市辖区	3047	2392	1268	655	491	469	6	5	11
老河口市	3900	2940	960	960	1340	1130			210
襄州区	6789	4315	1500	2474	1145	1031	13	53	48
枣阳市	6984	2480		4504	1230	1230			
宜城市	3824	1643	30	2181	1178	866		262	50
南漳县	2125	1000		1125	670	670			
谷城县	2480	2438		42	600	600			
保康县	21	21	21		33	30	3		
鄂州市	**14638**	**13093**	**1546**	**1545**	**2867**	**2543**	**160**	**42**	**122**
鄂城区	5236	4764	90	472	2083	2083			
华容区	4499	4219	1342	280	784	460	160	42	122
梁子湖区	4903	4110	114	793					
荆门市	**52635**	**31414**	**3655**	**21221**	**51040**	**46994**	**46**	**2787**	**1213**

续表

单位	池塘养殖面积				稻田综合养殖面积				
	小计	其中：精养鱼池		普通池塘	小计	其中：稻田养虾	稻田养鳅	稻田养鳖	其它品种养殖面积
		小计	其中：尾水治理面积						
	公顷	公顷	公顷	公顷	公顷	公顷	公顷	公顷	公顷
荆门市直									
荆门市辖区									
沙洋县	13875	8227	80	5648	19433	19033	24	67	309
钟祥市	13200	10003	200	3197	13342	11007	5	2100	230
京山县	12100	7800	118	4300	10667	9721	16	590	340
沙洋农场	981	414		567	143	143			
东宝区	4198	2077	2077	2121	3800	3600			200
掇刀区	4281	830	830	3451	2510	2424		20	66
漳河新区	3000	1713		1287	946	943	1		2
屈家岭管理区	1000	350	350	650	199	123		10	66
孝感市	**63372**	**42078**	**5133**	**21294**	**22692**	**21875**	**633**	**175**	**9**
孝南区	10495	5006	1370	5489	620	620			
孝昌县	5400	3600	1318	1800	2144	2037	92	15	
大悟县	5667	1263		4404	1250	720	490	40	
安陆市	5667	3065	2445	2602	1341	1235	50	54	2
云梦县	6801	4130		2671	826	826			
应城市	7339	4545		2794	4330	4256	1	66	7
汉川市	21833	20447		1386	12121	12121			
孝感市辖区	170	22		148	60	60			
黄冈市	**54634**	**30448**	**2066**	**24186**	**47186**	**45728**	**720**	**228**	**510**
黄州区	3047	2483	780	564	78	78			
团风县	4837	3420	34	1417	1435	1389	10	16	20
红安县	5934	2651	130	3283	1226	1067	142		17
麻城市	5950	1600	100	4350	1866	1331	200	135	200
罗田县	1433	110		1323	107	107			
英山县	1758	210	10	1548	170	160		10	
浠水县	8406	3510	100	4896	8166	8133			33
蕲春县	7955	5819	80	2136	7236	7196			40
武穴市	7380	4045		3335	7849	7814	35		
黄梅县	6534	5200	807	1334	15697	15097	333	67	200
龙感湖区	1400	1400	25		3356	3356			
咸宁市	**28197**	**23303**	**60**	**4894**	**22594**	**22257**	**123**	**124**	**90**
咸宁市直									
咸安区	5860	4860		1000	2640	2620			20
嘉鱼县	6865	6800		65	3620	3620			
赤壁市	7053	7053			12667	12600	33	34	
通城县	2236	1000		1236	1000	950	10	10	30
崇阳县	4067	2840	60	1227	1200	1000	80	80	40
通山县	2116	750		1366	1467	1467			
恩施州	**727**	**239**		**488**	**487**				**487**
恩施州直									
恩施市	177	71		106					
建始县	31	12		19					
巴东县	8			8					
利川市	351	132		219	487				487
宣恩县	23	14		9					
咸丰县	14	6		8					
来凤县	112			112					
鹤峰县	11	4		7					
随州市	**23905**	**8755**	**2856**	**15150**	**5400**	**5327**	**20**	**50**	**3**
曾都区	4300	1935	3	2365	333	330			3
随县	12100	4000	33	8100	2003	1968	20	15	
广水市	7505	2820	2820	4685	3064	3029		35	
仙桃市	**34281**	**34281**			**6548**	**6348**		**200**	
天门市	**12469**	**9862**		**2607**	**15360**	**14918**	**442**		
潜江市	**9197**	**8315**	**2314**	**882**	**36000**	**36000**			
神农架	**17**	**14**		**3**					

养殖产量、面积（按水面分类）（二）

单位	池塘养殖产量			稻田综合养殖产量				
	小计	其中：精养鱼池	普通池塘	小计	其中：小龙虾	泥鳅	鳖	其它品种产量
	吨	吨	吨	吨	吨	吨	吨	吨
湖北省	**3540949**	**3031550**	**509399**	**690985**	**672970**	**4895**	**5201**	**7919**
省直属								
武汉市	**384438**	**308145**	**76293**	**14794**	**14789**		**5**	
武汉市直	85707	72332	13375	626	626			
新洲区	95004	92445	2559	4421	4421			
江夏区	62245	49796	12449	4805	4800		5	
蔡甸区	51887	38802	13085	4801	4801			
黄陂区	89595	54770	34825	141	141			
黄石市	**157645**	**146861**	**10784**	**8123**	**7767**	**35**	**47**	**274**
黄石市直	3027	2598	429	81	67			14
大冶市	59925	52000	7925	2660	2370	15	15	260
阳新县	94693	92263	2430	5382	5330	20	32	
十堰市	**30535**	**15158**	**15377**	**723**	**506**		**167**	**50**
十堰市直	6		6					
十堰市辖区	954	308	646					
丹江口市	21899	12500	9399	255	190		65	
郧县	1531	458	1073					
郧西	480	152	328					
竹山县	4078	1500	2578	300	150		100	50
竹溪县	513	90	423	12	10		2	
房县	1074	150	924	156	156			
荆州市	**777922**	**735197**	**42725**	**289975**	**286818**	**743**	**763**	**1651**
荆州市直								
荆州区	92290	92290		13000	13000			
沙市区	27477	24838	2639	13197	13016			181
荆州市开发区	506	506						
江陵县	15847	15031	816	11578	11108	212	23	235
松滋市	20976	17232	3744	10265	10165			100
公安县	81615	81615		35490	34554	198	433	305
石首市	76180	71296	4884	31700	30786	214	237	463
监利县	163737	141958	21779	84809	84289	110	50	360
洪湖市	299294	290431	8863	89936	89900	9	20	7
宜昌市	**134301**	**121529**	**12772**	**7453**	**7177**	**3**	**99**	**174**
宜昌市直	110	110						
夷陵区	3450	2650	800	150	150			
宜都市	4105	1800	2305	372	306		26	40
枝江市	68615	67013	1602	2465	2465			
当阳市	54841	46962	7879	4095	3901		68	126
远安县	1648	1532	116	321	305	3	5	8
兴山县	4	4						
秭归县	20	15	5					
长阳县	1492	1443	49	50	50			
五峰县	16		16					
襄阳市	**128986**	**89883**	**39103**	**11333**	**9629**	**61**	**341**	**1302**
襄阳市直								
襄阳市辖区	16829	13822	3007	1136	1032	18	4	82
老河口市	21510	18010	3500	2270	1910			360
襄州区	28138	20530	7608	2263	1348	40	75	800
枣阳市	23244	12044	11200	1550	1550			
宜城市	23409	12111	11298	2594	2272		262	60
南漳县	6352	4000	2352	690	690			
谷城县	9192	9054	138	800	800			
保康县	312	312		30	27	3		
鄂州市	**269926**	**254163**	**15763**	**4053**	**3867**	**47**	**24**	**115**
鄂城区	90098	87525	2573	3533	3493	3		37
华容区	94270	92709	1561	520	374	44	24	78
梁子湖区	85558	73929	11629					
荆门市	**349694**	**251767**	**97927**	**74996**	**69858**	**152**	**3200**	**1786**

续表

单位	池塘养殖产量			稻田综合养殖产量				
	小计	其中：精养鱼池	普通池塘	小计	其中：小龙虾	泥鳅	鳖	其它品种产量
	吨	吨	吨	吨	吨	吨	吨	吨
荆门市直								
荆门市辖区								
沙洋县	130229	100119	30110	34237	33540	65	127	505
钟祥市	117832	72600	45232	20450	17500	50	2500	400
京山县	59252	52195	7057	10792	9830	34	518	410
沙洋农场	4767	2465	2302	240	240			
东宝区	13906	9034	4872	5184	4858			326
掇刀区	14222	8752	5470	2388	2272		40	76
漳河新区	7563	5200	2363	1402	1395	3		4
屈家岭管理区	1923	1402	521	303	223		15	65
孝感市	**352655**	**283699**	**68956**	**36930**	**35068**	**1755**	**72**	**35**
孝南区	64898	46215	18683	2513	2513			
孝昌县	14234	13490	744	2885	2190	685	10	
大悟县	22500	9500	13000	2468	1512	956		
安陆市	22864	13258	9606	2731	2593	112	14	12
云梦县	48453	35673	12780	1320	1320			
应城市	42219	28076	14143	6457	6384	2	48	23
汉川市	137487	137487		18516	18516			
孝感市辖区				40	40			
黄冈市	**329419**	**246022**	**83397**	**83609**	**80789**	**690**	**148**	**1982**
黄州区	29769	27004	2765	117	117			
团风县	40345	30780	9565	3118	3046	34	10	28
红安县	10471	7330	3141	2722	2045	520	7	150
麻城市	21027	5500	15527	4120	4000		120	
罗田县	2645	660	1985	300	300			
英山县	5312	1181	4131	236	236			
浠水县	55313	36853	18460	9956	9756			200
蕲春县	65717	52108	13609	8795	8726			69
武穴市	32563	26100	6463	13999	13947	36	1	15
黄梅县	53186	45435	7751	35230	33600	100	10	1520
龙感湖区	13071	13071		5016	5016			
咸宁市	**167438**	**152742**	**14696**	**34383**	**33198**	**790**	**155**	**240**
咸宁市直								
咸安区	34934	29688	5246	7519	7509	10		
嘉鱼县	55854	53869	1985	4615	4615			
赤壁市	48325	48325		14968	14293	650	25	
通城县	8531	5200	3331	1761	1531	30	30	170
崇阳县	9794	8160	1634	1350	1100	100	100	50
通山县	10000	7500	2500	4170	4150			20
恩施州	**2106**	**995**	**1111**	**146**				**146**
恩施州直								
恩施市	519	373	146					
建始县	92	63	29					
巴东县	18	18						
利川市	745	451	294	146				146
宣恩县	68	52	16					
咸丰县	42	17	25					
来凤县	588		588					
鹤峰县	34	21	13					
随州市	**62427**	**38576**	**23851**	**5218**	**5090**	**50**	**75**	**3**
曾都区	9721	6846	2875	263	260			3
随县	28205	15802	12403	1100	1010	50	40	
广水市	24501	15928	8573	3855	3820		35	
仙桃市	**264043**	**264043**		**10320**	**10215**		**105**	
天门市	**91443**	**86332**	**5111**	**20829**	**20337**	**492**		
潜江市	**37913**	**36383**	**1530**	**88100**	**87862**	**77**		**161**
神农架	**58**	**55**	**3**					

养殖产量、面积（按水面分类）（三）

单位	养殖面积中：							
	网箱面积(池塘)	网箱产量(池塘)	工厂化面积			工厂化产量		
				其中：流道养殖	循环水养殖		其中：流道养殖	循环水养殖
	千立方米	吨	千立方米	千立方米	千立方米	吨	吨	吨
湖北省	**571428**	**26630**	**3080**	**1395**	**1292**	**8418**	**2337**	**3750**
省直属								
武汉市	**678**	**2094**	**16**	**16**		**321**	**295**	**26**
武汉市直								
新洲区	498	1612	12	12		97	97	
江夏区	180	482						
蔡甸区			4	4		198	198	
黄陂区						26		26
黄石市								
黄石市直								
大冶市								
阳新县								
十堰市			**273**	**26**	**107**	**932**	**150**	**282**
十堰市直								
十堰市辖区								
丹江口市			133	26	107	432	150	282
郧县								
郧西								
竹山县								
竹溪县								
房县			140			500		
荆州市	**563660**	**3823**	**2371**	**1324**	**1025**	**126**	**32**	**72**
荆州市直								
荆州区			46	4	20	24		2
沙市区		13						
荆州市开发区								
江陵县	650	3443						
松滋市								
公安县			2320	1320	1000	60	32	28
石首市			5		5	42		42
监利县								
洪湖市	563010	367						
宜昌市			**59**	**15**	**44**	**2914**	**1110**	**1804**
宜昌市直								
夷陵区								
宜都市			26		26	590		590
枝江市			6	6		750	750	
当阳市			9	9		360	360	
远安县								
兴山县								
秭归县								
长阳县			17		17	1213		1213
五峰县			1		1	1		1
襄阳市			**74**	**5**		**681**	**245**	**436**
襄阳市直								
襄阳市辖区								
老河口市			1	1		10	10	
襄州区								
枣阳市								
宜城市								
南漳县			4	4		235	235	
谷城县			69			436		436
保康县								
鄂州市	**107**	**255**						
鄂城区	107	255						
华容区								
梁子湖区								
荆门市	**382**	**2323**	**147**	**2**	**91**	**2150**	**450**	**700**

续表

单位	养殖面积中：							
	网箱面积(池塘)	网箱产量(池塘)	工厂化面积			工厂化产量		
				其中：流道养殖	循环水养殖		其中：流道养殖	循环水养殖
	千立方米	吨	千立方米	千立方米	千立方米	吨	吨	吨
荆门市直								
荆门市辖区								
沙洋县	360	2190	4	2	2	550	450	100
钟祥市			54			1000		
京山县	22	133	89		89	600		600
沙洋农场								
东宝区								
掇刀区								
漳河新区								
屈家岭管理区								
孝感市	**1042**	**2710**	**4**	**1**	**3**	**375**	**25**	**350**
孝南区								
孝昌县			3		3	350		350
大悟县								
安陆市	8	81						
云梦县			1	1		25	25	
应城市								
汉川市	1034	2629						
孝感市辖区								
黄冈市	**1232**	**4938**	**27**	**6**	**21**	**35**	**30**	**5**
黄州区	18	424						
团风县	3	36	3	3		30	30	
红安县								
麻城市								
罗田县								
英山县								
浠水县			24	3	21	5		5
蕲春县								
武穴市	198	501						
黄梅县	963	3850						
龙感湖区	50	127						
咸宁市	**678**	**3435**	**1**		**1**	**75**		**75**
咸宁市直								
咸安区	174	380						
嘉鱼县	450	2925						
赤壁市			1		1	75		75
通城县								
崇阳县	54	130						
通山县								
恩施州								
恩施州直								
恩施市								
建始县								
巴东县								
利川市								
宣恩县								
咸丰县								
来凤县								
鹤峰县								
随州市			**31**			**770**		
曾都区								
随县								
广水市			31			770		
仙桃市								
天门市	**959**	**3898**						
潜江市	**2690**	**3154**						
神农架			**77**			**39**		

水产苗种生产投放

单位	投放鱼种总量（吨）	鱼种产量（吨）	鱼苗生产数量（亿尾）		扣蟹（公斤）	稚龟（万只）	稚鳖（万只）	虾类育苗（亿尾）	贝类育苗（万粒）
			合计	其中:黄颡鱼					
湖北省	**996424**	**1051372**	**1184**	**35.31**	**2562429**	**2239**	**5644**	**1496.09**	**283**
武汉市	**97201**	**103908**	**105**	**9.05**	**1000**	**76**	**257**	**4.06**	
武汉市直	24628	32889	13	1.20		56	181	0.95	
新洲区	18951	18951	46	1.00					
江夏区	20400	19324	23	6.80	1000	20	10	0.71	
蔡甸区	15572	14756	16				41		
黄陂区	17650	17988	7	0.05			25	2.40	
黄石市	**45723**	**40143**	**70**			**4**	**157**	**9.60**	
黄石市直	1456	1338	6						
大冶市	19420	15660	10			1	1	5.00	
阳新县	24847	23145	54			3	156	4.60	
十堰市	**7051**	**3667**	**4**	**0.05**		**1**	**2**	**0.50**	
十堰市直									
十堰市辖区	309								
丹江口市	4517	2890	1			1	2		
郧县	360	350	1					0.50	
郧西	260	10							
竹山县	920	306	1	0.05					
竹溪县	252	40	1						
房县	433	71							
荆州市	**235365**	**246467**	**242**	**10.30**	**2038097**	**460**	**2640**	**589.00**	**23**
荆州区	25000	30000	30					6.00	
沙市区	9600	2650	8	5.00		50	10		
荆州市开发区	98	5							
江陵县	10733	7472	21			10	95	2.00	
松滋市	11000	12000	6		15000	30	300		
公安县	32198	31167	31	1.30	21169	29	611	106.00	23
石首市	33542	31257	17		21348	2	92	19.00	
监利县	38126	49212	38	4.00	552810	328	1279	82.00	
洪湖市	75068	82704	91		1427770	11	253	374.00	
宜昌市	**46438**	**32441**	**14**	**0.96**	**800**	**13**	**57**	**5.00**	
宜昌市直	25								
夷陵区	1250	950							
宜都市	1000	600	1						
枝江市	23571	20964	5	0.50				0.50	
当阳市	19293	9277	6	0.46	800	13	57	4.00	
远安县	480	450	1					0.50	
兴山县	4								
秭归县	10								
长阳县	800	200	1						
五峰县	5								
襄阳市	**36105**	**38448**	**28**	**3.00**	**6047**	**2**	**34**	**28.00**	
襄阳市辖区	2710	5250			5	1	1	2.00	
老河口市	5510	8860	2		4600			5.00	
襄州区	7473	4837	3	3.00			1	7.00	
枣阳市	9830	9320	8		300		1	4.00	
宜城市	5870	5005	4				30	5.00	
南漳县	1620	3195	5					2.00	
谷城县	2945	1548	6		1142	1	1	3.00	
保康县	147	433							
鄂州市	**54843**	**31370**	**37**	**5.00**			**5**	**70.60**	
鄂城区	16875	12917	18	4.00					
华容区	20577	14478	11	1.00				0.60	
梁子湖区	17391	3975	8				5	70.00	
荆门市	**115009**	**106120**	**75**	**1.32**	**6830**	**1653**	**1497**	**25.80**	

续表

单位	投放鱼种总量（吨）	鱼种产量（吨）	鱼苗生产数量（亿尾）		扣蟹（公斤）	稚龟（万只）	稚鳖（万只）	虾类育苗（亿尾）	贝类育苗（万粒）
			合计	其中:黄颡鱼					
荆门市辖区									
沙洋县	40560	42070	22	0.50		83	42	6.50	
钟祥市	39800	33870	19		2100	700	125	5.10	
京山县	17551	21880	16	0.52	1130	612	1254	6.00	
沙洋农场	1246	927							
东宝区	10300		2	0.30				5.20	
掇刀区	3150	3985	8			8	25		
漳河新区	2402	2963	9					3.00	
屈家岭管理区		425	0		3600	250	51		
孝感市	**96247**	**116332**	**77**	**0.50**	**433685**	**7**	**17**	**612.90**	
孝南区	18000	18210	16				5	0.70	
孝昌县	8750	6910	3	0.50				1.50	
大悟县	6075	4860	4			2	7	0.70	
安陆市	7136	7831	4						
云梦县	12397	11890	1			5	4		
应城市	9659	10049	13						
汉川市	34000	56472	37		433685		1	610.00	
孝感市辖区	230	110							
黄冈市	**90190**	**124400**	**307**	**3.12**	**14070**	**4**	**9**	**43.40**	**210**
黄州区	8505	10631	175	0.54	6250		1	2.00	
团风县	8405	4996	25						
红安县	6000	5100	10						
麻城市	8000	6500	3	0.50	3200			1.50	
罗田县	1450	150	3		120	3			
英山县	2300	2050	3						
浠水县	17900	25650	40	1.00	1500		1	15.00	
蕲春县	9236	32575	18	1.00				1.90	
武穴市	10120	13890	16				4	10.00	210
黄梅县	14600	19600	12	0.08	3000		2	13.00	
龙感湖区	3674	3258	2			1	1		
咸宁市	**51000**	**89300**	**52**		**52400**	**1**	**19**	**14.60**	
咸宁市直									
咸安区	7100	15900	9		32400		1	9.70	
嘉鱼县	18000		19					2.00	
赤壁市	16000	65000	16		20000	1	10	2.00	
通城县	3800	1500	1						
崇阳县	3800	4900	2				8	0.90	
通山县	2300	2000	4						
恩施州	**1084**	**427**							
恩施市	296	118							
建始县	95	38							
巴东县	6								
利川市	491	196							
宣恩县	18	7							
咸丰县	17	3							
来凤县	147	62							
鹤峰县	14	3							
随州市	**17729**	**14120**	**20**	**0.01**			**280**	**5.63**	
曾都区	2105	1780	2	0.01				4.00	
随县	8086	6520	1					0.21	
广水市	7538	5820	17				280	1.42	
仙桃市	**54058**	**58487**	**39**			**2**	**248**	**4.00**	
天门市	**27402**	**27588**	**52**			**15**	**370**	**19.00**	**50**
潜江市	**20979**	**18154**	**63**	**2.00**	**9500**	**1**	**52**	**64.00**	
神农架									

水产加工业（一）

单位	水产加工企业			水产冷库				部分水产品年加工量(吨)		
	总数（个）	加工能力（吨/年）	其中：规模以上的加工企业个数（个）	座数（座）	冻结能力（吨/日）	冷藏能力（吨/次）	制冰能力（吨/日）	克氏螯虾	鳊鲂	斑点叉尾鮰
湖北省	**239**	**1940526**	**116**	**339.00**	**117393**	**176761**	**4756**	**222923.00**	**11737**	**14457**
武汉市	**19**	**108560**	**9**	**12.00**	**300**	**24200**	**155**	**5781.00**	**40**	**4050**
武汉市直	3	10020	1							
新洲区	11	32540	4	2.00	70		35	1500.00		4000
江夏区	3	55000	3	4.00	120	24000	90	2351.00		
蔡甸区	1	5000		2.00	50	50	30			
黄陂区	1	6000	1	4.00	60	150		1930.00	40	50
黄石市	**27**	**37520**	**12**	**10.00**	**133**	**980**	**170**	**990.00**	**4467**	**56**
黄石市直	3	1400	1	1.00	10	60	15		25	2
大冶市	16	28620	8	6.00	78	560	100	990.00	1290	36
阳新县	8	7500	3	3.00	45	360	55		3152	18
十堰市	**7**	**24200**	**4**	**14.00**	**250**	**25030**	**88**			**15**
十堰市直										
十堰市辖区										
丹江口市	6	24000	3	7.00	200	25000	80			
郧县										
郧西										
竹山县	1	200	1	7.00	50	30	8			15
竹溪县										
房县										
荆州市	**48**	**520060**	**32**	**127.00**	**43702**	**60115**	**2233**	**102380.00**	**1320**	**5280**
荆州区	1	50000		1.00	10000	10000		20000.00		
沙市区	1	10000	1	3.00	50	300	50			
荆州市开发区	1	2000		5.00	300	300	50			
江陵县	1	1800	1	1.00	70	200		50.00		
松滋市	2	5000	2	5.00	1000	1100	3	3000.00		
公安县	5	85100	3	4.00	26800	26800	16	16000.00	1300	
石首市	4	38600	3	3.00	670	790	26	7000.00		
监利县	7	106560	6	58.00	1315	5770	707	11520.00		280
洪湖市	26	221000	16	47.00	3497	14855	1381	44810.00	20	5000
宜昌市	**10**	**86000**	**5**	**11.00**	**450**	**4650**	**220**	**519.00**	**500**	**600**
宜昌市直										
夷陵区										
宜都市	2	12000	2	2.00	100	500	20			
枝江市	4	50000	3	4.00	250	1050	100	19.00		100
当阳市				2.00		1600				
远安县										
兴山县										
秭归县										
长阳县	4	24000		3.00	100	1500	100	500.00	500	500
五峰县										
襄阳市	**11**	**18692**	**1**	**7.00**	**132**	**155**	**31**	**24.00**		
襄阳市辖区	1	750								
老河口市	5	15100	1	3.00	50	50		24.00		
襄州区	2	962								
枣阳市	1	860		1.00	2	25	1			
宜城市	2	1020								
南漳县										
谷城县				3.00	80	80	30			
保康县										
鄂州市	**16**	**140762**	**9**	**18.00**	**1303**	**2133**	**320**		**3690**	**600**
鄂城区	5	58602	4	7.00	673	1260			1800	600
华容区										
梁子湖区	11	82160	5	11.00	630	873	320		1890	
荆门市	**14**	**148100**	**7**	**14.00**	**2905**	**4865**	**525**	**36650.00**		**34**

续表

单位	水产加工企业			水产冷库				部分水产品年加工量(吨)		
	总数（个）	加工能力（吨/年）	其中：规模以上的加工企业个数（个）	座数（座）	冻结能力（吨/日）	冷藏能力（吨/次）	制冰能力（吨/日）	克氏螯虾	鳊鲂	斑点叉尾鮰
荆门市辖区										
沙洋县	4	75000	3	6.00	2555	2630	100	34000.00		
钟祥市	6	40000	2	3.00	120	1250	225	2000.00		34
京山县	2	12100	1	3.00	150	900	120	650.00		
沙洋农场										
东宝区										
掇刀区										
漳河新区	2	21000	1	2.00	80	85	80			
屈家岭管理区										
孝感市	**28**	**38811**	**3**	**11.00**	**1240**	**2700**	**120**	**5100.00**		
孝南区	1	2200								
孝昌县	1	11	1							
大悟县										
安陆市	1	300	1	1.00	150	1000				
云梦县	15	30000		4.00	1000	1500				
应城市	2	4000		3.00	50	200		1550.00		
汉川市	8	2300	1	3.00	40		120	3550.00		
孝感市辖区										
黄冈市	**25**	**92450**	**6**	**32.00**	**1293**	**11593**	**367**	**1100.00**	**100**	
黄州区	4	1750		1.00	15	65	14			
团风县										
红安县	2	1200		5.00	25	50	9			
麻城市	5	4000	1	2.00	15	6		100.00		
罗田县										
英山县										
浠水县	6	40000	2	9.00	1000	10000	100			
蕲春县	2	7500		6.00	55	1150	87			
武穴市	1	10000	1	2.00	130	42	51	1000.00		
黄梅县	3	3000		5.00	50	200	6		100	
龙感湖区	2	25000	2	2.00	3	80	100			
咸宁市	**9**	**25121**	**4**	**30.00**	**430**	**740**	**200**			
咸宁市直										
咸安区	1	521	1							
嘉鱼县	4	15000	1	20.00	300	300				
赤壁市	3	9100	1	5.00	30	40				
通城县										
崇阳县										
通山县	1	500	1	5.00	100	400	200			
恩施州										
恩施市										
建始县										
巴东县										
利川市										
宣恩县										
咸丰县										
来凤县										
鹤峰县										
随州市	**1**	**25000**	**1**	**1.00**	**45**	**6000**	**37**	**16800.00**	**1220**	
曾都区										
随县										
广水市	1	25000	1	1.00	45	6000	37	16800.00	1220	
仙桃市	**9**	**62830**	**8**	**5.00**	**180**	**2100**	**100**	**879.00**		**12**
天门市	**2**	**30000**	**2**	**2.00**	**30**	**1500**	**150**	**2700.00**	**400**	**800**
潜江市	**13**	**582420**	**13**	**45.00**	**65000**	**30000**	**40**	**50000.00**		**3010**
神农架										

水产加工业（二）

单位	水产加工品（吨）						
	总量	（一）水产品冷冻			（二）鱼糜制品及干腌制品		
		小计	#冷冻品	#冷冻加工品	小计	#鱼糜制品	#干腌制品
湖北省	**1166637**	**549462**	**233245**	**316217**	**559754**	**269463**	**290291**
武汉市	**72069**	**11516**	**500**	**11016**	**57930**	**51056**	**6874**
武汉市直	10019				10019	10000	19
新洲区	24082	6100		6100	17982	15388	2594
江夏区	32468	4216		4216	27649	23568	4081
蔡甸区	1300						
黄陂区	4200	1200	500	700	2280	2100	180
黄石市	**29156**	**796**	**796**		**28248**	**13091**	**15157**
黄石市直	1001				1001	288	713
大冶市	17850	796	796		16942	4130	12812
阳新县	10305				10305	8673	1632
十堰市	**18250**	**16750**	**10180**	**6570**	**1500**	**200**	**1300**
十堰市直							
十堰市辖区							
丹江口市	18050	16550	10050	6500	1500	200	1300
郧县							
郧西							
竹山县	200	200	130	70			
竹溪县							
房县							
荆州市	**417204**	**137411**	**105885**	**31526**	**277497**	**117015**	**160482**
荆州区	20390	2900	2900		17480	17000	480
沙市区	21000	3000		3000	18000	15000	3000
荆州市开发区	1000				1000	1000	
江陵县	178	2		2			
松滋市	3800	3000	3000		800	800	
公安县	48360	18500	12200	6300	29860	26800	3060
石首市	7313	4768		4768	1235		1235
监利县	66930	52071	40725	11346	14859	6340	8519
洪湖市	248233	53170	47060	6110	194263	50075	144188
宜昌市	**41140**	**26100**	**6900**	**19200**	**15020**	**2600**	**12420**
宜昌市直	200				200		200
夷陵区	800				800		800
宜都市	4020	2000		2000	2000		2000
枝江市	22450	16600	6900	9700	5850	2600	3250
当阳市	3500				3500		3500
远安县	600				600		600
兴山县	10				10		10
秭归县	50				50		50
长阳县	9500	7500		7500	2000		2000
五峰县	10				10		10
襄阳市	**8466**	**7791**	**7741**	**50**	**675**	**78**	**597**
襄阳市辖区	610	430	430		180	50	130
老河口市	5320	5160	5160		160	18	142
襄州区	732	598	598		134	10	124
枣阳市	730	730	730				
宜城市	650	650	635	15			
南漳县	229	73	68	5	156		156
谷城县	195	150	120	30	45		45
保康县							
鄂州市	**60108**	**15639**	**4117**	**11522**	**33173**	**8993**	**24180**
鄂城区	27609	5000		5000	15964	3869	12095
华容区							
梁子湖区	32499	10639	4117	6522	17209	5124	12085
荆门市	**121749**	**75483**	**4238**	**71245**	**32236**	**21561**	**10675**

续表 1

单位	水产加工品（吨）						
	总量	（一）水产品冷冻			（二）鱼糜制品及干腌制品		
		小计	#冷冻品	#冷冻加工品	小计	#鱼糜制品	#干腌制品
荆门市辖区							
沙洋县	66500	42000		42000	11000	6080	4920
钟祥市	36551	20571	1671	18900	15450	12890	2560
京山县	15805	12470	2290	10180	3335	1670	1665
沙洋农场	280				280	120	160
东宝区							
掇刀区							
漳河新区	2418	442	277	165	1976	721	1255
屈家岭管理区	195				195	80	115
孝感市	**13606**	**9895**	**6750**	**3145**	**3711**	**260**	**3451**
孝南区	40				40	40	
孝昌县	11				11		11
大悟县							
安陆市	300				300		300
云梦县	2975	215		215	2760		2760
应城市	1000	1000		1000			
汉川市	9280	8680	6750	1930	600	220	380
孝感市辖区							
黄冈市	**69134**	**13969**	**7238**	**6731**	**35152**	**19713**	**15439**
黄州区	2245	65		65	2180	1350	830
团风县	3477				3477	1474	2003
红安县	1371	1032	756	276	339	215	124
麻城市	4775	575	450	125	4200	4100	100
罗田县	1050				1050	250	800
英山县	1024				1024	168	856
浠水县	9140	1000	850	150	8137	4250	3887
蕲春县	11522	5537	3522	2015	5985	3526	2459
武穴市	6220	3960	310	3650	2260	780	1480
黄梅县	8310	1800	1350	450	6500	3600	2900
龙感湖区	20000						
咸宁市	**9499**	**3938**	**3395**	**543**	**5041**	**2356**	**2685**
咸宁市直							
咸安区	1490				1470	1000	470
嘉鱼县							
赤壁市	5614	3448	3055	393	2166	1301	865
通城县	400				400		400
崇阳县	460				460		460
通山县	1535	490	340	150	545	55	490
恩施州							
恩施市							
建始县							
巴东县							
利川市							
宣恩县							
咸丰县							
来凤县							
鹤峰县							
随州市	**6132**	**4280**		**4280**	**1852**		**1852**
曾都区							
随县							
广水市	6132	4280		4280	1852		1852
仙桃市	**12553**	**6294**	**2705**	**3589**	**6259**		**6259**
天门市	**6400**	**5600**	**800**	**4800**	**800**		**800**
潜江市	**281171**	**214000**	**72000**	**142000**	**60660**	**32540**	**28120**
神农架							

续表 2

单位	水　产　加　工　品　（吨）					用于加工的水产品总量（吨）
	（三）罐制品	（四）水产饲料（鱼粉）	（五）鱼油制品	（六）其它水产品加工		
				小计	#助剂和添加剂	
湖北省	**15271**	**34840**		**7310**	**623**	**2153329**
武汉市	**2020**			**603**	**603**	**134225**
武汉市直						51100
新洲区						44476
江夏区				603	603	31022
蔡甸区	1300					2167
黄陂区	720					5460
黄石市	**112**					**56685**
黄石市直						2154
大冶市	112					35600
阳新县						18931
十堰市						**8000**
十堰市直						
十堰市辖区						
丹江口市						8000
郧县						
郧西						
竹山县						
竹溪县						
房县						
荆州市	**1320**	**800**		**176**		**701833**
荆州区	10					48000
沙市区						50000
荆州市开发区						2500
江陵县				176		251
松滋市						5200
公安县						61360
石首市	1310					45628
监利县						149107
洪湖市		800				339787
宜昌市	**20**					**111545**
宜昌市直						600
夷陵区						2500
宜都市	20					11000
枝江市						60700
当阳市						9500
远安县						2000
兴山县						35
秭归县						180
长阳县						25000
五峰县						30
襄阳市						**13032**
襄阳市辖区						270
老河口市						8900
襄州区						1412
枣阳市						1200
宜城市						940
南漳县						310
谷城县						
保康县						
鄂州市	**11296**					**122085**
鄂城区	6645					50588
华容区						
梁子湖区	4651					71497
荆门市		**14030**				**156490**

续表 3

单位	水产加工品（吨）					用于加工的水产品总量（吨）
	（三）罐制品	（四）水产饲料（鱼粉）	（五）鱼油制品	（六）其它水产品加工		
				小计	#助剂和添加剂	
荆门市辖区						
沙洋县		13500				74520
钟祥市		530				52080
京山县						28680
沙洋农场						760
东宝区						
掇刀区						
漳河新区						
屈家岭管理区						450
孝感市						**27920**
孝南区						55
孝昌县						
大悟县						
安陆市						900
云梦县						3405
应城市						5000
汉川市						18560
孝感市辖区						
黄冈市	**3**	**20010**				**107447**
黄州区						7000
团风县						
红安县						2340
麻城市						12000
罗田县						3150
英山县						2365
浠水县	3					17350
蕲春县						16592
武穴市						22650
黄梅县		10				24000
龙感湖区		20000				
咸宁市	**500**			**20**	**20**	**16100**
咸宁市直						
咸安区				20	20	2600
嘉鱼县						
赤壁市						11100
通城县						
崇阳县						
通山县	500					2400
恩施州						
恩施市						
建始县						
巴东县						
利川市						
宣恩县						
咸丰县						
来凤县						
鹤峰县						
随州市						**24800**
曾都区						
随县						
广水市						24800
仙桃市						**56667**
天门市						**16500**
潜江市				**6511**		**600000**
神农架						

渔业人口与从业人员

单位	渔业乡（个）	渔业村（个）	渔业户（户）	渔业人口（人）		渔业从业人员（人）		
				小计	其中：传统渔民	合计	其中：专业从业人员	
							小计	捕捞
湖北省	**65**	**938**	**480054**	**1593851**	**629211**	**1202966**	**807355**	**66677**
武汉市		**109**	**44225**	**146424**	**71070**	**108546**	**73697**	**7512**
武汉市直		39	5233	13269	9424	9540	8837	106
新洲区		44	11619	36365	13863	28822	18770	1092
江夏区		6	7185	23108	17331	20082	13842	1862
蔡甸区		17	6375	22950	8736	24380	11969	2642
黄陂区		3	13813	50732	21716	25722	20279	1810
黄石市	**1**	**15**	**9910**	**38608**	**7772**	**39313**	**17172**	**3210**
黄石市直			389	1135		1718	722	
大冶市	1	4	4200	16000	1860	9880	4480	980
阳新县		11	5321	21473	5912	27715	11970	2230
十堰市		**2**	**6025**	**25303**	**9973**	**19970**	**9634**	**4373**
十堰市直			20	60		43	10	
十堰市辖区		1	650	2376	1935	2015	1630	1170
丹江口市		1	1299	5196	1952	6109	4009	976
郧县			2675	10700	3210	4078	2128	1568
郧西			268	1059	326	826	713	240
竹山县			462	2610	1150	3733	568	189
竹溪县			50	1202		1202	312	150
房县			601	2100	1400	1964	264	80
荆州市	**14**	**333**	**101775**	**306204**	**157789**	**249402**	**202038**	**14230**
荆州区		8	4362	17953	1603	17076	13093	850
沙市区			4936	9450	5385	7785	5705	32
荆州市开发区			280	560	380	420	420	
江陵县		1	4277	16130	3022	8579	6705	725
松滋市		16	5546	16010	4900	15255	11100	1310
公安县		32	8066	23350	9145	28893	23350	974
石首市			3082	7963	7054	3816	3111	479
监利县	3	135	35275	127545	57464	90872	66874	8151
洪湖市	11	141	35951	87243	68836	76706	71680	1709
宜昌市		**6**	**22420**	**68816**	**8950**	**57737**	**34687**	**6073**
宜昌市直			104	208	46	208	208	92
夷陵区			5030	10855	1185	7490	2080	755
宜都市			240	1500	605	2000	1000	
枝江市		4	8880	32431	1386	20474	13971	308
当阳市		2	6570	15608	4030	20764	12166	2223
远安县			652	3321	525	3321	2389	525
兴山县			53	126	50	102	102	98
秭归县			530	1160	100	1060	1060	1000
长阳县			350	3557	1023	2284	1689	1072
五峰县			11	50		34	22	
襄阳市	**4**	**23**	**44677**	**118908**	**49026**	**61586**	**38322**	**8398**
襄阳市辖区		1	5830	11750	9170	9100	5767	1510
老河口市	1	5	15030	25450	12980	10840	8220	4290
襄州区			4765	24310	19970	5915	2843	1412
枣阳市		1	8600	27000	4530	14460	9060	180
宜城市	1	4	5723	16573	120	7489	3381	241
南漳县	2	10	3005	8600	1500	8600	6008	8
谷城县		2	1724	5175	751	5175	3038	754
保康县				50	5	7	5	3
鄂州市	**4**	**18**	**13619**	**52676**	**20396**	**47508**	**33671**	**1821**
鄂城区	2	2	4556	13733	7826	11233	8677	1627
华容区	1	8	3625	17191	1694	10898	8680	194
梁子湖区	1	8	5438	21752	10876	25377	16314	
荆门市	**9**	**150**	**36560**	**98708**	**32129**	**80790**	**53737**	**2568**

续表 1

单位	渔业乡（个）	渔业村（个）	渔业户（户）	渔业人口（人）		渔业从业人员（人）		
				小计	其中：传统渔民	合计	其中：专业从业人员	
							小计	捕捞
荆门市辖区								
沙洋县	6	38	6934	23100	8596	18469	14985	810
钟祥市		79	10460	34367	12912	29987	18965	
京山县	3	29	7696	20499	8420	18607	11299	910
沙洋农场			1292	3794		2809	2641	
东宝区			5640	8602	590	3433	1415	288
掇刀区			1610	4754		2759	2239	295
漳河新区		4	2541	2612	1611	4049	1638	265
屈家岭管理区			387	980		677	555	
孝感市	**1**	**41**	**35992**	**133423**	**79899**	**113326**	**76030**	**5597**
孝南区			6502	20523	13910	9621	8899	56
孝昌县			3150	12680	9880	11055	10345	180
大悟县			3252	11906	3002	10624	5784	56
安陆市		1	5493	21476	11098	21476	11812	807
云梦县			2866	8562	3671	9924	7293	150
应城市			5433	18562	7552	15063	10614	1193
汉川市	1	40	8826	37864	30246	34279	20869	3135
孝感市辖区			470	1850	540	1284	414	20
黄冈市	**11**	**117**	**50027**	**179887**	**67882**	**152615**	**87369**	**4307**
黄州区	1	7	4530	14890	13106	16080	13480	200
团风县		5	4439	12703	6266	6901	5411	215
红安县	1	1	4230	12960	1526	13650	9150	300
麻城市		3	5150	14500	3365	14890	10530	230
罗田县			980	1980	320	920	320	
英山县	1	12	1890	3780	400	6932	1033	96
浠水县	1	23	7710	25157	12005	25048	11326	1490
蕲春县	1	25	5322	21992	6368	20220	9638	675
武穴市		2	5120	25600	3820	16498	9218	870
黄梅县			10040	44669	19322	29820	16090	210
龙感湖区	6	39	616	1656	1384	1656	1173	21
咸宁市	**14**	**59**	**23068**	**101070**	**29273**	**59341**	**29151**	**3582**
咸宁市直								
咸安区	8	26	2900	10800	4100	6469	3739	64
嘉鱼县	1	8	8421	33749	4579	15989	7059	1300
赤壁市	5	17	4300	21000	13060	18470	7700	320
通城县			2267	6721	2874	4400	3640	150
崇阳县		4	3750	15000	960	7343	1813	248
通山县		4	1430	13800	3700	6670	5200	1500
恩施州			**799**	**2217**		**2574**	**1332**	**392**
恩施市			126	347		433	156	28
建始县			20	79		202	54	16
巴东县			136	347		430	281	268
利川市			258	673		744	429	12
宣恩县			83	243		232	122	21
咸丰县			36	101		164	55	17
来凤县			117	346		307	205	23
鹤峰县			23	81		62	30	7
随州市			**21509**	**75955**	**7872**	**29840**	**13984**	**1671**
曾都区			848	1342	1029	1379	1097	135
随县			16235	58651	3502	19093	10419	720
广水市			4426	15962	3341	9368	2468	816
仙桃市			**38169**	**133984**	**46515**	**103687**	**83784**	**2119**
天门市			**12932**	**49173**	**15179**	**36125**	**21726**	**560**
潜江市	**7**	**64**	**18278**	**62288**	**25486**	**40606**	**31021**	**264**
神农架		**1**	**69**	**207**				

续表 2

单位	渔业从业人员（人）						
	其中：专业从业人员		专业从业人员中：女性	兼业从业人员		临时从业人员	
	养殖	其它		小计	其中：女性	小计	其中：女性
湖北省	**697224**	**43454**	**200494**	**280758**	**69086**	**114853**	**29195**
武汉市	**60061**	**6124**	**20569**	**26264**	**5773**	**8585**	**1751**
武汉市直	8566	165	3493	635	241	68	34
新洲区	17187	491	4226	8292	1969	1760	164
江夏区	11360	620	1814	4255	869	1985	675
蔡甸区	9327		720	8651	800	3760	330
黄陂区	13621	4848	10316	4431	1894	1012	548
黄石市	**13162**	**800**	**3608**	**18707**	**2215**	**3434**	**1068**
黄石市直	537	185	23	848	52	148	3
大冶市	3200	300	1000	4200	700	1200	300
阳新县	9425	315	2585	13659	1463	2086	765
十堰市	**4168**	**1093**	**3070**	**7711**	**1649**	**2625**	**1010**
十堰市直	10			18	9	15	7
十堰市辖区	160	300	710	160	65	225	65
丹江口市	2433	600	1603	1800	400	300	200
郧县	560		425	1520	300	430	80
郧西	387	86	20	88	31	25	9
竹山县	272	107	258	1605	427	1560	635
竹溪县	162		32	860	87	30	2
房县	184		22	1660	330	40	12
荆州市	**181743**	**6065**	**54749**	**33539**	**10691**	**13825**	**5105**
荆州区	12243		2186	3138	654	845	400
沙市区	5263	410	480	920	530	1160	460
荆州市开发区	400	20	55				
江陵县	5885	95	1697	1392	791	482	197
松滋市	9505	285	1757	3534	670	621	138
公安县	21308	1068	5153	3389	1210	2154	936
石首市	2264	368	294	438	48	267	30
监利县	56076	2647	23178	16797	5625	7201	2714
洪湖市	68799	1172	19949	3931	1163	1095	230
宜昌市	**27300**	**1314**	**11667**	**14835**	**5275**	**8215**	**2154**
宜昌市直	116		15				
夷陵区	1150	175	485	2560	750	2850	680
宜都市	900	100	200	500	100	500	100
枝江市	13211	452	5980	3890	1451	2613	781
当阳市	9667	276	4396	6848	2322	1750	453
远安县	1638	226	415	830	640	102	95
兴山县	4		10				
秭归县	60		100				
长阳县	532	85	56	195	10	400	45
五峰县	22		10	12	2		
襄阳市	**25936**	**3988**	**5902**	**13964**	**3583**	**9300**	**2128**
襄阳市辖区	3347	910	420	1770	785	1563	605
老河口市	3820	110	290	1960	410	660	90
襄州区	673	758	1675	1860	635	1212	445
枣阳市	8700	180	930	3400	350	2000	295
宜城市	3120	20	1127	2658	895	1450	483
南漳县	4000	2000		2000	500	592	152
谷城县	2274	10	1460	315	8	1822	58
保康县	2			1		1	
鄂州市	**30900**	**950**	**10315**	**7878**	**3244**	**5959**	**2497**
鄂城区	6400	650	1904	1899	946	657	315
华容区	8186	300	1885	541	123	1677	369
梁子湖区	16314		6526	5438	2175	3625	1813
荆门市	**48894**	**2275**	**16690**	**22288**	**6975**	**4765**	**1386**

续表 3

单位	渔业从业人员（人）						
	其中：专业从业人员		专业从业人员中：女性	兼业从业人员		临时从业人员	
	养殖	其它		小计	其中：女性	小计	其中：女性
荆门市辖区							
沙洋县	12990	1185	7312	2140	930	1344	467
钟祥市	18965		5086	9121	2508	1901	622
京山县	10079	310	2741	6787	2901	521	192
沙洋农场	2641			168	52		
东宝区	1024	103	456	1451	189	567	48
掇刀区	1624	320	615	350	45	170	25
漳河新区	1052	321	334	2155	322	256	29
屈家岭管理区	519	36	146	116	28	6	3
孝感市	**63555**	**6878**	**12392**	**25152**	**5744**	**12144**	**2111**
孝南区	8481	362	1675	251	34	471	64
孝昌县	10165		230	350	76	360	48
大悟县	5168	560	1212	4240	1230	600	120
安陆市	8049	2956	3557	7685	2116	1979	731
云梦县	7143		3122	1824	312	807	41
应城市	7951	1470	571	3602	562	847	232
汉川市	16228	1506	1987	6780	1358	6630	785
孝感市辖区	370	24	38	420	56	450	90
黄冈市	**75160**	**7902**	**13253**	**38546**	**8480**	**26700**	**5041**
黄州区	12780	500	1080	2000	100	600	80
团风县	4946	250	890	1300	150	190	12
红安县	8100	750	1100	3200	750	1300	370
麻城市	10000	300	300	3360	100	1000	100
罗田县	320		5	480	12	120	12
英山县	727	210	217	2767	402	3132	521
浠水县	9276	560	1843	7956	4605	5766	1265
蕲春县	8329	634	2436	4520	1132	6062	1227
武穴市	8150	198	1780	5300	360	1980	328
黄梅县	11380	4500	3200	7230	630	6500	1100
龙感湖区	1152		402	433	239	50	26
咸宁市	**24905**	**664**	**6008**	**26605**	**2391**	**3585**	**463**
咸宁市直							
咸安区	3646	29	1170	1880	560	850	250
嘉鱼县	5609	150		8930			
赤壁市	7380		3360	8930	1210	1840	143
通城县	3420	70	370	400	100	360	20
崇阳县	1550	15	8	5165	221	365	15
通山县	3300	400	1100	1300	300	170	35
恩施州	**940**		**88**	**781**	**89**	**461**	**55**
恩施市	128		15	173	21	104	12
建始县	38		12	76	14	72	9
巴东县	13		3	107	5	42	
利川市	417		26	162	27	153	21
宣恩县	101		11	91	8	19	2
咸丰县	38		7	72	3	37	4
来凤县	182		12	79	8	23	7
鹤峰县	23		2	21	3	11	
随州市	**11728**	**585**	**2478**	**11525**	**3113**	**4331**	**1228**
曾都区	915	47	139	252	14	30	6
随县	9161	538	2083	4953	1273	3721	1042
广水市	1652		256	6320	1826	580	180
仙桃市	**78977**	**2688**	**20530**	**12872**	**3305**	**7031**	**2321**
天门市	**19604**	**1562**	**8110**	**11767**	**2429**	**2632**	**460**
潜江市	**30191**	**566**	**11065**	**8324**	**4130**	**1261**	**417**
神农架							

渔业船舶拥有量

单位	机动渔船合计			机动渔船按船长分		
				24米以上		
	艘	总吨	千瓦	艘	总吨	千瓦
湖北省	**30855**	**66283**	**272555**	**4**	**283**	**1718**
武汉市	**1082**	**1700**	**13012**	**3**	**202**	**1493**
武汉市直	181	457	3602	2	152	1153
新洲区	261	365	2329			
江夏区	252	361	2001	1	50	340
蔡甸区	139	163	2701			
黄陂区	249	354	2379			
黄石市	**1486**	**1962**	**10690**			
黄石市直	24	83	410			
大冶市	227	322	1254			
阳新县	1235	1557	9026			
十堰市	**3061**	**18949**	**41612**			
十堰市直						
十堰市辖区						
丹江口市	1861	12260	24228			
郧县	852	6200	12561			
郧西	109	126	1738			
竹山县	134	115	2065			
竹溪县	1	8	103			
房县	104	240	917			
荆州市	**14839**	**26057**	**109281**			
荆州市直						
荆州区	270	340	1283			
沙市区	15	18	117			
荆州市开发区						
江陵县	68	136	327			
松滋市	160	410	1084			
公安县	487	1106	3449			
石首市	690	723	6673			
监利县	5157	13683	54990			
洪湖市	7992	9641	41358			
宜昌市	**1290**	**3157**	**9828**			
宜昌市直	50	269	1028			
夷陵区	316	381	1939			
宜都市	1	50	320			
枝江市	154	315	1073			
当阳市	90	196	548			
远安县	3	12	39			
兴山县	50	121	401			
秭归县	502	1540	3126			
长阳县	124	273	1354			
五峰县						
襄阳市	**2037**	**4290**	**34887**			
襄阳市辖区	467	950	9395			
老河口市	430	766	8237			
襄州区	200	715	3690			
枣阳市						
宜城市	248	393	3696			
南漳县	178	224	1094			
谷城县	490	1210	8677			
保康县	24	32	98			
鄂州市	**313**	**1131**	**2911**			
鄂城区	200	720	1837			
华容区	76	305	783			
梁子湖区	37	106	291			
荆门市	**419**	**570**	**4365**			

续表 1

单位	机动渔船合计			机动渔船按船长分		
				24 米以上		
	艘	总吨	千瓦	艘	总吨	千瓦
荆门市直	111	151	1354			
荆门市辖区						
沙洋县	79	111	766			
钟祥市						
京山县	159	257	1590			
沙洋农场						
东宝区	13	11	73			
掇刀区	9	10	63			
漳河新区	30	30	277			
屈家岭管理区	18		242			
孝感市	**1046**	**1429**	**7354**			
孝南区	3	3	101			
孝昌县						
大悟县	98	276	679			
安陆市	173	138	994			
云梦县	110	85	551			
应城市	89	180	356			
汉川市	521	685	4212			
孝感市辖区	52	62	461			
黄冈市	**1219**	**2042**	**11232**	**1**	**81**	**225**
黄冈市直	107	467	2716	1	81	225
黄州区	135	256	1657			
团风县	114	213	965			
红安县	6	12	150			
麻城市	39	52	355			
罗田县	18	23	105			
英山县	23	23	153			
浠水县	239	266	1524			
蕲春县	309	323	1570			
武穴市	149	187	1393			
黄梅县	80	220	644			
龙感湖区						
咸宁市	**2732**	**2473**	**15050**			
咸宁市直						
咸安区	125	162	1184			
嘉鱼县	593	946	5013			
赤壁市	327	397	1525			
通城县	172	349	862			
崇阳县	525					
通山县	990	619	6466			
恩施州	**210**	**591**	**3190**			
恩施市	3	21	339			
建始县	1	7	103			
巴东县	198	513	1960			
利川市	2	11	213			
宣恩县	2	11	133			
咸丰县	1	7	103			
来凤县	3	21	339			
鹤峰县						
随州市	**527**	**884**	**4544**			
曾都区	35	58	314			
随县	262	541	2412			
广水市	230	285	1818			
仙桃市	**451**	**905**	**3898**			
天门市						
潜江市	**143**	**143**	**701**			
神农架						

续表 2

单位	机动渔船按船长分						非机动渔船合计	
	12－24 米			12 米以下			艘	总吨
	艘	总吨	千瓦	艘	总吨	千瓦		
湖北省	**2408**	**14130**	**34207**	**28443**	**51870**	**236630**	**44165**	**31022**
武汉市	**6**	**28**	**337**	**1073**	**1470**	**11182**	**83**	**197**
武汉市直	1	9	180	178	296	2269	83	197
新洲区				261	365	2329		
江夏区	1	7	105	250	304	1556		
蔡甸区	4	12	52	135	151	2649		
黄陂区				249	354	2379		
黄石市	**33**	**144**	**542**	**1453**	**1818**	**10148**	**300**	**300**
黄石市直				24	83	410		
大冶市	7	96	174	220	226	1080	300	300
阳新县	26	48	368	1209	1509	8658		
十堰市	**1305**	**9761**	**20247**	**1756**	**9188**	**21365**	**2750**	**2775**
十堰市直								
十堰市辖区								
丹江口市	910	5600	13640	951	6660	10588	2700	2700
郧县	392	4136	6298	460	2064	6263		
郧西				109	126	1738		
竹山县	2	17	206	132	98	1859		
竹溪县	1	8	103					
房县				104	240	917	50	75
荆州市	**704**	**2206**	**5791**	**14135**	**23851**	**103490**	**31296**	**20262**
荆州市直								
荆州区				270	340	1283		
沙市区	2	3	32	13	15	85		
荆州市开发区								
江陵县				68	136	327		
松滋市	13	144	150	147	266	934	8	8
公安县				487	1106	3449		
石首市				690	723	6673	502	502
监利县	12	22	66	5145	13661	54924	13056	12210
洪湖市	677	2037	5543	7315	7604	35815	17730	7542
宜昌市	**118**	**504**	**2408**	**1172**	**2653**	**7420**	**59**	**52**
宜昌市直	5	175	737	45	94	291		
夷陵区	11	23	105	305	358	1834		
宜都市				1	50	320		
枝江市				154	315	1073	43	32
当阳市	1	8	15	89	188	533		
远安县				3	12	39		
兴山县				50	121	401		
秭归县	98	243	994	404	1297	2132	16	20
长阳县	3	55	557	121	218	797		
五峰县								
襄阳市	**33**	**246**	**595**	**2004**	**4044**	**34292**	**132**	**197**
襄阳市辖区				467	950	9395	40	91
老河口市				430	766	8237	62	31
襄州区				200	715	3690	30	75
枣阳市								
宜城市				248	393	3696		
南漳县				178	224	1094		
谷城县	33	246	595	457	964	8082		
保康县				24	32	98		
鄂州市	**45**	**401**	**976**	**268**	**730**	**1935**	**1080**	**1080**
鄂城区	27	246	586	173	474	1251	1080	1080
华容区	17	146	358	59	159	425		
梁子湖区	1	9	32	36	97	259		
荆门市	**8**	**46**	**307**	**411**	**524**	**4058**	**196**	**202**

续表 3

单位	机动渔船按船长分						非机动渔船合计	
	12－24 米			12 米以下			艘	总吨
	艘	总吨	千瓦	艘	总吨	千瓦		
荆门市直	2	14	208	109	137	1146		
荆门市辖区								
沙洋县				79	111	766		
钟祥市								
京山县	6	32	99	153	225	1491		
沙洋农场								
东宝区				13	11	73		
掇刀区				9	10	63		
漳河新区				30	30	277	196	202
屈家岭管理区				18		242		
孝感市	**13**	**108**	**204**	**1033**	**1321**	**7150**	**2505**	**2468**
孝南区				3	3	101	820	278
孝昌县								
大悟县	4	90	52	94	186	627	40	40
安陆市				173	138	994	480	970
云梦县				110	85	551		
应城市				89	180	356	1165	1180
汉川市	9	18	152	512	667	4060		
孝感市辖区				52	62	461		
黄冈市	**39**	**267**	**687**	**1179**	**1694**	**10320**	**218**	**225**
黄冈市直	7	166	262	99	220	2229	14	10
黄州区	3	14	47	132	242	1610	30	45
团风县	29	87	378	85	126	587	2	4
红安县				6	12	150	34	31
麻城市				39	52	355	11	12
罗田县				18	23	105	14	10
英山县				23	23	153		
浠水县				239	266	1524		
蕲春县				309	323	1570		
武穴市				149	187	1393	113	113
黄梅县				80	220	644		
龙感湖区								
咸宁市	**15**	**84**	**322**	**2717**	**2389**	**14728**	**244**	**282**
咸宁市直								
咸安区	6	23	216	119	139	968	80	80
嘉鱼县	4	33	41	589	913	4972		
赤壁市	5	28	65	322	369	1460		
通城县				172	349	862	34	72
崇阳县				525			130	130
通山县				990	619	6466		
恩施州	**87**	**325**	**1601**	**123**	**266**	**1589**		
恩施市				3	21	339		
建始县				1	7	103		
巴东县	82	293	1049	116	220	911		
利川市	2	11	213					
宣恩县				2	11	133		
咸丰县				1	7	103		
来凤县	3	21	339					
鹤峰县								
随州市				**527**	**884**	**4544**	**1752**	**875**
曾都区				35	58	314	102	50
随县				262	541	2412		
广水市				230	285	1818	1650	825
仙桃市	**2**	**10**	**190**	**449**	**895**	**3708**	**3550**	**2107**
天门市								
潜江市				**143**	**143**	**701**		
神农架								

渔业船舶拥有量（机动渔船中的生产渔船）

单位	机动渔船中：生产渔船					
	生产渔船合计			捕捞渔船小计		
	艘	总吨	千瓦	艘	总吨	千瓦
湖北省	**30991**	**60231**	**230699**	**16050**	**34574**	**134658**
武汉市	**1066**	**1401**	**9938**	**792**	**1064**	**4874**
武汉市直	171	248	1388	143	187	758
新洲区	259	348	2121	235	324	1812
江夏区	250	304	1556	250	304	1556
蔡甸区	138	155	2598	5	5	35
黄陂区	248	346	2275	159	244	713
黄石市	**1494**	**1939**	**10381**	**1069**	**1411**	**6206**
黄石市直	20	62	85			
大冶市	226	320	1253	182	230	1038
阳新县	1248	1557	9043	887	1181	5168
十堰市	**3030**	**18621**	**40542**	**1956**	**11802**	**28366**
十堰市直						
十堰市辖区						
丹江口市	1841	12036	23815	1071	6676	16117
郧县	845	6125	12307	692	4840	9947
郧西	108	122	1644	66	70	971
竹山县	132	98	1859	63	36	721
竹溪县						
房县	104	240	917	64	180	610
荆州市	**14743**	**19814**	**76645**	**5130**	**8258**	**32747**
荆州市直						
荆州区	270	340	1283	248	248	1091
沙市区	15	18	117	13	16	109
荆州市开发区						
江陵县	68	136	327	68	136	327
松滋市	158	404	944	113	129	522
公安县	487	1106	3449	312	704	2078
石首市	688	689	6531	541	542	4734
监利县	5082	13514	53749	3564	5856	21872
洪湖市	7975	3607	10245	271	627	2014
宜昌市	**1242**	**2728**	**7602**	**1139**	**2513**	**7065**
宜昌市直	46	105	282	46	105	282
夷陵区	316	381	1939	316	381	1939
宜都市						
枝江市	154	315	1073	51	100	536
当阳市	90	196	548	90	196	548
远安县	2	11	28	2	11	28
兴山县	49	113	296	49	113	296
秭归县	500	1500	2900	500	1500	2900
长阳县	85	107	536	85	107	536
五峰县						
襄阳市	**2097**	**5282**	**37264**	**1173**	**2812**	**24579**
襄阳市辖区	415	858	8248	332	678	7240
老河口市	408	1395	9653	246	685	6872
襄州区	145	550	2840	63	245	1190
枣阳市	189	620	2958			
宜城市	248	393	3696	147	191	2313
南漳县	178	224	1094	8	10	68
谷城县	490	1210	8677	377	1003	6896
保康县	24	32	98			
鄂州市	**313**	**1131**	**2912**	**265**	**1007**	**2688**
鄂城区	200	717	1833	161	616	1643
华容区	76	285	761	76	285	761
梁子湖区	37	129	318	28	106	284
荆门市	**333**	**415**	**3311**	**81**	**129**	**910**

续表 1

单位	机动渔船中：生产渔船					
	生产渔船合计			捕捞渔船小计		
	艘	总吨	千瓦	艘	总吨	千瓦
荆门市直	109	137	1146	7	8	60
荆门市辖区						
沙洋县						
钟祥市						
京山县	154	226	1510	47	94	664
沙洋农场						
东宝区	13	12	73	11	10	63
掇刀区	9	10	63	9	10	63
漳河新区	30	30	277	7	7	60
屈家岭管理区	18		242			
孝感市	**1113**	**1239**	**6712**	**665**	**731**	**4589**
孝南区						
孝昌县						
大悟县	98	276	629			
安陆市	173	138	994			
云梦县	110	85	551	73	46	377
应城市	160			71		
汉川市	521	685	4212	521	685	4212
孝感市辖区	51	55	326			
黄冈市	**1188**	**1981**	**9495**	**605**	**935**	**3945**
黄冈市直	98	314	1682			
黄州区	117	295	1065	76	201	665
团风县	114	302	986	50	110	336
红安县	5	5	50			
麻城市	37	39	334			
罗田县	18	23	105			
英山县	23	23	153			
浠水县	239	266	1524	175	177	1070
蕲春县	309	323	1570	185	188	927
武穴市	148	171	1393	39	39	314
黄梅县	80	220	633	80	220	633
龙感湖区						
咸宁市	**2726**	**2968**	**13326**	**2175**	**2110**	**10671**
咸宁市直						
咸安区	122	148	929	41	47	308
嘉鱼县	591	938	3647	324	418	2282
赤壁市	327	397	1525	213	236	983
通城县	171	341	759	123	306	632
崇阳县	525	525		484	484	
通山县	990	619	6466	990	619	6466
恩施州	**195**	**463**	**1634**	**195**	**463**	**1634**
恩施市						
建始县						
巴东县	195	463	1634	195	463	1634
利川市						
宣恩县						
咸丰县						
来凤县						
鹤峰县						
随州市	**524**	**871**	**4361**	**102**	**190**	**890**
曾都区	35	58	315	32	52	303
随县	262	541	2412	70	138	587
广水市	227	272	1634			
仙桃市	**449**	**895**	**3708**	**449**	**895**	**3708**
天门市	**335**	**340**	**2167**	**135**	**135**	**1189**
潜江市	**143**	**143**	**701**	**119**	**119**	**597**
神农架						

续表 2

单位	机动渔船中：生产渔船								
	捕捞渔船小计						养殖渔船小计		
	45-440 千瓦(61-599 马力)			44 千瓦（60 马力）以下			艘	总吨	千瓦
	艘	总吨	千瓦	艘	总吨	千瓦			
湖北省	**14**	**78**	**3029**	**16036**	**34496**	**131629**	**14941**	**25657**	**96042**
武汉市				**792**	**1064**	**4874**	**274**	**337**	**5064**
武汉市直				143	187	758	28	61	630
新洲区				235	324	1812	24	24	309
江夏区				250	304	1556			
蔡甸区				5	5	35	133	150	2563
黄陂区				159	244	713	89	102	1562
黄石市				**1069**	**1411**	**6206**	**425**	**528**	**4175**
黄石市直							20	62	85
大冶市				182	230	1038	44	90	215
阳新县				887	1181	5168	361	376	3875
十堰市				**1956**	**11802**	**28366**	**1074**	**6819**	**12176**
十堰市直									
十堰市辖区									
丹江口市				1071	6676	16117	770	5360	7698
郧县				692	4840	9947	153	1285	2360
郧西				66	70	971	42	52	673
竹山县				63	36	721	69	62	1138
竹溪县									
房县				64	180	610	40	60	307
荆州市				**5130**	**8258**	**32747**	**9613**	**11556**	**43898**
荆州市直									
荆州区				248	248	1091	22	92	192
沙市区				13	16	109	2	2	8
荆州市开发区									
江陵县				68	136	327			
松滋市				113	129	522	45	275	422
公安县				312	704	2078	175	402	1371
石首市				541	542	4734	147	147	1797
监利县				3564	5856	21872	1518	7658	31877
洪湖市				271	627	2014	7704	2980	8231
宜昌市				**1139**	**2513**	**7065**	**103**	**215**	**537**
宜昌市直				46	105	282			
夷陵区				316	381	1939			
宜都市									
枝江市				51	100	536	103	215	537
当阳市				90	196	548			
远安县				2	11	28			
兴山县				49	113	296			
秭归县				500	1500	2900			
长阳县				85	107	536			
五峰县									
襄阳市	**14**	**78**	**3029**	**1159**	**2734**	**21550**	**924**	**2470**	**12685**
襄阳市辖区				332	678	7240	83	180	1008
老河口市	14	78	3029	232	607	3843	162	710	2781
襄州区				63	245	1190	82	305	1650
枣阳市							189	620	2958
宜城市				147	191	2313	101	202	1383
南漳县				8	10	68	170	214	1026
谷城县				377	1003	6896	113	207	1781
保康县							24	32	98
鄂州市				**265**	**1007**	**2688**	**48**	**124**	**224**
鄂城区				161	616	1643	39	101	190
华容区				76	285	761			
梁子湖区				28	106	284	9	23	34
荆门市				**81**	**129**	**910**	**252**	**286**	**2401**

续表 3

单位	机动渔船中：生产渔船								
	捕捞渔船小计						养殖渔船小计		
	45-440 千瓦(61-599 马力)			44 千瓦（60 马力）以下			艘	总吨	千瓦
	艘	总吨	千瓦	艘	总吨	千瓦			
荆门市直				7	8	60	102	129	1086
荆门市辖区									
沙洋县									
钟祥市									
京山县				47	94	664	107	132	846
沙洋农场									
东宝区				11	10	63	2	2	10
掇刀区				9	10	63			
漳河新区				7	7	60	23	23	217
屈家岭管理区							18		242
孝感市				**665**	**731**	**4589**	**448**	**508**	**2123**
孝南区									
孝昌县									
大悟县							98	276	629
安陆市							173	138	994
云梦县				73	46	377	37	39	174
应城市				71			89		
汉川市				521	685	4212			
孝感市辖区							51	55	326
黄冈市				**605**	**935**	**3945**	**583**	**1046**	**5551**
黄冈市直							98	314	1682
黄州区				76	201	665	41	94	400
团风县				50	110	336	64	192	651
红安县							5	5	50
麻城市							37	39	334
罗田县							18	23	105
英山县							23	23	153
浠水县				175	177	1070	64	89	454
蕲春县				185	188	927	124	135	643
武穴市				39	39	314	109	132	1079
黄梅县				80	220	633			
龙感湖区									
咸宁市				**2175**	**2110**	**10671**	**551**	**858**	**2655**
咸宁市直									
咸安区				41	47	308	81	101	621
嘉鱼县				324	418	2282	267	520	1365
赤壁市				213	236	983	114	161	542
通城县				123	306	632	48	35	127
崇阳县				484	484		41	41	
通山县				990	619	6466			
恩施州				**195**	**463**	**1634**			
恩施市									
建始县									
巴东县				195	463	1634			
利川市									
宣恩县									
咸丰县									
来凤县									
鹤峰县									
随州市				**102**	**190**	**890**	**422**	**681**	**3471**
曾都区				32	52	303	3	6	12
随县				70	138	587	192	403	1825
广水市							227	272	1634
仙桃市				**449**	**895**	**3708**			
天门市				**135**	**135**	**1189**	**200**	**205**	**978**
潜江市				**119**	**119**	**597**	**24**	**24**	**104**
神农架									

渔业船舶拥有量（机动渔船中的辅助渔船）

单位	机 动 渔船中：辅助渔船								
	艘	总吨	千瓦	其中：捕捞辅助船			其中：渔业执法船		
				艘	总吨	千瓦	艘	总吨	千瓦
湖北省	**577**	**2952**	**23285**	**318**	**656**	**2335**	**259**	**2296**	**20950**
武汉市	**16**	**299**	**3074**				**16**	**299**	**3074**
武汉市直	10	209	2214				10	209	2214
新洲区	2	17	208				2	17	208
江夏区	2	57	445				2	57	445
蔡甸区	1	8	103				1	8	103
黄陂区	1	8	104				1	8	104
黄石市	**10**	**51**	**930**				**10**	**51**	**930**
黄石市直	4	21	325				4	21	325
大冶市	2	13	245				2	13	245
阳新县	4	17	360				4	17	360
十堰市	**31**	**352**	**1901**				**31**	**352**	**1901**
十堰市直									
十堰市辖区									
丹江口市	20	248	1244				20	248	1244
郧县	7	75	254				7	75	254
郧西	1	4	94				1	4	94
竹山县	2	17	206				2	17	206
竹溪县	1	8	103				1	8	103
房县									
荆州市	**96**	**243**	**1636**	**80**	**115**	**673**	**16**	**128**	**963**
荆州市直									
荆州区									
沙市区									
荆州市开发区									
江陵县									
松滋市	2	6	140		6		2		140
公安县									
石首市	2	34	142				2	34	142
监利县	75	169	1241	63	75	560	12	94	681
洪湖市	17	34	113	17	34	113			
宜昌市	**48**	**429**	**2226**	**32**	**96**	**193**	**16**	**333**	**2033**
宜昌市直	4	164	746				4	164	746
夷陵区									
宜都市	1	50	320				1	50	320
枝江市									
当阳市									
远安县	1	1	11				1	1	11
兴山县	1	8	105				1	8	105
秭归县	2	40	226				2	40	226
长阳县	39	166	818	32	96	193	7	70	625
五峰县									
襄阳市	**130**	**270**	**977**	**123**	**249**	**720**	**7**	**21**	**257**
襄阳市辖区	52	96	167	51	94	147	1	2	20
老河口市	22	59	472	18	45	318	4	14	154
襄州区	55	112	272	54	110	255	1	2	17
枣阳市									
宜城市									
南漳县	1	3	66				1	3	66
谷城县									
保康县									
鄂州市	**4**	**50**	**320**				**4**	**50**	**320**
鄂城区	3	50	320				3	50	320
华容区									
梁子湖区	1						1		
荆门市	**13**	**98**	**853**	**5**	**31**	**81**	**8**	**67**	**772**

续表

单位	机动渔船中：辅助渔船								
	艘	总吨	千瓦	其中：捕捞辅助船			其中：渔业执法船		
				艘	总吨	千瓦	艘	总吨	千瓦
荆门市直	2	14	208				2	14	208
荆门市辖区									
沙洋县	2	11	169				2	11	169
钟祥市	4	42	395				4	42	395
京山县	5	31	81	5	31	81			
沙洋农场									
东宝区									
掇刀区									
漳河新区									
屈家岭管理区									
孝感市	**17**	**111**	**1561**				**17**	**111**	**1561**
孝南区	3	3	101				3	3	101
孝昌县									
大悟县	1	4	85				1	4	85
安陆市	3	15	256				3	15	256
云梦县	3	2	110				3	2	110
应城市	3	21	300				3	21	300
汉川市	3	59	574				3	59	574
孝感市辖区	1	7	135				1	7	135
黄冈市	**155**	**663**	**3690**	**65**	**140**	**336**	**90**	**523**	**3354**
黄冈市直	9	153	1034				9	153	1034
黄州区	18	96	592	15	30		3	66	592
团风县	114	302	987	50	110	336	64	192	651
红安县	1	7	105				1	7	105
麻城市	2	13	21				2	13	21
罗田县	3	21	299				3	21	299
英山县									
浠水县	2	11	169				2	11	169
蕲春县	1	8	103				1	8	103
武穴市	1	16	93				1	16	93
黄梅县	4	36	287				4	36	287
龙感湖区									
咸宁市	**29**	**193**	**3497**	**12**	**24**	**288**	**17**	**169**	**3209**
咸宁市直									
咸安区	3	14	255				3	14	255
嘉鱼县	2	58	2000				2	58	2000
赤壁市	4	42	360				4	42	360
通城县	1	8	103				1	8	103
崇阳县	3						3		
通山县	16	71	779	12	24	288	4	47	491
恩施州	**15**	**128**	**1556**				**15**	**128**	**1556**
恩施市	3	21	339				3	21	339
建始县	1	7	103				1	7	103
巴东县	3	50	326				3	50	326
利川市	2	11	213				2	11	213
宣恩县	2	11	133				2	11	133
咸丰县	1	7	103				1	7	103
来凤县	3	21	339				3	21	339
鹤峰县									
随州市	**7**	**32**	**480**	**1**	**1**	**44**	**6**	**31**	**436**
曾都区	2	2	88	1	1	44	1	1	44
随县	2	17	208				2	17	208
广水市	3	13	184				3	13	184
仙桃市	**2**	**10**	**190**				**2**	**10**	**190**
天门市	**3**	**15**	**289**				**3**	**15**	**289**
潜江市	**1**	**8**	**105**				**1**	**8**	**105**
神农架									

渔业经济总产值（一）

单位	合计	一、渔业					二、渔业工业和建筑业	
		小计	淡水捕捞	淡水养殖	水产苗种	增殖渔业	小计	水产品加工
湖北省	**23963320**	**10122195**	**355125**	**8503827**	**992032**	**271211**	**5417887**	**4057807**
省直属								
武汉市	**1800781**	**84857**			**84857**		**196975**	**139991**
武汉市直	1421292	2978			2978		3253	312
新洲区	88453	26265			26265		46044	23244
江夏区	198403	23480			23480		124423	105868
蔡甸区	68791	26634			26634		14539	3217
黄陂区	23842	5500			5500		8716	7350
黄石市	**196659**	**66878**			**66878**		**70012**	**50181**
黄石市直	21673	2236			2236		7011	4229
大冶市	85860	29860			29860		38760	29420
阳新县	89126	34782			34782		24241	16532
十堰市	**199763**	**163974**	**45926**	**91390**	**15576**	**11082**	**13270**	**11600**
十堰市直	1420	112		52	60			
十堰市辖区	2192	1942	194	963	785			
丹江口市	114176	93346	31107	50310	6108	5821	12000	10900
郧县	6942	6579	3380	2249	840	110		
郧西	2944	1913	392	768	25	728	450	
竹山县	22817	17017	3220	11222	138	2437	820	700
竹溪县	6300	1998	303	1019	120	556		
房县	42972	41067	7330	24807	7500	1430		
荆州市	**8053612**	**2387227**	**24307**	**2243697**	**99418**	**19805**	**2231587**	**1832081**
荆州市直								
荆州区	495693	176942	7895	148720	18827	1500	123300	50000
沙市区	183799	73573	2150	67531	3880	12	75000	35000
荆州市开发区	91441	604		599	5		89225	32003
江陵县	73527	53443	1955	50483	465	540	1665	550
松滋市	120886	63936	150	62726	310	750	21000	21000
公安县	852461	247047	4940	240302		1805	354149	311502
石首市	321205	184090		175639	2864	5587	73058	67534
监利县	2039677	731112	3027	672594	45914	9577	460253	425487
洪湖市	3874923	856480	4190	825103	27153	34	1033937	889005
宜昌市	**1167877**	**493486**	**57364**	**362021**	**40222**	**33879**	**288208**	**87065**
宜昌市直	36572	2046	737	798		511	106	
夷陵区	37569	17609	4402	12150		1057	3760	
宜都市	106573	34923	1957	26098	2300	4568	38250	30000
枝江市	488013	207833	19527	167929	12566	7811	121873	36065
当阳市	379542	177064	6268	141037	20356	9403	82806	
远安县	16278	6511	431	5545	350	185	4630	
兴山县	1749	561	482	12		67	88	
秭归县	1783	603	241	79		283	181	
长阳县	99297	46139	23234	8298	4650	9957	36500	21000
五峰县	501	197	85	75		37	14	
襄阳市	**669691**	**502235**	**26589**	**346613**	**45274**	**83759**	**46765**	**12687**
襄阳市直								
襄阳市辖区	68027	42987	4410	31107	5210	2260	4612	1313
老河口市	117759	87239	1810	54279	7750	23400	11840	6800
襄州区	159051	128727	7634	96155	8642	16296	8959	1482
枣阳市	142346	119821	6032	77228	8268	28293	6342	1472
宜城市	105280	70830	3100	52575	6005	9150	4940	1340
南漳县	24418	17748	870	11173	4145	1560	2246	175
谷城县	46745	29993	2010	21083	4990	1910	7644	105
保康县	6065	4890	723	3013	264	890	182	
鄂州市	**1417336**	**829872**	**18369**	**742454**	**56013**	**13036**	**251103**	**251103**
鄂城区	681436	290774	12753	248174	21959	7888	165618	165618
华容区	300754	300754	5616	265429	24561	5148		
梁子湖区	435146	238344		228851	9493		85485	85485
荆门市	**2338942**	**1060397**	**22426**	**859243**	**162074**	**16654**	**547239**	**432664**

续表

单位	合计	一、渔业					二、渔业工业和建筑业	
		小计	淡水捕捞	淡水养殖	水产苗种	增殖渔业	小计	水产品加工
荆门市直								
荆门市辖区								
沙洋县	799925	381445	1887	314508	62025	3025	249768	206504
钟祥市	610382	295292	1100	246890	43780	3522	163260	142800
京山县	486492	255676	12710	199823	41628	1515	95600	67800
沙洋农场	13162	7580	379	5971	1230		1750	1670
东宝区	180460	48697	2198	39489	4060	2950	9010	4720
掇刀区	134033	38750	1897	30261	5520	1072	10091	2426
漳河新区	94596	26731	2255	17161	2905	4410	7294	6282
屈家岭管理区	19892	6226		5140	926	160	10466	462
孝感市	**1457630**	**1121844**	**28659**	**999276**	**75848**	**18061**	**50395**	**45187**
孝南区	223095	155106	1251	138481	11468	3906	62	62
孝昌县	88525	41860	2690	27860	9680	1630	645	95
大悟县	76500	75170	4985	56245	4860	9080	620	
安陆市	159110	89873	4303	74973	7204	3393	1428	465
云梦县	137227	94731	295	85112	9272	52	9413	9413
应城市	321845	299980	8300	288300	3380		1805	1000
汉川市	448978	362774	6830	326025	29919		36422	34152
孝感市辖区	2350	2350	5	2280	65			
黄冈市	**2829530**	**957623**	**46758**	**727935**	**131051**	**51879**	**918282**	**517755**
黄州区	272432	96781	5036	44652	40502	6591	92318	39083
团风县	99239	56094	610	50663	2683	2138	31551	30747
红安县	100548	22834	3280	13838	5271	445	39007	17300
麻城市	141277	69587	3587	47250	13500	5250	37360	15000
罗田县	12815	8684	36	6888	220	1540	1800	
英山县	7272	5848	358	5130	350	10		
浠水县	496264	168076	23988	112450	21658	9980	152770	98560
蕲春县	466818	181262	3825	161672	4150	11615	140659	93165
武穴市	438688	125036	6038	88468	18720	11810	155652	124400
黄梅县	654560	170400		148300	19600	2500	233000	99500
龙感湖区	139617	53021		48624	4397		34165	
咸宁市	**846744**	**659857**	**35995**	**574802**	**48190**	**870**	**66421**	**51090**
咸宁市直								
咸安区	146257	99957	17143	78914	3600	300	26000	23000
嘉鱼县	315562	242850	500	203650	38700		9800	9800
赤壁市	229814	210000	12993	195682	1325		11768	9453
通城县	34500	27500	2500	22400	2600		1000	1000
崇阳县	48371	40000	1309	36956	1165	570	3363	2037
通山县	72240	39550	1550	37200	800		14490	5800
恩施州	**11384**	**3724**	**489**	**2779**	**456**			
恩施州直								
恩施市	4284	1113	26	966	121			
建始县	764	189	17	127	45			
巴东县	737	299	284	15				
利川市	2823	1085	71	861	153			
宣恩县	734	275	17	217	41			
咸丰县	703	233	19	183	31			
来凤县	922	417	43	317	57			
鹤峰县	417	113	12	93	8			
随州市	**188875**	**125617**	**6586**	**99944**	**4828**	**14259**	**26826**	**26826**
曾都区	21228	19228	890	11665	1200	5473		
随县	49167	48167	2412	38439	990	6326		
广水市	118480	58222	3284	49840	2638	2460	26826	26826
仙桃市	**885540**	**749159**	**26954**	**653146**	**69059**		**92790**	**58573**
天门市	**599259**	**445638**	**10078**	**367378**	**60697**	**7485**	**78069**	**37464**
潜江市	**1299341**	**469492**	**4625**	**432874**	**31551**	**442**	**539945**	**503540**
神农架	**356**	**315**		**275**	**40**			

渔业经济总产值（二）

单位：万元

单位	二、渔业工业和建筑业						
	渔用机具制造	其中:渔船渔机修造	渔用绳网制造	渔用饲料	渔用药物	建筑	其它
湖北省	**14426**	**2498**	**11788**	**918990**	**27206**	**396613**	**2845**
省直属							
武汉市				**32696**	**4165**	**20123**	
武汉市直				2825	116		
新洲区				22800			
江夏区				5260	3065	10230	
蔡甸区				1811	984	8527	
黄陂区						1366	
黄石市	**265**	**176**	**89**	**17248**	**635**	**1683**	
黄石市直				2617	165		
大冶市				9000	340		
阳新县	265	176	89	5631	130	1683	
十堰市	**600**	**280**	**200**	**500**		**450**	**120**
十堰市直							
十堰市辖区							
丹江口市	600	280	200	500			
郧县							
郧西						450	
竹山县							120
竹溪县							
房县							
荆州市	**60**	**40**		**319627**	**4916**	**74465**	**438**
荆州市直							
荆州区				42300	1000	30000	
沙市区				40000			
荆州市开发区				57222			
江陵县						1115	
松滋市							
公安县				25581		17066	
石首市				5524			
监利县				28546		6220	
洪湖市	60	40		120454	3916	20064	438
宜昌市	**1532**	**862**	**670**	**88833**	**8179**	**101593**	**1006**
宜昌市直	20		20	60	6	20	
夷陵区	60		60	1600	100	2000	
宜都市	50		50	3000	200	5000	
枝江市	312	262	50	40941	4120	40435	
当阳市	40		40	38210	3500	41056	
远安县	10		10	1000	100	3520	
兴山县	30		30	2	1	50	5
秭归县	160	100	60	10	1	10	
长阳县	850	500	350	4000	150	9500	1000
五峰县				10	1	2	1
襄阳市				**17000**	**1088**	**15445**	**545**
襄阳市直							
襄阳市辖区				1680	120	1499	
老河口市				2250	230	2560	
襄州区				4600	132	2415	330
枣阳市				2390	125	2355	
宜城市				1560	240	1800	
南漳县				750	105	1216	
谷城县				3650	114	3560	215
保康县				120	22	40	
鄂州市							
鄂城区							
华容区							
梁子湖区							
荆门市				**76565**	**2920**	**35090**	

续表

单位：万元

单位	二、渔业工业和建筑业						
	渔用机具制造	其中:渔船渔机修造	渔用绳网制造	渔用饲料	渔用药物	建筑	其它
荆门市直							
荆门市辖区							
沙洋县				32400		10864	
钟祥市				11200	1420	7840	
京山县				13800		14000	
沙洋农场						80	
东宝区				3580		710	
掇刀区				6825		840	
漳河新区				556		456	
屈家岭管理区				8204	1500	300	
孝感市	**724**		**724**	**695**		**3213**	**576**
孝南区							
孝昌县						550	
大悟县						420	200
安陆市						642	321
云梦县							
应城市						750	55
汉川市	724		724	695		851	
孝感市辖区							
黄冈市	**10**		**10**	**296473**	**1200**	**102684**	**160**
黄州区				51044		2191	
团风县	10		10	574		220	
红安县				10140		11567	
麻城市				20000		2200	160
罗田县						1800	
英山县							
浠水县				28530		25680	
蕲春县				38633		8861	
武穴市				31252			
黄梅县				86300	1200	46000	
龙感湖区				30000		4165	
咸宁市	**541**	**421**	**120**	**2540**		**12250**	
咸宁市直							
咸安区						3000	
嘉鱼县							
赤壁市	15	15		2300			
通城县							
崇阳县	76	76				1250	
通山县	450	330	120	240		8000	
恩施州							
恩施州直							
恩施市							
建始县							
巴东县							
利川市							
宣恩县							
咸丰县							
来凤县							
鹤峰县							
随州市							
曾都区							
随县							
广水市							
仙桃市	**9264**	**719**	**8545**	**15802**	**1169**	**7982**	
天门市	**1430**		**1430**	**31040**		**8135**	
潜江市				**19971**	**2934**	**13500**	
神农架							

渔业经济总产值（三）

单位	三、渔业流通和服务业				
	小计	水产流通	水产（仓储）运输	休闲渔业	其它
湖北省	**8423238**	**6749839**	**382750**	**1265057**	**25592**
省直属					
武汉市	**1518949**	**1468200**	**7973**	**42776**	
武汉市直	1415061	1410008	1243	3810	
新洲区	16144	5090		11054	
江夏区	50500	36560	6420	7520	
蔡甸区	27618	15018		12600	
黄陂区	9626	1524	310	7792	
黄石市	**59769**	**28292**	**5006**	**26471**	
黄石市直	12426	8145	1594	2687	
大冶市	17240	4800	1000	11440	
阳新县	30103	15347	2412	12344	
十堰市	**22519**	**10385**	**982**	**11132**	**20**
十堰市直	1308			1308	
十堰市辖区	250			250	
丹江口市	8830	800	260	7770	
郧县	363	175	120	48	20
郧西	581	330		251	
竹山县	4980	4800		180	
竹溪县	4302	3000	602	700	
房县	1905	1280		625	
荆州市	**3434798**	**2697233**	**71939**	**664837**	**789**
荆州市直					
荆州区	195451	125000	11451	59000	
沙市区	35226	16000		19226	
荆州市开发区	1612	600		1012	
江陵县	18419	15822	1000	1597	
松滋市	35950	15500		20450	
公安县	251265	211863	5271	34131	
石首市	64057	11247	824	51986	
监利县	848312	642079	34989	171244	
洪湖市	1984506	1659122	18404	306191	789
宜昌市	**386183**	**284044**	**64215**	**36624**	**1300**
宜昌市直	34420	28000	2000	4420	
夷陵区	16200	7800	2200	6200	
宜都市	33400	30000	2000	1200	200
枝江市	158307	115714	30090	12503	
当阳市	119672	90650	24501	4521	
远安县	5137	2300	732	2105	
兴山县	1100	400	350	350	
秭归县	999	260	334	405	
长阳县	16658	8800	1958	4800	1100
五峰县	290	120	50	120	
襄阳市	**120691**	**83489**	**8300**	**28413**	**489**
襄阳市直					
襄阳市辖区	20428	14758	1183	4466	21
老河口市	18680	12100	650	5880	50
襄州区	21365	14667	362	6185	151
枣阳市	16183	12526	567	2900	190
宜城市	29510	25400	1560	2500	50
南漳县	4424	1000	214	3200	10
谷城县	9108	2768	3754	2570	16
保康县	993	270	10	712	1
鄂州市	**336361**	**150988**	**109554**	**75819**	
鄂城区	225044	83678	94136	47230	
华容区					
梁子湖区	111317	67310	15418	28589	
荆门市	**731306**	**642294**	**7249**	**81763**	

续表

单位	三、渔业流通和服务业				
	小计	水产流通	水产（仓储）运输	休闲渔业	其它
荆门市直					
荆门市辖区					
沙洋县	168712	146121	9	22582	
钟祥市	151830	132450	820	18560	
京山县	135216	121007		14209	
沙洋农场	3832	3592		240	
东宝区	122753	109232	5800	7721	
掇刀区	85192	78510	620	6062	
漳河新区	60571	48315		12256	
屈家岭管理区	3200	3067		133	
孝感市	**285391**	**243854**	**7382**	**31793**	**2362**
孝南区	67927	66425		1300	202
孝昌县	46020	39600		6420	
大悟县	710			550	160
安陆市	67809	58995	2458	6356	
云梦县	33083	28772		4311	
应城市	20060	12000	360	7700	
汉川市	49782	38062	4564	5156	2000
孝感市辖区					
黄冈市	**953625**	**708654**	**38543**	**190167**	**16261**
黄州区	83333	34752	5277	30523	12781
团风县	11594	5175	272	6049	98
红安县	38707	8416	1730	28561	
麻城市	34330	22000	330	12000	
罗田县	2331	451		1880	
英山县	1424	233	35	1146	10
浠水县	175418	148378	3740	22560	740
蕲春县	144897	115546	5314	23385	652
武穴市	158000	118460	5240	33520	780
黄梅县	251160	208080	12580	29300	1200
龙感湖区	52431	47163	4025	1243	
咸宁市	**120466**	**61263**	**29845**	**26205**	**3153**
咸宁市直					
咸安区	20300	13300		4000	3000
嘉鱼县	62912	35412	25000	2500	
赤壁市	8046	2133	425	5335	153
通城县	6000			6000	
崇阳县	5008	1418	220	3370	
通山县	18200	9000	4200	5000	
恩施州	**7660**	**4940**		**2720**	
恩施州直					
恩施市	3171	1750		1421	
建始县	575	361		214	
巴东县	438	317		121	
利川市	1738	1410		328	
宣恩县	459	316		143	
咸丰县	470	278		192	
来凤县	505	301		204	
鹤峰县	304	207		97	
随州市	**36432**	**23160**	**3992**	**9280**	
曾都区	2000			2000	
随县	1000			1000	
广水市	33432	23160	3992	6280	
仙桃市	**43591**	**26647**	**9169**	**6915**	**860**
天门市	**75552**	**62629**	**2680**	**9991**	**252**
潜江市	**289904**	**253767**	**15921**	**20110**	**106**
神农架	**41**			**41**	

渔业灾情（一）

单位	一、水产品损失					
	数量损失（吨）	价值损失（万元）	#台风、洪涝		#病害	
			数量	价值	数量	价值
湖北省	**42121**	**54302**	**12205**	**19861**	**17910**	**13890**
省直属						
武汉市	**123**	**199**			**118**	**189**
武汉市直	3	5			3	5
新洲区						
江夏区						
蔡甸区						
黄陂区	120	194			115	184
黄石市	**1732**	**4188**		**80**	**15**	**95**
黄石市直	50	60				
大冶市	335	147		80		
阳新县	1347	3981			15	95
十堰市	**208**	**516**	**25**	**120**	**11**	**56**
十堰市直						
十堰市辖区						
丹江口市	11	110	5	80	6	30
郧县	20	35				
郧西	27	71	20	40	5	26
竹山县						
竹溪县	150	300				
房县						
荆州市	**2880**	**6402**	**414**	**1630**	**1164**	**2845**
荆州市直						
荆州区	579	2722	137	757	47	1267
沙市区	255	390			255	390
荆州市开发区						
江陵县	577	894	66	117	66	99
松滋市	510	610			90	110
公安县	562	684	202	283	349	383
石首市	397	434	9	15	357	386
监利县						
洪湖市		668		458		210
宜昌市	**533**	**3893**	**311**	**3026**	**197**	**687**
宜昌市直						
夷陵区	90	25			90	25
宜都市	400	1200	300	1000	100	200
枝江市		2002		1683		270
当阳市		515		330		84
远安县	43	51	11	13	7	8
兴山县						
秭归县						
长阳县		100				100
五峰县						
襄阳市	**10568**	**3849**	**1272**	**85**	**7857**	**1761**
襄阳市直						
襄阳市辖区	254	304	35	28	20	80
老河口市	522	391			42	71
襄州区	256	331	36	36		
枣阳市	8200	1900	1200		7000	1300
宜城市	10	10			10	10
南漳县	516	536	1	21	65	85
谷城县	810	377			720	215
保康县						
鄂州市						
鄂城区						
华容区						
梁子湖区						

续表 1

单位	一、水产品损失					
	数量损失（吨）	价值损失（万元）	#台风、洪涝		#病害	
			数量	价值	数量	价值
荆门市	**4353**	**8270**	**2401**	**6323**	**1852**	**1827**
荆门市直						
荆门市辖区						
沙洋县	3038	6115	1861	5093	1177	1022
钟祥市	590	1275	540	1230	50	45
京山县	700	840			600	720
沙洋农场						
东宝区						
掇刀区						
漳河新区	25	40			25	40
屈家岭管理区						
孝感市	**5782**	**4753**	**320**	**130**	**2987**	**1503**
孝南区	231	254			231	254
孝昌县	2645	3310	120	130	50	60
大悟县	800		200		600	
安陆市						
云梦县						
应城市						
汉川市	2106	1189			2106	1189
孝感市辖区						
黄冈市	**10776**	**13071**	**5694**	**6106**	**2846**	**3365**
黄州区						
团风县	15	14	15	14		
红安县	807	587	250	235	532	340
麻城市	2310	2083	2000	1800	300	270
罗田县	2	2			2	2
英山县	35	325				
浠水县	1145	1004	154	150	780	670
蕲春县	207	322	125	187	82	135
武穴市	3655	4374	2850	3420	650	748
黄梅县	1100	1950	300	300	500	1200
龙感湖区	1500	2410				
咸宁市	**580**	**681**			**30**	**30**
咸宁市直						
咸安区	200	231				
嘉鱼县						
赤壁市						
通城县						
崇阳县	380	450			30	30
通山县						
恩施州						
恩施州直						
恩施市						
建始县						
巴东县						
利川市						
宣恩县						
咸丰县						
来凤县						
鹤峰县						
随州市	**2100**	**2850**	**1400**	**1840**		
曾都区						
随县	2100	2850	1400	1840		
广水市						
仙桃市						
天门市	**732**	**2628**			**12**	**40**
潜江市	**1748**	**2932**	**368**	**521**	**821**	**1492**
神农架	**6**	**70**				

续表 2

单位	一、水产品损失						二、人员损失（人）		
	#干旱		#污染		#其它		失踪	死亡	重伤
	数量	价值	数量	价值	数量	价值			
湖北省	**7920**	**13094**	**453**	**649**	**3633**	**6808**		**1**	**3**
省直属									
武汉市					**5**	**10**			
武汉市直									
新洲区									
江夏区									
蔡甸区									
黄陂区					5	10			
黄石市	**1682**	**3799**	**15**	**95**	**20**	**119**			
黄石市直	50	60							
大冶市	335	67							
阳新县	1297	3672	15	95	20	119			
十堰市	**122**	**240**			**50**	**100**			**3**
十堰市直									
十堰市辖区									
丹江口市									3
郧县	20	35							
郧西	2	5							
竹山县									
竹溪县	100	200			50	100			
房县									
荆州市	**1274**	**1893**	**28**	**34**					
荆州市直									
荆州区	395	698							
沙市区									
荆州市开发区									
江陵县	445	678							
松滋市	420	500							
公安县			11	18					
石首市	14	17	17	16					
监利县									
洪湖市									
宜昌市		**150**			**25**	**30**		**1**	
宜昌市直									
夷陵区									
宜都市									
枝江市		49							
当阳市		101						1	
远安县					25	30			
兴山县									
秭归县									
长阳县									
五峰县									
襄阳市	**500**	**1213**	**2**	**10**	**937**	**780**			
襄阳市直									
襄阳市辖区	190	181	2	10	7	5			
老河口市					480	320			
襄州区	220	270				25			
枣阳市		600							
宜城市									
南漳县					450	430			
谷城县	90	162							
保康县									
鄂州市									
鄂城区									
华容区									
梁子湖区									

续表 3

单位	一、水产品损失						二、人员损失（人）		
	#干旱		#污染		#其它		失踪	死亡	重伤
	数量	价值	数量	价值	数量	价值			
荆门市					**100**	**120**			
荆门市直									
荆门市辖区									
沙洋县									
钟祥市									
京山县					100	120			
沙洋农场									
东宝区									
掇刀区									
漳河新区									
屈家岭管理区									
孝感市	**2475**	**3120**							
孝南区									
孝昌县	2475	3120							
大悟县									
安陆市									
云梦县									
应城市									
汉川市									
孝感市辖区									
黄冈市	**508**	**640**	**158**	**200**	**1570**	**2760**			
黄州区									
团风县									
红安县					25	12			
麻城市					10	13			
罗田县									
英山县					35	325			
浠水县	176	150	35	34					
蕲春县									
武穴市	32	40	123	166					
黄梅县	300	450							
龙感湖区					1500	2410			
咸宁市	**350**	**420**			**200**	**231**			
咸宁市直									
咸安区					200	231			
嘉鱼县									
赤壁市									
通城县									
崇阳县	350	420							
通山县									
恩施州									
恩施州直									
恩施市									
建始县									
巴东县									
利川市									
宣恩县									
咸丰县									
来凤县									
鹤峰县									
随州市	**700**	**1010**							
曾都区									
随县	700	1010							
广水市									
仙桃市									
天门市					**720**	**2588**			
潜江市	**309**	**609**	**250**	**310**					
神农架					**6**	**70**			

渔业灾情（二）

单位	三、损毁渔业设施（一）									
	损失数量	经济损失（万元）	池塘		网箱（池塘）		围栏		沉船	
			公顷	价值	个	价值	千米	价值	艘	价值
湖北省		**7331**	**4968**	**3514**	**335**	**4**	**1**	**5**	**20**	**56**
省直属										
武汉市		**6**								
武汉市直										
新洲区										
江夏区										
蔡甸区										
黄陂区		6								
黄石市		**15**								
黄石市直		15								
大冶市										
阳新县										
十堰市		**15**								
十堰市直										
十堰市辖区										
丹江口市		10								
郧县										
郧西		5								
竹山县										
竹溪县										
房县										
荆州市		**294**	**242**	**66**						
荆州市直										
荆州区		92	65	64						
沙市区										
荆州市开发区										
江陵县										
松滋市		200								
公安县			176							
石首市		2	1	2						
监利县										
洪湖市										
宜昌市		**782**	**275**	**344**						
宜昌市直										
夷陵区										
宜都市										
枝江市		240	185	162						
当阳市		248	84	128						
远安县		19	5	14						
兴山县										
秭归县										
长阳县		275	1	40						
五峰县										
襄阳市		**1655**	**475**	**1337**					**20**	**56**
襄阳市直										
襄阳市辖区		238	15	29					10	48
老河口市										
襄州区		878	300	870					10	8
枣阳市										
宜城市										
南漳县		438	160	438						
谷城县		101								
保康县										
鄂州市										
鄂城区										
华容区										
梁子湖区										

续表 1

单位	三、损毁渔业设施（一）									
	损失数量	经济损失（万元）	池塘		网箱（池塘）		围栏		沉船	
			公顷	价值	个	价值	千米	价值	艘	价值
荆门市		**593**	**315**	**590**	**225**	**3**				
荆门市直										
荆门市辖区										
沙洋县		593	315	590	225	3				
钟祥市										
京山县										
沙洋农场										
东宝区										
掇刀区										
漳河新区										
屈家岭管理区										
孝感市		**120**	**418**	**120**						
孝南区										
孝昌县			68							
大悟县		120	350	120						
安陆市										
云梦县										
应城市										
汉川市										
孝感市辖区										
黄冈市		**2173**	**2641**	**907**	**110**	**1**	**1**	**5**		
黄州区										
团风县		14	15	14						
红安县		223	48	102						
麻城市		50	60	50						
罗田县										
英山县		325	536	325						
浠水县		55	30	35						
蕲春县		144	62	79						
武穴市		1362	1890	302	110	1	1	5		
黄梅县										
龙感湖区										
咸宁市										
咸宁市直										
咸安区										
嘉鱼县										
赤壁市										
通城县										
崇阳县										
通山县										
恩施州										
恩施州直										
恩施市										
建始县										
巴东县										
利川市										
宣恩县										
咸丰县										
来凤县										
鹤峰县										
随州市		**1666**	**600**	**150**						
曾都区										
随县		1666	600	150						
广水市										
仙桃市										
天门市										
潜江市										
神农架		**12**	**2**							

续表 2

单位	三、损毁渔业设施（二）									
	堤坝		船损		泵站		涵闸		码头	
	米	价值	艘	价值	座	价值	座	价值	米	价值
湖北省	**106**	**1641**	**29105**	**1365**	**52**	**44**	**52**	**58**		
省直属										
武汉市										
武汉市直										
新洲区										
江夏区										
蔡甸区										
黄陂区										
黄石市	**1**		**170**				**1**	**15**		
黄石市直							1	15		
大冶市	1		170							
阳新县										
十堰市			**20**	**5**						
十堰市直										
十堰市辖区										
丹江口市										
郧县										
郧西			20	5						
竹山县										
竹溪县										
房县										
荆州市					**2**	**20**	**15**	**8**		
荆州市直										
荆州区					2	20	15	8		
沙市区										
荆州市开发区										
江陵县										
松滋市										
公安县										
石首市										
监利县										
洪湖市										
宜昌市			**8560**	**96**			**5**	**3**		
宜昌市直										
夷陵区										
宜都市										
枝江市										
当阳市			7760	91			5	3		
远安县			800	5						
兴山县										
秭归县										
长阳县										
五峰县										
襄阳市	**90**	**140**	**1108**	**98**	**3**	**1**	**9**	**23**		
襄阳市直										
襄阳市辖区	90	140					6	21		
老河口市										
襄州区										
枣阳市										
宜城市										
南漳县										
谷城县			1108	98	3	1	3	2		
保康县										
鄂州市										
鄂城区										
华容区										
梁子湖区										

续表 3

单位	三、损毁渔业设施（二）									
	堤坝		船损		泵站		涵闸		码头	
	米	价值	艘	价值	座	价值	座	价值	米	价值
荆门市										
荆门市直										
荆门市辖区										
沙洋县										
钟祥市										
京山县										
沙洋农场										
东宝区										
掇刀区										
漳河新区										
屈家岭管理区										
孝感市										
孝南区										
孝昌县										
大悟县										
安陆市										
云梦县										
应城市										
汉川市										
孝感市辖区										
黄冈市	**3**	**1**	**19096**	**1146**	**9**	**19**	**11**	**5**		
黄州区										
团风县										
红安县			110	83	1	15				
麻城市										
罗田县										
英山县										
浠水县			500	20						
蕲春县			386	47						
武穴市	3	1	18100	996	8	4	11	5		
黄梅县										
龙感湖区										
咸宁市										
咸宁市直										
咸安区										
嘉鱼县										
赤壁市										
通城县										
崇阳县										
通山县										
恩施州										
恩施州直										
恩施市										
建始县										
巴东县										
利川市										
宣恩县										
咸丰县										
来凤县										
鹤峰县										
随州市	**12**	**1500**	**15**	**8**	**38**	**4**	**11**	**4**		
曾都区										
随县	12	1500	15	8	38	4	11	4		
广水市										
仙桃市										
天门市										
潜江市										
神农架			**136**	**12**						

渔业灾情（三）

单位	三、损毁渔业设施（二）								
	护岸		防波堤		工厂化养殖		苗种繁育场		其他
	米	价值	米	价值	座	价值	个	价值	价值
湖北省	**15850**	**179**	**2560**	**12**	**3**	**7**	**10**	**216**	**230**
省直属									
武汉市					**2**	**6**			
武汉市直									
新洲区									
江夏区									
蔡甸区									
黄陂区					2	6			
黄石市									
黄石市直									
大冶市									
阳新县									
十堰市							**2**	**10**	
十堰市直									
十堰市辖区									
丹江口市							2	10	
郧县									
郧西									
竹山县									
竹溪县									
房县									
荆州市									**200**
荆州市直									
荆州区									
沙市区									
荆州市开发区									
江陵县									
松滋市									200
公安县									
石首市									
监利县									
洪湖市									
宜昌市	**14750**	**130**	**2000**	**6**	**1**	**1**	**6**	**202**	
宜昌市直									
夷陵区									
宜都市									
枝江市	12750	75			1	1	5	2	
当阳市	1500	20	2000	6					
远安县									
兴山县									
秭归县									
长阳县	500	35					1	200	
五峰县									
襄阳市									
襄阳市直									
襄阳市辖区									
老河口市									
襄州区									
枣阳市									
宜城市									
南漳县									
谷城县									
保康县									
鄂州市									
鄂城区									
华容区									
梁子湖区									

续表 1

单位	三、损毁渔业设施（二）								
	护岸		防波堤		工厂化养殖		苗种繁育场		其他
	米	价值	米	价值	座	价值	个	价值	价值
荆门市									
荆门市直									
荆门市辖区									
沙洋县									
钟祥市									
京山县									
沙洋农场									
东宝区									
掇刀区									
漳河新区									
屈家岭管理区									
孝感市									
孝南区									
孝昌县									
大悟县									
安陆市									
云梦县									
应城市									
汉川市									
孝感市辖区									
黄冈市	**1100**	**49**	**560**	**6**			**2**	**4**	**30**
黄州区									
团风县									
红安县	170	23							
麻城市									
罗田县									
英山县									
浠水县									
蕲春县	510	18							
武穴市	420	8	560	6			2	4	30
黄梅县									
龙感湖区									
咸宁市									
咸宁市直									
咸安区									
嘉鱼县									
赤壁市									
通城县									
崇阳县									
通山县									
恩施州									
恩施州直									
恩施市									
建始县									
巴东县									
利川市									
宣恩县									
咸丰县									
来凤县									
鹤峰县									
随州市									
曾都区									
随县									
广水市									
仙桃市									
天门市									
潜江市									
神农架									

续表 2

单位	四、受灾养殖面积（公顷）						五、直接经济损失合计（万元）
	小计	台风、洪涝	病害	干旱	污染	其它	
湖北省	**57377**	**10152**	**17477**	**11888**	**517**	**17343**	**61633**
省直属							
武汉市	**577**		**537**			**40**	**205**
武汉市直	5		5				5
新洲区							
江夏区							
蔡甸区							
黄陂区	572		532			40	200
黄石市	**8419**			**8323**	**80**	**16**	**4203**
黄石市直	10			10			75
大冶市	193			193			147
阳新县	8216			8120	80	16	3981
十堰市	**272**	**220**	**6**	**36**		**10**	**531**
十堰市直							
十堰市辖区							
丹江口市	25	20	5				120
郧县	15			15			35
郧西	202	200	1	1			76
竹山县							
竹溪县	30			20		10	300
房县							
荆州市	**4081**	**899**	**1843**	**1319**	**20**		**6696**
荆州市直							
荆州区	1247	281	746	220			2814
沙市区	210		210				390
荆州市开发区							
江陵县	910	66	95	749			894
松滋市	410		60	350			810
公安县	362	176	169		17		684
石首市	732	316	413		3		436
监利县							
洪湖市	210	60	150				668
宜昌市	**3550**	**2431**	**887**	**232**			**4675**
宜昌市直							
夷陵区							25
宜都市							1200
枝江市	2934	2054	795	85			2242
当阳市	584	372	65	147			763
远安县	7	5	2				70
兴山县							
秭归县							
长阳县	25		25				375
五峰县							
襄阳市	**452**	**160**	**235**	**55**	**2**		**5504**
襄阳市直							
襄阳市辖区	112		55	55	2		542
老河口市							391
襄州区							1209
枣阳市							1900
宜城市	100		100				10
南漳县	240	160	80				974
谷城县							478
保康县							
鄂州市							
鄂城区							
华容区							
梁子湖区							

续表 3

单位	四、受灾养殖面积（公顷）						五、直接经济损失合计（万元）
	小计	台风、洪涝	病害	干旱	污染	其它	
荆门市	**2211**	**882**	**1309**			**20**	**8863**
荆门市直							
荆门市辖区							
沙洋县	1664	862	802				6708
钟祥市	25	20	5				1275
京山县	520		500			20	840
沙洋农场							
东宝区							
掇刀区							
漳河新区	2		2				40
屈家岭管理区							
孝感市	**8931**	**280**	**7991**	**660**			**4873**
孝南区	1016		1016				254
孝昌县	1060	160	240	660			3310
大悟县	515	120	395				120
安陆市							
云梦县							
应城市							
汉川市	6340		6340				1189
孝感市辖区							
黄冈市	**17600**	**4949**	**3415**	**896**	**100**	**8240**	**15244**
黄州区							
团风县	15	15					28
红安县	397	127	270				810
麻城市							2133
罗田县	14		14				2
英山县							650
浠水县	1859	145	1334	355	25		1059
蕲春县	109	62	47				466
武穴市	6066	4500	1450	41	75		5736
黄梅县	900	100	300	500			1950
龙感湖区	8240					8240	2410
咸宁市	**443**		**8**	**87**		**348**	**681**
咸宁市直							
咸安区	348					348	231
嘉鱼县							
赤壁市							
通城县							
崇阳县	95		8	87			450
通山县							
恩施州							
恩施州直							
恩施市							
建始县							
巴东县							
利川市							
宣恩县							
咸丰县							
来凤县							
鹤峰县							
随州市	**230**	**150**		**80**			**4516**
曾都区							
随县	230	150		80			4516
广水市							
仙桃市							
天门市	**8688**		**21**			**8667**	**2628**
潜江市	**1921**	**181**	**1225**	**200**	**315**		**2932**
神农架	**2**					**2**	**82**

渔业产业扶贫情况

单位	资金帮扶总额（万元	其中：财政资金	技术帮扶		帮扶贫困户（户）
			培训场次（场）	培训人数（人）	
湖北省	**25906.32**	**18913.24**	**1328**	**105192**	**36097**
省直属					
武汉市	**2868.03**	**2770.03**	**44**	**2185**	**680**
武汉市直	23.33	23.33	2	178	20
新洲区	227	129	9	900	57
江夏区			15	550	40
蔡甸区	2558.9	2558.9	16	457	547
黄陂区	58.8	58.8	2	100	16
黄石市	**796.01**	**796.01**	**28**	**1720**	**818**
黄石市直	7	7	6	450	23
大冶市	371	371	5	400	200
阳新县	418.01	418.01	17	870	595
十堰市	**1286.05**	**74.05**	**31**	**1265**	**514**
十堰市直	30	23	12	130	110
十堰市辖区					
丹江口市	51.05	51.05	7	600	107
郧县			2	100	50
郧西	5		2	15	7
竹山县			4	210	150
竹溪县	200		2	90	90
房县	1000		2	120	
荆州市	**4712**	**4425.4**	**333**	**40689**	**9922**
荆州市直					
荆州区	610.72	610.72	51	5923	1758
沙市区	260	220	23	3232	295
荆州市开发区					
江陵县	481.68	481.68	19	495	472
松滋市	244.6	241	35	3500	85
公安县	398	398	73	8332	1468
石首市	253	253	14	3257	1455
监利县	340	340	46	8850	1305
洪湖市	2124	1881	72	7100	3084
宜昌市	**230.85**	**195.85**	**103**	**5528**	**1538**
宜昌市直					
夷陵区					
宜都市					
枝江市	155	120	26	940	526
当阳市	55.85	55.85	66	4138	859
远安县	5	5	4	220	18
兴山县					
秭归县					
长阳县	15	15	5	200	125
五峰县			2	30	10
襄阳市	**628.1**	**628.1**	**27**	**1218**	**228**
襄阳市直					
襄阳市辖区	19.5	19.5	7	580	79
老河口市	600	600	4	210	110
襄州区			4	33	
枣阳市	2	2	3	30	5
宜城市	6.6	6.6	1	55	5
南漳县			8	310	29
谷城县					
保康县					
鄂州市	**211.79**	**156.01**	**63**	**2093**	**333**
鄂城区	112.85	70.26	42	1096	122
华容区	98.94	85.75	21	997	211
梁子湖区					
荆门市	**4202.48**	**3435.32**	**127**	**8696**	**3783**

续表

单位	资金帮扶总额（万元	其中：财政资金	技术帮扶 培训场次（场）	培训人数（人）	帮扶贫困户（户）
荆门市直	60	15	18	2100	1200
荆门市辖区					
沙洋县	2573.4	2573.4	43	2428	1373
钟祥市	30	30	16	1200	200
京山县	437.68	337.68	27	1348	455
沙洋农场					
东宝区	428	255	6	500	243
掇刀区	24	10	5	320	140
漳河新区	43	43	8	400	45
屈家岭管理区	606.4	171.24	4	400	127
孝感市	**4418.51**	**3385.01**	**127**	**7288**	**5046**
孝南区	298	295	10	760	110
孝昌县					
大悟县	1067.21	1067.21	36	1248	3991
安陆市	124.1	116.8	10	450	502
云梦县	6		9	322	27
应城市	2137	1656	33	3378	158
汉川市	786.2	250	26	1100	253
孝感市辖区			3	30	5
黄冈市	**2675.71**	**800.67**	**134**	**13724**	**3917**
黄州区	312.04	165	5	200	30
团风县	65	40	8	500	400
红安县	151.67	151.67	10	1500	436
麻城市	55	55	12	2300	220
罗田县	180	180	4	92	916
英山县	50	50	3	432	144
浠水县	560	89	18	900	443
蕲春县	1220		54	6200	560
武穴市	50	50	10	520	469
黄梅县	30	20	8	900	287
龙感湖区	2		2	180	12
咸宁市	**406**	**406**	**67**	**4030**	**2280**
咸宁市直					
咸安区	27	27	15	700	12
嘉鱼县					
赤壁市	119	119	30	2100	1878
通城县	200	200	8	450	230
崇阳县	60	60	14	780	160
通山县					
恩施州					
恩施州直					
恩施市					
建始县					
巴东县					
利川市					
宣恩县					
咸丰县					
来凤县					
鹤峰县					
随州市	**300**		**30**	**3680**	**374**
曾都区					
随县			9	900	113
广水市	300		21	2780	261
仙桃市	**497.43**	**487.43**	**38**	**1710**	**2956**
天门市	**1862**	**542**	**63**	**3780**	**660**
潜江市	**811.36**	**811.36**	**113**	**7586**	**3048**
神农架					

增殖渔业产量及面积

产量：吨、面积：公顷

单位	产量				面积			
	合计	湖泊	水库	其他	合计	湖泊	水库	其他
湖北省	**194802**	**91670**	**98168**	**4964**	**322319**	**149301**	**167694**	**5324**
省直属								
武汉市	**23379**	**21712**	**1667**		**47535**	**42586**	**4949**	
武汉市直	345	345			115	115		
新洲区	2105	1508	597		6164	5028	1136	
江夏区	13914	13879	35		21739	21324	415	
蔡甸区	3753	3753			8652	8652		
黄陂区	3262	2227	1035		10865	7467	3398	
黄石市	**23601**	**19540**	**3896**	**165**	**26002**	**23866**	**2050**	**86**
黄石市直	145	82	6	57	95	64	5	26
大冶市	17606	13758	3740	108	9781	8369	1352	60
阳新县	5850	5700	150		16126	15433	693	
十堰市	**5394**		**5394**		**58925**		**58390**	**535**
十堰市直								
十堰市辖区								
丹江口市	3133		3133		46666		46666	
郧县	55		55		1065		530	535
郧西	455		455		1080		1080	
竹山县	965		965		5110		5110	
竹溪县	308		308		3730		3730	
房县	478		478		1274		1274	
荆州市	**9824**	**8189**	**445**	**1190**	**31894**	**27624**	**3267**	**1003**
荆州市直								
荆州区	374	196	178		3940	2116	1824	
沙市区	9	9			21	21		
荆州市开发区								
江陵县	592	592			411	411		
松滋市	750	375	200	175	3243	1602	860	781
公安县	1089	1012	67	10	9532	8927	583	22
石首市	1860	1860			9067	9067		
监利县	4293	4145		148	5680	5480		200
洪湖市	857			857				
宜昌市	**10182**	**1428**	**8608**	**146**	**22945**	**2263**	**20500**	**182**
宜昌市直	70		70		40		40	
夷陵区	300		300		200		200	
宜都市	800	400	400		2000	600	1400	
枝江市	3370	1028	2296	46	3415	1663	1641	111
当阳市	3609		3609		5195		5195	
远安县	68		68		2874		2874	
兴山县	18		18		10		10	
秭归县	70		70		40		40	
长阳县	1869		1769	100	9138		9067	71
五峰县	8		8		33		33	
襄阳市	**41888**		**41888**		**22602**		**22602**	
襄阳市直								
襄阳市辖区	964		964		1264		1264	
老河口市	12200		12200		3600		3600	
襄州区	7648		7648		3209		3209	
枣阳市	15830		15830		7648		7648	
宜城市	3147		3147		2776		2776	
南漳县	760		760		1559		1559	
谷城县	905		905		1653		1653	
保康县	434		434		893		893	
鄂州市	**14237**	**13647**	**590**		**17430**	**16864**	**566**	
鄂城区	3944	3354	590		4768	4415	353	
华容区	10293	10293			4449	4449		
梁子湖区					8213	8000	213	

续表

产量：吨、面积：公顷

单位	产量				面积			
	合计	湖泊	水库	其他	合计	湖泊	水库	其他
荆门市	**10663**	**2989**	**7674**		**31473**	**8103**	**23370**	
荆门市直								
荆门市辖区								
沙洋县	2750	2045	705		8857	6535	2322	
钟祥市	3268	944	2324		8235	1568	6667	
京山县	495		495		3266		3266	
沙洋农场								
东宝区	1426		1426		6336		6336	
掇刀区	523		523		829		829	
漳河新区	2151		2151		3600		3600	
屈家岭管理区	50		50		350		350	
孝感市	**10493**	**3369**	**5579**	**1545**	**13228**	**4937**	**7257**	**1034**
孝南区	2441	1035	1406		1834	1251	583	
孝昌县	1027		1027		1318		1318	
大悟县	1200		1200		2000		2000	
安陆市	1116		1116		1240		1240	
云梦县	30		30		133		133	
应城市	1500	500	800	200	5317	2839	1983	495
汉川市	3179	1834		1345	1386	847		539
孝感市辖区								
黄冈市	**28019**	**15215**	**11124**	**1680**	**22882**	**10807**	**11231**	**844**
黄州区	4394	2686	204	1504	2551	1791	91	669
团风县	2672	979	1693		486	218	268	
红安县	345		325	20	1058		1058	
麻城市	2625		2625		3600		3500	100
罗田县	1100		1100		1467		1467	
英山县								
浠水县	5049	3754	1295		3531	2406	1125	
蕲春县	4113	2906	1207		4856	3066	1790	
武穴市	6216	3685	2375	156	3200	1926	1199	75
黄梅县	1505	1205	300		2133	1400	733	
龙感湖区								
咸宁市	**1958**	**551**	**1169**	**238**	**12609**	**7947**	**3022**	**1640**
咸宁市直								
咸安区	300	200	100		6574	4431	1260	883
嘉鱼县	422	351	13	58	4227	3516	130	581
赤壁市								
通城县	760		580	180	1498		1322	176
崇阳县	476		476		310		310	
通山县								
恩施州								
恩施州直								
恩施市								
建始县								
巴东县								
利川市								
宣恩县								
咸丰县								
来凤县								
鹤峰县								
随州市	**9803**		**9803**		**10150**		**10150**	
曾都区	1480		1480		1644		1644	
随县	6803		6803		6667		6667	
广水市	1520		1520		1839		1839	
仙桃市								
天门市	**1919**	**1588**	**331**		**2591**	**2251**	**340**	
潜江市	**3442**	**3442**			**2053**	**2053**		
神农架								

增殖渔业产量（按品种分）

单位	合计	一、鱼类						
		小计	青鱼	草鱼	鲢鱼	鳙鱼	鲌鱼	其他
湖北省	**194802**	**190692**	**12466**	**37399**	**59944**	**53455**	**9619**	**17809**
省直属								
武汉市	**23379**	**23133**	**2241**	**5432**	**6212**	**6087**	**2496**	**665**
武汉市直	345	345	45	155	99	46		
新洲区	2105	2105	214	378	721	507	129	156
江夏区	13914	13668	1693	3147	2630	3925	1923	350
蔡甸区	3753	3753	289	718	1703	667	217	159
黄陂区	3262	3262		1034	1059	942	227	
黄石市	**23601**	**23185**	**1544**	**5604**	**8018**	**5129**	**844**	**2046**
黄石市直	145	64	3	20	21	16		4
大冶市	17606	17606	1086	5330	6690	3500	800	200
阳新县	5850	5515	455	254	1307	1613	44	1842
十堰市	**5394**	**5277**	**177**	**848**	**1703**	**1661**	**408**	**480**
十堰市直								
十堰市辖区								
丹江口市	3133	3133		470	1097	940	313	313
郧县	55	55	2	8	33	10	1	1
郧西	455	455		75	180	140	25	35
竹山县	965	915	165	196	212	223	69	50
竹溪县	308	308	10	60	82	75		81
房县	478	411		39	99	273		
荆州市	**9824**	**8483**	**875**	**1750**	**2386**	**2036**	**632**	**804**
荆州市直								
荆州区	374	374	42	33	168	91	40	
沙市区	9	9	1	3	3	2		
荆州市开发区								
江陵县	592	592	39	212	227	114		
松滋市	750	750	60	225	230	75	60	100
公安县	1089	1010	97	155	435	251	59	13
石首市	1860	1770	189	246	264	539	341	191
监利县	4293	3121	447	656	954	932	132	
洪湖市	857	857		220	105	32		500
宜昌市	**10182**	**10182**	**957**	**2348**	**3242**	**2070**	**405**	**1160**
宜昌市直	70	70		10	40	20		
夷陵区	300	300		30	160	90	20	
宜都市	800	800	20	200	450	130		
枝江市	3370	3370	548	1345	658	427	166	226
当阳市	3609	3609	94	536	1713	1006	139	121
远安县	68	68			43	25		
兴山县	18	18	5	5	5			3
秭归县	70	70	10	20	20	20		
长阳县	1869	1869	280	200	150	350	80	809
五峰县	8	8		2	3	2		1
襄阳市	**41888**	**41888**	**2160**	**8219**	**13283**	**11832**	**406**	**5988**
襄阳市直								
襄阳市辖区	964	964	63	117	366	380	8	30
老河口市	12200	12200	1430	1680	2510	2320	210	4050
襄州区	7648	7648	168	1975	2451	2864	23	167
枣阳市	15830	15830	54	3576	6062	4518	105	1515
宜城市	3147	3147	148	653	1258	988	33	67
南漳县	760	760	25	95	345	270	20	5
谷城县	905	905	260	100	110	280	6	149
保康县	434	434	12	23	181	212	1	5
鄂州市	**14237**	**13847**	**1180**	**3207**	**3838**	**2421**	**1921**	**1280**
鄂城区	3944	3944	184	725	1404	1042	116	473
华容区	10293	9903	996	2482	2434	1379	1805	807
梁子湖区								

续表 1

单位	合计	一、鱼类						
		小计	青鱼	草鱼	鲢鱼	鳙鱼	鲌鱼	其他
荆门市	**10663**	**10643**	**605**	**1456**	**4169**	**2698**	**1291**	**424**
荆门市直								
荆门市辖区								
沙洋县	2750	2750	130	220	1521	614	111	154
钟祥市	3268	3268		235	789	1394	850	
京山县	495	475	44	89	226	63	32	21
沙洋农场								
东宝区	1426	1426	107	226	698	203	42	150
掇刀区	523	523	86	124	151	162		
漳河新区	2151	2151	236	560	756	244	256	99
屈家岭管理区	50	50	2	2	28	18		
孝感市	**10493**	**9720**	**440**	**2544**	**2547**	**2532**	**129**	**1528**
孝南区	2441	2441	7	264	341	1217	26	586
孝昌县	1027	1027	16	46	574	386	5	
大悟县	1200	1200	30	225	480	360	10	95
安陆市	1116	1104	65	172	391	293	87	96
云梦县	30	30	1	5	14	4		6
应城市	1500	1500	230	890	240	138	1	1
汉川市	3179	2418	91	942	507	134		744
孝感市辖区								
黄冈市	**28019**	**27449**	**1427**	**4341**	**7798**	**10957**	**613**	**2313**
黄州区	4394	4394	598	1312	752	932		800
团风县	2672	2672	134	535	1338	402		263
红安县	345	325	17	33	195	65	6	9
麻城市	2625	2625	20	120	1050	1350		85
罗田县	1100	1100		22	776	258	44	
英山县								
浠水县	5049	4829	97	194	1625	1738	289	886
蕲春县	4113	4113	39	113	836	2942	58	125
武穴市	6216	6191	452	1902	886	2780	156	15
黄梅县	1505	1200	70	110	340	490	60	130
龙感湖区								
咸宁市	**1958**	**1936**	**46**	**176**	**843**	**609**		**262**
咸宁市直								
咸安区	300	300	3	40	65	40		152
嘉鱼县	422	400		80	120	90		110
赤壁市								
通城县	760	760			400	360		
崇阳县	476	476	43	56	258	119		
通山县								
恩施州								
恩施州直								
恩施市								
建始县								
巴东县								
利川市								
宣恩县								
咸丰县								
来凤县								
鹤峰县								
随州市	**9803**	**9801**	**86**	**179**	**4998**	**4363**	**135**	**40**
曾都区	1480	1478	76	119	736	442	77	28
随县	6803	6803			4082	2721		
广水市	1520	1520	10	60	180	1200	58	12
仙桃市								
天门市	**1919**	**1706**	**83**	**615**	**271**	**288**	**139**	**310**
潜江市	**3442**	**3442**	**645**	**680**	**636**	**772**	**200**	**509**
神农架								

续表 2　　单位：吨

单位	二、贝类				三、其他
	小计	河蚌	螺	蚬	
湖北省	**1145**	**682**	**348**	**115**	**2965**
省直属					
武汉市					**246**
武汉市直					
新洲区					
江夏区					246
蔡甸区					
黄陂区					
黄石市	**293**	**35**	**164**	**94**	**123**
黄石市直					81
大冶市					
阳新县	293	35	164	94	42
十堰市	**6**	**3**	**3**		**111**
十堰市直					
十堰市辖区					
丹江口市					
郧县					
郧西					
竹山县					50
竹溪县					
房县	6	3	3		61
荆州市	**62**	**25**	**32**	**5**	**1279**
荆州市直					
荆州区					
沙市区					
荆州市开发区					
江陵县					
松滋市					
公安县	57	21	31	5	22
石首市	5	4	1		85
监利县					1172
洪湖市					
宜昌市					
宜昌市直					
夷陵区					
宜都市					
枝江市					
当阳市					
远安县					
兴山县					
秭归县					
长阳县					
五峰县					
襄阳市					
襄阳市直					
襄阳市辖区					
老河口市					
襄州区					
枣阳市					
宜城市					
南漳县					
谷城县					
保康县					
鄂州市	**11**	**1**	**10**		**379**
鄂城区					
华容区	11	1	10		379
梁子湖区					

续表 3 单位：吨

单位	二、贝类				三、其他
	小计	河蚌	螺	蚬	
荆门市					**20**
荆门市直					
荆门市辖区					
沙洋县					
钟祥市					
京山县					20
沙洋农场					
东宝区					
掇刀区					
漳河新区					
屈家岭管理区					
孝感市	**521**	**467**	**48**	**6**	**252**
孝南区					
孝昌县					
大悟县					
安陆市					12
云梦县					
应城市					
汉川市	521	467	48	6	240
孝感市辖区					
黄冈市	**123**	**79**	**34**	**10**	**447**
黄州区					
团风县					
红安县					20
麻城市					
罗田县					
英山县					
浠水县					220
蕲春县					
武穴市	23	19	4		2
黄梅县	100	60	30	10	205
龙感湖区					
咸宁市					**22**
咸宁市直					
咸安区					
嘉鱼县					22
赤壁市					
通城县					
崇阳县					
通山县					
恩施州					
恩施州直					
恩施市					
建始县					
巴东县					
利川市					
宣恩县					
咸丰县					
来凤县					
鹤峰县					
随州市					**2**
曾都区					2
随县					
广水市					
仙桃市					
天门市	**129**	**72**	**57**		**84**
潜江市					
神农架					

《湖北农村统计年鉴-2019》

农机服务组织人员及投入产出情况

单位	（一）农机服务组织		其中：1.拥有农机原值50万元（含50万元）以上的		2.农机专业合作社		其中：拥有农机原值100万元（含100万元）以上的	
	年末机构数（个）	年末人数（人）	年末机构数（个）	年末人数（人）	年末机构数（个）	年末人数（人）	年末机构数（个）	年末人数（人）
湖北省	**8058**	**136587**	**2137**	**45348**	**2776**	**96321**	**1058**	**44613**
武汉市	**2474**	**9122**	**67**	**674**	**153**	**1786**	**60**	**761**
洪山区	4	48			2	27		
东西湖区	8	352	1	3	3	125	3	125
汉南区	22	518	3	117	9	113	2	52
蔡甸区	47	550	12	168	26	321		
江夏区	1902	4810	9	153	31	446	2	38
黄陂区	129	752	35	201	49	339	27	212
新洲区	361	2082	7	32	33	415	26	334
市直	1	10						
黄石市	**118**	**1929**	**22**	**91**	**69**	**1773**	**25**	**844**
黄石港区								
西塞山区	2	7	1	2	1	5		
下陆区								
铁山区								
阳新县	63	921	7	29	33	827	7	70
大冶市	52	951	14	60	34	891	18	774
经济开发区	1	50			1	50		
市直								
十堰市	**169**	**4250**	**50**	**1037**	**101**	**2976**	**12**	**669**
茅箭区	3	8	1	3	2	5		
张湾区	1	12			1	12		
郧阳区	14	830	3	328	14	830	5	502
郧西县	39	885	4	30	38	780	2	67
竹山县	11	152	8	123	7	102	2	26
竹溪县	15	732	2	108	7	378	1	22
房县	25	685	10	65	14	601	1	45
丹江口市	61	946	22	380	18	268	1	7
市直								
宜昌市	**503**	**9954**	**143**	**4125**	**155**	**7126**	**23**	**986**
西陵区								
伍家岗区								
点军区	1	4			1	4		
猇亭区	7	309	6	9	1	300		
夷陵区	64	524	18	60	22	160	3	15
远安县	12	312	10	280	12	312	2	32
兴山县	8	1500	8	76	5	1100		
秭归县	3	895	3	895	3	895	1	327
长阳自治县	5	223			5	223		
五峰自治县	20	303	3	15	9	270	1	6
宜都市	29	665			8	441		
当阳市	278	2319	40	690	13	521	8	446
枝江市	76	2900	55	2100	76	2900	8	160
市直								
襄阳市	**601**	**23308**	**281**	**4461**	**404**	**19551**	**253**	**16348**

续表 1

单位	(一)农机服务组织		其中：1.拥有农机原值50万元（含50万元）以上的		2.农机专业合作社		其中：拥有农机原值100万元（含100万元）以上的	
	年末机构数（个）	年末人数（人）	年末机构数（个）	年末人数（人）	年末机构数（个）	年末人数（人）	年末机构数（个）	年末人数（人）
襄城区	6	260	1	90	6	260		
樊城区	3	42	1	32	3	42		
襄州区	161	15680	38	1850	99	13482	90	13066
开发区	11	130	9	85	11	130	9	85
南漳县	143	1146	97	643	106	668	53	436
谷城县	50	1892	12	287	15	1231	4	65
保康县	24	444	3	48	7	328		
老河口市	19	615			19	615	19	615
枣阳市	99	1287	80	1200	93	1209	33	495
宜城市	57	1637	12	51	45	1586	45	1586
襄北农场	28	175	28	175				
市直								
鄂州市	**82**	**1151**	**19**	**251**	**60**	**855**	**7**	**192**
梁子湖区	33	772	2	163	29	573	2	163
华容区	28	245	15	75	10	163	3	16
鄂城区	21	134	2	13	21	119	2	13
开发区								
葛店开发区								
西山街办								
市直								
荆门市	**624**	**9941**	**238**	**4800**	**507**	**9002**	**92**	**2067**
东宝区	34	694	15	443	23	596	8	394
掇刀区	36	385	1	58	13	217	1	53
京山县	72	1190	52	591	72	1190	16	435
沙洋县	136	1934	34	780	117	1592	22	338
钟祥市	303	4895	102	2317	246	4642	23	471
屈家岭	13	248	9	227	9	227	4	98
沙洋农场	21	335	21	316	18	278	18	278
漳河新区	9	260	4	68	9	260		
市直								
孝感市	**571**	**7303**	**229**	**2286**	**158**	**5367**	**93**	**3291**
孝南区	65	1025	25	148	23	860	12	45
孝昌县	59	1155	26	1146	18	882	18	882
大悟县	35	312	11	65	13	180	4	92
云梦县	12	476	12	476	12	476		
应城市	67	588	40	195	27	393	8	112
安陆市	231	1617	50	185	29	896	19	510
汉川市	102	2130	65	71	36	1680	32	1650
市直								
荆州市	**602**	**21606**	**156**	**6115**	**287**	**14931**	**147**	**8803**
沙市区	122	1059	12	41	13	620	9	500
荆州区	35	1350	32	1200	13	620	11	600
公安县	24	1728	3	94	24	1141	3	94
监利县	94	6400	15	230	94	6400	94	6400
江陵县	182	4976	12	252	18	292	5	38
石首市	38	1623	20	893	38	1623	12	445
洪湖市	51	3492	48	3321	51	3492	4	554

续表 2

单位	（一）农机服务组织		其中：1.拥有农机原值50万元（含50万元）以上的		2.农机专业合作社		其中：拥有农机原值100万元（含100万元）以上的	
	年末机构数（个）	年末人数（人）	年末机构数（个）	年末人数（人）	年末机构数（个）	年末人数（人）	年末机构数（个）	年末人数（人）
松滋市	54	965	12	71	34	730	8	164
开发区	2	13	2	13	2	13	1	8
市直								
黄冈市	**394**	**15041**	**216**	**8765**	**326**	**13937**	**92**	**4256**
黄州区	6	206	6	206	6	206	2	113
龙感湖区	5	281	5	281	5	281	5	281
团风县	55	754	15	162	35	673	9	213
红安县	42	876	18	152	23	742		
罗田县	36	2972	18	670	36	2972	10	420
英山县	22	600	8	400	14	400		
浠水县	41	2479	21	1395	39	2424	16	1015
蕲春县	75	2812	20	1542	69	2472	4	32
黄梅县	40	1582	34	1484	34	1484	9	521
麻城市	35	1733	35	1733	28	1537	18	1238
武穴市	37	746	36	740	37	746	19	423
市直								
咸宁市	**184**	**2624**	**89**	**1290**	**86**	**2223**	**47**	**1215**
咸安区	12	545	12	545	12	545	12	545
嘉鱼县	60	465	40	143	21	294	4	37
通城县	25	360	5	115	15	306	5	173
崇阳县	48	440	12	58	11	307	7	75
通山县	8	386	8	386	8	386		
赤壁市	31	428	12	43	19	385	19	385
市直								
随州市	**99**	**1594**	**20**	**520**	**70**	**1435**	**13**	**508**
随县	29	198	3	14	16	149	3	15
曾都区	26	526	13	456	11	456	7	423
广水市	44	870	4	50	43	830	3	70
市直								
恩施自治州	**263**	**5342**	**63**	**1429**	**62**	**1832**	**5**	**181**
恩施市	33	138	1	14	20	82	1	3
利川市	117	1713	29	211	10	350	1	20
建始县	5	593	1	8	6	550	2	20
巴东县	9	55	2	17	7	50		
宣恩县	10	372	2	73	3	118		
咸丰县	75	1027	23	481	9	352		
来凤县	6	328	3	246	6	325	1	138
鹤峰县	8	1116	2	379	1	5		
市直								
仙桃市	**37**	**1334**	**37**	**1334**	**37**	**1334**	**6**	**71**
潜江市	**642**	**3799**	**320**	**1622**	**101**	**2588**	**101**	**485**
天门市	**688**	**18250**	**185**	**6540**	**193**	**9566**	**82**	**3936**
神农架林区	**7**	**39**	**2**	**8**	**7**	**39**		
省直								

续表 3

单位	（二）农机户		其中：拥有农机原值 20 万元（含 20 万元）以上的		其中：农机作业服务专业户		二、农机维修厂及维修点	
	年末机构数（个）	年末人数（人）	年末机构数（个）	年末人数（人）	年末机构数（个）	年末人数（人）	年末机构数（个）	年末人数（人）
湖北省	**1729070**	**2244977**	**15682**	**39891**	**160105**	**329101**	**5119**	**15957**
武汉市	**59990**	**80593**	**367**	**874**	**13858**	**16862**	**282**	**1125**
洪山区	1082	1458			1082	1458	1	2
东西湖区	3860	3860	50	50	1098	1098	1	1
汉南区	5568	6347	2	4	588	612	10	134
蔡甸区	7116	7116	3	3	307	307	40	131
江夏区	12831	15199	54	89	5271	6704	117	590
黄陂区	7335	13301	193	543	193	543	46	78
新洲区	20987	32076	65	185	5274	6087	65	185
市直	1211	1236			45	53	2	4
黄石市	**1774**	**6871**	**258**	**659**	**1419**	**6096**	**79**	**198**
黄石港区								
西塞山区	30	30						
下陆区	1	1						
铁山区								
阳新县	711	4070	194	486	517	3584	50	121
大冶市	976	2710	64	173	902	2512	29	77
经济开发区	56	60						
市直								
十堰市	**40631**	**81644**	**561**	**2702**	**23982**	**53612**	**567**	**2113**
茅箭区		281					3	8
张湾区	1710	4161	3	40	5	11	11	25
郧阳区	6487	23663	337	1753	6150	21910	289	1267
郧西县	9276	16557	26	101	2160	4096	88	407
竹山县	8618	10126	106	221	4563	5703	68	136
竹溪县	206	234	1	2	6	13	16	36
房县	4734	13322	60	165	4672	13059	22	48
丹江口市	9600	13300	28	420	6426	8820	70	186
市直								
宜昌市	**216325**	**240012**	**1231**	**2284**	**12580**	**21299**	**156**	**498**
西陵区	39	74	13	24				
伍家岗区	950	995	5	7	10	20	2	5
点军区	625	625	175	175			6	21
猇亭区							1	2
夷陵区	57124	58000	178	425	20	30	32	70
远安县	9890	9890	52	75	5	30	17	57
兴山县	16526	16526	3	3			22	22
秭归县	25671	25944	91	364				
长阳自治县	7982	7982	2	2			2	11
五峰自治县	5513	5872			911	1811	20	178
宜都市	7464	8185	162	474			5	12
当阳市	49341	59209	254	439	4834	5888	15	45
枝江市	35200	46710	296	296	6800	13520	34	75
市直								
襄阳市	**279093**	**412381**	**4337**	**11500**	**30098**	**43456**	**1067**	**2564**

续表 4

单位	（二）农机户		其中：拥有农机原值 20 万元（含 20 万元）以上的		其中：农机作业服务专业户		二、农机维修厂及维修点	
	年末机构数（个）	年末人数（人）	年末机构数（个）	年末人数（人）	年末机构数（个）	年末人数（人）	年末机构数（个）	年末人数（人）
襄城区	196	306	6	7	6	243	64	137
樊城区	80	83	75	72	5	8	5	15
襄州区	90480	133888	751	2230	655	812	312	888
开发区	30	40	5	10	25	30	6	45
南漳县	1923	4426	1923	4426	1796	4130	108	325
谷城县	15896	19774	89	141	220	267	86	197
保康县	44059	87218	56	166	4200	13600	1	85
老河口市	24688	28478	817	2854	22804	23356	110	280
枣阳市	15805	47415	316	822	150	300	260	367
宜城市	85789	90606	237	710	237	710	109	211
襄北农场	147	147	62	62			6	14
市直								
鄂州市	**7123**	**13276**	**167**	**746**	**7033**	**12625**	**97**	**305**
梁子湖区	2326	4766	74	362	2326	4766	16	33
华容区	1456	2820	75	197	1378	2169	13	45
鄂城区	3341	5690	18	187	3329	5690	68	227
开发区								
葛店开发区								
西山街办								
市直								
荆门市	**300116**	**331235**	**1066**	**2077**	**7178**	**9163**	**644**	**1469**
东宝区	25677	28057	161	334	1434	1676	30	66
掇刀区	14817	15118	26	52	2028	2030	33	113
京山县	60590	62280	144	328	549	1112	73	225
沙洋县	74222	88692	243	490	1580	1638	114	324
钟祥市	114327	125023	262	464	395	762	365	679
屈家岭	520	1200	186	342	520	1200	8	32
沙洋农场	19	19	19	19	17	17		
漳河新区	9944	10846	25	48	655	728	21	30
市直								
孝感市	**85469**	**110493**	**1539**	**4180**	**7494**	**11252**	**476**	**1182**
孝南区	5130	5835	210	560	210	560	31	130
孝昌县	4250	8500	235	587	551	1102	29	116
大悟县	2635	3115	193	431	2385	2579	28	62
云梦县	7108	19900	285	1143	285	1143	50	121
应城市	2018	2747	125	178	1853	2480	124	517
安陆市	17278	23346	426	1210	2160	3336	9	31
汉川市	47050	47050	65	71	50	52	205	205
市直								
荆州市	**357643**	**417632**	**1745**	**2879**	**7591**	**70073**	**332**	**936**
沙市区	13284	15940	112	320	546	958	19	63
荆州区	19950	24200	335	350	500	1892	15	130
公安县	66084	79301	141	401	4935	63627	150	261
监利县	75802	90962	62	105	82	390	11	45
江陵县	29366	30742	145	462	1087	2580	5	22

续表 5

单位	（二）农机户		其中：拥有农机原值 20 万元（含 20 万元）以上的		其中：农机作业服务专业户		二、农机维修厂及维修点	
	年末机构数（个）	年末人数（人）	年末机构数（个）	年末人数（人）	年末机构数（个）	年末人数（人）	年末机构数（个）	年末人数（人）
石首市	34102	34102	182	182			2	18
洪湖市	78402	93831	665	837	398	502	107	282
松滋市	39506	47407	78	194	38	96	15	88
开发区	1147	1147	25	28	5	28	8	27
市直								
黄冈市	**154994**	**244241**	**1494**	**3486**	**13523**	**21230**	**425**	**1549**
黄州区	179	243	9	15	113	231	16	33
龙感湖区	156	262	15	30	139	226	4	9
团风县	4325	5013	51	131	13	37	45	136
红安县	7873	8586	125	198			77	406
罗田县	5120	13820	106	372	1245	2462	16	156
英山县	8363	34430	512	1260			43	107
浠水县	38718	42388	64	159	4914	7107	44	157
蕲春县	26870	44724	76	184	3224	4006	84	201
黄梅县	26008	31523	226	408	226	408	31	84
麻城市	27678	49372	69	231	69	231	15	54
武穴市	9704	13880	241	498	3580	6522	50	206
市直								
咸宁市	**54897**	**72677**	**422**	**1547**	**3707**	**5460**	**169**	**636**
咸安区	19150	19530	167	201	167	201	15	22
嘉鱼县	8002	16012	32	305			13	37
通城县	9704	11264	130	809			13	27
崇阳县	3625	5418	37	112	3520	5185	40	152
通山县	8593	9641	21	37	15	31	62	272
赤壁市	5823	10812	35	83	5	43	26	126
市直								
随州市	**41721**	**48103**	**644**	**1044**	**3708**	**4200**	**181**	**1758**
随县	3495	5223	102	191	38	102	92	1577
曾都区	27226	27873	182	283	1320	1468	39	71
广水市	11000	15007	360	570	2350	2630	50	110
市直								
恩施自治州	**81745**	**107799**	**809**	**2806**	**6350**	**10796**	**328**	**719**
恩施市	2320	2320	30	30	15	42	3	10
利川市	20500	29232	274	876	2384	4712	81	167
建始县	4500	10250	7	15	108	825	24	32
巴东县	8296	12411					2	10
宣恩县	38400	42670	223	854	2	126	16	65
咸丰县	2252	3252			2252	3252	70	110
来凤县	5125	6132	24	68	1589	1839	68	135
鹤峰县	352	1532	251	963			64	190
市直								
仙桃市	**40081**	**48575**	**163**	**380**	**10328**	**15302**	**50**	**132**
潜江市	**712**	**1958**	**389**	**759**	**4500**	**188**	**55**	**179**
天门市	**6722**	**27342**	**460**	**1840**	**6722**	**27342**	**198**	**514**
神农架林区	**34**	**145**	**30**	**128**	**34**	**145**	**13**	**80**
省直								

续表 6

单位	三、乡村农机从业人员	其中：持有拖拉机驾驶证人员	持有联合收割机驾驶证人员	同时持有拖拉机、联合收割机驾驶证人员	农机维修人员	其中：持有职业资格证书人员
	年末人数（人）	年末人数（人）	年末人数（人）	年末人数（人）	年末人数（人）	年末人数（人）
湖北省	**2300787**	**608240**	**100216**	**34819**	**30505**	**4827**
武汉市	**67798**	**20062**	**1928**	**823**	**2001**	**220**
洪山区	1621	184	7		3	3
东西湖区	4557	1451	138	138	99	46
汉南区	1512	968	29	3	134	
蔡甸区	7512	2720	360	78	121	112
江夏区	26527	6103	655	72	601	12
黄陂区	4994	2165	281	76	433	47
新洲区	20060	6338	456	456	590	
市直	1015	133	2		20	
黄石市	**11995**	**4261**	**1415**	**820**	**499**	**90**
黄石港区						
西塞山区	30	3	2	1		
下陆区		7				
铁山区						
阳新县	6660	1737	862	754	121	18
大冶市	5214	2488	546	62	377	72
经济开发区	91	26	5	3	1	
市直						
十堰市	**78540**	**28874**	**325**	**252**	**3051**	**215**
茅箭区						
张湾区	712	20			25	
郧阳区	22980	21118	40	150	1505	
郧西县	17650	1945	62	29	554	5
竹山县	15321	2726	58	46	425	162
竹溪县	1776	339			36	15
房县	5741	2698	165	27	320	13
丹江口市	14360	28			186	20
市直						
宜昌市	**185229**	**40450**	**2564**	**618**	**521**	**91**
西陵区						
伍家岗区	800	30			6	5
点军区	1	1				
猇亭区	297	50			2	2
夷陵区	5000	520	48	40	80	25
远安县	9950	1464	345	67	55	8
兴山县	9627	2983			18	18
秭归县	27560	532				
长阳自治县	10502	512	5		71	
五峰自治县	5872	624	8		84	
宜都市	8567	1652	56	6	64	
当阳市	57353	3700	720	300	45	26
枝江市	49700	28382	1382	205	96	7
市直						
襄阳市	**458096**	**153708**	**17468**	**4500**	**3563**	**229**

续表 7

单位	三、乡村农机从业人员	其中：持有拖拉机驾驶证人员	持有联合收割机驾驶证人员	同时持有拖拉机、联合收割机驾驶证人员	农机维修人员	其中：持有职业资格证书人员
	年末人数（人）	年末人数（人）	年末人数（人）	年末人数（人）	年末人数（人）	年末人数（人）
襄城区	1326	617	502		137	
樊城区	9950	710	265	85	15	3
襄州区	155888	12600	6150	480	1635	29
开发区	230	85	55		40	
南漳县	5687	1804	1955	362	546	25
谷城县	18713	10519	848	760	267	12
保康县	35480	3968	172	42	85	
老河口市	28125	26658	1140	82	245	5
枣阳市	106694	96025	6050	2689	367	52
宜城市	95837	626	280		214	103
襄北农场	166	96	51		12	
市直						
鄂州市	**14046**	**5825**	**565**	**482**	**1569**	**30**
梁子湖区	7096	1615	38		34	10
华容区	3060	2100	395	350	215	15
鄂城区	3890	2110	132	132	1320	5
开发区						
葛店开发区						
西山街办						
市直						
荆门市	**271297**	**61047**	**14239**	**6009**	**1699**	**271**
东宝区	28471	5372	1323	109	72	37
掇刀区	15118	1209	817	566	305	132
京山县	62540	3460	1250	960	250	47
沙洋县	76616	31607	3685	1071	287	13
钟祥市	73057	17930	5792	2556	704	2
屈家岭	2020	680	830	480	30	15
沙洋农场	335	240	85		10	5
漳河新区	13140	549	457	267	41	20
市直						
孝感市	**98661**	**39290**	**6512**	**2992**	**1884**	**406**
孝南区	6540	3040	345	35	190	85
孝昌县	16186	4489	567	740	406	116
大悟县	9043	1740	576	213	252	105
云梦县	12110	5000	460	271	105	
应城市	8143	1725	772	512	60	60
安陆市	26205	7211	1093	21	421	22
汉川市	20434	16085	2699	1200	450	18
市直						
荆州市	**353994**	**79695**	**28221**	**2993**	**2154**	**382**
沙市区	18103	2082	202	37	68	3
荆州区	34000	2911	250	3	90	10
公安县	67778	12340	7994	93	320	72
监利县	87589	21970	11224	128	602	80
江陵县	37815	17526	4341	621	188	109

续表 8

单位	三、乡村农机从业人员	其中：持有拖拉机驾驶证人员	持有联合收割机驾驶证人员	同时持有拖拉机、联合收割机驾驶证人员	农机维修人员	其中：持有职业资格证书人员
	年末人数（人）	年末人数（人）	年末人数（人）	年末人数（人）	年末人数（人）	年末人数（人）
石首市	33245	893	164	83	210	
洪湖市	47359	1424	795	698	374	91
松滋市	25801	18393	3162	1298	275	17
开发区	2304	2156	89	32	27	
市直						
黄冈市	**186478**	**26597**	**4077**	**954**	**5317**	**1593**
黄州区	2183	912	91	2	133	117
龙感湖区	445	310	120	6	9	9
团风县	11413	160	117	65	478	16
红安县	10137	2872	164	95	573	153
罗田县	12630	2782	423	18	239	26
英山县	1540	1295	193		52	
浠水县	48589	8030	681	416	768	57
蕲春县	36640	6912	916	20	284	28
黄梅县	31564	553	573	178	458	270
麻城市	17457	2367	665	45	1698	395
武穴市	13880	404	134	109	625	522
市直						
咸宁市	**80230**	**5822**	**2389**	**548**	**2234**	**144**
咸安区	20160	753	58	24	374	51
嘉鱼县	16896	872	317	32	820	15
通城县	11430	48	9	3	289	12
崇阳县	11853	1364	685	382	164	12
通山县	9641	570	85	35	272	31
赤壁市	10250	2215	1235	72	315	23
市直						
随州市	**144884**	**94194**	**4081**	**936**	**1872**	**85**
随县	97258	87757	2636	541	1256	42
曾都区	28626	1537	765	195	336	2
广水市	19000	4900	680	200	280	41
市直						
恩施自治州	**146826**	**8860**	**530**	**1428**	**2135**	**480**
恩施市	8120	1398	92	1300	390	380
利川市	27834	2166	330	58	125	4
建始县	300	9	1		30	8
巴东县	22000	120			158	
宣恩县	31200	406	18	2	62	23
咸丰县	39452	2734	39	28	84	65
来凤县	16205	1469	40	40	139	
鹤峰县	1715	558	10		1147	
市直						
仙桃市	**67845**	**22465**	**2425**	**1820**	**158**	**6**
潜江市	**6763**	**4162**	**1065**	**188**	**1348**	**85**
天门市	**128100**	**12923**	**12412**	**9456**	**500**	**500**
神农架林区	**5**	**5**				
省直						

续表 9

单位	（一）财政资金	1.科研	2.推广	3.安全监理	4.试验鉴定
	万元	万元	万元	万元	万元
湖北省	**174347**	**572**	**5025**	**3522**	**103**
武汉市	**611**	**105**	**345**	**161**	
洪山区	6		3	3	
东西湖区	7		2	5	
汉南区	55		17	39	
蔡甸区	68		48	20	
江夏区	81		61	20	
黄陂区	107		89	18	
新洲区	281	105	120	56	
市直	6		5	1	
黄石市	**299**	**3**	**157**	**138**	**1**
黄石港区					
西塞山区					
下陆区					
铁山区					
阳新县	194	3	92	98	1
大冶市	102		62	40	
经济开发区	3		3		
市直					
十堰市	**2733**	**30**	**216**	**178**	**40**
茅箭区	315				
张湾区	12		12		
郧阳区	125	30	30	25	40
郧西县	95		95		
竹山县	38		20	18	
竹溪县	400		29	20	
房县	1723		20	100	
丹江口市	25		10	15	
市直					
宜昌市	**2010**		**503**	**410**	
西陵区					
伍家岗区	5			5	
点军区					
猇亭区	60		10		
夷陵区	224		154	70	
远安县	60		10	40	
兴山县	17		17		
秭归县	134		15	56	
长阳自治县	202		10	10	
五峰自治县	22		22		
宜都市	842		22	52	
当阳市	102		78		
枝江市	279		132	147	
市直	63		33	30	
襄阳市	**14414**	**63**	**273**	**580**	**20**

续表 10

单位	（一）财政资金	1.科研	2.推广	3.安全监理	4.试验鉴定
	万元	万元	万元	万元	万元
襄城区	468		2		
樊城区	28			28	
襄州区	5572		64	238	
开发区	8	3	5		
南漳县	458		53	130	
谷城县	160	60	40	40	20
保康县	172		68	104	
老河口市	7367		15	10	
枣阳市	20		20		
宜城市	162		7	30	
襄北农场					
市直					
鄂州市	**48**	**8**	**27**	**11**	**2**
梁子湖区	3			3	
华容区	24		24		
鄂城区	21	8	3	8	2
开发区					
葛店开发区					
西山街办					
市直					
荆门市	**481**		**84**	**151**	
东宝区	73			73	
掇刀区	192		40	20	
京山县	10		10		
沙洋县	56		11		
钟祥市	70		20	50	
屈家岭	70		3	8	
沙洋农场					
漳河新区					
市直					
孝感市	**1035**		**332**	**345**	
孝南区	347		10	30	
孝昌县	258		118	140	
大悟县	42		42		
云梦县	12		12		
应城市	80		14	15	
安陆市	209		93	116	
汉川市	65		25	40	
市直	22		18	4	
荆州市	**2804**		**110**	**201**	
沙市区					
荆州区	160		40	120	
公安县					
监利县	544				
江陵县	1196		20	50	

续表 11

单位	（一）财政资金	1.科研	2.推广	3.安全监理	4.试验鉴定
	万元	万元	万元	万元	万元
石首市			42		
洪湖市	872		7		
松滋市	17		1	16	
开发区	15			15	
市直					
黄冈市	**3417**	**30**	**610**	**220**	
黄州区	244		10	5	
龙感湖区					
团风县	55		35	20	
红安县	26		26		
罗田县	167		75	92	
英山县	20		10	10	
浠水县	107		87	20	
蕲春县	474		22		
黄梅县	1650		230	25	
麻城市	570	30	23	35	
武穴市	22		12	10	
市直	83		80	3	
咸宁市	**639**		**274**	**193**	
咸安区	63		53	10	
嘉鱼县	195		149	46	
通城县	263		22	69	
崇阳县	38		30	8	
通山县	39			39	
赤壁市	40		20	20	
市直					
随州市	**843**	**20**	**537**	**236**	
随县	220		185	35	
曾都区	157		65	42	
广水市	466	20	287	159	
市直					
恩施自治州	**429**	**3**	**58**	**65**	
恩施市	22		22		
利川市	13		3	10	
建始县					
巴东县	5		1	4	
宣恩县	101		12	3	
咸丰县	230	3	4	5	
来凤县	20		10	10	
鹤峰县	39		6	33	
市直					
仙桃市	**56**		**36**	**10**	**10**
潜江市	**101044**		**292**	**358**	
天门市	**41314**		**447**	**10**	
神农架林区	**40**	**10**	**10**	**20**	
省直	**2130**	**300**	**715**	**235**	**30**

续表 12

单位	（二）基本建设	（三）农业机械购置	五、农机服务收入	其中：农机作业服务收入
	万元	万元	万元	万元
湖北省	**18768**	**323100**	**2583059**	**1955025**
武汉市	**84**	**5952**	**183068**	**159612**
洪山区		100	5213	4859
东西湖区		220	900	400
汉南区		174	10592	4359
蔡甸区		930	34620	30100
江夏区		1329	27865	24125
黄陂区	84	1501	49316	48923
新洲区		1670	50640	43040
市直		28	3922	3806
黄石市	**161**	**966**	**25326**	**18106**
黄石港区		10		
西塞山区		1	13	12
下陆区				
铁山区				
阳新县	141	372	17800	10680
大冶市	20	567	7368	7288
经济开发区		15	146	127
市直				
十堰市	**1011**	**11673**	**145687**	**61958**
茅箭区				
张湾区		85	6500	280
郧阳区	35	550	32110	1350
郧西县	896	8350	26500	
竹山县	20	1184	13000	13000
竹溪县		475	7752	4652
房县	60	630	14375	850
丹江口市		399	45450	41826
市直				
宜昌市	**326**	**32825**	**163181**	**133165**
西陵区				
伍家岗区	2	10	2900	20
点军区		23	500	500
猇亭区		50	200	80
夷陵区		18655		
远安县	10	117	4854	2912
兴山县		255	522	300
秭归县		1590	9281	6496
长阳自治县	5	219	4681	309
五峰自治县		169	10170	35
宜都市	111	1661	6551	5183
当阳市	198	4977	61922	55730
枝江市		5100	61600	61600
市直				
襄阳市	**9747**	**65368**	**462448**	**320744**

续表 13

单位	（二）基本建设	（三）农业机械购置	五、农机服务收入	其中：农机作业服务收入
	万元	万元	万元	万元
襄城区	468	1639	7500	1500
樊城区		928	6200	3600
襄州区	1600	12080	111800	109600
开发区	5		20	
南漳县	22	2114	89690	78890
谷城县	300	2200	9500	2850
保康县		3642	18820	15410
老河口市	7352	7333	79318	79318
枣阳市		16151	110000	15216
宜城市		19281	27336	12246
襄北农场			2264	2114
市直				
鄂州市	**204**	**781**	**3890**	**3770**
梁子湖区		167	1200	1100
华容区	24	324	1350	1350
鄂城区	180	290	1340	1320
开发区				
葛店开发区				
西山街办				
市直				
荆门市	**1373**	**34272**	**191940**	**148905**
东宝区	132	2391	15642	15477
掇刀区		2056	4822	4107
京山县	20	8430	14720	11520
沙洋县	301	9488	6696	3830
钟祥市	900	11500	137768	104704
屈家岭		70	4000	3800
沙洋农场	20	80	3137	3137
漳河新区		257	5156	2330
市直				
孝感市	**608**	**25588**	**183340**	**159676**
孝南区	190	420	31000	25000
孝昌县	100	4033	19800	12640
大悟县	18	2163	6913	5530
云梦县		786	27115	27115
应城市	290	2680	35480	31570
安陆市		4236	25182	20164
汉川市	10	11270	37850	37657
市直				
荆州市	**861**	**32058**	**376497**	**256370**
沙市区		1220	16779	9333
荆州区		3335	43268	21000
公安县		2375	69729	56985
监利县	580	6664	109600	71240
江陵县	10	14126	41128	2550

续表 14

单位	（二）基本建设	（三）农业机械购置	五、农机服务收入	其中：农机作业服务收入
	万元	万元	万元	万元
石首市	10	2428	35228	35228
洪湖市		963	34872	34297
松滋市	261	800	25893	25737
开发区		147		
市直				
黄冈市	**1941**	**28033**	**271883**	**223921**
黄州区	10	229	3459	315
龙感湖区		24	1085	1070
团风县	651	1148	20135	12734
红安县	30	685	17586	16635
罗田县	1	6810	17860	1080
英山县	20	1521	15	15
浠水县	108	750	28712	27345
蕲春县		2684	11240	9780
黄梅县	650	8359	25828	24471
麻城市	15	1923	46363	41726
武穴市	456	3900	99600	88750
市直				
咸宁市	**320**	**11533**	**77874**	**57602**
咸安区	300	1909	23909	17909
嘉鱼县		3171	13285	5527
通城县		3928	12936	12745
崇阳县	20	45	4270	2850
通山县		451	5821	5315
赤壁市		2029	17653	13256
市直				
随州市	**350**	**13967**	**82346**	**74822**
随县		9130	52900	45600
曾都区		2012	9646	9422
广水市	350	2823	19800	19800
市直		2		
恩施自治州	**304**	**5989**	**136279**	**92229**
恩施市		1178	29800	29000
利川市	300	802	25740	18018
建始县		60	8000	50
巴东县		280	12130	7210
宣恩县		1390	14500	7400
咸丰县	4	165	15358	11023
来凤县		1628	19126	19126
鹤峰县		486	11625	402
市直				
仙桃市	**90**	**7672**	**115730**	**107631**
潜江市		**6594**	**38000**	**36060**
天门市	**1368**	**39498**	**125269**	**100215**
神农架林区	**20**	**331**	**300**	**240**
省直				

农业机械拥有量

单位名称	一、农业机械总动力(千瓦)	(一)柴油发动机动力 (千瓦)	(二)汽油发动机动力(千瓦)	(三)电动机动力(千瓦)	(四)其它机械动力(千瓦)
	数量	数量	数量	数量	数量
湖北省	**44245853**	**30700393**	**1681458**	**11734112**	**129890**
武汉市	**2343704**	**1372787**	**76902**	**866721**	**27295**
洪山区	111050	73450	6000	31600	
东西湖区	137447	107265	6271	23911	
汉南区	130497	76347	9802	44348	
蔡甸区	388263	219292	9147	159824	
江夏区	406532	254219	9577	142736	
黄陂区	588613	315245	11617	261751	
新洲区	537167	309522	18205	182145	27295
市直	44136	17447	6283	20406	
黄石市	**1198410**	**590106**	**28336**	**577318**	**2650**
黄石港区	1565	825		740	
西塞山区	3828	694	30	3103	
下陆区	258	258			
铁山区	101	96		5	
阳新县	643973	388456	13502	242015	
大冶市	544143	197917	14774	331451	
经济开发区	4543	1860	30	3	2650
市直					
十堰市	**1800242**	**843887**	**37411**	**907817**	**11127**
茅箭区	8340	5800	205	2335	
张湾区	34057	13419	1337	19301	
郧阳区	415013	217025	6208	191280	500
郧西县	369500	175000	1900	189000	3600
竹山县	264380	169216	4901	90264	
竹溪县	256205	110209	5316	140680	
房县	212850	25532	14975	165317	7027
丹江口市	239896	127687	2569	109640	
市直					
宜昌市	**3018694**	**1798344**	**193238**	**1011598**	**15514**
西陵区	2785	1247	840	698	
伍家岗区	13560	6135	1946	5479	
点军区	22995	2124	8631	12240	
猇亭区	11476	2800	3400	4535	741
夷陵区	359509	171097	29763	155849	2800
远安县	259861	196408	2811	60641	
兴山县	146845	77135	13358	55409	944
秭归县	174398	46893	31105	96400	
长阳自治县	248691	134410	6891	107390	
五峰自治县	122600	7299	17505	93307	4489
宜都市	185346	81952	23423	79971	
当阳市	757629	608292	19307	130030	
枝江市	713000	462552	34258	209650	6540
市直					
襄阳市	**6613925**	**5704599**	**78621**	**830104**	**600**

续表 1

单位名称	一、农业机械总动力(千瓦)	(一)柴油发动机动力 (千瓦)	(二)汽油发动机动力(千瓦)	(三)电动机动力(千瓦)	(四)其它机械动力(千瓦)
	数量	数量	数量	数量	数量
襄城区	305200	215300	1500	88000	400
樊城区	161831	145346	2035	14450	
襄州区	1352017	1297493	14483	40041	
开发区	15367	14679	158	330	200
南漳县	684593	613791	2416	68386	
谷城县	315699	196206	12389	107104	
保康县	370959	215211	21323	134425	
老河口市	761663	698800	8563	54300	
枣阳市	1615596	1371804	9684	234107	
宜城市	1014050	921053	5875	87122	
襄北农场	16950	14916	195	1839	
市直					
鄂州市	**568204**	**272884**	**15222**	**279888**	**210**
梁子湖区	198727	87578	5121	105818	210
华容区	163833	85010	4335	74488	
鄂城区	205644	100296	5766	99582	
开发区					
葛店开发区					
西山街办					
市直					
荆门市	**4861193**	**4288583**	**81319**	**466088**	**25204**
东宝区	396625	348655	1546	45744	680
掇刀区	258401	229227	2264	26764	146
京山县	1112264	979236	25928	92100	15000
沙洋县	1147000	1038101	30728	73814	4357
钟祥市	1676910	1463135	19848	192777	1150
屈家岭	103342	92135	264	9140	1803
沙洋农场	36743	19660	44	14971	2068
漳河新区	129908	118434	697	10778	
市直					
孝感市	**2659886**	**1806947**	**115847**	**737092**	
孝南区	289680	170250	17930	101500	
孝昌县	332609	193601	7426	131582	
大悟县	248261	160704	5297	82260	
云梦县	278633	187643	6856	84134	
应城市	361443	307817	9233	44393	
安陆市	341100	187122	46155	107823	
汉川市	808160	599810	22950	185400	
市直					
荆州市	**6389544**	**4993262**	**180089**	**1216193**	
沙市区	230200	167015	8284	54901	
荆州区	414038	340003	15350	58685	
公安县	973458	701326	45730	226402	
监利县	1678378	1403502	29958	244918	
江陵县	598631	508671	21677	68283	

续表 2

单位名称	一、农业机械总动力(千瓦)	(一)柴油发动机动力 (千瓦)	(二)汽油发动机动力(千瓦)	(三)电动机动力(千瓦)	(四)其它机械动力(千瓦)
	数量	数量	数量	数量	数量
石首市	525100	438600	25200	61300	
洪湖市	1201539	835406	19655	346478	
松滋市	682180	519688	11821	150671	
开发区	86020	79052	2414	4555	
市直					
黄冈市	**3670536**	**2143503**	**254358**	**1270300**	**2375**
黄州区	123245	57297	5480	60422	45
龙感湖区	144164	88615	2251	53298	
团风县	272120	152403	39671	80046	
红安县	347862	178310	33238	133984	2330
罗田县	288000	170000	11000	107000	
英山县	320840	137200	23240	160400	
浠水县	490400	273000	39400	178000	
蕲春县	387191	244556	13784	128851	
黄梅县	551800	363957	30863	156980	
麻城市	424861	296365	30059	98437	
武穴市	320053	181800	25371	112882	
市直					
咸宁市	**1870081**	**1027773**	**74154**	**756511**	**11643**
咸安区	368158	234908	9223	124027	
嘉鱼县	426261	273375	2731	146017	4138
通城县	265317	152092	10583	97817	4825
崇阳县	215433	94600	7338	110815	2680
通山县	158741	50013	31974	76754	
赤壁市	436171	222785	12305	201081	
市直					
随州市	**2183376**	**1791119**	**86132**	**306125**	
随县	1276574	1142430	63791	70353	
曾都区	418602	312476	7380	98746	
广水市	488200	336213	14961	137026	
市直					
恩施自治州	**2405290**	**977454**	**231460**	**1169415**	**26960**
恩施市	259908	149564	19378	89956	1010
利川市	357762	118143	80504	159116	
建始县	327600	123980	17148	160522	25950
巴东县	340146	57860	69256	213030	
宣恩县	251570	85900	16770	148900	
咸丰县	290279	162424	11439	116416	
来凤县	205950	109060	8443	88447	
鹤峰县	372074	170523	8523	193028	
市直					
仙桃市	**1428770**	**828626**	**65000**	**528831**	**6313**
潜江市	**1468626**	**1016730**	**75848**	**376048**	
天门市	**1650363**	**1232690**	**74249**	**343424**	
神农架林区	**115009**	**11098**	**13272**	**90639**	
省直					

续表 3

单位名称	（一）拖拉机		1.小型（22.1 千瓦及以下）		2.中型（22.1-73.5 千瓦）	
	数量(台)	数量(千瓦)	数量(台)	数量(千瓦)	数量(台)	数量(千瓦)
湖北省	**1320291**	**16362788**	**1158743**	**9112524**	**154404**	**6700159**
武汉市	**31279**	**548852**	**22448**	**206326**	**8449**	**311365**
洪山区	1370	32100	610	5100	760	27000
东西湖区	3098	51719	2289	18050	802	33022
汉南区	1609	29268	1290	11604	258	12328
蔡甸区	4037	75686	3186	29232	597	26134
江夏区	5733	77000	4476	35883	1236	39368
黄陂区	7786	139060	6221	67213	1561	71538
新洲区	7101	134114	3998	36238	3080	96134
市直	545	9904	378	3006	155	5841
黄石市	**9018**	**266660**	**4244**	**50722**	**4753**	**214069**
黄石港区	11	550			11	550
西塞山区	8	299	4	53	4	246
下陆区	7	258			7	258
铁山区	2	41	2	41		
阳新县	6058	192305	3181	41671	2856	148765
大冶市	2929	73127	1056	8939	1873	64189
经济开发区	3	80	1	18	2	62
市直						
十堰市	**14407**	**199296**	**12364**	**131074**	**2001**	**65021**
茅箭区						
张湾区	8	212	5	40	2	99
郧阳区	1605	17831	1385	8921	215	8418
郧西县	858	11870	536	3675	316	7655
竹山县	704	13866	512	7058	183	6124
竹溪县	122	2226			122	2226
房县	3548	94922	2666	68375	863	25361
丹江口市	7562	58369	7260	43005	300	15139
市直						
宜昌市	**92106**	**1046254**	**83028**	**714447**	**9014**	**326749**
西陵区						
伍家岗区						
点军区	145	1348	105	700	40	648
猇亭区	134	2687	134	2687		
夷陵区	3475	42188	3271	32853	192	8445
远安县	6035	61175	5289	38916	746	22259
兴山县	3779	30065	3345	21814	434	8251
秭归县	509	6135	492	5398	17	737
长阳自治县	421	9208	369	7054	51	2051
五峰自治县	1542	13980	927	293	615	13687
宜都市	1489	24290	1290	16750	199	7540
当阳市	46646	464645	41682	264502	4933	197548
枝江市	27931	390533	26124	323480	1787	65583
市直						
襄阳市	**377758**	**3993590**	**337729**	**2267672**	**38882**	**1632667**

续表 4

单位名称	（一）拖拉机		1.小型（22.1 千瓦及以下）		2.中型（22.1-73.5 千瓦）	
	数量(台)	数量(千瓦)	数量(台)	数量(千瓦)	数量(台)	数量(千瓦)
襄城区	12481	152676	11000	95396	1400	50800
樊城区	8165	87965	7581	63045	580	24626
襄州区	81183	1001225	72092	526700	8859	452354
开发区	168	9942	8	176	145	8566
南漳县	45581	503501	42809	379347	2739	121942
谷城县	12316	134837	11254	89887	1047	43744
保康县	7730	68983	7241	57070	489	11913
老河口市	37778	428738	33143	235199	4396	175972
枣阳市	106694	925372	95732	461038	10537	430550
宜城市	65523	672501	56849	359552	8627	308738
襄北农场	139	7851	20	262	63	3462
市直						
鄂州市	**4315**	**76705**	**2960**	**36885**	**1341**	**38791**
梁子湖区	2192	31178	1930	20664	261	10440
华容区	1400	28118	550	8800	838	18436
鄂城区	723	17410	480	7421	242	9915
开发区						
葛店开发区						
西山街办						
市直						
荆门市	**289085**	**3057726**	**271011**	**2222418**	**17090**	**752196**
东宝区	24597	217354	23357	170057	1233	46775
掇刀区	15543	156850	14881	128564	654	27581
京山县	64295	745029	60848	590473	3414	151866
沙洋县	62298	729596	58717	536203	3187	160774
钟祥市	111851	1068174	103769	717624	7909	336229
屈家岭	670	41330	86	1492	299	15418
沙洋农场	177	12330	21	85	72	4410
漳河新区	9654	87063	9332	77920	322	9143
市直						
孝感市	**59756**	**1089047**	**45858**	**452549**	**13732**	**623237**
孝南区	4158	112807	2260	21600	1895	90907
孝昌县	7633	111912	6676	70533	951	40930
大悟县	4246	71745	3204	31640	1038	39664
云梦县	4289	111207	2040	22660	2239	87768
应城市	9942	231516	7083	78692	2844	151722
安陆市	8010	128970	6242	54487	1754	73256
汉川市	21478	320891	18353	172937	3011	138990
市直						
荆州市	**138979**	**2240544**	**111787**	**877756**	**24340**	**1163326**
沙市区	8482	117656	7491	58206	881	51365
荆州区	15189	246819	12559	107331	2381	120860
公安县	12265	241867	8436	63279	2838	120010
监利县	22608	510265	16045	143805	6257	340382
江陵县	19935	247797	16632	111662	3242	130312

续表 5

单位名称	（一）拖拉机		1.小型（22.1 千瓦及以下）		2.中型（22.1-73.5 千瓦）	
	数量(台)	数量(千瓦)	数量(台)	数量(千瓦)	数量(台)	数量(千瓦)
石首市	5087	147661	2346	13207	2266	97294
洪湖市	30820	393469	27297	208203	3492	183061
松滋市	21058	268278	18300	150230	2149	76762
开发区	3535	66732	2681	21832	834	43280
市直						
黄冈市	**37779**	**632226**	**29831**	**321366**	**7646**	**287653**
黄州区	1544	10184	1315	997	212	7782
龙感湖区	934	42931	234	2895	576	30736
团风县	967	29474	562	6834	401	22317
红安县	2764	59988	2082	29434	656	28525
罗田县	2990	38600	2350	23500	640	15100
英山县	1503	23006	1450	20175	44	2161
浠水县	7917	93062	7713	81902	198	10719
蕲春县	5749	67676	5184	41282	555	25534
黄梅县	8160	148847	7204	97579	901	47128
麻城市	3569	67414	1676	15615	1877	50552
武穴市	1682	51044	61	1153	1586	47098
市直						
咸宁市	**20113**	**383813**	**14979**	**149588**	**5045**	**227212**
咸安区	3557	71967	2570	25381	954	44161
嘉鱼县	6963	153164	4771	43483	2158	106961
通城县	4147	49602	3843	36055	298	13069
崇阳县	1334	26471	965	8560	358	17014
通山县	832	16762	605	5404	227	11358
赤壁市	3280	65848	2225	30705	1050	34650
市直						
随州市	**132720**	**1084356**	**126340**	**819075**	**6340**	**262147**
随县	92751	679840	89766	570928	2950	106161
曾都区	29345	235726	28233	190763	1108	44654
广水市	10624	168790	8341	57384	2282	111332
市直						
恩施自治州	**8162**	**130469**	**6848**	**97399**	**1314**	**33070**
恩施市	103	2476	50	650	53	1826
利川市	2177	31054	1955	25244	222	5810
建始县	40	1420	10	280	30	1140
巴东县	102	2250	90	1700	12	550
宣恩县	314	7200	89	1200	225	6000
咸丰县	2796	39212	2404	30381	392	8832
来凤县	2223	37817	2195	37397	28	420
鹤峰县	407	9040	55	547	352	8493
市直						
仙桃市	**22758**	**398886**	**18081**	**141562**	**4276**	**224542**
潜江市	**41395**	**597918**	**37218**	**322918**	**4017**	**263235**
天门市	**40454**	**612064**	**33812**	**296440**	**6162**	**274824**
神农架林区	**207**	**4383**	**205**	**4327**	**2**	**55**
省直						

续表 6

单位名称	其中 58.8 千瓦及以上		3.大型及以上（73.5 千瓦及以上）		（二）拖拉机配套农具（部）	其中：与 58.8 千瓦及以上拖拉机配套（部）
	数量(台)	数量(千瓦)	数量(台)	数量(千瓦)	数量	数量
湖北省	**25129**	**1556946**	**7144**	**550105**	**2566152**	**190671**
武汉市	**1100**	**70125**	**382**	**31160**	**59555**	**2159**
洪山区	50	3193			1160	127
东西湖区	39	2649	7	647	4761	120
汉南区	22	1348	61	5336	2445	378
蔡甸区	265	15950	254	20320	6636	463
江夏区	116	7154	21	1749	7773	173
黄陂区	366	22788	4	309	24830	577
新洲区	220	15636	23	1742	11568	284
市直	22	1406	12	1057	382	37
黄石市	**470**	**29938**	**21**	**1869**	**26704**	**2437**
黄石港区	1	59			18	3
西塞山区	3	191			10	8
下陆区						
铁山区					5	
阳新县	189	12748	21	1869	22389	178
大冶市	277	16941			4277	2248
经济开发区					5	
市直						
十堰市	**424**	**27569**	**42**	**3200**	**40126**	**770**
茅箭区						
张湾区	1	59	1	74		
郧阳区	20	1230	5	492	4775	27
郧西县	65	2650	6	540	9400	493
竹山县	24	1227	9	684	2312	246
竹溪县					240	
房县	232	17409	19	1186	6749	
丹江口市	82	4995	2	225	16650	4
市直						
宜昌市	**1352**	**83884**	**64**	**5058**	**268203**	**17401**
西陵区						
伍家岗区					30	
点军区	1	58				
猇亭区					10	
夷陵区	35	2308	12	890	10762	674
远安县	5	316			29705	703
兴山县					7145	
秭归县					17	
长阳自治县	2	132	1	103		
五峰自治县	4	270			1348	4
宜都市	14	958			2860	18
当阳市	536	33978	31	2595	148151	15202
枝江市	755	45864	20	1470	68175	800
市直						
襄阳市	**3949**	**252737**	**1147**	**93251**	**824161**	**35357**

续表 7

单位名称	其中 58.8 千瓦及以上		3.大型及以上（73.5 千瓦及以上）		（二）拖拉机配套农具（部）	其中：与 58.8 千瓦及以上拖拉机配套（部）
	数量(台)	数量(千瓦)	数量(台)	数量(千瓦)	数量	数量
襄城区	421	25260	81	6480	50041	1123
樊城区	58	3585	4	294	7855	85
襄州区	1048	65158	232	22171	159931	2675
开发区			15	1200	240	240
南漳县	80	5094	33	2212	83958	7826
谷城县	28	1876	15	1206	21996	70
保康县	2	134			16626	6
老河口市	934	35376	239	17567	94993	16193
枣阳市	1154	101439	425	33783	204843	5932
宜城市	201	13404	47	4211	183146	826
襄北农场	23	1411	56	4127	532	381
市直						
鄂州市	**248**	**14843**	**14**	**1029**	**13212**	**3563**
梁子湖区	88	5280	1	74	4161	191
华容区	76	4500	12	882	4733	2158
鄂城区	84	5063	1	74	4318	1214
开发区						
葛店开发区						
西山街办						
市直						
荆门市	**2238**	**138157**	**984**	**83112**	**462142**	**6311**
东宝区	41	2565	7	522	53478	136
掇刀区	51	3227	8	705	27153	108
京山县	214	12583	33	2690	73000	500
沙洋县	972	60424	394	32619	65598	1506
钟祥市	761	46841	173	14321	216530	2232
屈家岭	123	7732	285	24420	1465	1113
沙洋农场	50	3256	84	7835	679	641
漳河新区	26	1529			24239	75
市直						
孝感市	**1371**	**83779**	**166**	**13261**	**89294**	**13785**
孝南区	270	17500	3	300	6160	750
孝昌县	122	8020	6	449	11450	366
大悟县	94	5681	4	440	10320	98
云梦县	209	12933	10	779	8578	418
应城市	312	19499	15	1102	14504	5702
安陆市	153	9360	14	1227	13799	334
汉川市	211	10786	114	8964	24483	6117
市直						
荆州市	**6295**	**378011**	**2852**	**199463**	**258243**	**67707**
沙市区	547	30350	110	8085	16164	2973
荆州区	825	51904	249	18628	22698	2739
公安县	614	88844	991	58578	27239	7524
监利县	1248	64933	306	26078	46718	36461
江陵县	369	19569	61	5823	54118	7710

续表 8

单位名称	其中 58.8 千瓦及以上		3.大型及以上（73.5 千瓦及以上）		（二）拖拉机配套农具（部）	其中：与 58.8 千瓦及以上拖拉机配套（部）
	数量(台)	数量(千瓦)	数量(台)	数量(千瓦)	数量	数量
石首市	716	33300	475	37160	10323	2864
洪湖市	1071	65796	31	2205	57313	1607
松滋市	802	16776	609	41286	18818	4517
开发区	103	6539	20	1620	4852	1312
市直						
黄冈市	**1642**	**103635**	**302**	**23208**	**81443**	**5825**
黄州区	54	3236	17	1405	1571	48
龙感湖区	446	27652	124	9300	1436	1436
团风县	82	5814	4	323	3225	246
红安县	130	8591	26	2029	10884	228
罗田县	43	2956			11200	40
英山县	25	1773	9	670	5600	409
浠水县	36	2227	6	441	14310	8
蕲春县	133	8026	10	860	8464	1752
黄梅县	414	25157	55	4140	15513	925
麻城市	65	3895	16	1246	5174	213
武穴市	214	14309	35	2793	4066	520
市直						
咸宁市	**814**	**50293**	**89**	**7013**	**33294**	**6331**
咸安区	186	10179	33	2426	6867	482
嘉鱼县	372	24360	34	2720	6883	692
通城县	45	2732	6	478	6258	1270
崇阳县	74	4360	11	897	1650	112
通山县	54	3374			1173	105
赤壁市	83	5288	5	493	10463	3670
市直						
随州市	**605**	**40624**	**40**	**3134**	**268135**	**8321**
随县	218	16659	35	2751	177785	7736
曾都区	96	5645	4	309	67373	284
广水市	291	18320	1	74	22977	301
市直						
恩施自治州	**4**	**256**			**7870**	**287**
恩施市	1	60			295	120
利川市	2	129			2834	6
建始县					157	
巴东县					300	
宣恩县					150	
咸丰县	1	68			2004	3
来凤县					1356	158
鹤峰县					774	
市直						
仙桃市	**1160**	**71758**	**401**	**32782**	**14999**	**7824**
潜江市	**2337**	**137415**	**160**	**11765**	**62157**	**8985**
天门市	**1120**	**73920**	**480**	**40800**	**56454**	**3608**
神农架林区					**160**	
省直						

续表 9

单位名称	1.耕整机		2.微耕机		3.机引犁（台）	4.旋耕机（台）
	数量（台（套））	数量（千瓦）	数量（台（套））	数量（千瓦）	数量	数量
湖北省	**237019**	**1292371**	**302543**	**1610543**	**840646**	**690130**
武汉市	**16256**	**102166**	**17258**	**103469**	**9707**	**21153**
洪山区	638	4241	575	3459	395	351
东西湖区	1141	7616	850	5525	1314	2869
汉南区	225	2143	5574	23851	635	937
蔡甸区	3788	16881	1283	12298	300	2693
江夏区	3447	22268	1408	8878	2686	2372
黄陂区	2975	22323	4462	27857	2905	7916
新洲区	3967	26342	2990	20930	1325	3819
市直	75	352	116	671	147	196
黄石市	**3728**	**37847**	**2030**	**11437**	**4501**	**5778**
黄石港区			15	55		11
西塞山区	3	9	7	44	1	8
下陆区						
铁山区	1	6				1
阳新县	2065	20237	54	529	3903	3888
大冶市	1625	17064	1929	10652	595	1868
经济开发区	34	531	25	158	2	2
市直						
十堰市	**1232**	**7106**	**38476**	**218554**	**1293**	**7412**
茅箭区			286	2350		
张湾区			1558	9639	55	1810
郧阳区	252	1453	16250	97466	703	918
郧西县	152	877	3618	20551	135	130
竹山县	150	865	2432	8653	93	212
竹溪县	140	807	2892	16427	87	1885
房县	268	1546	5730	31551		2279
丹江口市	270	1557	5710	31917	220	178
市直						
宜昌市	**3788**	**20172**	**86177**	**450796**	**70843**	**82868**
西陵区	8	56				
伍家岗区			27	135		6
点军区			1364	2312		38
猇亭区			100	520		90
夷陵区			19516	87563	9538	15637
远安县			14354	101379	11403	7515
兴山县	2310	13090	4083	16332	2310	2516
秭归县			8411	34834	17	17
长阳自治县			14154	68250		6084
五峰自治县	927	293	7477	44862	584	991
宜都市			7143	41584	264	915
当阳市			4548	32775	44487	44617
枝江市	543	6733	5000	20250	2240	4442
市直						
襄阳市	**337**	**2300**	**15976**	**85960**	**298683**	**157009**

续表 10

单位名称	1.耕整机		2.微耕机		3.机引犁（台）	4.旋耕机（台）
	数量（台（套））	数量（千瓦）	数量（台（套））	数量（千瓦）	数量	数量
襄城区			1523	10028	24486	1125
樊城区	25	180	110	750	5975	1132
襄州区					69981	18037
开发区					60	178
南漳县			2781	12893	1637	12583
谷城县	237	1295	1226	9011	9662	4214
保康县	75	825	5076	33542	5317	6404
老河口市			3260	11736	31003	31696
枣阳市			2000	8000	79495	49885
宜城市					70986	31693
襄北农场					81	62
市直						
鄂州市	**2785**	**17371**	**1621**	**9502**	**1784**	**4490**
梁子湖区	1093	5760	500	3000	800	1965
华容区	745	4321	1121	6502	212	316
鄂城区	947	7290			772	2209
开发区						
葛店开发区						
西山街办						
市直						
荆门市	**963**	**2890**	**1533**	**3119**	**180316**	**129677**
东宝区					20857	11113
掇刀区					11019	14449
京山县	500	1000	1500	3000	23000	31600
沙洋县	283	990	12	24	35265	39042
钟祥市			3	15	80183	22733
屈家岭	180	900	18	80	180	586
沙洋农场					108	58
漳河新区					9704	10096
市直						
孝感市	**15257**	**88956**	**5615**	**32241**	**20449**	**49754**
孝南区	1835	10700	450	3600	1590	2540
孝昌县	941	8890	450	1133	4875	9256
大悟县	1971	11257	3625	20521	2339	3581
云梦县	860	5018	184	920	1120	5520
应城市	290	953	24	120	1755	9160
安陆市	7147	39306	652	4107	2920	6763
汉川市	2213	12832	230	1840	5850	12934
市直						
荆州市	**82342**	**328993**	**10729**	**54370**	**85761**	**104356**
沙市区			50		5605	4850
荆州区	1600	6400	420	950	8280	9957
公安县	28574	114296	300	1800	7967	12694
监利县	14242	56423	5837	35022	12160	12718
江陵县	4010	16040	2	10	17260	19562

续表 11

单位名称	1.耕整机 数量（台（套））	1.耕整机 数量（千瓦）	2.微耕机 数量（台（套））	2.微耕机 数量（千瓦）	3.机引犁（台） 数量	4.旋耕机（台） 数量
石首市	15142	60564	2631	10327	2828	4382
洪湖市	10776	43229	1301	5447	24891	27439
松滋市	7933	31731	30	182	5943	9687
开发区	65	310	158	632	827	3067
市直						
黄冈市	**24821**	**161337**	**70655**	**379247**	**12240**	**40295**
黄州区	1231	6679	981	6489	53	913
龙感湖区	5	325			742	1135
团风县	4703	48522	5524	28387	697	1755
红安县	3026	10898	8414	48583	2284	3492
罗田县	5260	35960	14600	87600	2700	4400
英山县	1860	11160	4300	19400	250	1700
浠水县	1263	7758	10544	63603	1370	8566
蕲春县	1075	3224	7245	31948	1570	6014
黄梅县	4471	27870	320	1744	1340	7304
麻城市	72	1135	18530	90646	882	2851
武穴市	1855	7806	197	847	352	2165
市直						
咸宁市	**18431**	**98783**	**16343**	**75645**	**7731**	**17861**
咸安区	1685	10593	2208	16011	2674	3374
嘉鱼县	2763	14317	1022	4189	1979	2973
通城县	6521	27463	5268	22168	915	4141
崇阳县	1983	7938	2520	10164	240	1593
通山县	98	392	3869	15395	165	1917
赤壁市	5381	38080	1456	7718	1758	3863
市直						
随州市	**38932**	**234801**	**1727**	**9385**	**112272**	**5284**
随县	27224	157764	898	4490	88921	2382
曾都区	148	757	309	1455	17599	648
广水市	11560	76280	520	3440	5752	2254
市直						
恩施自治州	**21092**	**134525**	**31048**	**154935**	**1539**	**7063**
恩施市	6869	57012	230	1900	13	43
利川市	4263	23231	434	1033	432	998
建始县			4500	9400		1717
巴东县			10820	64920	300	1600
宣恩县	7100	36920	6770	35200	32	43
咸丰县	8	320	8294	42482	374	1153
来凤县	1985	10778			388	583
鹤峰县	867	6264				926
市直						
仙桃市	**2280**	**15570**	**1200**	**6000**	**4395**	**9135**
潜江市	**3103**	**20173**	**391**	**6663**	**16147**	**25229**
天门市	**1320**	**7920**	**874**	**5660**	**12985**	**22766**
神农架林区	**352**	**11461**	**890**	**3560**		
省直						

续表 12

单位名称	5.深松机（台）	6.机引耙（台）	7.铺膜机（台）	8.联合整地机（台）	（1）免耕播种机（台）	（2）精量播种机（台）
	数量	数量	数量	数量	数量	数量
湖北省	**2401**	**578261**	**4785**	**7116**	**10638**	**43605**
武汉市	**139**	**3647**	**283**		**395**	**453**
洪山区						1
东西湖区		48			5	5
汉南区	22	264	272		41	23
蔡甸区	2	154			34	19
江夏区	29	1076	6		6	2
黄陂区		1501			36	105
新洲区	85	586	5		273	298
市直	1	18				
黄石市	**41**	**2928**	**5**		**164**	**149**
黄石港区						
西塞山区		1			4	4
下陆区						
铁山区						
阳新县	28	2672			59	95
大冶市	13	255	5		101	49
经济开发区						1
市直						
十堰市	**324**	**1489**	**802**	**16**	**83**	**713**
茅箭区						
张湾区						3
郧阳区	68	675		4	20	265
郧西县	32	98	40			74
竹山县	12	116	20	12	12	11
竹溪县	201	22	742		46	
房县	6	578			5	
丹江口市	5					360
市直						
宜昌市	**51**	**42253**	**1629**	**247**	**186**	**2196**
西陵区						
伍家岗区						
点军区						
猇亭区						
夷陵区		1746	42			326
远安县		9202				
兴山县			829			106
秭归县		17				5
长阳自治县					2	
五峰自治县		43	143			
宜都市		34				11
当阳市	15	29771	465	47	133	1489
枝江市	36	1440	150	200	51	259
市直						
襄阳市	**801**	**208031**	**1145**	**17**	**3159**	**23871**

续表 13

单位名称	5.深松机（台）	6.机引耙（台）	7.铺膜机（台）	8.联合整地机（台）	（1）免耕播种机（台）	（2）精量播种机（台）
	数量	数量	数量	数量	数量	数量
襄城区		24169		2	41	25
樊城区		330		2	178	30
襄州区	194	58521	280	1	1816	1885
开发区		20		2	68	22
南漳县	23	16372	295	6	109	2103
谷城县	10	7204	13		4	30
保康县		986	233	4	2	10
老河口市	90	31810			289	8000
枣阳市	241	66993	260		339	4687
宜城市	239	1500	64		287	7044
襄北农场	4	126			26	35
市直						
鄂州市		**672**	**2**		**160**	**119**
梁子湖区		300	2		60	40
华容区		56			25	15
鄂城区		316			75	64
开发区						
葛店开发区						
西山街办						
市直						
荆门市	**215**	**129755**	**18**	**22**	**1808**	**5480**
东宝区		19001				110
掇刀区	8	1677				86
京山县	51	15900				620
沙洋县	112	27282			99	849
钟祥市	15	58718	18		1406	3761
屈家岭	24	462		22	278	9
沙洋农场	5	95			25	20
漳河新区		6620				25
市直						
孝感市	**23**	**6169**	**29**		**852**	**1249**
孝南区		980	12		198	206
孝昌县		1200	2		80	180
大悟县		1656			30	48
云梦县		670	5		36	5
应城市	7	10	10		194	105
安陆市	13	1363			227	251
汉川市	3	290			87	454
市直						
荆州市	**71**	**43796**	**16**	**138**	**1525**	**1366**
沙市区		1806		6		
荆州区	25	1826			116	116
公安县	28	3982			164	323
监利县	12	12382	3		421	229
江陵县	1	17617	13		98	49

续表 14

单位名称	5.深松机（台）	6.机引耙（台）	7.铺膜机（台）	8.联合整地机（台）	（1）免耕播种机（台）	（2）精量播种机（台）
	数量	数量	数量	数量	数量	数量
石首市	5	987		132	382	
洪湖市		2406			112	579
松滋市		1958			232	62
开发区		832				8
市直						
黄冈市	**364**	**8100**	**11**	**77**	**1517**	**3132**
黄州区	10	9			39	9
龙感湖区		175			34	3
团风县	18	45		13	263	62
红安县	74	3008	10		40	409
罗田县	50	1570			240	8
英山县	65	90			7	8
浠水县	15	447		47	318	121
蕲春县	64	510		13	78	324
黄梅县	33	1751	1		137	102
麻城市	5	300		4	279	1819
武穴市	30	195			82	267
市直						
咸宁市	**10**	**2928**	**37**	**9**	**62**	**483**
咸安区		583				238
嘉鱼县	5	1659		9	3	
通城县		229			4	137
崇阳县					55	
通山县	5	95	37			65
赤壁市		362				43
市直						
随州市	**45**	**113964**	**3**	**15**	**88**	**199**
随县	12	90162		15	51	18
曾都区	20	17352	1		7	29
广水市	13	6450	2		30	152
市直						
恩施自治州	**21**	**782**	**116**	**2**	**36**	**30**
恩施市					5	8
利川市		305				4
建始县						
巴东县			50			2
宣恩县		32	60			
咸丰县	1	295	6	2		16
来凤县	20	150			31	
鹤峰县						
市直						
仙桃市	**32**	**920**		**6568**	**9**	**1158**
潜江市	**22**	**8831**	**159**		**302**	**240**
天门市	**242**	**3996**	**530**	**5**	**292**	**2767**
神农架林区						
省直						

续表 15

单位名称	（3）整地施肥播种机（台）	（4）水稻直播机（台）	（1）水稻插秧机		其中：乘坐式	
	数量	数量	数量(台)	数量(千瓦)	数量(台)	数量(千瓦)
湖北省	**9730**	**6810**	**76353**	**249848**	**3910**	**36539**
武汉市	**1638**	**69**	**1970**	**9835**	**229**	**1801**
洪山区			4	35	3	31
东西湖区			8	63	2	14
汉南区			3	7	3	7
蔡甸区		2	360	1828	46	298
江夏区		35	374	1705	5	42
黄陂区	1169	5	744	4037	132	1030
新洲区	469	15	474	2101	38	379
市直		12	3	60		
黄石市	**4**	**520**	**1334**	**2971**	**34**	**542**
黄石港区	2					
西塞山区	2					
下陆区						
铁山区						
阳新县		473	613	1238	25	475
大冶市		47	713	1709	9	67
经济开发区			8	24		
市直						
十堰市	**37**	**16**	**415**	**1322**	**12**	**160**
茅箭区						
张湾区						
郧阳区	25		102	205		
郧西县			31	130	5	75
竹山县	12	16	21	312	1	23
竹溪县			55	162	2	12
房县			104	317	4	50
丹江口市			102	196		
市直						
宜昌市	**1608**	**25**	**1451**	**4727**	**99**	**988**
西陵区						
伍家岗区						
点军区						
猇亭区						
夷陵区	4	3	161	573		
远安县			93	350	12	151
兴山县			2	3		
秭归县			1	3	1	3
长阳自治县			9	18		
五峰自治县						
宜都市		1	121	288	3	9
当阳市	40	1	489	1907	68	692
枝江市	1564	20	575	1585	15	133
市直						
襄阳市	**3290**	**1221**	**10247**	**32224**	**238**	**2393**

续表 16

单位名称	（3）整地施肥播种机（台）	（4）水稻直播机（台）	（1）水稻插秧机		其中：乘坐式	
	数量	数量	数量(台)	数量(千瓦)	数量(台)	数量(千瓦)
襄城区			207	990	2	20
樊城区	45		150	701	5	63
襄州区		197	2030	6554	67	816
开发区			125	386	3	75
南漳县	2		2162	9294	43	258
谷城县	16		274	1449	29	345
保康县	5		76	182		
老河口市	3200	1020	269	720	9	24
枣阳市			4030	9452	38	386
宜城市		4	924	2496	42	406
襄北农场	22					
市直						
鄂州市	**10**	**62**	**792**	**1905**	**26**	**135**
梁子湖区	10	43	227	577	11	55
华容区		10	282	626	6	35
鄂城区		9	283	702	9	45
开发区						
葛店开发区						
西山街办						
市直						
荆门市	**809**	**158**	**25829**	**76096**	**288**	**3438**
东宝区			448	1502	29	287
掇刀区	17		694	2264	12	218
京山县		120	7196	22628	30	255
沙洋县	40		11108	30704	72	671
钟祥市	733	15	6079	18035	124	1790
屈家岭		10	65	184	9	131
沙洋农场	19	13	17	82	8	42
漳河新区			222	697	4	44
市直						
孝感市	**191**	**228**	**5093**	**15804**	**309**	**2805**
孝南区		80	256	1360	31	410
孝昌县	180	15	407	1330	39	420
大悟县			238	887	28	252
云梦县		18	75	274	8	59
应城市	11	60	1618	4697	20	127
安陆市		55	1228	4188	60	447
汉川市			1271	3069	123	1090
市直						
荆州市		**1593**	**10594**	**33634**	**1233**	**9934**
沙市区		30	244	807	47	362
荆州区		10	1311	4031	79	653
公安县		1000	1922	5563	121	934
监利县		2	3125	10463	566	4681
江陵县		301	965	2994	58	514

续表 17

单位名称	（3）整地施肥播种机（台）	（4）水稻直播机（台）	（1）水稻插秧机		其中：乘坐式	
	数量	数量	数量(台)	数量(千瓦)	数量(台)	数量(千瓦)
石首市		42	426	1576	28	392
洪湖市		208	2051	6566	289	2053
松滋市			538	1583	41	314
开发区			12	51	4	31
市直						
黄冈市	**399**	**1166**	**7176**	**24927**	**400**	**3261**
黄州区			102	328		
龙感湖区			55	134	1	10
团风县	7	53	938	4331	28	231
红安县	36	45	642	1802	16	120
罗田县			440	730	30	230
英山县		110	126	453	7	153
浠水县	32	289	1491	6057	140	1170
蕲春县			945	2929	46	282
黄梅县	92	566	678	2179	93	506
麻城市	135	93	981	3104	30	304
武穴市	97	10	778	2879	9	255
市直						
咸宁市	**152**	**302**	**1722**	**7375**	**173**	**1461**
咸安区		29	317	1586	37	414
嘉鱼县			297	1771	6	55
通城县	137	65	425	818	13	91
崇阳县		8	158	645	22	110
通山县	15	35	133	659	20	289
赤壁市		165	392	1896	75	502
市直						
随州市	**83**	**48**	**3849**	**11699**	**190**	**2061**
随县	23	48	1785	3995	54	670
曾都区			665	2532	39	451
广水市	60		1399	5172	97	940
市直						
恩施自治州	**9**	**10**	**543**	**1790**	**3**	**25**
恩施市	5		4	52		
利川市	1	7	360	1113	3	25
建始县		2	10	30		
巴东县			7	27		
宣恩县			32	190		
咸丰县	3		52	130		
来凤县		1	75	225		
鹤峰县			3	23		
市直						
仙桃市	**10**	**1120**	**1020**	**3358**	**58**	**480**
潜江市	**285**		**923**	**5998**	**404**	**4848**
天门市	**1205**	**272**	**3391**	**16183**	**210**	**2209**
神农架林区			**4**		**4**	
省直						

续表 18

单位名称	（2）秧苗移栽机（台）	1.水泵（台）	2.节水灌溉类机械（台（套））	其中：田园管理机		2.机动植保机械	
	数量	数量	数量	数量(台)	数量(千瓦)	数量(台)	数量(千瓦)
湖北省	**409**	**1089590**	**116704**	**19847**	**64465**	**669222**	**864706**
武汉市	**22**	**39165**	**21136**	**606**	**5875**	**33733**	**44094**
洪山区		1100	130			820	1650
东西湖区		3375	6905			2813	5142
汉南区		2050	489	33	218	5647	5091
蔡甸区	4	5420	1738	192	1552	4652	5088
江夏区	11	4124	3848	186	2966	6214	7715
黄陂区	3	12110	3918	24	113	2704	3562
新洲区	4	9780	3864	171	1026	10512	13759
市直		1206	244			371	2088
黄石市		**27638**	**6687**	**30**	**188**	**27533**	**16147**
黄石港区		63	89				
西塞山区		71	1			2	43
下陆区							
铁山区		2					
阳新县		10758	2385	18	140	21133	12046
大冶市		16627	4212	12	48	6383	4004
经济开发区		117				15	54
市直							
十堰市	**3**	**51385**	**8788**	**8115**	**12544**	**11169**	**12784**
茅箭区		420	40				
张湾区		2450	398	5	20	152	723
郧阳区		4152	2310	1580	3366	1092	2263
郧西县		22870	1375	5230	3365	5360	3475
竹山县	3	2564	1126	1254	5655		
竹溪县		11674	2440	46	138	2562	3285
房县		3235	869			1087	1303
丹江口市		4020	230			916	1734
市直							
宜昌市	**50**	**138046**	**8234**	**2036**	**8574**	**99714**	**110785**
西陵区		24	1			286	345
伍家岗区		867	91			1452	3136
点军区		8055	2055			5210	7463
猇亭区		2400				2200	2200
夷陵区		30357	1601	560	2240	8429	12123
远安县		14347	2			4322	678
兴山县		1346	448			4879	6299
秭归县		12573	5	256	717	14102	18494
长阳自治县		3725	1260			3821	3823
五峰自治县		369	151			607	466
宜都市		8384	40			10658	12942
当阳市		26799	1040	220	1617	12948	15217
枝江市	50	28800	1540	1000	4000	30800	27600
市直							
襄阳市	**155**	**58842**	**9477**	**1302**	**5346**	**27447**	**38996**

续表 19

单位名称	(2)秧苗移栽机（台）	1.水泵（台）	2.节水灌溉类机械（台（套））	其中：田园管理机		2.机动植保机械	
	数量	数量	数量	数量(台)	数量(千瓦)	数量(台)	数量(千瓦)
襄城区		8571	23			487	1765
樊城区		2350	70			285	1231
襄州区		4500	8	17	51	4267	7878
开发区		38					
南漳县	150	76	123			3096	5792
谷城县		3779		5	55	875	1161
保康县		6368	1928	30	240	4124	4737
老河口市	5	7100	4500			5703	7860
枣阳市		18357	2445	1250	5000	4551	4948
宜城市		7649	315			3896	3429
襄北农场		54	65			163	195
市直							
鄂州市		**15520**	**1433**	**4**	**26**	**10925**	**11345**
梁子湖区		6078	821	2	8	3154	3154
华容区		4303	305	2	18	3600	4020
鄂城区		5139	307			4171	4171
开发区							
葛店开发区							
西山街办							
市直							
荆门市	**142**	**68323**	**435**	**931**	**1892**	**39147**	**69161**
东宝区		20317		1	44	2880	6090
掇刀区		8889				1762	2174
京山县		11700	140	25	50	5500	11000
沙洋县		2432	3			22847	37708
钟祥市		19278	117	905	1798	5675	11008
屈家岭	142	450	65			180	237
沙洋农场		157	110			13	584
漳河新区		5100				290	360
市直							
孝感市		**164369**	**16407**	**550**	**3150**	**30691**	**37559**
孝南区		28000	1975	250	1500	4200	6705
孝昌县		37920	530	300	1650	118	298
大悟县		26751	12889			2986	3847
云梦县		24000	460			4730	3195
应城市		14130	110			3460	4028
安陆市		7949	443			347	1908
汉川市		25619				14850	17578
市直							
荆州市	**34**	**128827**	**1518**	**2188**	**5968**	**139500**	**169304**
沙市区		3524	340			6231	7477
荆州区		8550	470	10	36	8930	10716
公安县		14011	5			33473	40168
监利县		27142	32			17696	21235
江陵县		3940	5			15919	19353

续表 20

单位名称	(2)秧苗移栽机（台）	1.水泵（台）	2.节水灌溉类机械（台（套））	其中：田园管理机		2.机动植保机械	
	数量	数量	数量	数量(台)	数量(千瓦)	数量(台)	数量(千瓦)
石首市	34	10712	218	216	3569	19482	24876
洪湖市		40741	441			10899	13235
松滋市		18379				26870	32244
开发区		1828	7	1962	2363		
市直							
黄冈市		**87131**	**12878**	**766**	**5078**	**100419**	**108960**
黄州区		4891	1014			3153	3334
龙感湖区		583	96			1542	2251
团风县		13104	1305	152	775	8851	20370
红安县		5152	2016	263	2707	4412	6308
罗田县		4100				3900	4000
英山县		14700	520			689	2040
浠水县		12552	2631			14262	17787
蕲春县		11245	27	3	17	4082	7586
黄梅县		9904	624	2	96	26435	24196
麻城市		6073	4433	28	116	6363	5286
武穴市		4827	212	318	1367	26730	15802
市直							
咸宁市	**3**	**74117**	**6341**	**82**	**410**	**19963**	**30707**
咸安区		16130	699			2210	5574
嘉鱼县	3	6928	356			1876	4035
通城县		22164	1219	69	345	5990	7667
崇阳县		4600	198			4240	4491
通山县		11560	2306	13	65	1562	2610
赤壁市		12735	1563			4085	6330
市直							
随州市		**44473**	**10697**	**11**	**94**	**12444**	**16074**
随县		22657	4625	1	6	7587	7789
曾都区		20053	672	10	88	2032	4677
广水市		1763	5400			2825	3608
市直							
恩施自治州		**36693**	**10483**	**2394**	**10928**	**29935**	**31002**
恩施市		2970		152	1260	1579	612
利川市		11087	1016	200	800	9673	15355
建始县		1200	603	100	300	1000	125
巴东县		3400	68			800	1000
宣恩县		2610	550	1600	7200	4400	2700
咸丰县		3552	3542	342	1368	4091	3841
来凤县		8064	3704			4091	4359
鹤峰县		3810	1000			4301	3010
市直							
仙桃市		**115150**		**200**	**600**	**29888**	**41828**
潜江市		**16181**	**699**			**28805**	**70572**
天门市		**23588**	**1350**	**632**	**3792**	**26909**	**54387**
神农架林区		**142**	**141**			**1000**	**1000**
省直							

续表 21

单位名称	其中：自走式		（1）茶树修剪机（台）	（2）果树修剪机	
	数量(台)	数量(千瓦)	数量	数量(台)	数量(千瓦)
湖北省	**53094**	**108855**	**94661**	**83155**	**154322**
武汉市	**697**	**9964**	**572**	**349**	**423**
洪山区			3	3	10
东西湖区			4	34	94
汉南区				2	5
蔡甸区	258	3872	4	2	4
江夏区	271	3565	85	6	18
黄陂区	72	1168	307	100	100
新洲区	19	426	168	201	189
市直	77	933	1	1	3
黄石市	**3**	**67**	**98**	**852**	**2572**
黄石港区					
西塞山区	1	37			
下陆区					
铁山区					
阳新县			87	537	1880
大冶市	2	30	11	315	692
经济开发区					
市直					
十堰市	**219**	**598**	**3439**	**2947**	**6195**
茅箭区			20	15	220
张湾区	61	268	120	10	210
郧阳区	158	330	235	210	548
郧西县			167	286	850
竹山县			862	154	1220
竹溪县			756	1102	1045
房县			954	480	816
丹江口市			325	690	1286
市直					
宜昌市	**207**	**441**	**45708**	**6842**	**7201**
西陵区			1	164	495
伍家岗区				378	591
点军区			574		
猇亭区			10	100	200
夷陵区	1	40	9462	1749	1177
远安县			376	620	1364
兴山县			2286	2371	2083
秭归县			8794	292	350
长阳自治县			2160		
五峰自治县			14045	1153	923
宜都市			7894	15	18
当阳市	6	221	6		
枝江市	200	180	100		
市直					
襄阳市	**369**	**2348**	**1640**	**8174**	**26344**

续表 22

单位名称	其中：自走式		（1）茶树修剪机（台）	（2）果树修剪机	
	数量(台)	数量(千瓦)	数量	数量(台)	数量(千瓦)
襄城区	1	50		32	106
樊城区					
襄州区	20	606			
开发区					
南漳县	1	37	326	136	203
谷城县			839	66	168
保康县			292	4676	7727
老河口市	320	1200		3012	18027
枣阳市	22	405	183	252	113
宜城市	5	50			
襄北农场					
市直					
鄂州市	**2**	**12**	**182**	**22**	**34**
梁子湖区	2	12	100		
华容区			2	10	18
鄂城区			80	12	16
开发区					
葛店开发区					
西山街办					
市直					
荆门市	**107**	**1607**	**10**	**100**	**250**
东宝区			10		
掇刀区					
京山县	10	100		100	250
沙洋县	16	803			
钟祥市	6	42			
屈家岭	62	78			
沙洋农场	13	584			
漳河新区					
市直					
孝感市	**12**	**141**	**701**	**38**	**312**
孝南区	3	30	25	30	50
孝昌县	8	56	121		120
大悟县	1	55	546		
云梦县					
应城市			9	8	142
安陆市					
汉川市					
市直					
荆州市	**49423**	**59095**	**42**	**23**	**46**
沙市区	4	147			
荆州区	12	130			
公安县	33473	40168			
监利县	12	360			
江陵县	15897	17736			

续表 23

单位名称	其中：自走式		（1）茶树修剪机（台）	（2）果树修剪机	
	数量(台)	数量(千瓦)	数量	数量(台)	数量(千瓦)
石首市	19	333	42	23	46
洪湖市	6	221			
松滋市					
开发区					
市直					
黄冈市	**654**	**15949**	**5337**	**14814**	**21000**
黄州区				116	229
龙感湖区	4	160		10	29
团风县	273	10374	245	2351	2534
红安县			275	102	321
罗田县	20	720	135	1550	1550
英山县			3505	1128	6395
浠水县	23	92	896	6127	3982
蕲春县	136	1658	101		
黄梅县	23	443	41	117	130
麻城市	153	2172	127	2769	4782
武穴市	22	330	12	544	1048
市直					
咸宁市	**89**	**1819**	**1447**	**2864**	**4289**
咸安区	8	150	171	44	91
嘉鱼县	8	48	38		
通城县	11	420	354	1993	3430
崇阳县	45	976	163	6	9
通山县	17	225	325		
赤壁市			396	821	759
市直					
随州市	**41**	**364**	**247**	**282**	**903**
随县	39	312	185	33	135
曾都区	2	52	47	5	5
广水市			15	244	763
市直					
恩施自治州			**34238**	**44708**	**77623**
恩施市			1560	1630	1680
利川市			3140	907	1234
建始县			425	7235	8518
巴东县			200	7000	14000
宣恩县			5300	990	810
咸丰县			1380	12482	30910
来凤县			108	1661	2920
鹤峰县			22125	12803	17552
市直					
仙桃市				**20**	**50**
潜江市	**1176**	**12936**			
天门市	**95**	**3515**		**120**	**280**
神农架林区			**1000**	**1000**	**6800**
省直					

续表 24

单位名称	1.谷物联合收割机		（1）稻麦联合收割机		（2）玉米联合收割机	
	数量(台)	数量(千瓦)	数量(台)	数量(千瓦)、	数量(台)	数量(千瓦)
湖北省	**102197**	**5157731**	**99806**	**5033923**	**2391**	**123808**
武汉市	**1979**	**104414**	**1867**	**97898**	**112**	**6516**
洪山区	5	300	4	245	1	55
东西湖区	28	1292	20	910	8	382
汉南区	63	5035	54	4504	9	531
蔡甸区	380	22724	300	17835	80	4889
江夏区	573	31739	562	31190	11	549
黄陂区	410	18534	410	18534		
新洲区	493	24107	492	24072	1	35
市直	27	683	25	608	2	75
黄石市	**1543**	**86637**	**1514**	**84933**	**29**	**1704**
黄石港区						
西塞山区	1	6	1	6		
下陆区						
铁山区						
阳新县	979	58740	953	57180	26	1560
大冶市	560	27757	557	27613	3	144
经济开发区	3	135	3	135		
市直						
十堰市	**491**	**16586**	**480**	**16057**	**11**	**528**
茅箭区						
张湾区						
郧阳区	85	1605	81	1445	4	160
郧西县	42	1510	42	1510		
竹山县	32	1562	32	1562		
竹溪县	22	987	22	987		
房县	186	6377	185	6324	1	53
丹江口市	124	4544	118	4229	6	315
市直						
宜昌市	**3390**	**148707**	**3208**	**142264**	**182**	**6443**
西陵区						
伍家岗区						
点军区						
猇亭区						
夷陵区	69	2399	64	2303	5	96
远安县	570	24253	570	24253		
兴山县						
秭归县	2	48			2	48
长阳自治县	6	219	5	183	1	37
五峰自治县	3	66			3	66
宜都市	62	1189	61	1165	1	24
当阳市	1996	88778	1954	86584	42	2194
枝江市	682	31754	554	27776	128	3978
市直						
襄阳市	**25343**	**1268495**	**24050**	**1202422**	**1293**	**66073**

续表 25

单位名称	1.谷物联合收割机		（1）稻麦联合收割机		（2）玉米联合收割机	
	数量(台)	数量(千瓦)	数量(台)	数量(千瓦)	数量(台)	数量(千瓦)
襄城区	1254	60210	1250	60000	4	210
樊城区	541	27876	522	26374	19	1502
襄州区	5101	259273	4587	228205	514	31068
开发区	58	2899	46	2287	12	612
南漳县	2047	155886	2047	155886		
谷城县	825	36244	726	32974	99	3270
保康县	206	7345	204	7274	2	71
老河口市	3986	174877	3730	167247	256	7630
枣阳市	6722	309559	6363	289494	359	20065
宜城市	4549	230061	4524	228662	25	1399
襄北农场	54	4265	51	4019	3	246
市直						
鄂州市	**277**	**15877**	**277**	**15877**		
梁子湖区	95	5776	95	5776		
华容区	90	4950	90	4950		
鄂城区	92	5151	92	5151		
开发区						
葛店开发区						
西山街办						
市直						
荆门市	**16431**	**930656**	**16271**	**920267**	**160**	**10389**
东宝区	1527	108604	1527	108604		
掇刀区	905	54574	904	54502	1	72
京山县	3265	173520	3232	171719	33	1801
沙洋县	3966	198664	3963	198454	3	210
钟祥市	5528	314433	5470	310427	58	4006
屈家岭	745	49180	680	44880	65	4300
沙洋农场	57	7513	57	7513		
漳河新区	438	24168	438	24168		
市直						
孝感市	**7402**	**316955**	**7300**	**312536**	**102**	**4419**
孝南区	390	15830	386	15600	4	230
孝昌县	781	38009	779	37897	2	112
大悟县	527	30050	527	30050		
云梦县	476	19584	430	17568	46	2016
应城市	1189	44021	1188	43956	1	65
安陆市	978	34894	976	34778	2	116
汉川市	3061	134567	3014	132687	47	1880
市直						
荆州市	**19778**	**1006355**	**19553**	**996889**	**225**	**9466**
沙市区	400	22580	400	22580		
荆州区	1201	54783	1184	53533	17	1250
公安县	3999	188791	3997	188641	2	150
监利县	6372	341509	6346	339882	26	1627
江陵县	2747	140301	2710	139239	37	1062

续表 26

单位名称	1.谷物联合收割机		（1）稻麦联合收割机		（2）玉米联合收割机	
	数量(台)	数量(千瓦)	数量(台)	数量(千瓦)	数量(台)	数量(千瓦)
石首市	840	53301	795	50489	45	2812
洪湖市	2032	107303	1989	105297	43	2006
松滋市	2118	93172	2065	92667	53	505
开发区	69	4615	67	4561	2	54
市直						
黄冈市	**5966**	**277346**	**5939**	**275437**	**27**	**1909**
黄州区	114	3827	112	3729	2	98
龙感湖区	193	8469	173	7149	20	1320
团风县	311	16483	311	16483		
红安县	177	7065	177	7065		
罗田县	446	16700	446	16700		
英山县	228	10015	228	10015		
浠水县	683	22770	683	22770		
蕲春县	782	27227	779	26874	3	353
黄梅县	1521	93060	1521	93060		
麻城市	665	26112	664	26066	1	46
武穴市	846	45618	845	45526	1	92
市直						
咸宁市	**4257**	**185988**	**4182**	**181341**	**75**	**4647**
咸安区	591	30204	588	30010	3	194
嘉鱼县	879	43501	809	39129	70	4372
通城县	591	20992	591	20992		
崇阳县	681	32511	681	32511		
通山县	395	16379	395	16379		
赤壁市	1120	42401	1118	42320	2	81
市直						
随州市	**5380**	**225848**	**5348**	**224071**	**32**	**1777**
随县	3448	151445	3445	151338	3	107
曾都区	1157	39726	1155	39626	2	100
广水市	775	34677	748	33107	27	1570
市直						
恩施自治州	**471**	**11406**	**465**	**11121**	**6**	**285**
恩施市	6	309	5	249	1	60
利川市	349	8150	348	8128	1	22
建始县	17	371	16	320	1	51
巴东县	3	62	2	43	1	19
宣恩县	17	418	16	390	1	28
咸丰县	32	757	31	652	1	105
来凤县	41	1051	41	1051		
鹤峰县	6	288	6	288		
市直						
仙桃市	**2332**	**116663**	**2271**	**111863**	**61**	**4800**
潜江市	**2020**	**118395**	**1955**	**114495**	**65**	**3900**
天门市	**5137**	**327404**	**5126**	**326452**	**11**	**952**
神农架林区						
省直						

续表 27

单位名称	其中：自走式（台）	2.大豆收获机		3.油菜籽收获机		4.马铃薯收获机	
	数量	数量(台)	数量(千瓦)	数量(台)	数量(千瓦)	数量(台)	数量(千瓦)
湖北省	**2017**	**66**	**3718**	**6504**	**330086**	**1224**	**6290**
武汉市	**102**	**2**	**338**	**157**	**8115**	**7**	**110**
洪山区	1						
东西湖区		2	338	1	50		
汉南区	9			19	968		
蔡甸区	80			78	4610	1	30
江夏区	11			5	242		
黄陂区				40	1817	1	25
新洲区	1			14	428	5	55
市直							
黄石市	**3**			**189**	**9055**	**28**	**1335**
黄石港区							
西塞山区							
下陆区							
铁山区							
阳新县				106	4770	3	135
大冶市	3			83	4285	25	1200
经济开发区							
市直							
十堰市	**10**					**12**	**79**
茅箭区							
张湾区							
郧阳区	4					10	71
郧西县							
竹山县							
竹溪县							
房县						2	8
丹江口市	6						
市直							
宜昌市	**111**	**4**		**254**	**12666**	**27**	**600**
西陵区							
伍家岗区							
点军区							
猇亭区							
夷陵区	2			3			
远安县							
兴山县							
秭归县							
长阳自治县	1	4					
五峰自治县							
宜都市				9	386		
当阳市	42			192	9780	17	
枝江市	66			50	2500	10	600
市直							
襄阳市	**1154**			**643**	**29572**	**983**	**616**

续表 28

单位名称	其中：自走式（台）	2.大豆收获机		3.油菜籽收获机		4.马铃薯收获机	
	数量	数量(台)	数量(千瓦)	数量(台)	数量(千瓦)	数量(台)	数量(千瓦)
襄城区	4			4	200		
樊城区	19			38	2090	2	140
襄州区	514			294	12469	842	476
开发区				5			
南漳县							
谷城县	99			12	571		
保康县				3	118		
老河口市	246						
枣阳市	244			51	2499	60	
宜城市	25			236	11625	79	
襄北农场	3						
市直							
鄂州市				**20**	**936**		
梁子湖区				2	11		
华容区				3	144		
鄂城区				15	781		
开发区							
葛店开发区							
西山街办							
市直							
荆门市	**99**	**11**	**774**	**359**	**19662**	**17**	**455**
东宝区						3	106
掇刀区	1						
京山县	33			80	4000		
沙洋县	3	7	510	149	8507		
钟祥市	58			130	7155	10	233
屈家岭	4	4	264				
沙洋农场						4	116
漳河新区							
市直							
孝感市	**100**			**578**	**25684**	**18**	**264**
孝南区	4			113	6100		
孝昌县	2			183	10419		
大悟县				29	1494		
云梦县	46			30	1310	11	
应城市	1			24	801	3	104
安陆市							
汉川市	47			199	5560	4	160
市直							
荆州市	**194**	**22**	**1320**	**2068**	**98808**	**2**	
沙市区							
荆州区	17			59	3600		
公安县				791	31600		
监利县	26			540	30325		
江陵县	37			234	7879		

续表 29

单位名称	其中：自走式（台）	2.大豆收获机		3.油菜籽收获机		4.马铃薯收获机	
	数量	数量(台)	数量(千瓦)	数量(台)	数量(千瓦)	数量(台)	数量(千瓦)
石首市	45			104	6324		
洪湖市	43	22	1320	231	12420	2	
松滋市	24			91	5460		
开发区	2			18	1200		
市直							
黄冈市	**7**	**7**	**393**	**309**	**15616**	**12**	**550**
黄州区	2			15	583		
龙感湖区				63	2500		
团风县		5	263	35	1838	3	55
红安县							
罗田县							
英山县				5	270		
浠水县		2	130	51	2805	4	220
蕲春县	3			3	151		
黄梅县				61	3671		
麻城市	1			13	680	3	69
武穴市	1			63	3118	2	206
市直							
咸宁市	**73**	**3**	**135**	**192**	**9209**	**7**	**378**
咸安区	3			60	2829	1	22
嘉鱼县	70	3	135	24	1248		
通城县				20	1180	2	96
崇阳县				25	1102		
通山县				36	1718	4	260
赤壁市				27	1132		
市直							
随州市	**28**			**85**	**3315**	**88**	**977**
随县	3			48	1935	12	130
曾都区	2			7	350	4	53
广水市	23			30	1030	72	794
市直							
恩施自治州	**4**			**3**	**75**	**8**	**132**
恩施市						4	31
利川市	1					1	29
建始县	1					2	60
巴东县							
宣恩县	1						
咸丰县	1			3	75	1	12
来凤县							
鹤峰县							
市直							
仙桃市	**61**	**5**	**215**	**100**	**4699**		
潜江市	**65**			**933**	**60706**		
天门市	**6**	**12**	**543**	**614**	**31968**	**14**	**750**
神农架林区						**1**	**44**
省直	45			104	6324		

续表 30

单位名称	5.花生收获机		6.甜菜收获机		7.甘蔗收获机	
	数量(台)	数量(千瓦)	数量(台)	数量(千瓦)	数量(台)	数量(千瓦)
湖北省	**3225**	**21179**				
武汉市	**20**	**134**				
洪山区						
东西湖区						
汉南区						
蔡甸区						
江夏区	10	114				
黄陂区	10	20				
新洲区						
市直						
黄石市	**12**	**331**				
黄石港区						
西塞山区	2	94				
下陆区						
铁山区						
阳新县	2	90				
大冶市	8	147				
经济开发区						
市直						
十堰市						
茅箭区						
张湾区						
郧阳区						
郧西县						
竹山县						
竹溪县						
房县						
丹江口市						
市直						
宜昌市	**4**	**132**				
西陵区						
伍家岗区						
点军区						
猇亭区						
夷陵区						
远安县						
兴山县						
秭归县						
长阳自治县						
五峰自治县						
宜都市						
当阳市						
枝江市	4	132				
市直						
襄阳市	**2015**	**5762**				

续表 31

单位名称	5.花生收获机		6.甜菜收获机		7.甘蔗收获机	
	数量(台)	数量(千瓦)	数量(台)	数量(千瓦)	数量(台)	数量(千瓦)
襄城区	2	100				
樊城区	25					
襄州区	955	496				
开发区	3	126				
南漳县						
谷城县	5	143				
保康县	1	3				
老河口市	100	1029				
枣阳市	431	3865				
宜城市	493					
襄北农场						
市直						
鄂州市	**5**	**300**				
梁子湖区	5	300				
华容区						
鄂城区						
开发区						
葛店开发区						
西山街办						
市直						
荆门市	**71**	**2565**				
东宝区						
掇刀区						
京山县						
沙洋县	31	1659				
钟祥市	40	906				
屈家岭						
沙洋农场						
漳河新区						
市直						
孝感市	**104**	**2345**				
孝南区	1	22				
孝昌县	2	100				
大悟县	7	258				
云梦县	12					
应城市	8	337				
安陆市	74	1628				
汉川市						
市直						
荆州市						
沙市区						
荆州区						
公安县						
监利县						
江陵县						

续表 32

单位名称	5.花生收获机		6.甜菜收获机		7.甘蔗收获机	
	数量(台)	数量(千瓦)	数量(台)	数量(千瓦)	数量(台)	数量(千瓦)
石首市						
洪湖市						
松滋市						
开发区						
市直						
黄冈市	**768**	**2853**				
黄州区						
龙感湖区						
团风县						
红安县	186	986				
罗田县						
英山县						
浠水县	405	944				
蕲春县	8	24				
黄梅县						
麻城市	106	349				
武穴市	63	550				
市直						
咸宁市	**1**	**18**				
咸安区	1	18				
嘉鱼县						
通城县						
崇阳县						
通山县						
赤壁市						
市直						
随州市	**10**	**126**				
随县	10	126				
曾都区						
广水市						
市直						
恩施自治州	**1**	**1**				
恩施市						
利川市						
建始县						
巴东县						
宣恩县						
咸丰县	1	1				
来凤县						
鹤峰县						
市直						
仙桃市	**1**	**66**				
潜江市						
天门市	**213**	**6546**				
神农架林区						
省直						

续表 33

单位名称	8.棉花收获机		9.蔬菜收获机械		10.采茶机	
	数量(台)	数量(千瓦)	数量(台)	数量(千瓦)	数量(台)	数量(千瓦)
湖北省	**1**	**194**	**21**	**441**	**44044**	**47317**
武汉市			**1**	**3**	**191**	**248**
洪山区			1	3		
东西湖区						
汉南区						
蔡甸区						
江夏区					27	65
黄陂区					121	121
新洲区					43	62
市直						
黄石市			**12**	**36**	**12**	**36**
黄石港区						
西塞山区						
下陆区						
铁山区						
阳新县			12	36	12	36
大冶市						
经济开发区						
市直						
十堰市					**457**	**1900**
茅箭区						
张湾区						
郧阳区					150	465
郧西县					23	46
竹山县					213	1212
竹溪县					6	5
房县					65	172
丹江口市						
市直						
宜昌市					**15268**	**13877**
西陵区						
伍家岗区						
点军区					37	31
猇亭区						
夷陵区					3757	5182
远安县					50	50
兴山县						
秭归县					174	92
长阳自治县					884	391
五峰自治县					2404	1601
宜都市					7960	6530
当阳市					2	
枝江市						
市直						
襄阳市					**487**	**1142**

续表 34

单位名称	8.棉花收获机		9.蔬菜收获机械		10.采茶机	
	数量(台)	数量(千瓦)	数量(台)	数量(千瓦)	数量(台)	数量(千瓦)
襄城区						
樊城区						
襄州区						
开发区						
南漳县						
谷城县					234	600
保康县					253	542
老河口市						
枣阳市						
宜城市						
襄北农场						
市直						
鄂州市					**46**	**111**
梁子湖区					38	38
华容区						
鄂城区					8	73
开发区						
葛店开发区						
西山街办						
市直						
荆门市	**1**	**194**	**2**	**132**		
东宝区						
掇刀区						
京山县						
沙洋县						
钟祥市						
屈家岭	1	194	2	132		
沙洋农场						
漳河新区						
市直						
孝感市					**52**	**92**
孝南区						
孝昌县						
大悟县					30	48
云梦县						
应城市						
安陆市					22	44
汉川市						
市直						
荆州市						
沙市区						
荆州区						
公安县						
监利县						
江陵县						

续表 35

单位名称	8.棉花收获机		9.蔬菜收获机械		10.采茶机	
	数量(台)	数量(千瓦)	数量(台)	数量(千瓦)	数量(台)	数量(千瓦)
石首市						
洪湖市						
松滋市						
开发区						
市直						
黄冈市					**6408**	**11659**
黄州区						
龙感湖区						
团风县						
红安县					377	591
罗田县						
英山县					5945	10800
浠水县					85	267
蕲春县						
黄梅县					1	1
麻城市						
武穴市						
市直						
咸宁市			**6**	**270**	**1624**	**4342**
咸安区			6	270	246	1341
嘉鱼县					15	29
通城县					211	450
崇阳县					45	68
通山县					325	720
赤壁市					782	1735
市直						
随州市					**285**	**313**
随县					285	313
曾都区						
广水市						
市直						
恩施自治州					**19214**	**13598**
恩施市					3285	3397
利川市					2720	2552
建始县					110	120
巴东县					20	22
宣恩县					2918	1474
咸丰县					1690	536
来凤县					21	16
鹤峰县					8450	5480
市直						
仙桃市						
潜江市						
天门市						
神农架林区						
省直						

续表 36

单位名称	11.青饲料收获机		12.牧草收获机		13.秸秆粉碎还田机	14.打（压）捆机	
	数量(台)	数量(千瓦)	数量(台)	数量(千瓦)	数量	数量(台)	数量(千瓦)
湖北省	**9521**	**27039**	**1331**	**7296**	**31128**	**2488**	**45674**
武汉市	**105**	**638**			**1236**	**68**	
洪山区					11		
东西湖区	2	100			53	1	
汉南区	2	382			176	7	
蔡甸区					496	10	
江夏区	10	13			139	12	
黄陂区	34	24			209	7	
新洲区	57	119			108	31	
市直					44		
黄石市	**4429**	**8467**	**756**	**6048**	**217**	**121**	**2815**
黄石港区							
西塞山区					1		
下陆区							
铁山区							
阳新县	1	103	756	6048	91	116	2726
大冶市	4428	8364			125	5	89
经济开发区							
市直							
十堰市	**16**	**801**	**8**	**104**	**127**	**73**	**664**
茅箭区							
张湾区	1	40				3	18
郧阳区	10	629	8	104	25	50	300
郧西县						4	60
竹山县	5	132			12	16	286
竹溪县					64		
房县							
丹江口市					26		
市直							
宜昌市	**159**	**3380**	**83**	**205**	**1146**	**106**	**460**
西陵区							
伍家岗区							
点军区							
猇亭区							
夷陵区	81	190	83	205	222	1	50
远安县	4	132			103	6	40
兴山县					3		
秭归县							
长阳自治县					1		
五峰自治县							
宜都市					367		
当阳市	1	66			76	46	
枝江市	73	2992			374	53	370
市直							
襄阳市	**81**	**3735**	**57**	**221**	**11414**	**819**	**9159**

续表 37

单位名称	11.青饲料收获机		12.牧草收获机		13.秸秆粉碎还田机	14.打（压）捆机	
	数量(台)	数量(千瓦)	数量(台)	数量(千瓦)	数量	数量(台)	数量(千瓦)
襄城区					317	1	55
樊城区	3				116	2	30
襄州区	4	313			1114	138	7780
开发区					35		
南漳县					869	322	
谷城县	5	294			88	5	110
保康县						3	26
老河口市	10	1771	12	221	2889	193	301
枣阳市	57	1239			5013	59	857
宜城市	2	118	45		948	96	
襄北农场					25		
市直							
鄂州市	**670**	**703**	**325**	**358**	**132**		
梁子湖区	331	364			57		
华容区			325	358	18		
鄂城区	339	339			57		
开发区							
葛店开发区							
西山街办							
市直							
荆门市	**2**	**72**			**7235**	**437**	**16182**
东宝区						140	5463
掇刀区					239	40	1470
京山县					1100	60	900
沙洋县					2962	130	6251
钟祥市					2504	46	1870
屈家岭	2	72			410	5	
沙洋农场					20		
漳河新区						16	228
市直							
孝感市	**3**	**2**			**953**	**144**	**86**
孝南区					260		
孝昌县					187	31	
大悟县	3	2			28	3	26
云梦县					80		
应城市					131	2	60
安陆市					85	98	
汉川市					182	10	
市直							
荆州市	**4**	**230**			**2970**	**218**	**4318**
沙市区					180	31	
荆州区	1	110			530	40	
公安县	3	120			281	69	600
监利县					169	9	360
江陵县					223	9	120

续表 38

单位名称	11.青饲料收获机		12.牧草收获机		13.秸秆粉碎还田机	14.打（压）捆机	
	数量(台)	数量(千瓦)	数量(台)	数量(千瓦)	数量	数量(台)	数量(千瓦)
石首市					175	7	165
洪湖市					1062	47	2793
松滋市					186		
开发区					164	6	280
市直							
黄冈市	**2326**	**5072**	**100**	**240**	**1146**	**247**	**4969**
黄州区	6	13			41	20	258
龙感湖区					142	4	220
团风县					95	14	826
红安县	542	926			37	13	205
罗田县	552	385			60		
英山县	1	103			1		
浠水县					361	2	80
蕲春县	1208	1396			3	2	65
黄梅县	3	175			307	27	150
麻城市	5	553			12	109	45
武穴市	9	1521	100	240	87	56	3120
市直							
咸宁市	**1685**	**2250**			**667**	**33**	**1886**
咸安区	1	8			3	11	788
嘉鱼县	1509	1509			79	10	585
通城县	160	176			412	2	108
崇阳县					5		
通山县	15	557			125	10	405
赤壁市					43		
市直							
随州市	**14**	**84**			**3171**	**34**	**1266**
随县					3135	29	730
曾都区					16	1	404
广水市	14	84			20	4	132
市直							
恩施自治州	**7**	**4**			**15**	**25**	**45**
恩施市							
利川市					8	25	45
建始县							
巴东县							
宣恩县							
咸丰县	1	0					
来凤县	6	4			7		
鹤峰县							
市直							
仙桃市					**29**	**17**	**269**
潜江市					**48**	**68**	**2488**
天门市	**20**	**1600**	**2**	**120**	**622**	**78**	**1068**
神农架林区							
省直							

续表 39

单位名称	1.机动脱粒机		2.干燥机械		（1）谷物烘干机	
	数量(台)	数量(千瓦)	数量(台)	数量(千瓦)	数量(台)	数量(千瓦)
湖北省	**406043**	**893338**	**6172**	**147531**	**5774**	**121240**
武汉市	**14544**	**56588**	**127**	**1226**	**127**	**1226**
洪山区	200	1987				
东西湖区			8	78	8	78
汉南区	270	2373	2	95	2	95
蔡甸区	2573	4350	4	250	4	250
江夏区	3147	9434	18	234	18	234
黄陂区	4850	7200	52	488	52	488
新洲区	3202	28821	43	80	43	80
市直	302	2423				
黄石市	**9892**	**41819**	**162**	**6873**	**147**	**6063**
黄石港区						
西塞山区						
下陆区						
铁山区						
阳新县	2600	9360	96	5184	81	4374
大冶市	7292	32459	64	1655	64	1655
经济开发区			2	34	2	34
市直						
十堰市	**79026**	**162111**	**248**	**3763**	**149**	**3185**
茅箭区	170	385				
张湾区	1180	1343	12	34	12	34
郧阳区	19500	45200	47	356	22	181
郧西县	17332	25781	7	42	7	42
竹山县	8218	31210	67	326		
竹溪县	3210	9852	74	2322	67	2245
房县	23700	36736	41	683	41	683
丹江口市	5716	11604				
市直						
宜昌市	**104084**	**138569**	**99**	**5024**	**84**	**4694**
西陵区						
伍家岗区						
点军区						
猇亭区						
夷陵区	5925	6872	2	40	2	40
远安县	5240	3695	20	380	5	50
兴山县	7925	8764	6	18	6	18
秭归县	5580	3430				
长阳自治县	22433	24676	1	9	1	9
五峰自治县	14824	25203				
宜都市	4557	8328				
当阳市	35600	53400	40	2477	40	2477
枝江市	2000	4200	30	2100	30	2100
市直						
襄阳市	**34766**	**80329**	**1564**	**20114**	**1325**	**19588**

续表 40

单位名称	1.机动脱粒机		2.干燥机械		（1）谷物烘干机	
	数量(台)	数量(千瓦)	数量(台)	数量(千瓦)	数量(台)	数量(千瓦)
襄城区	350	1050				
樊城区	450	990	1	30	1	30
襄州区			518	15032	518	15032
开发区						
南漳县	15255	45765	45	367	45	367
谷城县	1069	12825	8	160	8	160
保康县	14528	9227	249	556	10	30
老河口市	1300	5733	137	548	137	548
枣阳市	1814	4739	539	2661	539	2661
宜城市			67	760	67	760
襄北农场						
市直						
鄂州市	**7581**	**16792**	**56**	**890**	**55**	**870**
梁子湖区	2515	5032	28	330	28	330
华容区	2100	5200	11	220	10	200
鄂城区	2966	6560	17	340	17	340
开发区						
葛店开发区						
西山街办						
市直						
荆门市	**155**	**855**	**508**	**15214**	**502**	**15114**
东宝区			19	680	14	580
掇刀区	25	100	12	146	12	146
京山县	100	500	167	5010	167	5010
沙洋县			163	4357	162	4357
钟祥市	30	255	71	1150	71	1150
屈家岭			46	1803	46	1803
沙洋农场			30	2068	30	2068
漳河新区						
市直						
孝感市	**4652**	**10209**	**475**	**6122**	**473**	**6122**
孝南区	620	1800	38	570	38	570
孝昌县			16	136	16	136
大悟县	3911	8409	16	177	14	177
云梦县	121		124	1167	124	1167
应城市			14	280	14	280
安陆市			103	1957	103	1957
汉川市			164	1836	164	1836
市直						
荆州市	**3273**	**3114**	**907**	**42646**	**907**	**20106**
沙市区			41	820	41	820
荆州区			43	4000	43	860
公安县	1185		139	13900	139	2780
监利县	334		241	4820	241	4820
江陵县			190	9600	190	3800

续表 41

单位名称	1.机动脱粒机		2.干燥机械		（1）谷物烘干机	
	数量(台)	数量(千瓦)	数量(台)	数量(千瓦)	数量(台)	数量(千瓦)
石首市	791	1977	68	1088	68	1088
洪湖市	948	1137	150	5238	150	5238
松滋市	15		31	3100	31	620
开发区			4	80	4	80
市直						
黄冈市	**46827**	**145041**	**693**	**15335**	**693**	**15335**
黄州区	103	271	9	802	9	802
龙感湖区			50	4630	50	4630
团风县	2713	5965	50	1347	50	1347
红安县	6116	15558	29	402	29	402
罗田县	6160	12000	59	788	59	788
英山县	2296	25000	25	560	25	560
浠水县	10317	22965	64	1170	64	1170
蕲春县	6787	28903	77	980	77	980
黄梅县	812	3417	142	2130	142	2130
麻城市	10523	22952	89	496	89	496
武穴市	1000	8010	99	2030	99	2030
市直						
咸宁市	**15165**	**35638**	**280**	**11812**	**264**	**11636**
咸安区	2116	6348	34	2302	34	2302
嘉鱼县	1758	8723	70	2191	70	2191
通城县	1130	3843	37	411	21	235
崇阳县	8310	9160	27	1215	27	1215
通山县	749	2996	15	188	15	188
赤壁市	1102	4568	97	5505	97	5505
市直						
随州市	**7198**	**21172**	**223**	**4198**	**223**	**3029**
随县	852	2533	155	2325	155	1156
曾都区	543	1322	37	1373	37	1373
广水市	5803	17317	31	500	31	500
市直						
恩施自治州	**76172**	**175292**	**227**	**1633**	**224**	**1610**
恩施市	5890	8581	5	8	5	8
利川市	17771	63623	61	1039	60	1022
建始县	8921	17456	120	360	120	360
巴东县	8000	18000	28	126	28	126
宣恩县	4800	7700	5	55	5	55
咸丰县	10870	31353	8	44	6	39
来凤县	5718	13051				
鹤峰县	14202	15528				
市直						
仙桃市	**10**	**90**	**182**	**8106**	**182**	**8106**
潜江市	**2568**	**5239**	**164**	**1955**	**164**	**1955**
天门市	**30**	**130**	**237**	**2560**	**235**	**2540**
神农架林区	**100**	**350**	**20**	**60**	**20**	**60**
省直						

续表 42

单位名称	其中：30 吨以上		（2）果蔬烘干机		3.种子加工机械	
	数量(台)	数量(千瓦)	数量(台)	数量(千瓦)	数量(台)	数量(千瓦)
湖北省	**1700**	**42557**	**390**	**2495**	**812**	**5219**
武汉市	**45**	**591**			**8**	**93**
洪山区						
东西湖区						
汉南区	2	95				
蔡甸区	1	40				
江夏区	8	160			7	91
黄陂区	16	240			1	2
新洲区	18	56				
市直						
黄石市			**15**	**810**	**16**	**132**
黄石港区						
西塞山区					1	2
下陆区						
铁山区						
阳新县			15	810		
大冶市					15	130
经济开发区						
市直						
十堰市	**5**	**65**	**94**	**513**	**38**	**233**
茅箭区						
张湾区						
郧阳区	5	65	20	110	26	186
郧西县					12	47
竹山县			67	326		
竹溪县			7	77		
房县						
丹江口市						
市直						
宜昌市	**47**	**4190**	**15**	**330**	**15**	
西陵区						
伍家岗区						
点军区						
猇亭区						
夷陵区						
远安县	5	50	15	330		
兴山县						
秭归县						
长阳自治县						
五峰自治县						
宜都市						
当阳市	12	2040				
枝江市	30	2100			15	
市直						
襄阳市	**388**	**5788**	**239**	**526**	**309**	**1553**

续表 43

单位名称	其中：30 吨以上		（2）果蔬烘干机		3.种子加工机械	
	数量(台)	数量(千瓦)	数量(台)	数量(千瓦)	数量(台)	数量(千瓦)
襄城区						
樊城区						
襄州区	135	4155				
开发区						
南漳县	19	186				
谷城县						
保康县			239	526	2	4
老河口市	68	187				
枣阳市	162	1200			297	1299
宜城市	4	60				
襄北农场					10	250
市直						
鄂州市	**51**	**790**			**8**	**30**
梁子湖区	28	330			2	
华容区	6	120			1	18
鄂城区	17	340			5	12
开发区						
葛店开发区						
西山街办						
市直						
荆门市	**179**	**7680**	**5**	**100**	**165**	**1817**
东宝区	2	80	5	100		
掇刀区						
京山县	100	3500				
沙洋县	18	920				
钟祥市	10	323			10	100
屈家岭	19	789			145	1522
沙洋农场	30	2068			10	195
漳河新区						
市直						
孝感市	**35**	**762**	**2**		**2**	**4**
孝南区	4	70				
孝昌县						
大悟县	1	22	2		2	4
云梦县	1	44				
应城市						
安陆市						
汉川市	29	626				
市直						
荆州市	**457**	**9044**			**28**	**265**
沙市区	2	60				
荆州区	4	100				
公安县	139	2780			9	90
监利县	122	2440				
江陵县	160	3200				

续表 44

单位名称	其中：30 吨以上		（2）果蔬烘干机		3.种子加工机械	
	数量(台)	数量(千瓦)	数量(台)	数量(千瓦)	数量(台)	数量(千瓦)
石首市					19	175
洪湖市	30	464				
松滋市						
开发区						
市直						
黄冈市	**173**	**5612**			**21**	**138**
黄州区						
龙感湖区	16	1482				
团风县	13	354			4	92
红安县					14	31
罗田县						
英山县						
浠水县	30	900				
蕲春县						
黄梅县	73	1745			1	8
麻城市	5	87				
武穴市	36	1045			2	7
市直						
咸宁市	**85**	**4698**	**16**	**176**	**50**	**360**
咸安区	3	45			24	360
嘉鱼县						
通城县			16	176	26	
崇阳县						
通山县						
赤壁市	82	4653				
市直						
随州市	**55**	**1042**			**11**	**110**
随县	50	1000			11	110
曾都区	5	42				
广水市						
市直						
恩施自治州			**2**	**20**	**96**	**293**
恩施市					20	35
利川市			1	17	5	38
建始县					51	120
巴东县						
宣恩县						
咸丰县			1	3		
来凤县					20	100
鹤峰县						
市直						
仙桃市	**1**	**100**				
潜江市	**164**	**1955**			**41**	**170**
天门市	**15**	**240**	**2**	**20**	**4**	**20**
神农架林区						
省直						

续表 45

单位名称	4.保鲜储藏设备		温室（平方米）	其中：连栋温室（平方米）	日光温室（平方米）
	数量(台（套）)	数量(千瓦)	数量	数量	数量
湖北省	**17361**	**158143**	**883938458**	**34709662**	**16820856**
武汉市	**16**	**168**	**115555154**	**2945837**	**6623431**
洪山区	1	40			
东西湖区			14108507	721013	9767
汉南区			1223347	11014	
蔡甸区			17813400	53360	
江夏区			22940000	220000	
黄陂区	3	6	36979900	100450	6613664
新洲区	8	68	22230000	1840000	
市直	4	54	260000		
黄石市	**2**	**12**	**39511372**	**19293643**	**98667**
黄石港区					
西塞山区			110000		
下陆区					
铁山区					
阳新县			27095309	8635309	60000
大冶市	2	12	12306039	10658334	38667
经济开发区			24		
市直					
十堰市	**741**	**4854**	**63044600**	**11380**	**263120**
茅箭区					
张湾区	4	88	2201100		66700
郧阳区	185	1093	2580000		180000
郧西县	260	1360	4022000		
竹山县	116	807	440000		
竹溪县	176	1506	46276200	1080	16420
房县			5800000		
丹江口市			1725300	10300	
市直					
宜昌市	**228**	**2946**	**45066000**	**664102**	**1711000**
西陵区	2	20			
伍家岗区					
点军区					
猇亭区	5	100			
夷陵区	60	1050	10276500	110500	
远安县	42	670	5210000	500000	710000
兴山县	12	113	1870000		
秭归县	4	62	300100		
长阳自治县	69	349	180000		
五峰自治县			313490	40000	40000
宜都市	20	437	7788000		
当阳市	14	146	5822910	4002	
枝江市			13305000	9600	961000
市直					
襄阳市	**297**	**52314**	**47231313**	**24445**	**47448**

续表 46

单位名称	4.保鲜储藏设备		温室（平方米）	其中：连栋温室（平方米）	日光温室（平方米）
	数量(台（套）)	数量(千瓦)	数量	数量	数量
襄城区					
樊城区	1	45	1240086	4736	29108
襄州区			14900000	2500	5000
开发区					
南漳县	17	51000	10005		
谷城县	15	630	6806509	6539	
保康县	254	539	3	0	
老河口市			3198000	4000	
枣阳市			20990000		
宜城市	10	100	86710	6670	13340
襄北农场					
市直					
鄂州市	**58**	**2478**	**13325200**	**13500**	
梁子湖区	44	2200	3170000		
华容区	2	37	6995200	13500	
鄂城区	12	241	3160000		
开发区					
葛店开发区					
西山街办					
市直					
荆门市	**143**	**3984**	**62782353**	**586600**	**948020**
东宝区	19	325	5391100	80200	135100
掇刀区			4499023		55000
京山县	50	500	20453000	8000	
沙洋县	2	120	12713230	14500	36900
钟祥市	64	2895	18882000	468900	681020
屈家岭					
沙洋农场			5000	5000	
漳河新区	8	144	839000	10000	40000
市直					
孝感市	**73**	**300**	**216273300**	**8996920**	**825000**
孝南区	6	120	920000	90000	
孝昌县			13160000	63120	
大悟县	67	180	4950000	2573800	
云梦县			26700000		
应城市			119820000	270000	805000
安陆市			21153300		
汉川市			29570000	6000000	20000
市直					
荆州市	**56**	**578**	**64530804**	**241000**	
沙市区			3630000	30000	
荆州区			8260000		
公安县	20	200	22870000	10000	
监利县			8010000	130000	
江陵县			1820000	30000	

续表 47

单位名称	4.保鲜储藏设备		温室（平方米）	其中：连栋温室（平方米）	日光温室（平方米）
	数量(台（套）)	数量(千瓦)	数量	数量	数量
石首市	12	110	9827564	1200	
洪湖市	24	268	6633240	19800	
松滋市			3470000	10000	
开发区			10000	10000	
市直					
黄冈市	**75**	**850**	**66663310**	**352421**	**4800**
黄州区	1	2	11210000		
龙感湖区			500000		
团风县	3	120	464610	12100	
红安县	38	636	594600		4800
罗田县			15390000		
英山县			2530000		
浠水县			820000	20000	
蕲春县	3	30	5432000	3486	
黄梅县			3572100	8500	
麻城市	2	4	23870000	11935	
武穴市	28	58	2280000	296400	
市直					
咸宁市	**10387**	**6769**	**29112714**	**294716**	**254000**
咸安区	3	38	3026546	20660	
嘉鱼县			14620000	255380	253000
通城县	40	720	1113768		1000
崇阳县	360	720	20000		
通山县	9984	5291	867100	18676	
赤壁市			9465300		
市直					
随州市	**41**	**1658**	**27753138**	**159630**	**5693100**
随县	15	1500	15660000		4591000
曾都区	4	20	4079138	159630	1102100
广水市	22	138	8014000		
市直					
恩施自治州	**4909**	**36727**	**8103300**	**1022600**	**1000**
恩施市	1165	1596	3520000	316000	1000
利川市	202	2656	869700	560000	
建始县	1446	24514	630000		
巴东县	1500	5000	730000		
宣恩县	310	1700	165000	9000	
咸丰县	221	970	340000	137600	
来凤县	65	291	1713600		
鹤峰县			135000		
市直					
仙桃市	**50**	**1500**	**15369000**	**9000**	
潜江市	**35**	**31456**	**14441500**	**20000**	
天门市	**150**	**11250**	**54860000**	**71200**	**351270**
神农架林区	**100**	**300**	**315400**	**2668**	
省直					

续表 48

单位名称	塑料大棚（平方米）	（一）农产品初加工动力机械		其中：柴油机	
	数量	数量(台)	数量(千瓦)	数量(台)	数量(千瓦)
湖北省	**821947720**	**981353**	**4760233**	**127562**	**1095489**
武汉市	**105100100**	**26457**	**288842**	**4674**	**65682**
洪山区		671	6500		
东西湖区	13377727	281	5496	8	224
汉南区	1212333	1573	14291	81	2511
蔡甸区	17760040	4024	58564	698	13199
江夏区	22720000	5723	56906	712	7241
黄陂区	29380000	6565	82636	1192	19200
新洲区	20390000	6799	60071	1916	21771
市直	260000	821	4378	67	1536
黄石市	**20119063**	**10635**	**100149**	**1649**	**12877**
黄石港区					
西塞山区	110000	25	347		
下陆区					
铁山区					
阳新县	18400000	2690	20175	937	7027
大冶市	1609038	7886	79459	712	5850
经济开发区	24	34	168		
市直					
十堰市	**62770100**	**84616**	**422289**	**19680**	**137491**
茅箭区		75	570		
张湾区	2134400	2640	13085	325	2438
郧阳区	2400000	5700	41504	980	7244
郧西县	4022000	22380	132640	7110	59750
竹山县	440000	12615	43656	1218	6216
竹溪县	46258700	16276	37425		
房县	5800000	17870	98813	7327	37327
丹江口市	1715000	7060	54596	2720	24516
市直					
宜昌市	**33541498**	**172823**	**593520**	**13813**	**101760**
西陵区		5	20		
伍家岗区		128	511	128	511
点军区		782	5119	39	724
猇亭区		5	100		
夷陵区	1016600	23168	113720	1318	13434
远安县	4000000	1326	18103	309	4055
兴山县	1870000	18990	60210	5129	16610
秭归县	300100	36938	68708	420	3576
长阳自治县	180000	27611	116715	4192	46113
五峰自治县	233490	43774	67674	103	742
宜都市	7788000	7756	48580	854	7476
当阳市	5818908	2971	28182	61	529
枝江市	12334400	9369	65877	1260	7990
市直					
襄阳市	**47005779**	**88512**	**467787**	**8494**	**66169**

续表 49

单位名称	塑料大棚（平方米）	（一）农产品初加工动力机械		其中：柴油机	
	数量	数量(台)	数量(千瓦)	数量(台)	数量(千瓦)
襄城区		5200	71130	1200	11967
樊城区	1056601	953	9074	278	3336
襄州区	14892500	3320	24053	460	4048
开发区					
南漳县	10005	3872	57998	303	4512
谷城县	6799970	8070	57015	2181	5300
保康县	3	50941	96784	1269	11968
老河口市	3190000	3600	30000	1000	10400
枣阳市	20990000	9901	92250	1803	14638
宜城市	66700	2572	28667		
襄北农场		83	817		
市直					
鄂州市	**13311700**	**9057**	**138322**	**2344**	**24464**
梁子湖区	3170000	3747	71860	854	6958
华容区	6981700	1400	24653	510	5821
鄂城区	3160000	3910	41809	980	11685
开发区					
葛店开发区					
西山街办					
市直					
荆门市	**61247733**	**11309**	**120567**	**1341**	**15255**
东宝区	5175800	1750	17020	500	4198
掇刀区	4444023	425	2745		
京山县	20445000	3200	29600	800	10400
沙洋县	12661830	1797	18483		
钟祥市	17732080	3602	43830	41	657
屈家岭		82	1506		
沙洋农场		234	4455		
漳河新区	789000	219	2928		
市直					
孝感市	**206451380**	**24879**	**179435**	**3695**	**35088**
孝南区	830000	2375	25900	450	5200
孝昌县	13096880	5779	44023	615	4920
大悟县	2376200	5725	34330	623	9165
云梦县	26700000	2150	18346	170	1860
应城市	118745000	2198	18422	621	5865
安陆市	21153300	2529	27997	466	5592
汉川市	23550000	4123	10417	750	2486
市直					
荆州市	**64289804**	**47264**	**397564**	**25257**	**201630**
沙市区	3600000	671	5591	107	1983
荆州区	8260000	2660	12045		
公安县	22860000	5300	52823	2279	22853
监利县	7880000	20664	170444	16081	124824
江陵县	1790000	1502	19145	125	5375

续表 50

单位名称	塑料大棚（平方米）	（一）农产品初加工动力机械		其中：柴油机	
	数量	数量(台)	数量(千瓦)	数量(台)	数量(千瓦)
石首市	9826364	6386	35674	3648	19465
洪湖市	6613440	5149	49163	1283	11624
松滋市	3460000	4609	50055	1713	15413
开发区		323	2624	21	93
市直					
黄冈市	**66138596**	**81247**	**564922**	**13545**	**120580**
黄州区	11210000	800	9418	18	417
龙感湖区	500000	393	20554		
团风县	452510	5950	39989	871	14714
红安县	589800	4700	52885	886	7985
罗田县	15390000	9600	75000	1600	16800
英山县	2530000	29000	94000	949	4500
浠水县	800000	10001	56408	3442	17675
蕲春县	5261021	3834	42392	610	7372
黄梅县	3563600	6353	60700	1618	14100
麻城市	23858065	7781	80776	3381	33766
武穴市	1983600	2835	32800	170	3251
市直					
咸宁市	**28563998**	**28214**	**233521**	**2797**	**27549**
咸安区	3005886	4465	44630	1139	11596
嘉鱼县	14111620	3281	32716	458	4321
通城县	1112768	6093	37740	496	4616
崇阳县	20000	4829	43238	240	2160
通山县	848424	6168	29090	254	2170
赤壁市	9465300	3378	46107	210	2686
市直					
随州市	**21900408**	**17815**	**135146**	**9028**	**59516**
随县	11069000	7505	66870	6306	46083
曾都区	2817408	3711	32846	888	8907
广水市	8014000	6599	35430	1834	4526
市直					
恩施自治州	**6975800**	**318124**	**628781**	**8691**	**81564**
恩施市	3200000	13510	85610	3325	30569
利川市	218800	47010	107290	509	4830
建始县	630000	68473	82743	353	4738
巴东县	730000	86000	100000	900	9000
宣恩县	156000	54500	99800	250	2800
咸丰县	192400	8872	40822	2603	22582
来凤县	1713600	14417	52888	255	2245
鹤峰县	135000	25342	59628	496	4800
市直					
仙桃市	**15360000**	**6685**	**84689**	**70**	**650**
潜江市	**14421500**	**16798**	**195879**	**7047**	**86208**
天门市	**54437530**	**13278**	**142735**	**5345**	**58289**
神农架林区	**312732**	**23640**	**66085**	**92**	**718**
省直					

续表 51

单位名称	电动机		(二)农产品初加工作业机械(台(套))	1.粮食初加工机械(台(套)	2.油料初加工机械(台(套)	3.棉花初加工机械(台(套)
	数量(台)	数量(千瓦)	数量	数量	数量	数量
湖北省	**847600**	**3614980**	**960286**	**728071**	**47239**	**13850**
武汉市	**21783**	**223160**	**15414**	**7533**	**1602**	**675**
洪山区	671	6500	65			
东西湖区	273	5272	175	82		23
汉南区	1492	11780	703	55		43
蔡甸区	3326	45365	981	862	52	57
江夏区	5011	49665	6616	2675	285	90
黄陂区	5373	63436	4007	1954	873	174
新洲区	4883	38300	2581	1661	365	286
市直	754	2842	286	244	27	2
黄石市	**8986**	**87272**	**8606**	**5446**	**1424**	**257**
黄石港区						
西塞山区	25	347	25	14	10	1
下陆区						
铁山区						
阳新县	1753	13148	3762	1436	845	7
大冶市	7174	73609	4785	3968	566	246
经济开发区	34	168	34	28	3	3
市直						
十堰市	**61070**	**265691**	**109797**	**62712**	**4701**	**104**
茅箭区	75	570	13	4		
张湾区	2315	10648	2127	851	43	
郧阳区	4720	34260	9037	7453	721	18
郧西县	14677	72370	34418	13364	1012	34
竹山县	8124	31547	12086	8115	216	
竹溪县	16276	37425	24587	10220	1299	
房县	10543	48791	22446	18745	698	52
丹江口市	4340	30080	5083	3960	712	
市直						
宜昌市	**158799**	**491229**	**190185**	**162701**	**3760**	**640**
西陵区	5	20	6	5	1	
伍家岗区			8	8		
点军区	743	4395	1019		32	
猇亭区	5	100	5			
夷陵区	21639	99755	31011	24084	656	
远安县	1017	14048	632	140	100	
兴山县	13861	43600	18298	15436	277	
秭归县	36518	65132	54527	52170	351	
长阳自治县	23419	70602	25937	21355	298	
五峰自治县	43671	66932	43774	41559	114	
宜都市	6902	41104	7170	2757	234	10
当阳市	2910	27653	2408	1960	271	70
枝江市	8109	57887	5390	3227	1426	560
市直						
襄阳市	**79618**	**387529**	**80551**	**56906**	**11873**	**3099**

续表 52

单位名称	电动机		(二)农产品初加工作业机械(台(套))	1.粮食初加工机械(台(套)	2.油料初加工机械(台(套)	3.棉花初加工机械(台(套)
	数量(台)	数量(千瓦)	数量	数量	数量	数量
襄城区	3900	59010	742	190	506	34
樊城区	375	5738	210	180	10	15
襄州区	2860	20005	2685	1820	650	215
开发区						
南漳县	3569	53486	4871	4412	280	
谷城县	5889	37779	5248	2576	574	89
保康县	49672	84816	41503	34224	2169	
老河口市	2600	19600	7930	5500	1700	710
枣阳市	8098	77612	11513	4301	4197	1758
宜城市	2572	28667	5793	3685	1787	278
襄北农场	83	817	56	18		
市直						
鄂州市	**6615**	**113732**	**4948**	**2135**	**366**	**225**
梁子湖区	2795	64776	2893	1667	166	45
华容区	890	18832	441	336	35	70
鄂城区	2930	30124	1614	132	165	110
开发区						
葛店开发区						
西山街办						
市直						
荆门市	**9968**	**105312**	**9412**	**6708**	**1953**	**519**
东宝区	1250	12822	1684	1232	294	72
掇刀区	425	2745	128	50	49	28
京山县	2400	19200	2450	2000	350	100
沙洋县	1797	18483	2018	1517	393	108
钟祥市	3561	43173	2423	1383	766	196
屈家岭	82	1506	170	145	25	
沙洋农场	234	4455	234	204	20	
漳河新区	219	2928	305	177	56	15
市直						
孝感市	**21184**	**144344**	**19274**	**9110**	**3633**	**1253**
孝南区	1925	20700	2396	1680	471	150
孝昌县	5164	39103	3114	1203	730	330
大悟县	5102	25166	9062	2926	1528	423
云梦县	1980	16486	458	321	137	
应城市	1577	12557	1604	1035	379	55
安陆市	2063	22405	1924	1565	213	135
汉川市	3373	7927	716	380	175	160
市直						
荆州市	**21978**	**194802**	**28064**	**17671**	**3289**	**2036**
沙市区	564	3608	342	237	48	57
荆州区	2660	12045	1335	400	130	310
公安县	3021	29970	4883	1854	434	347
监利县	4583	45620	9360	8041	773	535
江陵县	1377	13770	572	363	148	61

续表 53

单位名称	电动机		（二）农产品初加工作业机械（台（套））	1.粮食初加工机械（台（套））	2.油料初加工机械（台（套））	3.棉花初加工机械（台（套））
	数量(台)	数量(千瓦)	数量	数量	数量	数量
石首市	2738	16209	3607	2832	432	315
洪湖市	3866	36639	3837	1166	209	270
松滋市	2867	34410	4048	2735	1099	132
开发区	302	2531	80	43	16	9
市直						
黄冈市	**66249**	**432584**	**77740**	**58960**	**5189**	**2418**
黄州区	782	9001	202	117	43	42
龙感湖区	393	20554	393	194	136	36
团风县	5079	25275	2056	1634	138	45
红安县	3812	44900	4107	2631	767	128
罗田县	8000	58200	11607	10670	705	
英山县	27600	86800	32410	26300	430	
浠水县	6559	38733	6769	5317	719	305
蕲春县	3224	34962	4093	1931	612	352
黄梅县	4735	46600	5350	2220	286	528
麻城市	4400	47010	7777	6211	896	262
武穴市	1665	20549	2976	1735	457	720
市直						
咸宁市	**25417**	**205972**	**29228**	**24054**	**1770**	**400**
咸安区	3326	33034	3715	2651	408	70
嘉鱼县	2823	28395	2079	1559	359	60
通城县	5597	33124	6484	5534	442	101
崇阳县	4589	41078	4842	3877	62	30
通山县	5914	26920	7345	6758	136	
赤壁市	3168	43421	4763	3675	363	139
市直						
随州市	**8787**	**75630**	**10084**	**6248**	**1452**	**502**
随县	1199	20787	2651	1790	516	193
曾都区	2823	23939	3226	1161	393	89
广水市	4765	30904	4207	3297	543	220
市直						
恩施自治州	**309408**	**546202**	**349494**	**287046**	**3249**	**50**
恩施市	10160	54036	59642	50410	298	
利川市	46501	102460	51502	42569	354	50
建始县	68120	77995	40000	35568	800	
巴东县	85100	91000	85360	83000	800	
宣恩县	54250	97000	49670	23200	150	
咸丰县	6269	18240	16172	12915	451	
来凤县	14162	50643	16968	15004	166	
鹤峰县	24846	54828	30180	24380	230	
市直						
仙桃市	**6615**	**84039**	**6175**	**5295**	**520**	**335**
潜江市	**9642**	**107671**	**6852**	**4442**	**1848**	**541**
天门市	**7933**	**84446**	**8812**	**6104**	**510**	**796**
神农架林区	**23548**	**65367**	**5650**	**5000**	**100**	
省直						

续表 54

单位名称	4.果蔬初加工机械（台（套）	5.茶叶加工机械（台（套））	五、畜牧机械		（一）饲料（草）加工机械设备	
	数量	数量	数量(台（套）)	数量(千瓦)	数量(台（套）)	数量(千瓦)
湖北省	**12748**	**103877**	**492869**	**1120743**	**354607**	**821043**
武汉市	**172**	**1327**	**18648**	**58409**	**4070**	**31394**
洪山区	37	28				
东西湖区		7	36		19	
汉南区			100	635	46	512
蔡甸区	9	1	524	4200	513	4134
江夏区		129	5435	6805	584	3680
黄陂区	38	968	2561	17888	1517	11483
新洲区	75	194	9612	25642	1065	9137
市直	13		380	3239	326	2448
黄石市	**362**	**114**	**5625**	**33284**	**1290**	**10750**
黄石港区						
西塞山区						
下陆区						
铁山区			1	1	1	1
阳新县	362	109	962	14285	99	284
大冶市		5	4652	18868	1180	10335
经济开发区			10	130	10	130
市直						
十堰市	**1668**	**8603**	**56763**	**120331**	**41943**	**89266**
茅箭区	1	8	20	400	20	400
张湾区	2	1231	812	4322	812	4322
郧阳区	130	715	7538	44576	4926	36740
郧西县	412	876	13265	25400	12528	18760
竹山县	114	2615	3125	6210	2032	4125
竹溪县	596	2720	11760	16720	1438	2388
房县	338	102	15683	9373	15627	9201
丹江口市	75	336	4560	13330	4560	13330
市直						
宜昌市	**1448**	**17755**	**26247**	**91959**	**23890**	**88374**
西陵区			1	8	1	8
伍家岗区			41	186	24	134
点军区	29	48				
猇亭区	5		110	220		
夷陵区	477	4750	3057	18727	3027	17696
远安县	6	386	2862	16376	2862	16376
兴山县	67	591	2825	4522	2506	4131
秭归县	124	1882	5822	8021	5810	7447
长阳自治县	263	4021	676	2909	676	2909
五峰自治县	83	2018	472	266	472	266
宜都市	172	3997	4562	6707	4130	6157
当阳市	48	59	3014	13329	1784	12919
枝江市	174	3	2805	20688	2598	20331
市直						
襄阳市	**1088**	**7310**	**12259**	**34398**	**10207**	**26467**

续表 55

单位名称	4.果蔬初加工机械（台（套））	5.茶叶加工机械（台（套））	五、畜牧机械		（一）饲料（草）加工机械设备	
	数量	数量	数量(台（套）)	数量(千瓦)	数量(台（套）)	数量(千瓦)
襄城区			307	4200	4	
樊城区			78	610	78	610
襄州区			560	3763	530	3720
开发区						
南漳县	27	152				
谷城县	23	1775	336	1542	240	1254
保康县	189	4921	5063	11599	4462	9757
老河口市	20		1415	300	1300	260
枣阳市	795	462	3453	9316	2998	7798
宜城市	34		1030	2890	578	2890
襄北农场			17	178	17	178
市直						
鄂州市	**38**	**62**	**2001**	**20377**	**1075**	**10770**
梁子湖区	23	40	527	6523	241	336
华容区			610	6921	330	3621
鄂城区	15	22	864	6933	504	6813
开发区						
葛店开发区						
西山街办						
市直						
荆门市	**118**	**114**	**6444**	**48071**	**3025**	**32358**
东宝区	46	40	55	445	55	445
掇刀区		1	99	1303	99	1303
京山县			5200	36800	2000	22000
沙洋县			283	2192	65	1290
钟祥市	72	6	807	7331	806	7320
屈家岭						
沙洋农场		10				
漳河新区		57				
市直						
孝感市	**897**	**4381**	**15983**	**55997**	**5139**	**30948**
孝南区		95	990	9940	840	9240
孝昌县		851	6635	9970	945	3853
大悟县	831	3354	2544	9445	2488	8519
云梦县			1100	9016	230	1934
应城市	65	70	1030	10182	226	3332
安陆市		11	1371	7445	407	4070
汉川市	1		2313		3	
市直						
荆州市	**86**	**86**	**13238**	**65245**	**4963**	**50180**
沙市区			713	2054	180	963
荆州区	18		1451	6280	321	4070
公安县	7	26	1928	6245	696	4893
监利县		11	3094	25853	707	21080
江陵县			1062	3456	347	1759

续表 56

单位名称	4.果蔬初加工机械（台（套）	5.茶叶加工机械（台（套））	五、畜牧机械		（一）饲料（草）加工机械设备	
	数量	数量	数量(台（套）)	数量(千瓦)	数量(台（套）)	数量(千瓦)
石首市	15	13	1864	4365	938	3064
洪湖市		36	925	2026	415	1006
松滋市	34		2105	14735	1340	13269
开发区	12		96	231	19	76
市直						
黄冈市	**339**	**7721**	**72456**	**181527**	**36697**	**112310**
黄州区			196	844	61	612
龙感湖区	27		70	548		
团风县	4	235	7389	29359	1532	6725
红安县	19	432	4403	27403	1237	20804
罗田县		232	1410	11220	890	7100
英山县	150	5530	26080	32600	25560	27900
浠水县		428	2475	23951	1235	8892
蕲春县	8	275	1012	6034	859	4659
黄梅县	117	131	438	3925	299	3465
麻城市	5	403	8435	35686	4327	30392
武穴市	9	55	20548	9958	697	1760
市直						
咸宁市	**850**	**2154**	**17510**	**52620**	**7905**	**36013**
咸安区	3	583	411	2361	312	1857
嘉鱼县	39	62	432	4556	432	4556
通城县	13	394	8065	13298	2119	9952
崇阳县	795	78	4107	17975	1547	7735
通山县		451	3339	8687	3024	7822
赤壁市		586	1156	5743	471	4091
市直						
随州市	**1658**	**224**	**1643**	**5387**	**704**	**3971**
随县	21	131	173	974	173	974
曾都区	1543	40	506	3620	355	2852
广水市	94	53	964	793	176	145
市直						
恩施自治州	**3508**	**53967**	**238251**	**320824**	**211580**	**277913**
恩施市	350	8542	13252	20684	361	1285
利川市	67	8462	12396	25210	8388	19482
建始县	2200	700	51544	64799	49844	58815
巴东县	60	1500	65000	70000	62213	68105
宣恩县	170	26150	38450	56780	34850	51280
咸丰县		2806	21437	42795	21412	41795
来凤县	577	321	12749	15311	12052	12491
鹤峰县	84	5486	23423	25245	22460	24660
市直						
仙桃市			**1977**	**9459**	**500**	**5705**
潜江市			**706**	**5252**	**697**	**5227**
天门市	**16**	**9**	**3118**	**17604**	**922**	**9398**
神农架林区	**500**	**50**				
省直						

续表 57

单位名称	其中：1.铡草机（台）	2.饲料（草）粉碎机（台）	（二）饲养机械		其中：畜禽粪污处理机械（台（套））	（三）畜产品采集加工机械设备	
	数量	数量	数量(台（套）)	数量(千瓦)	数量	数量(台（套）)	数量(千瓦)
湖北省	**50948**	**158093**	**112155**	**235459**	**13797**	**5188**	**11150**
武汉市	**827**	**1191**	**13578**	**21239**	**1680**	**174**	**1635**
洪山区							
东西湖区			17				
汉南区		46	54	123			
蔡甸区	267	246	10	58	10	1	8
江夏区			4851	3125			
黄陂区	2	66	479	2261	50	5	11
新洲区	426	639	8117	14908	1620	165	1597
市直	132	194	50	764		3	19
黄石市		**24**	**4335**	**21478**			
黄石港区							
西塞山区							
下陆区							
铁山区							
阳新县		23	863	12945			
大冶市			3472	8533			
经济开发区		1					
市直							
十堰市	**12531**	**11496**	**9340**	**21093**	**346**	**3896**	**4912**
茅箭区							
张湾区	29	783					
郧阳区	2235	2691	2612	7836	280		
郧西县	7680	3346	479	4707			
竹山县	1221	654	823	1130	66		
竹溪县	1106	332	5426	7420		3896	4912
房县							
丹江口市	260	3690					
市直							
宜昌市	**1085**	**10718**	**2111**	**1721**	**111**	**36**	**173**
西陵区							
伍家岗区			17	52			
点军区							
猇亭区			110	220			
夷陵区	750	1650	9	18	9	21	113
远安县							
兴山县			318	391			
秭归县		5757					
长阳自治县		342					
五峰自治县							
宜都市		1087	432	550			
当阳市	35	282	1215	350	102	15	60
枝江市	300	1600	10	140			
市直							
襄阳市	**1865**	**3967**	**1182**	**3691**	**293**	**190**	

续表 58

单位名称	其中：1.铡草机（台）	2.饲料（草）粉碎机（台）	（二）饲养机械		其中：畜禽粪污处理机械（台（套））	（三）畜产品采集加工机械设备	
	数量	数量	数量(台（套）)	数量(千瓦)	数量	数量(台（套）)	数量(千瓦)
襄城区		4					
樊城区	42	36					
襄州区	2		30	43			
开发区							
南漳县							
谷城县	77	129	96	288			
保康县	143	1959	601	1842			
老河口市	200	115					
枣阳市	1343	1655	455	1518	293		
宜城市	58	52				190	
襄北农场		17					
市直							
鄂州市	**362**	**713**	**896**	**5825**	**494**	**10**	**20**
梁子湖区	36	205	276	3014	134	10	20
华容区	230	100	260	2700			
鄂城区	96	408	360	111	360		
开发区							
葛店开发区							
西山街办							
市直							
荆门市	**244**	**2781**	**3419**	**15713**	**892**		
东宝区		55					
掇刀区		99					
京山县		2000	3200	14800	750		
沙洋县		65	218	902	142		
钟祥市	244	562	1	11			
屈家岭							
沙洋农场							
漳河新区							
市直							
孝感市	**1041**	**4043**	**7593**	**13223**	**408**	**456**	**1597**
孝南区	20	820	15	70	8		
孝昌县		945	3900	3600			
大悟县	980	1508	56	925			
云梦县		230					
应城市	41	185	804	6850	400		
安陆市		352	508	1778		456	1597
汉川市		3	2310				
市直							
荆州市	**1637**	**1133**	**8254**	**14772**	**1646**		
沙市区		180	533	1091			
荆州区	80	120	1130	2210			
公安县	490	206	1232	1352	1232		
监利县	495	212	2387	4773			
江陵县		4	715	1426			

续表 59

单位名称	其中：1.铡草机（台）	2.饲料（草）粉碎机（台）	（二）饲养机械		其中：畜禽粪污处理机械（台（套））	（三）畜产品采集加工机械设备	
	数量	数量	数量(台（套）)	数量(千瓦)	数量	数量(台（套）)	数量(千瓦)
石首市	563	375	926	1301	364		
洪湖市			510	1020			
松滋市		26	744	1444			
开发区	9	10	77	155	50		
市直							
黄冈市	**1713**	**4411**	**35463**	**66451**	**4349**	**225**	**1542**
黄州区	40	21	118	170		13	52
龙感湖区			69	518		1	30
团风县	113	527	5849	22346	1589	8	287
红安县		876	3104	5585		25	774
罗田县	500	390	400	3200		120	120
英山县			520	4700			
浠水县	117	1118	1222	15044	125	18	15
蕲春县	693	166	136	1184		17	136
黄梅县	67	146	97	220	82	12	120
麻城市	30	623	4100	5288	153	8	6
武穴市	153	544	19848	8196	2400	3	2
市直							
咸宁市	**4497**	**2895**	**9574**	**16584**	**203**	**31**	**23**
咸安区		312	68	481		31	23
嘉鱼县		432					
通城县	1033	1044	5946	3346	51		
崇阳县	964	583	2560	10240			
通山县	2500	524	315	865	150		
赤壁市			685	1652	2		
市直							
随州市	**107**	**492**	**939**	**1416**	**719**		
随县	11	57					
曾都区	96	259	151	768	6		
广水市		176	788	648	713		
市直							
恩施自治州	**24707**	**113105**	**11833**	**21322**	**614**	**152**	**1220**
恩施市	15	160	20	80	5		
利川市	4200	4188	4008	5728	9		
建始县	600	49244	1700	5984			
巴东县		1000	1032	865			
宣恩县	450	34400	3600	5500	600		
咸丰县	14642	6453	25	1000			
来凤县			545	1600		152	1220
鹤峰县	4800	17660	903	565			
市直							
仙桃市	**15**	**485**	**1442**	**2726**	**1442**	**18**	**28**
潜江市	**9**	**25**					
天门市	**308**	**614**	**2196**	**8206**	**600**		
神农架林区							
省直							

续表 60

单位名称	其中：1.挤奶机		2.剪羊毛机		六、水产机械	
	数量(台)	数量(千瓦)	数量(台)	数量(千瓦)	数量(台)	数量(千瓦)
湖北省	**262**	**1239**	**14**	**20**	**475965**	**910994**
武汉市	**9**	**38**			**54088**	**87608**
洪山区					563	1458
东西湖区					7901	2445
汉南区					6825	10542
蔡甸区	1	8			5106	13647
江夏区					5779	12577
黄陂区	5	11			4568	13393
新洲区					22583	29576
市直	3	19			763	3970
黄石市					**26071**	**64059**
黄石港区						
西塞山区					118	294
下陆区						
铁山区						
阳新县					11670	45732
大冶市					14190	17770
经济开发区					93	263
市直						
十堰市					**1922**	**12766**
茅箭区						
张湾区					68	204
郧阳区					167	489
郧西县					133	260
竹山县					349	1484
竹溪县					220	286
房县					75	428
丹江口市					910	9615
市直						
宜昌市	**31**	**158**	**5**	**15**	**17409**	**43293**
西陵区					14	18
伍家岗区					150	400
点军区						
猇亭区						
夷陵区	16	98	5	15	615	950
远安县					172	2260
兴山县						
秭归县						
长阳自治县						
五峰自治县						
宜都市					410	759
当阳市	15	60			3948	9101
枝江市					12100	29805
市直						
襄阳市					**5422**	**9066**

续表 61

单位名称	其中：1.挤奶机		2.剪羊毛机		六、水产机械	
	数量(台)	数量(千瓦)	数量(台)	数量(千瓦)	数量(台)	数量(千瓦)
襄城区					120	290
樊城区					720	1285
襄州区					432	1241
开发区						
南漳县					61	72
谷城县					133	229
保康县					2	3
老河口市					1000	1500
枣阳市					1525	2327
宜城市					1425	2094
襄北农场					4	25
市直						
鄂州市					**20471**	**43936**
梁子湖区					7481	17370
华容区					5932	12561
鄂城区					7058	14005
开发区						
葛店开发区						
西山街办						
市直						
荆门市					**42847**	**72461**
东宝区					6807	10601
掇刀区					914	2292
京山县					8000	14200
沙洋县					7657	12082
钟祥市					18334	31114
屈家岭					365	657
沙洋农场					15	300
漳河新区					755	1215
市直						
孝感市					**25413**	**49649**
孝南区					4780	12880
孝昌县					620	1760
大悟县					920	1279
云梦县					5600	15600
应城市					4284	3257
安陆市					659	1106
汉川市					8550	13767
市直						
荆州市					**132404**	**154236**
沙市区					2391	3139
荆州区					10615	10380
公安县					9096	11207
监利县					15918	22053
江陵县					5919	6355

续表 62

单位名称	其中：1.挤奶机		2.剪羊毛机		六、水产机械	
	数量(台)	数量(千瓦)	数量(台)	数量(千瓦)	数量(台)	数量(千瓦)
石首市					2286	2516
洪湖市					64694	72954
松滋市					20720	24798
开发区					765	834
市直						
黄冈市	**191**	**1020**	**3**	**2**	**55964**	**109821**
黄州区	3	36			9115	17851
龙感湖区	1	30			6633	12802
团风县	8	287			9811	17226
红安县	8	302			2841	5416
罗田县	120	120			1760	2290
英山县					127	590
浠水县	18	15			7847	17581
蕲春县	13	104			7468	16495
黄梅县	12	120			5205	8917
麻城市	8	6			2077	2135
武穴市			3	2	3080	8518
市直						
咸宁市	**31**	**23**			**21008**	**62621**
咸安区	31	23			2100	6996
嘉鱼县					3315	7651
通城县					1191	13996
崇阳县					4655	9060
通山县					2072	6587
赤壁市					7675	18331
市直						
随州市					**6643**	**13335**
随县					2627	4618
曾都区					1345	3746
广水市					2671	4971
市直						
恩施自治州					**17236**	**25708**
恩施市					15680	23518
利川市					497	752
建始县					130	194
巴东县						
宣恩县						
咸丰县					155	249
来凤县					379	587
鹤峰县					395	408
市直						
仙桃市			**6**	**4**	**35440**	**137180**
潜江市					**6659**	**16966**
天门市					**6968**	**8289**
神农架林区						
省直						

续表 63

单位名称	（一）水产养殖机械		其中：1.增氧机		2.投饲机	
	数量(台)	数量(千瓦)	数量(台)	数量(千瓦)	数量(台)	数量(千瓦)
湖北省	**462558**	**849367**	**281392**	**626140**	**177930**	**207099**
武汉市	**53986**	**86800**	**32157**	**71494**	**21829**	**13739**
洪山区	563	1458	477	1200	86	258
东西湖区	7901	2445	5238	2122	2663	322
汉南区	6825	10542	4556	10057	2269	485
蔡甸区	5106	13647	4626	13159	480	488
江夏区	5779	12577	3685	10063	2094	949
黄陂区	4568	13393	4041	10990	527	2402
新洲区	22481	28768	8949	21368	13532	7400
市直	763	3970	585	2535	178	1436
黄石市	**26071**	**64059**	**17942**	**51546**	**8217**	**12472**
黄石港区			56	149	35	32
西塞山区	118	294	85	249	33	45
下陆区						
铁山区						
阳新县	11670	45732	9774	39096	1896	6636
大冶市	14190	17770	8019	12029	6168	5736
经济开发区	93	263	8	24	85	23
市直						
十堰市	**1148**	**2966**	**970**	**2520**	**117**	**407**
茅箭区						
张湾区	68	204	68	204		
郧阳区	167	489	152	446	15	43
郧西县	127	218	117	145	6	48
竹山县	241	826	128	576	56	236
竹溪县	220	286	220	286		
房县	75	428	75	428		
丹江口市	250	515	210	435	40	80
市直						
宜昌市	**17395**	**43275**	**11478**	**33548**	**5931**	**9737**
西陵区			14	18		
伍家岗区	150	400	130	320	20	80
点军区						
猇亭区						
夷陵区	615	950	340	585	275	365
远安县	172	2260	91	2171	81	81
兴山县						
秭归县						
长阳自治县						
五峰自治县						
宜都市	410	759	310	670	100	89
当阳市	3948	9101	2493	7479	1455	1622
枝江市	12100	29805	8100	22305	4000	7500
市直						
襄阳市	**5422**	**9066**	**3748**	**7073**	**1674**	**1993**

续表 64

单位名称	（一）水产养殖机械		其中：1.增氧机		2.投饲机	
	数量(台)	数量(千瓦)	数量(台)	数量(千瓦)	数量(台)	数量(千瓦)
襄城区	120	290	120	290		
樊城区	720	1285	410	820	310	465
襄州区	432	1241	387	1161	45	80
开发区						
南漳县	61	72	27	29	34	43
谷城县	133	229	103	222	30	7
保康县	2	3	2	3		
老河口市	1000	1500	1000	1500		
枣阳市	1525	2327	966	1274	559	1053
宜城市	1425	2094	729	1749	696	345
襄北农场	4	25	4	25		
市直						
鄂州市	**20471**	**43936**	**10273**	**32169**	**9956**	**11558**
梁子湖区	7481	17370	4739	14344	2742	3016
华容区	5932	12561	2890	8550	2800	3812
鄂城区	7058	14005	2644	9275	4414	4730
开发区						
葛店开发区						
西山街办						
市直						
荆门市	**42847**	**72461**	**24445**	**54987**	**18213**	**17474**
东宝区	6807	10601	3127	6251	3680	4350
掇刀区	914	2292	464	1392	450	900
京山县	8000	14200	6500	13000	1500	1200
沙洋县	7657	12082	3665	7989	3992	4093
钟祥市	18334	31114	10176	24816	8158	6298
屈家岭	365	657	21	580	155	77
沙洋农场	15	300	15	300		
漳河新区	755	1215	477	659	278	556
市直						
孝感市	**25381**	**48507**	**16773**	**39321**	**8505**	**7197**
孝南区	4780	12880	4300	12500	480	380
孝昌县	620	1224	450	1075	170	149
大悟县	920	1279	917	1275		
云梦县	5600	15600	2655	7940	2845	5675
应城市	4252	2651	3172	2555	1080	96
安陆市	659	1106	329	611	330	495
汉川市	8550	13767	4950	13365	3600	402
市直						
荆州市	**122044**	**141837**	**67784**	**131995**	**54260**	**8612**
沙市区	2391	3139	1503	3006	888	133
荆州区	10615	10380	5865	9500	4750	650
公安县	9096	11207	5037	10074	4059	1133
监利县	15918	22053	10630	21260	5288	793
江陵县	5919	6355	2955	5910	2964	445

续表 65

单位名称	（一）水产养殖机械		其中：1.增氧机		2.投饲机	
	数量(台)	数量(千瓦)	数量(台)	数量(千瓦)	数量(台)	数量(千瓦)
石首市	2286	2516	1265	1367	1021	149
洪湖市	64694	72954	34278	68376	30416	4578
松滋市	10360	12399	5862	11724	4498	675
开发区	765	834	389	778	376	56
市直						
黄冈市	**55868**	**108483**	**35302**	**79205**	**17879**	**23219**
黄州区	9115	17851	4879	10745	2135	2138
龙感湖区	6633	12802	3372	6508	3261	6294
团风县	9811	17226	5638	12635	4173	4591
红安县	2779	5251	1407	3536	1372	1715
罗田县	1760	2290	1600	2100	160	190
英山县	124	502	69	240	55	262
浠水县	7816	16496	6673	14095	1143	2401
蕲春县	7468	16495	4495	12024	2848	4216
黄梅县	5205	8917	2597	7791	2147	291
麻城市	2077	2135	1637	2086	440	49
武穴市	3080	8518	2935	7445	145	1073
市直						
咸宁市	**19420**	**40169**	**13771**	**31847**	**5594**	**7370**
咸安区	2100	6996	1558	5886	542	1109
嘉鱼县	3315	7651	2882	7218	433	433
通城县	616	1196	437	1017	179	179
崇阳县	4655	9060	3475	7290	1180	1770
通山县	2072	6587	1607	4085	410	1551
赤壁市	6662	8679	3812	6351	2850	2328
市直						
随州市	**6552**	**12340**	**4626**	**8777**	**1926**	**3563**
随县	2627	4618	2089	3911	538	707
曾都区	1343	3729	713	2050	630	1679
广水市	2582	3993	1824	2816	758	1177
市直						
恩施自治州	**17216**	**25597**	**17114**	**25330**	**101**	**218**
恩施市	15660	23408	15648	23336	12	24
利川市	497	752	495	730	2	22
建始县	130	193	130	193		
巴东县						
宣恩县						
咸丰县	155	249	118	178	36	70
来凤县	379	587	328	485	51	102
鹤峰县	395	408	395	408		
市直						
仙桃市	**35110**	**127616**	**19330**	**49076**	**15780**	**78540**
潜江市	**6659**	**13966**	**3615**	**5400**	**3044**	**4566**
天门市	**6968**	**8289**	**2064**	**1853**	**4904**	**6433**
神农架林区						
省直						

续表 66

单位名称	（二）水产捕捞机械		七、农田基本建设机械		八、农用航空器（架）	（一）有人驾驶农用飞机（架）	（二）植保无人机（架）
	数量(台)	数量(千瓦)	数量(台)	数量(千瓦)	数量	数量	数量
湖北省	**2530**	**25564**	**29029**	**1361213**	**1403**	**9**	**1351**
武汉市	**12**	**108**	**2180**	**111396**	**37**		**37**
洪山区			85	4335			
东西湖区			242	13069			
汉南区			132	6797			
蔡甸区			221	10031			
江夏区			252	13651	9		9
黄陂区			635	33056	4		4
新洲区	12	108	542	28007	23		23
市直			71	2450	1		1
黄石市			**2605**	**108026**	**17**		**17**
黄石港区							
西塞山区			2	48			
下陆区							
铁山区							
阳新县			1879	62007	13		13
大冶市			724	45971	4		4
经济开发区							
市直							
十堰市	**766**	**9656**	**2167**	**122883**	**7**		**7**
茅箭区							
张湾区							
郧阳区			441	21619			
郧西县			340	16720			
竹山县	106	556	510	42856	3		3
竹溪县			720	36358	1		1
房县					3		3
丹江口市	660	9100	156	5330			
市直							
宜昌市			**858**	**52939**	**64**		**64**
西陵区			13	1191			
伍家岗区			90	9250			
点军区							
猇亭区							
夷陵区			54	8661	5		5
远安县			20	765	6		6
兴山县			22	1164	2		2
秭归县			28	1374			
长阳自治县			51	1394			
五峰自治县							
宜都市			45	1480	3		3
当阳市			285	14778	22		22
枝江市			250	12882	26		26
市直							
襄阳市			**1929**	**64798**	**219**		**219**

续表 67

单位名称	（二）水产捕捞机械		七、农田基本建设机械		八、农用航空器（架）	（一）有人驾驶农用飞机（架）	（二）植保无人机（架）
	数量(台)	数量(千瓦)	数量(台)	数量(千瓦)	数量	数量	数量
襄城区			46	2700	5		5
樊城区							
襄州区			147	11413	78		78
开发区					6		6
南漳县					2		2
谷城县			189	11002	2		2
保康县			39	1725	7		7
老河口市					66		66
枣阳市			1275	26398	18		18
宜城市			233	11560	35		35
襄北农场							
市直							
鄂州市			**773**	**50519**	**13**		**13**
梁子湖区			203	11936	2		2
华容区			280	18800	6		6
鄂城区			290	19783	5		5
开发区							
葛店开发区							
西山街办							
市直							
荆门市			**1988**	**126300**	**222**	**9**	**213**
东宝区			69	4036	4		4
掇刀区			184	13346	9		9
京山县			600	24000	56		56
沙洋县			405	19271	49		49
钟祥市			660	59379	85		85
屈家岭			40	4155	6		6
沙洋农场					2		2
漳河新区			30	2113	2		2
市直					9	9	
孝感市	**32**	**606**	**1970**	**74724**	**69**		**69**
孝南区			480	13800	15		15
孝昌县			215	5385	4		4
大悟县			90	6029	4		4
云梦县			440	19400	8		8
应城市	32	606			12		12
安陆市			465	20505	16		16
汉川市			280	9605	10		10
市直							
荆州市			**5714**	**224178**	**253**		**253**
沙市区			95	5136	16		16
荆州区					35		35
公安县			404	16099	5		5
监利县			2099	97889	106		106
江陵县			622	29632			

续表 68

单位名称	（二）水产捕捞机械		七、农田基本建设机械		八、农用航空器（架）	（一）有人驾驶农用飞机（架）	（二）植保无人机（架）
	数量(台)	数量(千瓦)	数量(台)	数量(千瓦)	数量	数量	数量
石首市			572	26900	32		32
洪湖市			1707	36871	59		59
松滋市			102	7049			
开发区			113	4602			
市直							
黄冈市	**31**	**1085**	**3267**	**148700**	**152**		**149**
黄州区			45	2138	17		17
龙感湖区			346	16055	4		4
团风县			253	19127	7		7
红安县			252	16930			
罗田县			30	2600	3		3
英山县			41	2334			
浠水县	31	1085	412	11935	3		3
蕲春县			429	28329	10		7
黄梅县			432	28532	22		22
麻城市			762	11820	21		21
武穴市			265	8900	65		65
市直							
咸宁市	**1588**	**13102**	**2884**	**119824**	**50**		**50**
咸安区			804	59782	8		8
嘉鱼县			659	19946	10		10
通城县	575	3450	101	4793	5		5
崇阳县			180	8285	2		2
通山县			130	8788	20		20
赤壁市	1013	9652	1010	18230	5		5
市直							
随州市	**91**	**995**	**670**	**29963**	**45**		**45**
随县					41		41
曾都区	2	17	268	16181	4		4
广水市	89	978	402	13782			
市直							
恩施自治州	**10**	**12**	**925**	**45121**	**11**		**11**
恩施市	10	12	180	6028			
利川市			210	11380	3		3
建始县			50	1776			
巴东县			210	10500	4		4
宣恩县			36	2000	1		1
咸丰县			181	11028	2		2
来凤县			42	1770			
鹤峰县			16	640	1		1
市直							
仙桃市			**155**	**7905**	**90**		**50**
潜江市			**488**	**56336**	**56**		**56**
天门市			**456**	**17600**	**98**		**98**
神农架林区							
省直							

农机作业情况

单位名称	（一）机耕面积(公顷)	（二）机播面积(公顷)	（三）机电灌溉面积(公顷)	（四）机械植保面积(公顷)	（五）机收面积(公顷)	1.小麦机耕面积(公顷)
湖北省	**6099782**	**3049247**	**3127434**	**5002670**	**4589122**	**1110665**
武汉市	**269808**	**129265**	**252235**	**304018**	**215997**	**9732**
洪山区	2866	1034	4306	4272	1398	100
东西湖区	7000	4000	9500	11000	4000	154
汉南区	15633	5594	15633	15633	7419	447
蔡甸区	23385	13554	18976	39982	20320	1540
江夏区	49478	20868	67835	63912	41970	627
黄陂区	90132	45965	61535	80589	73928	2201
新洲区	81314	38250	74450	88630	66962	4665
市直						
黄石市	**146368**	**100236**	**85000**	**100595**	**116286**	**7110**
黄石港区	60	52	45			
西塞山区	375	210	230	260	263	50
下陆区						
铁山区						
阳新县	92220	68600	65000	58000	73533	3973
大冶市	53093	31354	19125	41735	42020	3067
经济开发区	620	20	600	600	470	20
市直						
十堰市	**281343**	**68920**	**92372**	**239426**	**124791**	**58232**
茅箭区	350	93			80	139
张湾区	536	153	1800	1100	75	100
郧阳区	61900	18100	9100	71000	27820	14600
郧西县	48060	12375	9860	30050	22800	12785
竹山县	56147	12804	18022	51062	26112	6502
竹溪县	38850	4229	24560	27854	9969	3551
房县	46930	11850	26050	31800	22740	9094
丹江口市	28569	9316	2980	26560	15194	11460
市直						
宜昌市	**425526**	**120903**	**186018**	**407596**	**193315**	**38032**
西陵区	10	3	20	100		
伍家岗区	60	3	50	300	100	
点军区	8600	45	350	1200	100	
猇亭区	300		400	500	133	
夷陵区	51037	11191	19456	37765	18373	27
远安县	20225	6300	8200	12200	12300	730
兴山县	15691	702	1420	12700	920	66
秭归县	30687	412	5432	74700	530	1191
长阳自治县	32488	409	3018	21581	788	758
五峰自治县	19420	5378		11902	4474	89
宜都市	26696	5959	8874	38912	8912	612
当阳市	134041	43856	70298	131586	79635	17431
枝江市	86270	46645	68500	64150	67050	17127
市直						
襄阳市	**944973**	**676414**	**234446**	**631549**	**843660**	**386225**

续表 1

单位名称	（一）机耕面积(公顷)	（二）机播面积(公顷)	（三）机电灌溉面积(公顷)	（四）机械植保面积(公顷)	（五）机收面积(公顷)	1.小麦机耕面积(公顷)
襄城区	45200	40000	3220	7640	39000	16470
樊城区	26256	17291	13516	2800	23635	10308
襄州区	269000	200000	31820	206000	229000	106750
开发区	10200	5700	3555	1560	16490	2355
南漳县	74596	56171	18687	68245	70281	33560
谷城县	54122	23774	12666	46666	44857	21698
保康县	41669	15666	2400	35333	25333	4667
老河口市	76165	66165	36968	74520	73820	35753
枣阳市	215300	166447	60284	96885	202377	103312
宜城市	123135	75870	42000	82570	109537	47533
襄北农场	9330	9330	9330	9330	9330	3820
市直						
鄂州市	**64954**	**32047**	**68900**	**69201**	**48693**	**6053**
梁子湖区	18738	9590	23000	23000	14739	2042
华容区	24141	11472	22800	23001	17514	1969
鄂城区	22075	10986	23100	23200	16440	2043
开发区						
葛店开发区						
西山街办						
市直						
荆门市	**572915**	**365892**	**278901**	**407270**	**500246**	**121400**
东宝区	31107	12120	10738	21220	27870	5390
掇刀区	26731	13471	10820	16680	25337	980
京山县	125413	82075	115000	115000	110642	28200
沙洋县	141736	98970	92200	128700	130400	18360
钟祥市	210170	129673	40148	91790	168630	57370
屈家岭	13011	8453	2180	8800	13247	4000
沙洋农场	17700	17400	4100	10000	17800	6400
漳河新区	7047	3730	3715	15080	6320	700
市直						
孝感市	**430583**	**194003**	**323115**	**327534**	**375108**	**74395**
孝南区	45920	19373	30490	28390	37885	3200
孝昌县	62000	22731	35210	31500	43026	7420
大悟县	47916	23340	25068	17764	36341	8565
云梦县	50720	18212	25334	26666	48538	7020
应城市	61842	24067	70235	67756	51152	6965
安陆市	68003	40121	27008	41658	62146	16363
汉川市	94182	46160	109770	113800	96020	24863
市直						
荆州市	**856808**	**428313**	**717775**	**933387**	**748326**	**160618**
沙市区	16400	3100	15200	14850	16393	4333
荆州区	65880	31688	24333	64000	61307	12721
公安县	160790	83180	80020	90340	138472	44470
监利县	225722	122878	312575	450020	217521	36333
江陵县	65690	30400	74000	74000	64100	13980

续表 2

单位名称	（一）机耕面积(公顷)	（二）机播面积(公顷)	（三）机电灌溉面积(公顷)	（四）机械植保面积(公顷)	（五）机收面积(公顷)	1.小麦机耕面积(公顷)
石首市	78549	33984	61872	68254	64317	6647
洪湖市	131133	76765	143616	124576	102702	23932
松滋市	107314	46138	3892	46433	78328	17011
开发区	5330	180	2267	914	5186	1190
市直						
黄冈市	**704548**	**339115**	**263145**	**601462**	**500642**	**61574**
黄州区	20185	14783	12580	53425	13850	3472
龙感湖区	4401	4168	4300	4400	4370	467
团风县	33659	14034	20851	32148	23875	4685
红安县	81427	50709	15266	88520	46893	5404
罗田县	44120	23872	23000	24306	30720	9500
英山县	33000	22600	11100	49000	14065	2583
浠水县	88083	41149	22956	73423	61865	1230
蕲春县	108366	24286	29124	52866	80848	923
黄梅县	104010	54336	52881	117200	91620	13940
麻城市	118126	48896	50287	52674	72936	14720
武穴市	69171	40282	20800	53500	59600	4650
市直						
咸宁市	**273989**	**99006**	**94465**	**166539**	**202530**	**5635**
咸安区	49026	24217	6684	50063	38148	248
嘉鱼县	62496	18323	29830	32300	38200	2800
通城县	36585	16976	14251	25082	29347	430
崇阳县	37573	7050	7310	18300	29685	1218
通山县	20879	6088	1267	8109	9540	414
赤壁市	67430	26352	35123	32685	57610	525
市直						
随州市	**275984**	**128898**	**64949**	**155062**	**209365**	**68212**
随县	166005	88340	35287	85889	124997	45777
曾都区	43621	12168	9662	24173	34522	11370
广水市	66358	28390	20000	45000	49846	11065
市直						
恩施自治州	**311174**	**12247**	**40512**	**203491**	**64489**	**1094**
恩施市	45136	1093		61940	8949	
利川市	76159	4350	15656	36100	20915	294
建始县	48000	375	7450	17500	4800	
巴东县	46523	498	2150	8200	2900	800
宣恩县	15400	50	2020	11000	4730	
咸丰县	43110	3785	4641	39140	8460	
来凤县	20175	663	7201	11169	7250	
鹤峰县	16671	1433	1394	18442	6485	
市直						
仙桃市	**166167**	**99373**	**89200**	**104000**	**133546**	**26667**
潜江市	**128000**	**102825**	**128000**	**134000**	**118000**	**28787**
天门市	**241673**	**151290**	**207100**	**215800**	**193630**	**56560**
神农架林区	**4970**	**500**	**1300**	**1740**	**500**	**340**
省直						

续表 3

单位名称	2.小麦机播面积(公顷)	3.小麦机收面积(公顷)	1.水稻机耕面积(公顷)	2.水稻机械种植面积(公顷)	其中：水稻机直播面积(公顷)	水稻机插面积(公顷)	水稻机浅栽面积(公顷)
湖北省	**694462**	**1078661**	**2264503**	**1259284**	**206499**	**1010645**	**2313**
武汉市	**7106**	**9437**	**106828**	**54730**	**19106**	**35524**	
洪山区	100	80	253	253		253	
东西湖区	142	156	2100	1199	1199		
汉南区	413	445	1727	1033		1033	
蔡甸区	1112	1557	9460	4881		4881	
江夏区	341	620	23807	10953	5630	5223	
黄陂区	1687	2210	40679	20753	2100	18653	
新洲区	3311	4369	28802	15657	10177	5480	
市直							
黄石市	**6072**	**6441**	**63058**	**37520**	**15526**	**21990**	
黄石港区							
西塞山区	45	48	10				
下陆区							
铁山区							
阳新县	3440	3613	35507	20667	13659	7003	
大冶市	2587	2760	26941	16834	1867	14967	
经济开发区		20	600	20		20	
市直							
十堰市	**16710**	**38538**	**26690**	**9784**	**680**	**8731**	**313**
茅箭区	39	54	46	20			
张湾区	28	65	12	8	8		
郧阳区	5450	9520	5415	1100		1100	
郧西县	3075	10800	2750	1307	672	635	
竹山县	2129	5010	4247	1235		883	313
竹溪县	704	2664	4796	2577		2577	
房县	1604	3465	4825	1137		1137	
丹江口市	3680	6960	4600	2400		2400	
市直							
宜昌市	**21585**	**34756**	**78342**	**40524**	**3687**	**34837**	**2000**
西陵区							
伍家岗区							
点军区							
猇亭区			200				
夷陵区	26	26	9781	2964	290	2674	
远安县	66	586	6414	4533	1810	2723	
兴山县			910				
秭归县			934	25		25	
长阳自治县	21	28	826	71	71		
五峰自治县		37	72				
宜都市	581	573	4155	2483	63	2420	
当阳市	9690	17405	33820	13948	153	13795	
枝江市	11200	16100	21230	16500	1300	13200	2000
市直							
襄阳市	**271306**	**384974**	**199326**	**97789**	**5800**	**91983**	

续表 4

单位名称	2.小麦机播面积(公顷)	3.小麦机收面积(公顷)	1.水稻机耕面积(公顷)	2.水稻机械种植面积(公顷)	其中：水稻机直播面积(公顷)	水稻机插面积(公顷)	水稻机浅栽面积(公顷)
襄城区	14820	16000	14000	4200		4200	
樊城区	7718	10206	8503	4287		4287	
襄州区	44735	106730	42270	16800	4250	12550	
开发区	1556	2366	1016	1016		1010	
南漳县	30000	33354	22733	11833		11833	
谷城县	11420	21698	16954	6920		6920	
保康县	2333	4667	2333	1333		1333	
老河口市	31780	35391	10220	6194		6194	
枣阳市	91274	103208	49714	26846		26846	
宜城市	31850	47533	31333	18110	1300	16810	
襄北农场	3820	3820	250	250	250		
市直							
鄂州市	**3667**	**6100**	**29727**	**18907**	**11760**	**7147**	
梁子湖区	1250	2100	9858	6269	4000	2269	
华容区	1217	2093	10010	6369	3900	2469	
鄂城区	1200	1907	9859	6269	3860	2409	
开发区							
葛店开发区							
西山街办							
市直							
荆门市	**78160**	**120670**	**251570**	**194180**	**10935**	**183245**	
东宝区	1320	5390	15440	7700		7700	
掇刀区	480	980	14500	10560	420	10140	
京山县	14400	29200	60700	52600		52600	
沙洋县	13810	18220	76200	60800	3000	57800	
钟祥市	39150	55880	68230	48240	215	48025	
屈家岭	2400	4000	2750	2100		2100	
沙洋农场	6400	6400	9100	8800	7300	1500	
漳河新区	200	600	4650	3380		3380	
市直							
孝感市	**40594**	**76597**	**248511**	**114151**	**14342**	**82915**	
孝南区	2500	3180	27500	11603	3402	8201	
孝昌县	4071	7654	29620	13210	3800	9410	
大悟县	3902	9504	27603	11896	286	11610	
云梦县	2800	7020	28570	12571	3568	666	
应城市	1795	6893	41948	19850	1191	16878	
安陆市	13571	17341	42679	22909	2095	20814	
汉川市	11955	25005	50591	22113		15336	
市直							
荆州市	**66598**	**158476**	**413540**	**261572**	**34060**	**225036**	
沙市区	100	4333	10733	3000		3000	
荆州区	6000	12643	20680	16400	67	15400	
公安县	20780	44410	66800	38300	1300	37000	
监利县	10833	35000	147473	96074	4320	91754	
江陵县	3530	14500	28500	18200	3000	15200	

续表 5

单位名称	2.小麦机播面积(公顷)	3.小麦机收面积(公顷)	1.水稻机耕面积(公顷)	2.水稻机械种植面积(公顷)	其中：水稻机直播面积(公顷)	水稻机插面积(公顷)	水稻机浅栽面积(公顷)
石首市	4489	6504	31250	22449	8123	14326	
洪湖市	12359	23758	61482	40950	1531	37876	
松滋市	8505	16152	43229	26199	15719	10480	
开发区	2	1176	3393				
市直							
黄冈市	**41051**	**57670**	**341223**	**166087**	**48789**	**114558**	
黄州区	2650	2920	3990	2650	910	1330	
龙感湖区	467	467	3533	3300	3000	300	
团风县	2878	4680	18005	7774	1940	5834	
红安县	2289	5168	38967	25717	16852	8865	
罗田县	5560	8160	21331	14530	5000	7200	
英山县	944	1559	10950	2647	1560	1087	
浠水县	1131	1234	52297	25151	5018	20133	
蕲春县	542	872	58454	13126		13126	
黄梅县	11533	13930	49200	26260	6775	19485	
麻城市	8977	14080	44966	24612	1324	23288	
武穴市	4080	4600	39530	20320	6410	13910	
市直							
咸宁市	**2871**	**5358**	**133985**	**56927**	**13881**	**25771**	
咸安区		248	24202	12634	1400	11234	
嘉鱼县	1240	2800	16830	7488	4753	2735	
通城县	366	430	23954	12679	6613	6066	
崇阳县	720	1085	22655	4350	280	3000	
通山县	335	375	8963	3571	835	2736	
赤壁市	210	420	37381	16205			
市直							
随州市	**40870**	**67545**	**128832**	**81780**	**807**	**80933**	
随县	33003	45664	72397	51638	795	50843	
曾都区	1866	10800	22566	10102	12	10050	
广水市	6001	11081	33869	20040		20040	
市直							
恩施自治州		**86**	**39079**	**6760**		**6738**	
恩施市			2765	430		408	
利川市			15144	4350		4350	
建始县			2789	75		75	
巴东县		86	1686	189		189	
宣恩县			6228	50		50	
咸丰县			4804	720		720	
来凤县			4959	640		640	
鹤峰县			703	306		306	
市直							
仙桃市	**22300**	**26667**	**66000**	**38610**	**26600**	**12000**	
潜江市	**25293**	**28787**	**59833**	**32633**		**32633**	
天门市	**50280**	**56560**	**77760**	**47130**	**526**	**46604**	
神农架林区			**200**	**200**			
省直							

续表 6

单位名称	3.水稻机收面积(公顷)	1.玉米机耕面积(公顷)	2.玉米机播面积(公顷)	3.玉米机收面积(公顷)	1.大豆机耕面积(公顷)	2.大豆机播面积(公顷)	3.大豆机收面积(公顷)
湖北省	**2248221**	**655026**	**276099**	**311261**	**145865**	**58765**	**61276**
武汉市	**105659**	**17276**	**8318**	**11733**	**8151**	**5198**	**4381**
洪山区	253	88	88	50	11	11	4
东西湖区	2150	964	669	450	194	193	137
汉南区	1727	2416	1404	1499	2533	2000	2173
蔡甸区	9400	7720	3590	5937	1600	1160	847
江夏区	23650	5134	1944	3489	900	240	333
黄陂区	39627	761	481	247	1367	448	
新洲区	28852	194	141	61	1547	1147	887
市直							
黄石市	**61570**	**12131**	**8107**	**6373**	**1970**	**1630**	**430**
黄石港区							
西塞山区	10	45	40	40	50	30	30
下陆区							
铁山区							
阳新县	34537	8666	6000	4666	1820	1600	300
大冶市	26574	3420	2067	1667	100		100
经济开发区	450						
市直							
十堰市	**26795**	**74323**	**20883**	**23082**	**16885**	**1963**	**3932**
茅箭区	26	73			10		
张湾区	10	262	107		39		
郧阳区	3400	17461	8800	8500	2700		
郧西县	2660	16810	2480		3476		
竹山县	5196	10370	2126	4577	3075	937	2063
竹溪县	5188	9843		1835	3055		
房县	6025	13805	5150	6050	3794	850	1605
丹江口市	4290	5700	2220	2120	736	176	264
市直							
宜昌市	**74938**	**122786**	**31442**	**33726**	**8969**	**2888**	**3194**
西陵区							
伍家岗区							
点军区		760	30				
猇亭区	133	100					
夷陵区	9741	20212	6472	3132	1436		
远安县	6480	4230	341	1510	180		
兴山县	320	7015	510	390	430	192	
秭归县		15603	387	530	651		
长阳自治县	279	18654	295	436	1072		
五峰自治县	28	11876	4270	2987	579		19
宜都市	4110	9735	170	549	328		
当阳市	33786	22281	9727	12667	2143	696	1545
枝江市	20061	12320	9240	11525	2150	2000	1630
市直							
襄阳市	**204091**	**207788**	**149709**	**175392**	**4953**	**1609**	**1373**

续表 7

单位名称	3.水稻机收面积(公顷)	1.玉米机耕面积(公顷)	2.玉米机播面积(公顷)	3.玉米机收面积(公顷)	1.大豆机耕面积(公顷)	2.大豆机播面积(公顷)	3.大豆机收面积(公顷)
襄城区	14500	5200	4700	4600			
樊城区	8493	5264	4509	4116	45		
襄州区	42230	62710	28490	55640	820	760	680
开发区	1016	1310	950	650			
南漳县	22720	15033	13186	13120			
谷城县	16089	7599	3707	5097	1067		
保康县	7666	14000	10000	10000	1700		
老河口市	10114	25962	23313	18544	516	443	423
枣阳市	49714	53530	46024	48405	535	136	
宜城市	31300	14000	11650	12040	270	270	270
襄北农场	250	3180	3180	3180			
市直							
鄂州市	**29087**	**1900**	**627**	**420**	**1927**	**160**	**87**
梁子湖区	9880	606	200	133	577	51	26
华容区	10033	687	227	153	773	58	35
鄂城区	9173	607	200	134	577	51	26
开发区							
葛店开发区							
西山街办							
市直							
荆门市	**254890**	**51620**	**18247**	**16687**	**31167**	**10820**	**8010**
东宝区	15440	2650	1340	800	127	30	100
掇刀区	13800	1000	187	87	140	50	50
京山县	62600	12100	5700	6200	5400	2800	2900
沙洋县	78980	3440	2120	2200	5800	1050	1100
钟祥市	67910	29700	7700	4800	18700	6070	3230
屈家岭	2840	2400	1000	2400	1000	800	630
沙洋农场	9100	200	200	200			
漳河新区	4220	130				20	
市直							
孝感市	**236603**	**8741**	**5750**	**6106**	**4159**	**820**	**125**
孝南区	27000	570	450	565	250		
孝昌县	29500	290	60	32	952	510	
大悟县	23864	136	7		426	21	
云梦县	28570	2530	800	1543	600	200	125
应城市	40978	700			1190		
安陆市	40683	435	373	422			
汉川市	46008	4080	4060	3544	741	89	
市直							
荆州市	**413706**	**19197**	**8225**	**9697**	**7771**	**1524**	**3512**
沙市区	10727						
荆州区	20712	2600	1300	2000	1120	373	900
公安县	66700	400	400	812	700	100	100
监利县	150021	1000	700	900	533	133	1333
江陵县	28800	650	420	430	1040		

续表 8

单位名称	3.水稻机收面积(公顷)	1.玉米机耕面积(公顷)	2.玉米机播面积(公顷)	3.玉米机收面积(公顷)	1.大豆机耕面积(公顷)	2.大豆机播面积(公顷)	3.大豆机收面积(公顷)
石首市	30901	1633	879	1510	1051	832	1051
洪湖市	61263	3385	716	1257	3124	85	126
松滋市	41482	9476	3810	2735	200		
开发区	3100	53		53	3		2
市直							
黄冈市	**329969**	**12999**	**7183**	**7949**	**8192**	**1275**	**1657**
黄州区	3261	1050	815	815			
龙感湖区	3533	67	67	50	134	134	120
团风县	17820	648	360	280	203	68	26
红安县	38432	1236	657		430		
罗田县	15252	412	299		720		
英山县	10107	1425	695	667	732		
浠水县	52035	1145	506		865	620	318
蕲春县	58334	426	157	24	1278		
黄梅县	49320	1282	1104	860	930	453	673
麻城市	42625	4358	2061	4313	1420		
武穴市	39250	950	462	940	1480		520
市直							
咸宁市	**133069**	**17639**	**4037**	**6477**	**4072**	**485**	**316**
咸安区	24177	2655		1326			
嘉鱼县	16830	4744	2965	4744	774	430	316
通城县	23865	1157	621	407	92		
崇阳县	22380	3770	180		1410	55	
通山县	8512	4352	271		631		
赤壁市	37305	961			1165		
市直							
随州市	**132342**	**10802**	**2843**	**2258**	**1219**		
随县	72340	6382	2283	1384			
曾都区	22533	1946	80	420	546		
广水市	37469	2474	480	454	673		
市直							
恩施自治州	**42568**	**83430**	**490**	**796**	**8403**		
恩施市	5468	1959	130	176	4358		
利川市	19249	24231		250	50		
建始县	2750	18000	300	200	1000		
巴东县	863	17432		110			
宣恩县	550	1240			800		
咸丰县	6827	10742	60	60	1973		
来凤县	6290	4876			222		
鹤峰县	571	4950					
市直							
仙桃市	**65340**	**8000**	**6320**	**5700**	**6667**	**5400**	**3600**
潜江市	**59833**	**2146**	**1306**	**1906**	**8293**	**5186**	**8293**
天门市	**77760**	**3447**	**2613**	**2960**	**23067**	**19807**	**22367**
神农架林区		**800**					
省直							

续表 9

单位名称	1.油菜机耕面积(公顷)	2.油菜机播面积(公顷)	3.油菜机收面积(公顷)	1.马铃薯机耕面积(公顷)	2.马铃薯机播面积(公顷)	3.马铃薯机收面积(公顷)
湖北省	**896218**	**387397**	**530278**	**187539**	**12047**	**23812**
武汉市	**30687**	**16375**	**19057**	**1574**		**164**
洪山区	82	82	82	20		
东西湖区	194	130	157	49		
汉南区	381	220	301	51		
蔡甸区	1903	1478	1760	167		
江夏区	5673	2467	2600	165		
黄陂区	11041	5987	8680	654		
新洲区	11414	6011	5477	469		164
市直						
黄石市	**28415**	**20937**	**16737**	**2153**	**1000**	**940**
黄石港区						
西塞山区	135	70	70	40		40
下陆区						
铁山区						
阳新县	15540	11567	10000	1800	1000	800
大冶市	12740	9300	6667	313		100
经济开发区						
市直						
十堰市	**42865**	**8658**	**12085**	**14337**	**1774**	**4037**
茅箭区	67					
张湾区	65	10		51		
郧阳区	8900	2300	3500	1780		1000
郧西县	5950					
竹山县	8587	2909	4000	3484	954	1105
竹溪县	8066	949		5029		282
房县	7550	1650	3025	3705	820	1650
丹江口市	3680	840	1560	288		
市直						
宜昌市	**70577**	**19708**	**31568**	**32452**	**1454**	**2666**
西陵区						
伍家岗区						
点军区				10	15	
猇亭区						
夷陵区	10107	1728	5473	7899		
远安县	6393	660	2200	801		
兴山县	4050		210	3100		
秭归县	4943			2921		
长阳自治县	5250	22	45	4685		
五峰自治县	272		128	6070	789	1086
宜都市	7825	2725	3680	3450		
当阳市	19277	7923	14032	2016		200
枝江市	12460	6650	5800	1500	650	1380
市直						
襄阳市	**33484**	**10744**	**19975**	**14536**	**2841**	**3742**

续表 10

单位名称	1.油菜机耕面积(公顷)	2.油菜机播面积(公顷)	3.油菜机收面积(公顷)	1.马铃薯机耕面积(公顷)	2.马铃薯机播面积(公顷)	3.马铃薯机收面积(公顷)
襄城区	1720		1400	461	350	100
樊城区	830	265	390	70	35	40
襄州区	1760	505	1210	2330	990	1860
开发区	205	50				
南漳县	2563	1152	1087			
谷城县	3637	620	1240	1900	900	200
保康县	8000	2000	3000	7333		
老河口市	317	207	273	27	25	23
枣阳市	990	215	312	1082	131	219
宜城市	13333	5600	10933	1333	410	1300
襄北农场	130	130	130			
市直						
鄂州市	**10000**	**5800**	**8000**	**653**		
梁子湖区	3000	1820	2600	255		
华容区	3900	2180	2900	257		
鄂城区	3100	1800	2500	142		
开发区						
葛店开发区						
西山街办						
市直						
荆门市	**91027**	**49546**	**80477**	**1979**	**192**	**267**
东宝区	6130	1720	6130	120	10	10
掇刀区	8570	2160	7380	70	7	5
京山县	13900	5700	9550	813	85	72
沙洋县	34100	20520	29800	106		
钟祥市	26800	19300	26090	870	90	180
屈家岭	27	16	27			
沙洋农场						
漳河新区	1500	130	1500			
市直						
孝感市	**56648**	**26602**	**33089**	**2348**	**453**	**913**
孝南区	11000	4600	6800	100		
孝昌县	10809	4700	5800	424		
大悟县	4598	2720	2293	450	23	
云梦县	7480	1411	3000	910	430	910
应城市	8094	1960	2896			
安陆市	5536	3268	3170	330		
汉川市	9130	7943	9130	134		3
市直						
荆州市	**170113**	**68992**	**132555**	**1631**	**194**	**20**
沙市区	1333		1333			
荆州区	7127	1900	9000	1513		
公安县	32300	23600	26450			
监利县	31133	15039	20267	23	86	
江陵县	19680	8250	20300	50		

续表 11

单位名称	1.油菜机耕面积(公顷)	2.油菜机播面积(公顷)	3.油菜机收面积(公顷)	1.马铃薯机耕面积(公顷)	2.马铃薯机播面积(公顷)	3.马铃薯机收面积(公顷)
石首市	25584	2914	21232			
洪湖市	24132	13014	15404	43	8	20
松滋市	28214	4275	17959		100	
开发区	610		610	1		
市直						
黄冈市	**160758**	**78194**	**71541**	**20880**	**828**	**4499**
黄州区	740	140	146			
龙感湖区	200	200	200			
团风县	7114	2726	967	405	43	102
红安县	16520	7463	1375	1383		
罗田县	6350	3483	5208	4800		
英山县	8600	2100	1100	1497		
浠水县	19659	11520	7032	1138	785	26
蕲春县	24895	9633	10529	7924		3899
黄梅县	28106	14986	21526	140		
麻城市	29614	10523	9768	3043		222
武穴市	18960	15420	13690	550		250
市直						
咸宁市	**63559**	**30005**	**41983**	**5634**	**155**	**73**
咸安区	21139	11583	12397			
嘉鱼县	4856	3035	4856	310	155	
通城县	7673	2810	1928	575		
崇阳县	5170	1745	4520	1038		
通山县	4189	1911	580	1941		73
赤壁市	20531	8921	17702	1770		
市直						
随州市	**17585**	**1794**	**1440**	**2806**	**504**	**600**
随县	5785	258	139	1887	118	373
曾都区	2440		633	255	53	53
广水市	9360	1536	668	664	333	174
市直						
恩施自治州	**33567**	**120**	**73**	**80008**	**744**	**4025**
恩施市	7619			24002	508	3042
利川市	2600			25940		800
建始县	3700			180		
巴东县	9235	120	73	12160	186	143
宣恩县	200			600		
咸丰县	5664			11234	50	40
来凤县	3519			4110		
鹤峰县	1030			1782		
市直						
仙桃市	**47333**	**26743**	**32239**	**1200**		
潜江市	**8293**	**5473**	**9853**	**53**		
天门市	**31307**	**17707**	**19606**	**1893**	**1607**	**1567**
神农架林区				**3400**	**300**	**300**
省直						

续表 12

单位名称	1.花生机耕面积(公顷)	2.花生机播面积(公顷)	3.花生机收面积(公顷)	1.棉花机耕面积(公顷)	2.棉花机播面积(公顷)	3.棉花机收面积(公顷)
湖北省	**173487**	**63067**	**48607**	**154597**	**4928**	**1182**
武汉市	**11754**	**2082**	**415**	**10143**	**933**	
洪山区						
东西湖区	120	67		30		
汉南区	285	177		60		
蔡甸区	340	133			933	
江夏区	1401	200		86		
黄陂区	7636	971	415	3596		
新洲区	1971	533		6371		
市直						
黄石市	**4063**	**1925**	**1192**	**4187**	**533**	**300**
黄石港区						
西塞山区	30	25	25	1		
下陆区						
铁山区						
阳新县	1466	1333	600	2666	533	300
大冶市	2567	567	567	1520		
经济开发区						
市直						
十堰市	**14824**	**2783**	**3381**	**66**		
茅箭区	10					
张湾区	8					
郧阳区	1900					
郧西县	2340					
竹山县	6163	2413	2661			
竹溪县	1644					
房县	1700	370	720	21		
丹江口市	1060			45		
市直						
宜昌市	**9213**	**1185**	**98**	**8727**	**1092**	**200**
西陵区						
伍家岗区						
点军区						
猇亭区						
夷陵区	1574					
远安县	224					
兴山县	120					
秭归县	1034					
长阳自治县	1243					
五峰自治县	107					
宜都市	591					
当阳市	3410	1080		1725	792	
枝江市	910	105	98	7002	300	200
市直						
襄阳市	**42186**	**24031**	**31263**	**12312**	**1328**	**682**

续表 13

单位名称	1.花生机耕面积(公顷)	2.花生机播面积(公顷)	3.花生机收面积(公顷)	1.棉花机耕面积(公顷)	2.棉花机播面积(公顷)	3.棉花机收面积(公顷)
襄城区	377	377	380			
樊城区	1236	477	390			
襄州区	21680	9215	17340	1940		
开发区	1200	1200	1200			
南漳县						
谷城县	1267		533			
保康县	200					
老河口市	2316	1672	2789	861	668	682
枣阳市	3960	1160	520	2178	660	
宜城市	8000	7980	6161	7333		
襄北农场	1950	1950	1950			
市直						
鄂州市	**2133**			**4800**		
梁子湖区	800			1600		
华容区	800			1600		
鄂城区	533			1600		
开发区						
葛店开发区						
西山街办						
市直						
荆门市	**13157**	**2017**	**857**	**5370**	**500**	
东宝区	1060			190		
掇刀区	680	27	27			
京山县	2370	790	120	1930		
沙洋县	2630	170	100	1100	500	
钟祥市	6350	1030	610	2150		
屈家岭						
沙洋农场						
漳河新区	67					
市直						
孝感市	**13605**	**5633**	**1856**	**13117**		
孝南区	900	220	220	2400		
孝昌县	3320	180	40	696		
大悟县	5986	4771	681	152		
云梦县	260			2760		
应城市	1045	462	385	1900		
安陆市	1800		530	860		
汉川市	294			4349		
市直						
荆州市	**1360**	**13**	**70**	**45964**	**454**	
沙市区						
荆州区	351			2080	320	
公安县				16120		
监利县	267	13		5067		
江陵县	370		70	1420		

续表 14

单位名称	1.花生机耕面积(公顷)	2.花生机播面积(公顷)	3.花生机收面积(公顷)	1.棉花机耕面积(公顷)	2.棉花机播面积(公顷)	3.棉花机收面积(公顷)
石首市	41			9325		
洪湖市	24			3069		
松滋市	300			8883	134	
开发区	8					
市直						
黄冈市	**38516**	**18925**	**4909**	**20131**		
黄州区				3352		
龙感湖区						
团风县	1367	183		1232		
红安县	16847	14583	1652	640		
罗田县	860			3		
英山县	820			253		
浠水县	4359	1436	980	5687		
蕲春县	901			2558		
黄梅县	247					
麻城市	12425	2723	1927	4044		
武穴市	690		350	2361		
市直						
咸宁市	**3673**			**2913**	**88**	
咸安区	783					
嘉鱼县	288			168	88	
通城县	108					
崇阳县	825			487		
通山县	109					
赤壁市	1560			2258		
市直						
随州市	**8508**	**222**	**444**	**4618**		
随县	3515	222	444			
曾都区	180			1178		
广水市	4813			3440		
市直						
恩施自治州	**4072**		**22**			
恩施市	1130					
利川市						
建始县	310					
巴东县	982					
宣恩县	150					
咸丰县	1500		22			
来凤县						
鹤峰县						
市直						
仙桃市	**1000**			**9300**		
潜江市	**493**			**800**		
天门市	**4930**	**4250**	**4100**	**12150**		
神农架林区						
省直						

续表 15

单位名称	1. 水果机械中耕面积2. （公顷）	2.水果机械施肥面积（公顷）	3.水果机械植保面积（公顷）	4.水果机械修剪面积（公顷）	5.水果机械采收产量（吨）	6.水果机械田间转运产量（吨）
湖北省	**181353**	**202314**	**328178**	**84015**	**152745**	**3548488**
武汉市	**3626**	**2679**	**3596**	**965**	**83**	**31497**
洪山区						
东西湖区	467	333	467	67		5000
汉南区	250	250	250	250		1100
蔡甸区	600	250	420	50	83	12577
江夏区	846	592	895	93		12000
黄陂区	84	84	84			
新洲区	1380	1170	1480	505		820
市直						
黄石市	**825**	**653**	**1343**	**530**	**272**	
黄石港区						
西塞山区	5	1	1			
下陆区						
铁山区						
阳新县						
大冶市	820	652	1342	530	272	
经济开发区						
市直						
十堰市	**16183**	**14663**	**25926**	**14370**	**350**	**180795**
茅箭区						
张湾区	410	235	680	195		
郧阳区	4250	4000	5830	4410	350	46100
郧西县						
竹山县	1000	500	1000			250
竹溪县	163	143	186			625
房县	5480	9785	5480	7565		7820
丹江口市	4880		12750	2200		126000
市直						
宜昌市	**46640**	**68061**	**119909**	**12419**	**29150**	**1745805**
西陵区		472	100			
伍家岗区	200	563	300	100	100	8000
点军区	800	1540	800			
猇亭区		962	500			300
夷陵区	17914	11196	21945	6717		490000
远安县	3550	2759	3532			56000
兴山县		2019	5890			
秭归县	3410	3350	19730	2150		5
长阳自治县		1350	4880			
五峰自治县	289	39	216	5		
宜都市		16809	19476			214500
当阳市	17977	11026	23340	197		470000
枝江市	2500	15976	19200	3250	29050	507000
市直						
襄阳市	**47052**	**8362**	**54213**	**10342**	**15686**	**798455**

续表 16

单位名称	3. 水果机械中耕面积 4.（公顷）	2.水果机械施肥面积（公顷）	3.水果机械植保面积（公顷）	4.水果机械修剪面积（公顷）	5.水果机械采收产量（吨）	6.水果机械田间转运产量（吨）
襄城区						9100
樊城区						
襄州区	2070	1010	1220	600		35800
开发区						
南漳县	2315	2658	2886	1265	15686	23655
谷城县						
保康县	133	133	433			5000
老河口市						
枣阳市	9214	4561	16354	8477		
宜城市	33320		33320			724900
襄北农场						
市直						
鄂州市	**1280**	**1060**	**1360**	**920**		**12620**
梁子湖区	640	530	680	460		6310
华容区	640	530	680	460		6310
鄂城区						
开发区						
葛店开发区						
西山街办						
市直						
荆门市	**4212**	**5456**	**13781**	**2516**	**5662**	**119862**
东宝区	692	576	903	316	62	1662
掇刀区						
京山县	20		2248			5000
沙洋县			3000			
钟祥市	3500	4880	4630	2200	5600	113200
屈家岭			2000			
沙洋农场						
漳河新区			1000			
市直						
孝感市	**12087**	**14483**	**12468**	**12202**	**120**	**56135**
孝南区	1600	751	1200	850	120	800
孝昌县	664	5175	830			45000
大悟县	9823	7477	10438	11352		10335
云梦县		126				
应城市		258				
安陆市		450				
汉川市		246				
市直						
荆州市	**8882**	**4402**	**39773**			**201169**
沙市区						
荆州区			67			100000
公安县						
监利县			26500			
江陵县						

续表 17

单位名称	5. 水果机械中耕面积 6. (公顷)	2.水果机械施肥面积 (公顷)	3.水果机械植保面积 (公顷)	4.水果机械修剪面积 (公顷)	5.水果机械采收产量 (吨)	6.水果机械田间转运产量 (吨)
石首市						
洪湖市	115	21	64			1561
松滋市	8761	4381	13142			99608
开发区	6					
市直						
黄冈市	**9794**	**3730**	**11653**	**5959**		**116071**
黄州区						
龙感湖区						
团风县	421		785	354		572
红安县	86	652	864	971		1688
罗田县	1900	1200	900	1300		1700
英山县						
浠水县	908	288	1173	678		6814
蕲春县	2914		3216	412		
黄梅县	73		205	400		297
麻城市	1672		2250	24		
武穴市	1820	1590	2260	1820		105000
市直						
咸宁市	**12703**	**9943**	**12425**	**1500**	**142**	**15047**
咸安区	774		1290			3333
嘉鱼县	567	610	709			280
通城县	2149	820	1780	480		561
崇阳县	4780	4350	6800	1020	142	8350
通山县	1458	1201	1846			2523
赤壁市	2975	2962				
市直						
随州市	**8279**	**16649**	**14159**	**12955**	**77560**	**158384**
随县	5218	10749	10342	9698	77500	78500
曾都区	161		560			420
广水市	2900	5900	3257	3257	60	79464
市直						
恩施自治州	**7254**	**51138**	**14360**	**9173**	**9751**	**73658**
恩施市	10	11570	2			
利川市	442	6360	3096	2200		31000
建始县						
巴东县		4368	3200	3500		800
宣恩县	3200	9370	2000			5000
咸丰县	3069	8590	5395	2273	9751	8858
来凤县		1460				
鹤峰县	533	9420	667	1200		28000
市直						
仙桃市	**380**		**1130**			**25020**
潜江市	**1860**	**800**	**1860**			
天门市	**295**	**235**	**223**	**165**	**13970**	**13970**
神农架林区						
省直						

续表 18

单位名称	1.茶叶机械中耕面积(公顷)	2.茶叶机械施肥面积(公顷)	3.茶叶机械植保面积(公顷)	4.茶叶机械修剪面积(公顷)	5.茶叶机械采收产量(吨)	6.茶叶机械田间转运产量(吨)
湖北省	**137456**	**80040**	**199064**	**179482**	**194316**	**272228**
武汉市	**2173**	**1805**	**2347**	**678**	**140**	
洪山区						
东西湖区						
汉南区						
蔡甸区						
江夏区	343	227	362	38		
黄陂区	70	70	95	102	50	
新洲区	1760	1508	1890	538	90	
市直						
黄石市		**350**	**375**	**310**		
黄石港区						
西塞山区						
下陆区						
铁山区						
阳新县						
大冶市		350	375	310		
经济开发区						
市直						
十堰市	**31205**	**18781**	**38622**	**32561**	**6013**	**37170**
茅箭区		60	60	60		
张湾区	230	95	420	315	68	
郧阳区	5150	4500	6750	5100	580	30200
郧西县						
竹山县	16000		20000	16000	3000	1500
竹溪县	5525	12226	8742	7226	465	5420
房县	3500	1900	50	3200	1900	50
丹江口市	800		2600	660		
市直						
宜昌市	**12426**	**25548**	**23640**	**26606**	**34866**	**19293**
西陵区						
伍家岗区						
点军区	400	293	300	400	15	
猇亭区						
夷陵区	7800	6240	12130	14820	7800	4870
远安县	204	1674	213	272	1066	1950
兴山县		1650	210			210
秭归县		3632	454	410		2100
长阳自治县		2615	945			600
五峰自治县	3602	5372	1942	3864	9481	961
宜都市		3802	6870	6812	16504	7512
当阳市	406	261	551	10		1090
枝江市	14	9	25	18		
市直						
襄阳市	**11733**	**7268**	**19769**	**15067**	**16309**	**50638**

续表 19

单位名称	1.茶叶机械中耕面积(公顷)	2.茶叶机械施肥面积(公顷)	3.茶叶机械植保面积(公顷)	4.茶叶机械修剪面积(公顷)	5.茶叶机械采收产量(吨)	6.茶叶机械田间转运产量(吨)
襄城区						
樊城区						
襄州区						
开发区						
南漳县	2435	1753	3255	3352	65	638
谷城县	5715	4082	8164	4898	14744	40000
保康县	3333	1333	8000	6667	1500	10000
老河口市						
枣阳市	250	100	350	150		
宜城市						
襄北农场						
市直						
鄂州市	**59**	**43**	**56**	**61**	**80**	
梁子湖区	59	43	56	61	80	
华容区						
鄂城区						
开发区						
葛店开发区						
西山街办						
市直						
荆门市	**273**	**1500**	**2451**	**29**		**1**
东宝区	63	300	391	29		
掇刀区						
京山县	10		500			1
沙洋县						
钟祥市	200	1000	1200			
屈家岭						
沙洋农场						
漳河新区		200	360			
市直						
孝感市	**11951**	**4092**	**15943**	**5116**	**4027**	**5224**
孝南区	1500	350	1200	720	1200	850
孝昌县	8000	2000	8000	2000	1500	4000
大悟县	2451	1742	6743	2396	1327	374
云梦县						
应城市						
安陆市						
汉川市						
市直						
荆州市						
沙市区						
荆州区						
公安县						
监利县						
江陵县						

续表 20

单位名称	1.茶叶机械中耕面积(公顷)	2.茶叶机械施肥面积(公顷)	3.茶叶机械植保面积(公顷)	4.茶叶机械修剪面积(公顷)	5.茶叶机械采收产量(吨)	6.茶叶机械田间转运产量(吨)
石首市						
洪湖市						
松滋市						
开发区						
市直						
黄冈市	**19250**	**1796**	**19034**	**15534**	**30568**	**2023**
黄州区						
龙感湖区						
团风县	334		135	306	1102	573
红安县	268		672	526	883	
罗田县	1000			500	1000	
英山县	13512	1520	13500	13500	27300	1000
浠水县	765	196	1033	600	240	
蕲春县	1284		864		43	
黄梅县			4			
麻城市	2007		2726	30		
武穴市	80	80	100	72		450
市直						
咸宁市	**19301**	**14967**	**20461**	**25542**	**43690**	**42358**
咸安区	4872		3654	5090	1946	1946
嘉鱼县	1200	1050	1500	1200		
通城县	1350	2200	360	4600	120	70
崇阳县	1250	980	1075	760	470	520
通山县			3135	3261	1624	872
赤壁市	10629	10737	10737	10631	39530	38950
市直						
随州市	**1854**	**3680**	**4110**	**4281**	**2091**	**2000**
随县	1734	3580	3450	4021	2089	2000
曾都区	60		60	160	2	
广水市	60	100	600	100		
市直						
恩施自治州	**27218**	**200**	**52244**	**53697**	**56533**	**113509**
恩施市	2000	200	3000	4000	3	5
利川市	333		14464	15700	11000	80000
建始县						
巴东县			3300	3600	600	
宣恩县	5000		6000	8000	10000	5000
咸丰县	7885		13480	5737	22590	23604
来凤县						
鹤峰县	12000		12000	16660	12340	4900
市直						
仙桃市						
潜江市						
天门市	**13**	**10**	**12**			**12**
神农架林区						
省直						

续表 21

单位名称	（一）机械深耕面积（公顷）	其中：机械深松面积（公顷）	（二）机械免耕播种面积（公顷）	（三）精量播种面积（公顷）	（四）机械深施化肥面积（公顷）	（五）机械铺膜面积（公顷）	（六）农田机械节水灌溉面积(公顷)
湖北省	**680979**	**147999**	**137401**	**556789**	**249184**	**35976**	**511294**
武汉市	**10833**	**4067**	**6845**	**11101**	**7860**	**5535**	**51845**
洪山区	194			137			79
东西湖区	4600			1300	500	400	7000
汉南区	2000	2000		633	4850	2867	1380
蔡甸区				136	22		2560
江夏区	2067	2067		215		1850	19650
黄陂区	931		6607	3064			3976
新洲区	1041		238	5616	2488	418	17200
市直							
黄石市	**4560**		**9490**	**11927**	**4430**	**650**	**1071**
黄石港区	60						25
西塞山区			140	40	40		6
下陆区							
铁山区							
阳新县	4500		50		4200	650	500
大冶市			9300	11887	190		540
经济开发区							
市直							
十堰市	**5061**	**1949**	**450**	**6800**	**7531**	**6239**	**45422**
茅箭区							300
张湾区							600
郧阳区	2520	410	70	2500	2150		7200
郧西县				1860	1360	2350	3185
竹山县				1000		2654	3265
竹溪县	1201	1201			4021	1235	9642
房县	10	8					20700
丹江口市	1330	330	380	1440			530
市直							
宜昌市	**64365**	**42745**	**1058**	**25381**	**10263**	**5545**	**23698**
西陵区							
伍家岗区							
点军区							
猇亭区							
夷陵区				8490	2600	1800	5600
远安县	340						1080
兴山县				38	1020	980	230
秭归县							1015
长阳自治县							142
五峰自治县							
宜都市			308	293	826		185
当阳市	16145	2745	750	14000	5817	2615	2886
枝江市	47880	40000		2560		150	12560
市直							
襄阳市	**184746**	**32172**	**20281**	**140312**	**53705**	**2885**	**85151**

续表 22

单位名称	（一）机械深耕面积(公顷)	其中：机械深松面积(公顷)	（二）机械免耕播种面积(公顷)	（三）精量播种面积(公顷)	（四）机械深施化肥面积(公顷)	（五）机械铺膜面积(公顷)	（六）农田机械节水灌溉面积(公顷)
襄城区			3724				30
樊城区			110	40			35
襄州区	108800	7420	3020	56550	8800	1980	800
开发区							1889
南漳县	978	978	6235	7536	12365	568	17560
谷城县	29666	333	426	10133		133	1200
保康县				333	750	84	720
老河口市	382	266	146	13333	730		16267
枣阳市	32000	16955	3500	30387	2200		38000
宜城市	12700	6000	3120	22000	22000	120	400
襄北农场	220	220			6860		8250
市直							
鄂州市			**1016**	**11333**	**9649**		**43250**
梁子湖区			334	3266	3564		20000
华容区			334	3601	3564		20000
鄂城区			348	4466	2521		3250
开发区							
葛店开发区							
西山街办							
市直							
荆门市	**8574**	**6782**	**44255**	**75270**	**24180**	**2880**	**57440**
东宝区				2071			
掇刀区	668	668	1090	2120			6700
京山县	2070	2061		29000	900		7800
沙洋县	1180		20635	9400	11860		29060
钟祥市	2070	2070	5650	28679	1420	2880	13880
屈家岭	1886	1283	2000				
沙洋农场	700	700	13100	4000	10000		
漳河新区			1780				
市直							
孝感市	**73930**	**2583**	**11875**	**38409**	**75224**	**1672**	**31456**
孝南区				8031	652	76	87
孝昌县			2800	4000	3000	200	1200
大悟县	566		1714	1707	210	176	4769
云梦县			190	180	300	200	160
应城市	5580	583	1333	5200			23100
安陆市	36424	1000	3738	3531	412		120
汉川市	31360	1000	2100	15760	70650	1020	2020
市直							
荆州市	**132468**	**9667**	**15887**	**21099**	**15436**	**1500**	**30216**
沙市区							5400
荆州区	1667	1400	5900	3667			4000
公安县	56300	5600	1500	8000	3000	1500	1200
监利县	64830	667	270	5000	1540		1290
江陵县	9000	1330	200	820	3200		3410

续表 23

单位名称	（一）机械深耕面积（公顷）	其中：机械深松面积（公顷）	（二）机械免耕播种面积（公顷）	（三）精量播种面积（公顷）	（四）机械深施化肥面积（公顷）	（五）机械铺膜面积（公顷）	（六）农田机械节水灌溉面积(公顷)
石首市	668	668		1725	3105		4085
洪湖市			6817	1887	4591		6946
松滋市			1200				3512
开发区	3	3					373
市直							
黄冈市	**27236**	**11021**	**20940**	**57329**	**37827**	**2628**	**52437**
黄州区	265	260	571	317			460
龙感湖区			134	1100	2800		4300
团风县	1534	917	2135	1204	5		1834
红安县	2736	1158	1320	6764		728	3880
罗田县	10520	1193	3590	2000			13200
英山县	1400	500	1100	1100	1000	1900	1600
浠水县	3185	2200	1342	12600	4432		2580
蕲春县	784	667	716	764			182
黄梅县	2000	2000	1408	4368	4790		1652
麻城市	2552	726	124	2312			6229
武穴市	2260	1400	8500	24800	24800		16520
市直							
咸宁市	**2880**	**1005**	**31**	**31547**	**424**	**658**	**33228**
咸安区				12983			2333
嘉鱼县	1005	1005		7788			20100
通城县				4939	69		84
崇阳县			31				6170
通山县				4585	65	78	785
赤壁市	1875			1252	290	580	3756
市直							
随州市	**65147**	**1591**	**691**	**1789**	**922**	**2029**	**7310**
随县	5452		399	952	652	1989	6763
曾都区	1195	671	272	637	120		47
广水市	58500	920	20	200	150	40	500
市直							
恩施自治州	**29620**	**18214**	**416**	**486**	**292**	**2306**	**7030**
恩施市	25868	18214	381	130			
利川市				48		1326	3780
建始县							
巴东县	137		35			780	2150
宣恩县	200					200	230
咸丰县	2755			308			870
来凤县	660				292		
鹤峰县							
市直							
仙桃市	**2267**	**2267**		**71867**			
潜江市	**2000**	**2000**	**366**				
天门市	**67092**	**11737**	**3800**	**52140**	**1442**	**1449**	**41740**
神农架林区	**200**	**200**					
省直							

续表 24

单位名称	（七）机械播种牧草面积(公顷)	（八）机械化秸秆还田面积(公顷)	（九）秸秆捡拾打捆面积(公顷)	（十）农用航空器作业面积(公顷)	其中：植保无人机作业面积(公顷)	（十一）机械化青贮秸秆数量(吨)
湖北省	**17727**	**2384265**	**372250**	**513625**	**458269**	**1926533**
武汉市		**114331**	**38418**	**26995**	**26995**	**196320**
洪山区		60				
东西湖区		1400	27			
汉南区		6867				
蔡甸区		17078				
江夏区		27533	1200	3330	3330	
黄陂区		51870	346	565	565	185830
新洲区		9523	36845	23100	23100	10490
市直						
黄石市	**300**	**79315**	**700**	**5600**	**4930**	**327300**
黄石港区						
西塞山区		140				
下陆区						
铁山区						
阳新县	300	40000	600	4000	3330	325000
大冶市		39140	100	1600	1600	2300
经济开发区		35				
市直						
十堰市	**200**	**26121**	**13740**	**270**	**270**	**80752**
茅箭区						
张湾区						
郧阳区	200	10500	300			240
郧西县		5016	65			
竹山县		3521	5225	260	260	2500
竹溪县		5024				74862
房县		60	8150	10	10	3150
丹江口市		2000				
市直						
宜昌市		**127547**	**7451**	**10860**	**10660**	**58845**
西陵区						
伍家岗区						
点军区						
猇亭区		100				
夷陵区		22000	70	1400	1400	120
远安县		11296	510	1200	1000	3800
兴山县		2400		10	10	
秭归县						
长阳自治县		1329				
五峰自治县		700				
宜都市		4795		120	120	
当阳市		75427	6631	5130	5130	52425
枝江市		9500	240	3000	3000	2500
市直						
襄阳市	**200**	**576614**	**75441**	**55399**	**55399**	**732390**

续表 25

单位名称	（七）机械播种牧草面积(公顷)	（八）机械化秸秆还田面积(公顷)	（九）秸秆捡拾打捆面积(公顷)	（十）农用航空器作业面积(公顷)	其中：植保无人机作业面积(公顷)	（十一）机械化青贮秸秆数量(吨)
襄城区		38000	2500	900	900	
樊城区		14107	60			500
襄州区		201730	7360	31200	31200	4300
开发区		2366	2216	3350	3350	1235
南漳县		43367	21326	226	226	1032
谷城县		10800		200	200	223
保康县		2250	1333	3333	3333	20000
老河口市		46044	968	3520	3520	500000
枣阳市		152800	1528	2000	2000	1000
宜城市	200	55820	38150	10670	10670	200000
襄北农场		9330				4100
市直						
鄂州市		**7640**		**2123**	**2123**	**4268**
梁子湖区		2480		173	173	810
华容区		2480		1750	1750	810
鄂城区		2680		200	200	2648
开发区						
葛店开发区						
西山街办						
市直						
荆门市	**11400**	**403421**	**63159**	**99223**	**45073**	**164420**
东宝区		17866	13086	1030	1030	10000
掇刀区		19148	2374	780	780	
京山县		85000	2000	8000	8000	92000
沙洋县	11400	114834	8979	11600	10783	16000
钟祥市		130333	32800	22320	22320	46420
屈家岭		10000	2700	760	760	
沙洋农场		16000		1400	1400	
漳河新区		10240	1220			
市直				53333		
孝感市	**200**	**77549**	**13949**	**31389**	**31389**	**7089**
孝南区		6050	350	2500	2500	30
孝昌县	200	16000	1500	12000	12000	
大悟县		4492	58	189	189	167
云梦县		2514	1930	2333	2333	
应城市		6950	120	4200	4200	
安陆市		28543	9933	6667	6667	6092
汉川市		13000	58	3500	3500	800
市直						
荆州市		**318486**	**111821**	**67841**	**67841**	**45056**
沙市区		23040	18600	1400	1400	700
荆州区		12000	2667	6667	6667	
公安县		45620	47509			8500
监利县		23750	26850	26500	26500	2450
江陵县		35100	1000	1300	1300	31000

续表 26

单位名称	（七）机械播种牧草面积(公顷)	（八）机械化秸秆还田面积(公顷)	（九）秸秆捡拾打捆面积(公顷)	（十）农用航空器作业面积(公顷)	其中：植保无人机作业面积(公顷)	（十一）机械化青贮秸秆数量(吨)
石首市		38254	815	15365	15365	
洪湖市		79300	14378	15142	15142	2286
松滋市		56555		1467	1467	120
开发区		4867	3			
市直						
黄冈市	**4985**	**213708**	**15535**	**49450**	**49204**	**74261**
黄州区		2406	152	256	10	451
龙感湖区		4000	360	3200	3200	
团风县		14507	1014	4163	4163	8742
红安县		16667				1426
罗田县		8668		4000	4000	
英山县		6000				1600
浠水县		56847	11	2113	2113	765
蕲春县		6484	124	3329	3329	32
黄梅县		59622	10100	9503	9503	456
麻城市	4985	237	484	10686	10686	4789
武穴市		38270	3290	12200	12200	56000
市直						
咸宁市	**442**	**76352**	**4994**	**36459**	**36459**	**2250**
咸安区		32104	720	7333	7333	
嘉鱼县		1860	23	14	14	
通城县		17866	3886	2066	2066	2250
崇阳县		43		35	35	
通山县	442	694	365	23333	23333	
赤壁市		23785		3678	3678	
市直						
随州市		**39144**	**3576**	**1170**	**1170**	**1625**
随县		17512	3520	312	312	1425
曾都区		9632	26	858	858	
广水市		12000	30			200
市直						
恩施自治州		**5038**		**6890**	**6800**	**228820**
恩施市						
利川市		4800		6800	6800	92800
建始县						
巴东县		21				
宣恩县		150				
咸丰县		67		90		136020
来凤县						
鹤峰县						
市直						
仙桃市		**140000**	**666**	**10000**	**10000**	
潜江市		**92400**	**7000**	**80000**	**80000**	**1270**
天门市		**86600**	**15800**	**29956**	**29956**	**567**
神农架林区						**1300**
省直		38254	815	15365	15365	

续表 27

单位名称	(一)农机专业合作社作业服务面积(公顷)	(二)农机跨区作业面积(公顷)	1.跨区机耕面积(公顷)	2.跨区机播面积(公顷)	3.跨区机收面积(公顷)	其中：跨区机收小麦(公顷)
湖北省	**1989478**	**1093185**	**281976**	**55085**	**703198**	**229298**
武汉市	**94845**	**57752**	**16209**	**1534**	**36155**	**6880**
洪山区	1008	380	87	24	181	70
东西湖区	4000	4500	2500		1500	100
汉南区	9520	4100	1250	1200	1650	400
蔡甸区	22430	4060			3960	190
江夏区	12920	12000	5160	310	5220	400
黄陂区	38310	11320	3182		6282	1500
新洲区	6657	21392	4030		17362	4220
市直						
黄石市	**104147**	**72225**	**20055**	**6010**	**46160**	**3450**
黄石港区						
西塞山区	40					
下陆区						
铁山区						
阳新县	33000	71500	20000	6000	45500	3400
大冶市	70667	725	55	10	660	50
经济开发区	440					
市直						
十堰市	**37262**	**19289**	**7231**	**875**	**11133**	**3210**
茅箭区						
张湾区						
郧阳区	3000	2050			2050	800
郧西县	6910	7615	5095	875	1645	975
竹山县	3600	3400			3400	
竹溪县	9782	454	226		228	
房县	7350	2450	1050		1350	175
丹江口市	6620	3320	860		2460	1260
市直						
宜昌市	**115663**	**64243**	**18396**	**795**	**26052**	**2953**
西陵区						
伍家岗区						
点军区	200					
猇亭区						
夷陵区	7600	6900	2800		4100	
远安县	2200					
兴山县	2100					
秭归县	7930					
长阳自治县	39					
五峰自治县	28470					
宜都市	416	357	217		140	
当阳市	16708	21986	1749	795	19442	2953
枝江市	50000	35000	13630		2370	
市直						
襄阳市	**387784**	**136816**	**20950**	**12430**	**103436**	**63833**

续表 28

单位名称	(一)农机专业合作社作业服务面积(公顷)	(二)农机跨区作业面积(公顷)	1.跨区机耕面积(公顷)	2.跨区机播面积(公顷)	3.跨区机收面积(公顷)	其中：跨区机收小麦(公顷)
襄城区	11073					
樊城区	1906	3000			3000	1800
襄州区	54000	45500	11000	3500	31000	26000
开发区	15600	15700	1600	1600	12500	2200
南漳县	56648					
谷城县	12180	1833			1833	1400
保康县	25333	6666			6666	1333
老河口市	28087	5420			5420	5420
枣阳市	169067	31067			31067	20000
宜城市	13340	26670	8200	7180	11290	5130
襄北农场	550	960	150	150	660	550
市直						
鄂州市	**26480**	**11023**	**2903**	**1664**	**6436**	**1608**
梁子湖区	8670	3400	860	520	2020	530
华容区	8670	3400	860	520	2020	530
鄂城区	9140	4223	1183	624	2396	548
开发区						
葛店开发区						
西山街办						
市直						
荆门市	**203430**	**77370**	**4960**	**5000**	**67410**	**32732**
东宝区	4400	1145	130		1015	270
掇刀区	1350	4840			4840	
京山县	82500	14200			14200	6000
沙洋县	26150	15080	3630		11450	5850
钟祥市	77400	24075			24075	15612
屈家岭	3800	6000			6000	2800
沙洋农场	5000	11000	1000	5000	5000	2000
漳河新区	2830	1030	200		830	200
市直						
孝感市	**161715**	**77424**	**16480**	**5920**	**46024**	**17522**
孝南区	3700	6563	1405		5158	1562
孝昌县	85000	42000	10000	5000	18000	6000
大悟县	2194	3305			3305	1440
云梦县	8900	9000			9000	3000
应城市	21345	3850	1500	920	1430	750
安陆市	8976	8816	3575		5241	1760
汉川市	31600	3890			3890	3010
市直						
荆州市	**219254**	**289059**	**90579**	**4825**	**192338**	**45882**
沙市区	7112	4483	300	1333	2850	820
荆州区	23333	17500			17500	5400
公安县	28158	60650	16100	2000	42550	11060
监利县	46598	20073	6200	840	13033	4900
江陵县	33820	26360	6210		20150	4030

续表 29

单位名称	(一)农机专业合作社作业服务面积(公顷)	(二)农机跨区作业面积(公顷)	1.跨区机耕面积(公顷)	2.跨区机播面积(公顷)	3.跨区机收面积(公顷)	其中：跨区机收小麦(公顷)
石首市	15654	80925	31164		49761	3615
洪湖市	37312	24743	7065	652	15709	5535
松滋市	26700	54200	23500		30700	10500
开发区	567	125	40		85	22
市直						
黄冈市	**366898**	**76221**	**25109**	**6372**	**44703**	**12097**
黄州区	4123	1230	510	121	562	351
龙感湖区	21400					
团风县	18589	6435	1734	859	3842	591
红安县	1364	1043			1043	643
罗田县	15200	8900			8900	3900
英山县	10100	11300	3000	4100	4200	1559
浠水县	45913	7069	1723	48	5298	360
蕲春县	12845	8412	1715	168	6529	72
黄梅县	52120	6119	3964	140	2015	1286
麻城市	15244	15793	9663	936	5194	1335
武穴市	170000	9920	2800		7120	2000
市直						
咸宁市	**44403**	**12503**	**1410**	**1370**	**9723**	**1688**
咸安区	14550	2418			2418	
嘉鱼县	150	2690	450	1370	870	600
通城县	9952	590	150		440	38
崇阳县	4220	4100			4100	1050
通山县	4546					
赤壁市	10985	2705	810		1895	
市直						
随州市	**17853**	**103941**	**18744**	**2478**	**82719**	**27605**
随县	1058	49985	9312	1133	39540	13615
曾都区	3795	22202	2032	45	20125	7510
广水市	13000	31754	7400	1300	23054	6480
市直						
恩施自治州	**29710**	**19373**	**12614**		**6301**	**66**
恩施市	18011	4572	3056		1516	
利川市	6550	12000	9000		3000	
建始县						
巴东县	1590	565	120		120	66
宣恩县	300	400			400	
咸丰县	1035	225			225	
来凤县	2224	1611	438		1040	
鹤峰县						
市直						
仙桃市	**52600**	**41000**	**20000**	**200**	**7000**	**2100**
潜江市	**33758**	**9500**	**2000**	**1334**	**6166**	**2000**
天门市	**91676**	**25446**	**4336**	**4278**	**11442**	**5672**
神农架林区	**2000**					
省直						

续表 30

单位名称	跨区机收水稻(公顷)	跨区机收玉米(公顷)	（三）生产托管作业面积(公顷)	（一）机械脱出农产品数量(吨)	其中：1.机械脱出粮食数量(吨)	2.机械脱出油料数量(吨)
湖北省	**419161**	**14631**	**241467**	**38340899**	**24347240**	**1783330**
武汉市	**27474**	**1501**	**49255**	**3541309**	**970715**	**47637**
洪山区	90	21		668	375	
东西湖区	1000	400		242744	21000	390
汉南区	350	600	25017	28970	22500	750
蔡甸区	3390	380		404862	110000	4356
江夏区	4720	100		888600	215640	6435
黄陂区	4782		1203	1169898	342200	19126
新洲区	13142		23035	805567	259000	16580
市直						
黄石市	**32100**	**1540**	**30333**	**307100**	**256970**	**22628**
黄石港区						
西塞山区				910	670	238
下陆区						
铁山区						
阳新县	31500	1530	30000	68000	28000	12500
大冶市	600	10	333	238140	228300	9840
经济开发区				50		50
市直						
十堰市	**6578**	**1150**	**3913**	**1508223**	**587000**	**94800**
茅箭区				36150	3000	
张湾区				1630	1250	380
郧阳区	180	1050		241000	153820	24010
郧西县	670			201037	81980	18560
竹山县	3400		1700	428570	64565	22365
竹溪县	228		2213	133426	123560	9866
房县	1000			410010	104225	17819
丹江口市	1100	100		56400	54600	1800
市直						
宜昌市	**20548**	**181**	**42700**	**3485728**	**1290282**	**129010**
西陵区						
伍家岗区						
点军区						
猇亭区				4000	4000	
夷陵区	4100		700	255000	158000	31000
远安县			40000	103000	95000	7000
兴山县				361421		
秭归县				688385	72007	12708
长阳自治县				387661	300260	8740
五峰自治县				182102	59125	
宜都市	140			121674	79420	
当阳市	16308	181	2000	982485	502470	54562
枝江市				400000	20000	15000
市直						
襄阳市	**27163**	**2140**	**30016**	**6774362**	**5275591**	**211001**

续表 31

单位名称	跨区机收水稻(公顷)	跨区机收玉米(公顷)	（三）生产托管作业面积(公顷)	（一）机械脱出农产品数量(吨)	其中：1.机械脱出粮食数量(吨)	2.机械脱出油料数量(吨)
襄城区			730	459640	381000	14085
樊城区	1200			204600	93660	
襄州区	4000	1000	10000	1180000	645000	11797
开发区				3735	2170	1565
南漳县			5736	407087	406223	769
谷城县	433		2667	366924	325352	36999
保康县	5333			255504	81400	
老河口市				550000	450000	62000
枣阳市	11067		8933	2151572	2133786	17786
宜城市	5130	1030	1400	1195300	757000	66000
襄北农场		110	550			
市直						
鄂州市	**3801**		**60**	**1301698**	**271083**	**42843**
梁子湖区	1490		20	356820	90300	14200
华容区	1490		20	356800	90310	14210
鄂城区	821		20	588078	90473	14433
开发区						
葛店开发区						
西山街办						
市直						
荆门市	**32388**	**2290**	**13726**	**2480078**	**2363325**	**116753**
东宝区	745			136871	122828	14043
掇刀区	4840			144117	123577	20540
京山县	8200		4000	701500	701300	200
沙洋县	5600			516300	488000	28300
钟祥市	7573	890	9726	927790	881420	46370
屈家岭	1800	1400				
沙洋农场	3000					
漳河新区	630			53500	46200	7300
市直						
孝感市	**28502**		**5242**	**3760189**	**2306315**	**137092**
孝南区	3596		2100	389400	231040	18400
孝昌县	12000		2800	400000	256310	27000
大悟县	1865		342	649073	280820	50700
云梦县	6000			495000	243010	
应城市	680			715154	344565	32420
安陆市	3481			440062	431490	8572
汉川市	880			671500	519080	
市直						
荆州市	**130256**	**2408**	**1400**	**3575862**	**3093799**	**386300**
沙市区	2030		1000	140160	116800	23360
荆州区	12100			90000	80000	1000
公安县	30990	500		617040	514200	102840
监利县	7883	250		937872	918750	
江陵县	16120			240800	196300	43000

续表 32

单位名称	跨区机收水稻(公顷)	跨区机收玉米(公顷)	（三）生产托管作业面积(公顷)	（一）机械脱出农产品数量(吨)	其中：1.机械脱出粮食数量(吨)	2.机械脱出油料数量(吨)
石首市	30854	1500		516725	342356	108228
洪湖市	10174		400	645803	558642	87161
松滋市	20050	150		383076	362365	20711
开发区	55	8		4386	4386	
市直						
黄冈市	**32126**	**256**	**17901**	**3700793**	**2830000**	**298235**
黄州区	185	26	5	217611	43200	13651
龙感湖区				52000		
团风县	3251		1802	194891	114900	12571
红安县	400		1436	258436	182800	47784
罗田县	5000			230000	202000	23000
英山县	2600			148000	108600	
浠水县	4938		5093	606859	436375	72800
蕲春县	6274		245	568243	477800	53458
黄梅县	729			461230	414880	42000
麻城市	3629	230	800	616423	506045	29391
武穴市	5120		8520	347100	343400	3580
市直						
咸宁市	**8035**		**8687**	**1893715**	**838379**	**49762**
咸安区	2418		4500	507700	177872	20455
嘉鱼县	270			465000	226300	12000
通城县	402		330	247090	160127	4197
崇阳县	3050		3500	345200	200400	11000
通山县			357	75790	73680	2110
赤壁市	1895			252935		
市直						
随州市	**53540**	**1574**	**29594**	**1363548**	**1320933**	**7215**
随县	24805	1120	28674	688059	685658	2401
曾都区	12615		120	277933	239223	3310
广水市	16120	454	800	397556	396052	1504
市直						
恩施自治州	**3380**	**25**	**5300**	**1858594**	**820548**	**80988**
恩施市				923985	250000	
利川市	3000		5300	246411	231000	15411
建始县						
巴东县				252300		
宣恩县	180			81000	65000	
咸丰县	200	25		193640	131113	62527
来凤县				80340	80340	
鹤峰县				80918	63095	3050
市直						
仙桃市	**4500**	**400**		**985400**	**755000**	**108997**
潜江市	**3000**	**1166**	**3340**	**940000**	**610000**	**10000**
天门市	**5770**			**824300**	**717300**	**40068**
神农架林区				**40000**	**40000**	
省直						

续表 33

单位名称	（二）机械清选农产品数量(吨)	其中：1.机械清选蔬菜数量(吨)	2.机械清选水果数量(吨)	3.机械清选棉花数量(吨)	（三）机械保质农产品数量(吨)	其中：1.机械保质粮食数量(吨)
湖北省	**34068937**	**17943686**	**4874685**	**110481**	**30404663**	**10427109**
武汉市	**3020326**	**2832657**	**56699**		**3090577**	**1327016**
洪山区	14500	13000	1500		13457	11700
东西湖区	200000	200000			300000	200000
汉南区	218970	98000			29500	22000
蔡甸区	412627	391788	10839		413750	257800
江夏区	495420	465420	30000		371974	220000
黄陂区	1090505	1088005	2500		1020546	77186
新洲区	588304	576444	11860		941350	538330
市直						
黄石市	**246140**	**32852**	**2000**		**323047**	**61875**
黄石港区						
西塞山区						
下陆区						
铁山区						
阳新县	8000	4000	2000		75000	45000
大冶市	238140	28852			248047	16875
经济开发区						
市直						
十堰市	**680170**	**483476**	**157760**		**883360**	**176280**
茅箭区						
张湾区	1610	1500	110		1350	120
郧阳区	215500	215500			620500	2300
郧西县	1365	1076			77500	13570
竹山县	412500	265400	125000		22150	8240
竹溪县	16545				22360	15150
房县					136900	136900
丹江口市	32650		32650		2600	
市直						
宜昌市	**3126501**	**1341161**	**1481774**	**1696**	**3539769**	**478230**
西陵区						
伍家岗区						
点军区	40000		40000			
猇亭区	10000		10000		14000	4000
夷陵区	524000		524000		820100	39300
远安县	128400	128000			230000	95000
兴山县	361301	361301			361890	
秭归县	599011	203132	323874		616533	72007
长阳自治县	105848	82598	23250		100846	
五峰自治县	182102	147800			170908	33577
宜都市	191650		191650		431080	32020
当阳市	734189	218330	364000	1696	544412	157326
枝江市	250000	200000	5000		250000	45000
市直						
襄阳市	**5482508**	**1443910**	**604852**	**54300**	**3037763**	**1437417**

续表 34

单位名称	（二）机械清选农产品数量(吨)	其中：1.机械清选蔬菜数量(吨)	2.机械清选水果数量(吨)	3.机械清选棉花数量(吨)	（三）机械保质农产品数量(吨)	其中：1.机械保质粮食数量(吨)
襄城区	114000	114000			96000	
樊城区	98210				73660	
襄州区	2360000	460000			472000	81000
开发区	1786	1400			1345	
南漳县	254181	221860	32321		662668	354897
谷城县	216631	153100	63531		138054	10000
保康县	232400	142550			13870	7231
老河口市	500000	300000	50000	50000	607552	12000
枣阳市	510000	51000	459000		678613	678288
宜城市	1195300			4300	294000	294000
襄北农场						
市直						
鄂州市	**1381870**	**711270**	**670400**		**1439300**	**271000**
梁子湖区	398400	63200	335200		425630	90300
华容区	398400	63000	335200		425600	90310
鄂城区	585070	585070			588070	90390
开发区						
葛店开发区						
西山街办						
市直						
荆门市	**369082**	**348450**	**17850**	**2782**	**1689551**	**1342289**
东宝区	212			212	110431	110219
掇刀区						
京山县	200		200		436400	436200
沙洋县					700230	600000
钟祥市	368670	348450	17650	2570	438490	195870
屈家岭						
沙洋农场						
漳河新区					4000	
市直						
孝感市	**4412732**	**2872835**	**92390**	**2600**	**3992678**	**1104707**
孝南区	137100	38585	35000		46305	25000
孝昌县	650000	530000	45000		530000	210000
大悟县	71529				52033	5607
云梦县	840000				787890	18350
应城市	325930	310940	12390	2600	196700	112500
安陆市	828493	561310			820070	216250
汉川市	1559680	1432000			1559680	517000
市直						
荆州市	**5476801**	**3639661**	**583415**	**24475**	**4414131**	**1819762**
沙市区	136656	136656			136656	41000
荆州区	400000	200000			20000	
公安县	601614	601614			601614	100000
监利县	1740375	1014425			914425	813625
江陵县	551600	227000		21300	551600	21330

续表 35

单位名称	（二）机械清选农产品数量(吨)	其中：1.机械清选蔬菜数量(吨)	2.机械清选水果数量(吨)	3.机械清选棉花数量(吨)	（三）机械保质农产品数量(吨)	其中：1.机械保质粮食数量(吨)
石首市	516725	516725			516725	195264
洪湖市	574660	570724	761	3175	717940	276026
松滋市	955171	372517	582654		955171	372517
开发区						
市直						
黄冈市	**2026008**	**609118**	**82522**	**24628**	**1387331**	**677635**
黄州区	197752	12967	11310	4123	162106	38467
龙感湖区					52000	52000
团风县	5683	3235		152	25117	25114
红安县	230637	204316			234265	5039
罗田县	436000	16800	18000		20996	15560
英山县	10000	5000			5000	5000
浠水县	148937				284360	41650
蕲春县	52145	52145			62246	52246
黄梅县	480000				158340	158340
麻城市	357154	223155	53212	4153	324901	249019
武穴市	107700	91500		16200	58000	35200
市直						
咸宁市	**1563355**	**57364**	**750**		**941691**	**244719**
咸安区	378058	56709			37476	7860
嘉鱼县	665000				531000	226300
通城县	266027	70			148463	9315
崇阳县	1210	460	750		1230	850
通山县	125	125			587	394
赤壁市	252935				222935	
市直						
随州市	**2187329**	**1009069**	**974157**		**2607838**	**604172**
随县	1751384	802566	948818		1892652	90967
曾都区	248933	43330	1500		126963	117153
广水市	187012	163173	23839		588223	396052
市直						
恩施自治州	**1846281**	**347954**	**115191**		**1096806**	**165880**
恩施市	923728				135475	135178
利川市	33052	25000	5000		56002	1600
建始县						
巴东县	253400	252000			380600	
宣恩县	91000	39000	40000		75000	15000
咸丰县	325342	25654	68838		435342	4812
来凤县	212106				1224	
鹤峰县	7653	6300	1353		13163	9290
市直						
仙桃市	**941000**	**940000**			**1583000**	**435000**
潜江市					**45852**	**33200**
天门市	**1308834**	**1273909**	**34925**		**325470**	**246230**
神农架林区					**6500**	**1697**
省直						

续表 36

单位名称	2.机械保质油料数量(吨)	3.机械保质蔬菜数量(吨)	4.机械保质水果数量(吨)	5.机械保质棉花数量(吨)	6.机械保质茶叶数量(吨)	（一）机械收获饲草秸秆量(吨)
湖北省	**1499262**	**3595928**	**1999830**	**133583**	**262996**	**14598185**
武汉市	**58890**	**612570**	**46847**	**5140**	**340**	**594329**
洪山区		1000	757			
东西湖区		100000				
汉南区	510					76120
蔡甸区	8500	124950	12500			70456
江夏区	8000	40000	15000			131480
黄陂区	8000	750	800			175583
新洲区	33880	345870	17790	5140	340	139030
市直						1660
黄石市	**10000**	**10000**	**5000**		**800**	**224342**
黄石港区						
西塞山区						
下陆区						
铁山区						
阳新县	10000	10000	5000		800	60000
大冶市						164342
经济开发区						
市直						
十堰市	**278560**	**227685**	**112404**		**947**	**751975**
茅箭区						119795
张湾区		450	730			15700
郧阳区	240100	215500	105400			36800
郧西县	36780	6075				268700
竹山县	1680	3120	2100		527	
竹溪县		2540	3574		420	
房县						310980
丹江口市			600			
市直						
宜昌市	**101217**	**900391**	**1251938**	**1696**	**40126**	**1805663**
西陵区						
伍家岗区						
点军区						
猇亭区			10000			252549
夷陵区	6200	385000	368000		21600	
远安县	7000	128000				214500
兴山县						197843
秭归县	13455	203132	323874		3765	
长阳自治县		79259	21014		573	
五峰自治县						364810
宜都市			234050		3360	72880
当阳市	54562	95000	235000	1696	828	23081
枝江市	20000	10000	60000		10000	680000
市直						
襄阳市	**70642**	**377191**	**38668**	**454**	**163662**	**1982647**

续表 37

单位名称	2.机械保质油料数量(吨)	3.机械保质蔬菜数量(吨)	4.机械保质水果数量(吨)	5.机械保质棉花数量(吨)	6.机械保质茶叶数量(吨)	(一)机械收获饲草秸秆量(吨)
襄城区						300000
樊城区						
襄州区	2000	150000	12000	360		550000
开发区						1235
南漳县	2619	197191	29	94	107837	106267
谷城县	31023				15500	178865
保康县			6639			162380
老河口市	35000	30000	20000		40000	200000
枣阳市					325	170000
宜城市						309800
襄北农场						4100
市直						
鄂州市	**42843**	**6741**	**12012**	**3824**	**218**	**5104**
梁子湖区	14200	3100	6006		218	1952
华容区	14210	3100	6006			1952
鄂城区	14433	541		3824		1200
开发区						
葛店开发区						
西山街办						
市直						
荆门市	**44930**	**289300**	**8820**	**4212**		**1588665**
东宝区				212		319252
掇刀区						4000
京山县	200					406500
沙洋县	20000	80230				335261
钟祥市	24730	209070	8820			523652
屈家岭						
沙洋农场						
漳河新区				4000		
市直						
孝感市	**61268**	**94059**	**33811**	**8460**	**5980**	**472109**
孝南区	3500	2800	13380	1620	5	225000
孝昌县	20000	10000	15000	810	1000	13000
大悟县	4868	549	981	270	4975	129812
云梦县				1710		100052
应城市	12400	66150	4450	810		3543
安陆市				1080		542
汉川市	20500	14560		2160		160
市直						
荆州市	**380939**	**694147**	**305020**	**98358**	**265**	**2258240**
沙市区						40428
荆州区		17000	3000			86000
公安县	100000	100000	100000	50753		707256
监利县	2105	98695				463716
江陵县	28700	3300		10600		231200

续表 38

单位名称	2.机械保质油料数量(吨)	3.机械保质蔬菜数量(吨)	4.机械保质水果数量(吨)	5.机械保质棉花数量(吨)	6.机械保质茶叶数量(吨)	（一）机械收获饲草秸秆量(吨)
石首市	158159	102635	12594	36595	265	126156
洪湖市	71264			410		186759
松滋市	20711	372517	189426			416725
开发区						
市直						
黄冈市	**108508**	**15152**	**13331**	**8276**	**7201**	**1406048**
黄州区	14812	12967	11310	4123	1873	646
龙感湖区						28000
团风县					3	13631
红安县					104	2958
罗田县	2320	1120	1216		780	29760
英山县						63000
浠水县	1320				1227	980
蕲春县	8465				846	1011542
黄梅县						48000
麻城市	69291	65	5	4153	2368	2531
武穴市	12300	1000	800			205000
市直						
咸宁市	**22002**	**35959**	**560**		**4286**	**732340**
咸安区		27323			2293	5400
嘉鱼县	12000				1700	258000
通城县	9872	8426	560		60	21000
崇阳县	130	210			40	130
通山县					193	
赤壁市						447810
市直						
随州市	**6634**	**191512**	**110589**	**3163**	**2379**	**252412**
随县	3971	28339	86750		1580	54712
曾都区	1460				6	197000
广水市	1203	163173	23839	3163	793	700
市直						
恩施自治州	**91590**	**141221**	**60830**		**36773**	**129882**
恩施市						4568
利川市		50000	2500		300	82800
建始县						
巴东县						
宣恩县	3000	23000	17000		17000	12000
咸丰县	88590	68221	41330		15600	30514
来凤县						
鹤峰县					3873	
市直						
仙桃市	**141999**					**1120000**
潜江市						**752000**
天门市	**79240**					**522430**
神农架林区					**20**	
省直						

续表 39

单位名称	其中：机械收获牧草数量(吨)	（二）机械化饲草料加工数量(吨)	（三）机械饲喂的畜禽数量（折算为羊单位）(个)	（四）机械清粪的畜禽数量（折算为羊单位）(个)	（五）机械环控的畜禽数量（折算为羊单位）(个)	（六）机械挤奶的家畜数量（折算为羊单位）(个)
湖北省	**1404891**	**13329670**	**46683554**	**39393564**	**37403650**	**98021**
武汉市		**488513**	**3064761**	**3599381**	**2193276**	**46702**
洪山区						
东西湖区						
汉南区		23191	109587	94366	116337	
蔡甸区		15886	181357	382066	172510	1200
江夏区		125336	897620	897620	417877	
黄陂区		198050	1195417	1195417	513970	43002
新洲区		126050	623450	972582	972582	
市直			57330	57330		2500
黄石市	**400**	**423103**	**102060**	**87060**	**1392296**	
黄石港区						
西塞山区						
下陆区						
铁山区						
阳新县		335000	32000	17000	28000	
大冶市	400	88103	70060	70060	1364296	
经济开发区						
市直						
十堰市	**3970**	**733775**	**2480160**	**2835247**	**1318817**	
茅箭区						
张湾区	1500	14200	4880	1647	13000	
郧阳区	560	32400	929000	623000	128000	
郧西县	1910	186790	649600	1137590	98477	
竹山县		10560	34210	32410		
竹溪县		80565			626580	
房县		257600	5950			
丹江口市		151660	856520	1040600	452760	
市直						
宜昌市	**146**	**3263447**	**6634277**	**2624145**	**3173009**	**15399**
西陵区						
伍家岗区			2000	1500	1500	
点军区						
猇亭区		42120	156580			
夷陵区		685834	2430218			12400
远安县		2500	1123100		344400	
兴山县	11	157394	645369	437523	123613	
秭归县		125876				
长阳自治县						
五峰自治县	135	221918			587089	
宜都市		527405	396210	284722	478215	
当阳市		1000400	700800	720400	38192	2999
枝江市		500000	1180000	1180000	1600000	
市直						
襄阳市	**71629**	**1518234**	**6173078**	**6092280**	**3228612**	**4500**

续表 40

单位名称	其中：机械收获牧草数量(吨)	（二）机械化饲草料加工数量(吨)	（三）机械饲喂的畜禽数量（折算为羊单位）(个)	（四）机械清粪的畜禽数量（折算为羊单位）(个)	（五）机械环控的畜禽数量（折算为羊单位）(个)	（六）机械挤奶的家畜数量（折算为羊单位）(个)
襄城区		46000	920000	520000	121000	4500
樊城区		36460			66514	
襄州区		395000	985000	1344000	778000	
开发区	1235					
南漳县		13685	1618862	1038627	311564	
谷城县	3294	105839	525828	711403	419934	
保康县		99450	302480	338550	250400	
老河口市	60000	110000	420000	650000	320000	
枣阳市		369000	870000	957000	627000	
宜城市	3000	336000	530908	532700	334200	
襄北农场	4100	6800				
市直						
鄂州市	**2916**	**21536**	**340154**	**340154**	**1498600**	
梁子湖区	958	1019	97650	97650	60760	
华容区	958	10109	117650	117650	607600	
鄂城区	1000	10408	124854	124854	830240	
开发区						
葛店开发区						
西山街办						
市直						
荆门市		**1836307**	**2560945**	**2555851**	**2392747**	
东宝区		593200	267560	290240	64152	
掇刀区		4000	87500	98200	18000	
京山县		365900	712000	667500	809900	
沙洋县		338623	804285	759531	821695	
钟祥市		534584	689600	740380	679000	
屈家岭						
沙洋农场						
漳河新区						
市直						
孝感市	**5549**	**1098657**	**3307506**	**3249274**	**2426666**	**1208**
孝南区		145000	350000	1550000		
孝昌县	200	132000	216000	210000		
大悟县	2387	227879	10416	10416	126794	
云梦县		20100	1710000		1405300	
应城市	2802	262112	662900	1299600	735854	
安陆市		6566	20190	17158	12978	1208
汉川市	160	305000	338000	162100	145740	
市直						
荆州市	**1127026**	**126093**	**5623625**	**7820636**	**8439790**	**13**
沙市区		1925	120000	160000	160000	
荆州区	86000	9800	722000	1000200	1000200	
公安县	353628	9786	90000	130000	160000	13
监利县	432651	42160	1453503	2205168	2205168	
江陵县	500	29200	523300	864200	1038800	

续表 41

单位名称	其中：机械收获牧草数量(吨)	（二）机械化饲草料加工数量(吨)	（三）机械饲喂的畜禽数量（折算为羊单位）(个)	（四）机械清粪的畜禽数量（折算为羊单位）(个)	（五）机械环控的畜禽数量（折算为羊单位）(个)	（六）机械挤奶的家畜数量（折算为羊单位）(个)
石首市	87951	5214	816254	1032821	1032821	
洪湖市		3100	650232	1142643	1557197	
松滋市	166296	24908	1248336	1285604	1285604	
开发区						
市直						
黄冈市	**120240**	**776990**	**2750132**	**2643042**	**3026292**	**26984**
黄州区	506	1062	79315	79315	68512	3071
龙感湖区	28000	197				
团风县	318	45653	582434	272643	327142	3315
红安县	1240	33208	167200	183200	172600	
罗田县	18000	23000	50000	480000	21650	5000
英山县		15000			337000	
浠水县		890	817500	817500	12950	1495
蕲春县	32148	429846	94866	78246	1695542	
黄梅县	3510	15509	18345	18852	14000	685
麻城市	1518	7625	257472	30286	241896	3218
武穴市	35000	205000	683000	683000	135000	10200
市直						
咸宁市	**85**	**556208**	**2686556**	**1485270**	**3426070**	**3155**
咸安区		290000	1650000	1210000	2210000	1830
嘉鱼县		123600	51000		346000	
通城县		2926	113541		56770	
崇阳县	85	1700	78350		813300	
通山县			75640	138420		
赤壁市		137982	718025	136850		1325
市直						
随州市	**28541**	**166703**	**8926382**	**4605122**	**2394833**	**60**
随县	27841	38528	5967521	2633265	532876	
曾都区		127525	1357520	483000	373100	
广水市	700	650	1601341	1488857	1488857	60
市直						
恩施自治州	**25569**	**1120738**	**243968**	**70702**	**19912**	
恩施市						
利川市		204600	44430	44430		
建始县						
巴东县		256600	12100	11200		
宣恩县		80000	100000			
咸丰县	25569	394712	43578	11910	19912	
来凤县		163326	43860	3162		
鹤峰县		21500				
市直						
仙桃市	**5000**	**802000**	**662350**	**580000**	**1700000**	
潜江市	**12600**	**12600**				
天门市	**1220**	**384766**	**1127600**	**805400**	**772730**	
神农架林区						
省直						

续表 42

单位名称	（七）机械剪毛的畜禽数量（折算为羊单位）(个)	（八）机械捡蛋的蛋禽数量（折算为羊单位）(个)	1.机械投饲池塘养殖产量(吨)	2.机械水质调控池塘养殖产量(吨)	3.机械起捕池塘养殖产量(吨)	4.机械清淤池塘养殖产量(吨)
湖北省	**2080**	**2021676**	**1613948**	**1393870**	**357250**	**930957**
武汉市		**195518**	**245598**	**176498**	**179498**	**238822**
洪山区			3690	3690	3690	3690
东西湖区			31250	31250	31250	31250
汉南区		8852	25578	25578	25578	25578
蔡甸区		12454	25000	20000	23000	24320
江夏区		32207	34500	34500	34500	34500
黄陂区		57325	64100			62384
新洲区		82810	61480	61480	61480	57100
市直		1870				
黄石市		**45970**	**102113**	**31477**	**12120**	**39108**
黄石港区			630			
西塞山区			617	572		200
下陆区						
铁山区						
阳新县		1800	27000	9600	4800	14500
大冶市		44170	73866	21305	7320	24408
经济开发区						
市直						
十堰市		**22346**	**1069**	**1890**	**25**	**1135**
茅箭区						
张湾区		6	11		5	
郧阳区		13600	50	230	20	10
郧西县		8740	26			
竹山县			800	1200		
竹溪县			22			45
房县						
丹江口市			160	460		1080
市直						
宜昌市	**500**	**25008**	**28579**	**47630**	**2030**	**503**
西陵区						
伍家岗区			6	50	30	50
点军区						
猇亭区						
夷陵区	500		70			
远安县			1200	1400		300
兴山县		1288				
秭归县						
长阳自治县						
五峰自治县						
宜都市			1303	1550		153
当阳市		3720	26000	12000	2000	
枝江市		20000		32630		
市直						
襄阳市		**352099**	**34261**	**31807**	**7714**	**7568**

续表 43

单位名称	（七）机械剪毛的畜禽数量（折算为羊单位）(个)	（八）机械捡蛋的蛋禽数量（折算为羊单位）(个)	1.机械投饲池塘养殖产量(吨)	2.机械水质调控池塘养殖产量(吨)	3.机械起捕池塘养殖产量(吨)	4.机械清淤池塘养殖产量(吨)
襄城区		43300				
樊城区						
襄州区		54000	7000	7500	1600	1700
开发区						
南漳县		2087	3284	2312	1036	562
谷城县		82430	2016	2461	1231	931
保康县		1582	21	19	12	10
老河口市		42000	5000	8000	1000	1500
枣阳市		73700	4860	5940	2160	1890
宜城市		53000	12080	5575	675	975
襄北农场						
市直						
鄂州市		**69041**	**207244**	**207244**	**1770**	**207500**
梁子湖区		6070	69700	69700	530	69700
华容区		6070	69700	69700	530	69700
鄂城区		56901	67844	67844	710	68100
开发区						
葛店开发区						
西山街办						
市直						
荆门市		**147325**	**90451**	**63676**	**94517**	**52753**
东宝区		11019	5231	6621	1707	1851
掇刀区		3600	5100	6000	3000	2230
京山县		54700	15400	18900	4400	4000
沙洋县		51996	29980	16095	48210	18982
钟祥市		26010	34740	16060	37200	25690
屈家岭						
沙洋农场						
漳河新区						
市直						
孝感市	**80**	**610402**	**150477**	**119064**	**1600**	**7606**
孝南区		141600	25050	28030	600	450
孝昌县			4300	2300		950
大悟县			11420	5708		
云梦县			9400	10370		331
应城市	80	200980	16910	42750		1645
安陆市		30572	4397	13606		2280
汉川市		237250	79000	16300	1000	1950
市直						
荆州市			**124550**	**84109**	**90**	**18601**
沙市区						
荆州区			12000			
公安县			67552	67552		
监利县						
江陵县			28300			

续表 44

单位名称	（七）机械剪毛的畜禽数量（折算为羊单位）(个)	（八）机械捡蛋的蛋禽数量（折算为羊单位）(个)	1.机械投饲池塘养殖产量(吨)	2.机械水质调控池塘养殖产量(吨)	3.机械起捕池塘养殖产量(吨)	4.机械清淤池塘养殖产量(吨)
石首市						
洪湖市			148			2072
松滋市			16529	16529		16529
开发区			21	28	90	
市直						
黄冈市	**1200**	**115206**	**184161**	**145845**	**10730**	**33081**
黄州区		5361	5869	3587		95
龙感湖区			18046	18046		18046
团风县		48359	15031	4653		
红安县		650	2016	2230		435
罗田县			1950	1062	2510	952
英山县		14000	780	500	100	100
浠水县		20000	20118	25114	6317	223
蕲春县			42285	36248	253	486
黄梅县			24170	25140	1550	2830
麻城市		12836	2896	8265		914
武穴市	1200	14000	51000	21000		9000
市直						
咸宁市		**8625**	**67986**	**42096**	**3046**	**10670**
咸安区		8625	34966	19726	3000	5000
嘉鱼县			23800	7900	26	3570
通城县			4000	9000		1000
崇阳县			3500	2900	20	1100
通山县			1720	2570		
赤壁市						
市直						
随州市		**386836**	**12708**	**11070**	**5100**	**7148**
随县		176000	5123	5015	5085	4988
曾都区		15000	385	55	15	1500
广水市		195836	7200	6000		660
市直						
恩施自治州		**7000**	**28**			**150**
恩施市						
利川市		7000				150
建始县						
巴东县			15			
宣恩县						
咸丰县						
来凤县						
鹤峰县			13			
市直						
仙桃市	**300**	**6300**	**285223**	**282500**		**228756**
潜江市				**59464**		**47456**
天门市		**30000**	**79500**	**89500**	**39010**	**30100**
神农架林区						
省直						

续表 45

单位名称	1.机械投饲网箱养殖产量(吨)	2.机械清洗网箱养殖产量(吨)	3.机械起捕网箱养殖产量(吨)	1.机械投饲工厂化养殖产量(吨)	2.机械起捕工厂化养殖产量(吨)	1.机械投苗养殖产量(吨)	2.机械采收养殖产量(吨)
湖北省	**35799**	**4037**	**5381**	**1763**	**1218**	**1147**	**2252**
武汉市	**348**	**348**	**100**	**597**	**597**		
洪山区							
东西湖区							
汉南区							
蔡甸区				500	500		
江夏区	348	348	100	97	97		
黄陂区							
新洲区							
市直							
黄石市						**950**	**1320**
黄石港区							
西塞山区							
下陆区							
铁山区							
阳新县						950	1320
大冶市							
经济开发区							
市直							
十堰市	**10**		**80**				
茅箭区							
张湾区							
郧阳区							
郧西县	10		80				
竹山县							
竹溪县							
房县							
丹江口市							
市直							
宜昌市				**104**			
西陵区							
伍家岗区							
点军区							
猇亭区							
夷陵区							
远安县							
兴山县							
秭归县							
长阳自治县							
五峰自治县							
宜都市				104			
当阳市							
枝江市							
市直							
襄阳市	**839**	**274**	**985**	**662**	**521**	**197**	**932**

续表 46

单位名称	1.机械投饲网箱养殖产量(吨)	2.机械清洗网箱养殖产量(吨)	3.机械起捕网箱养殖产量(吨)	1.机械投饲工厂化养殖产量(吨)	2.机械起捕工厂化养殖产量(吨)	1.机械投苗养殖产量(吨)	2.机械采收养殖产量(吨)
襄城区							
樊城区							
襄州区							
开发区							
南漳县	537	168	382	662	521	197	932
谷城县	2	6	3				
保康县							
老河口市	300	100	600				
枣阳市							
宜城市							
襄北农场							
市直							
鄂州市							
梁子湖区							
华容区							
鄂城区							
开发区							
葛店开发区							
西山街办							
市直							
荆门市	**4176**	**3162**	**4091**	**400**	**100**		
东宝区	211		70				
掇刀区							
京山县	600	60	100	400	100		
沙洋县	2589	3102	3121				
钟祥市	776		800				
屈家岭							
沙洋农场							
漳河新区							
市直							
孝感市	**820**						
孝南区							
孝昌县							
大悟县							
云梦县							
应城市							
安陆市							
汉川市	820						
市直							
荆州市							
沙市区							
荆州区							
公安县							
监利县							
江陵县							

续表 47

单位名称	1.机械投饲网箱养殖产量(吨)	2.机械清洗网箱养殖产量(吨)	3.机械起捕网箱养殖产量(吨)	1.机械投饲工厂化养殖产量(吨)	2.机械起捕工厂化养殖产量(吨)	1.机械投苗养殖产量(吨)	2.机械采收养殖产量(吨)
石首市							
洪湖市							
松滋市							
开发区							
市直							
黄冈市	**2436**	**253**	**125**				
黄州区	428	253	125				
龙感湖区	132						
团风县							
红安县							
罗田县							
英山县							
浠水县	1600						
蕲春县	276						
黄梅县							
麻城市							
武穴市							
市直							
咸宁市	**170**						
咸安区							
嘉鱼县							
通城县							
崇阳县	170						
通山县							
赤壁市							
市直							
随州市							
随县							
曾都区							
广水市							
市直							
恩施自治州							
恩施市							
利川市							
建始县							
巴东县							
宣恩县							
咸丰县							
来凤县							
鹤峰县							
市直							
仙桃市	**27000**						
潜江市							
天门市							
神农架林区							
省直							

续表 48

单位名称	（一）耕整地机械化面积(公顷)	（二）种植机械化面积(公顷)	（三）采运机械化面积(公顷)	（四）灌溉施肥机械化面积(公顷)	（五）环境调控机械化面积(公顷)	1.保护性耕作面积(公顷)	2.免耕播种面积(公顷)
湖北省	**78245**	**14285**	**5488**	**45435**	**12668**	**393434**	**170580**
武汉市	**22256**	**2315**	**754**	**6956**	**3094**	**207**	**7171**
洪山区							
东西湖区	2000			2000	200		
汉南区	1380			1380			150
蔡甸区	14320	756	115	946	957		
江夏区	540	408	408	749	340		
黄陂区	3016	798		881	881		6783
新洲区	1000	353	231	1000	716	207	238
市直							
黄石市	**3299**	**568**	**300**	**2276**	**1008**	**11480**	**17997**
黄石港区							
西塞山区	7					180	210
下陆区							
铁山区							
阳新县	1200	350	300	250		2000	1400
大冶市	2092	218		2026	1008	9300	16387
经济开发区							
市直							
十堰市	**11937**	**3612**	**940**	**2981**	**355**	**716**	**666**
茅箭区							
张湾区							
郧阳区	6400	2300	550	1300	250	500	70
郧西县	275	216	20	275	65		
竹山县	850	200	60	900			
竹溪县	3842	721	310	256		216	216
房县	400	15		100			
丹江口市	170	160		150	40		380
市直							
宜昌市	**3982**	**1984**	**1285**	**3015**	**36**	**18705**	**1290**
西陵区							
伍家岗区							
点军区							
猇亭区							
夷陵区	800	300	100	800			
远安县	521						
兴山县	192						
秭归县	85	55	55	85			
长阳自治县	16						
五峰自治县							
宜都市	1051	1000	1000	1037	21		540
当阳市	1317	629	130	1093	15	16145	750
枝江市						2560	
市直							
襄阳市	**5001**	**1009**	**376**	**4547**	**129**	**42901**	**20993**

续表 49

单位名称	（一）耕整地机械化面积(公顷)	（二）种植机械化面积(公顷)	（三）采运机械化面积(公顷)	（四）灌溉施肥机械化面积(公顷)	（五）环境调控机械化面积(公顷)	1.保护性耕作面积(公顷)	2.免耕播种面积(公顷)
襄城区						24800	4000
樊城区	80			25			110
襄州区	440	440	260	525	100		3020
开发区						1000	300
南漳县	344	31	29	278	6		6357
谷城县	72	7	7	44	13		426
保康县	333						
老河口市	1000	441		1364		146	160
枣阳市	1300	90	80	900		16955	3500
宜城市	1432			1411	10		3120
襄北农场							
市直							
鄂州市	**492**	**253**		**219**	**172**	**1773**	**1404**
梁子湖区	196	120		86	86	560	447
华容区	196	120		86	86	560	447
鄂城区	100	13		47		653	510
开发区							
葛店开发区							
西山街办							
市直							
荆门市	**3224**	**645**	**339**	**2125**	**882**	**2939**	**44365**
东宝区	596	80	44	275	142		
掇刀区	258	75	45	200	70	70	1090
京山县	1250	250	130	840	370	1000	
沙洋县							20635
钟祥市	1120	240	120	810	300		5760
屈家岭							2000
沙洋农场							13100
漳河新区						1869	1780
市直							
孝感市	**9483**	**1886**	**430**	**6659**	**1285**	**17859**	**14148**
孝南区	55	32	10	54	48		
孝昌县	750	220		800	60	16000	2860
大悟县	294	25	10	224	121		2160
云梦县	3370	680		3265			190
应城市	492	132	95	265			2200
安陆市	1432	775	315	1061	556	1859	3738
汉川市	3090	22		990	500		3000
市直							
荆州市	**2602**	**352**	**371**	**4754**	**1183**	**81742**	**15555**
沙市区							
荆州区	450	90	90	810	90		5900
公安县	370	74	74	703	74		1500
监利县	401	41	40	761	80		270
江陵县	70	10	3	120	12	74000	200

续表 50

单位名称	（一）耕整地机械化面积(公顷)	（二）种植机械化面积(公顷)	（三）采运机械化面积(公顷)	（四）灌溉施肥机械化面积(公顷)	（五）环境调控机械化面积(公顷)	1.保护性耕作面积(公顷)	2.免耕播种面积(公顷)
石首市	512	51	49	510	105	274	
洪湖市	354	41	29	732	69	7467	6817
松滋市	445	45	86	838	86		
开发区				280	667	1	868
市直							
黄冈市	**5555**	**373**	**130**	**5298**	**1662**	**41037**	**29212**
黄州区	183	89	89	183	109		571
龙感湖区	20			20			134
团风县	295			135	41	6835	2135
红安县	172	20	10	153	82		1362
罗田县	36	10	9			5100	8820
英山县						17500	1100
浠水县	3390	32	9	3390	153	1630	1342
蕲春县							824
黄梅县						2066	4300
麻城市	189	168		147	77	726	124
武穴市	1270	54	13	1270	1200	7180	8500
市直							
咸宁市	**3338**	**420**	**317**	**1961**	**1042**		**213**
咸安区	1067			533	3		
嘉鱼县	1217	94	94	1353	1027		
通城县	105	5	2	2	0		26
崇阳县	62	10		22	9		31
通山县	86	38	26	51	2		156
赤壁市	801	273	195				
市直							
随州市	**2303**	**183**	**100**	**493**	**115**	**523**	**711**
随县	1252					40	399
曾都区	651	33		293	15	483	272
广水市	400	150	100	200	100		40
市直							
恩施自治州	**459**	**219**	**27**	**486**	**351**	**6700**	**7355**
恩施市							390
利川市	155	20	15	180	160	6700	6600
建始县							
巴东县	75						35
宣恩县				100	50		
咸丰县	25			23	21		
来凤县	199	199	12	178	120		
鹤峰县	5			5			330
市直							
仙桃市	**900**	**75**	**75**	**900**	**750**	**166167**	
潜江市	**2700**			**2100**			**5700**
天门市	**665**	**392**	**44**	**665**	**604**	**680**	**3800**
神农架林区	**50**					**5**	
省直							

续表 51

单位名称	其中：小麦免耕播种面积(公顷)	水稻免耕播种面积(公顷)	玉米免耕播种面积(公顷)	3.农田基本建设作业量(立方米)	4.实际脱出农产品总量(吨)	5.实际清选农产品总量(吨)
湖北省	**54027**	**11052**	**18795**	**147310304**	**76597353**	**71378826**
武汉市	**905**	**190**		**400527**	**8183632**	**8060629**
洪山区					32524	32737
东西湖区				120000	500000	500000
汉南区	150			21500	268970	268970
蔡甸区					934879	934910
江夏区				47500	1936440	1936440
黄陂区	708			205927	2563819	2444572
新洲区	47	190		5600	1947000	1943000
市直						
黄石市	**2829**	**800**	**2317**	**4728988**	**1104422**	**332840**
黄石港区						
西塞山区	42		50	20000	1582	
下陆区						
铁山区						
阳新县	200	800	200	430000	850000	80000
大冶市	2587		2067	4278988	252840	252840
经济开发区						
市直						
十堰市	**216**		**108**	**46725150**	**3176378**	**2294180**
茅箭区					36150	
张湾区				4500	1938	3500
郧阳区			70	45100000	620500	215500
郧西县					548760	548760
竹山县				90000	428570	412500
竹溪县	216			874650	443250	448720
房县					410010	
丹江口市			38	656000	687200	665200
市直						
宜昌市	**1001**		**289**	**22330446**	**8768204**	**8610813**
西陵区						
伍家岗区						
点军区						40000
猇亭区					4000	10000
夷陵区					1472951	1483951
远安县					313400	313400
兴山县					361421	361398
秭归县				120523	917800	734240
长阳自治县					695267	682526
五峰自治县					287172	283000
宜都市	540			372010	967107	953212
当阳市	461		289	21837913	2119086	2119086
枝江市					1630000	1630000
市直						
襄阳市	**2106**	**1380**	**11000**	**20980695**	**9875975**	**10181690**

续表 52

单位名称	其中：小麦免耕播种面积(公顷)	水稻免耕播种面积(公顷)	玉米免耕播种面积(公顷)	3.农田基本建设作业量(立方米)	4.实际脱出农产品总量(吨)	5.实际清选农产品总量(吨)
襄城区	670	480	2700	501100	462350	462350
樊城区	40	30	40		414200	414200
襄州区	200	700	2120	250000	2360000	2360000
开发区	300			400	3735	1786
南漳县				52342	818236	817623
谷城县	306	120		91999	793232	781509
保康县				9854	348922	348922
老河口市	90	50	20		880000	1250000
枣阳市	500		3000	20000000	2600000	2550000
宜城市			3120	75000	1195300	1195300
襄北农场						
市直						
鄂州市	**706**	**300**	**388**	**308071**	**1693110**	**1693108**
梁子湖区	200	150	97	25860	479010	479010
华容区	200	150	97	258600	479010	479010
鄂城区	306		194	23611	735090	735088
开发区						
葛店开发区						
西山街办						
市直						
荆门市	**15100**	**156**	**2520**	**5136500**	**6125009**	**2987909**
东宝区				10000	147159	147159
掇刀区				297000	464600	464600
京山县				1385000	1437600	120000
沙洋县					1766000	
钟祥市		156	740	3400000	2256150	2256150
屈家岭	2000					
沙洋农场	13100					
漳河新区			1780	44500	53500	
市直						
孝感市	**10098**	**3800**	**60**	**17451797**	**5867639**	**6285052**
孝南区					938950	938950
孝昌县	1800	1000	60	30000	400000	650000
大悟县	2160				784962	785119
云梦县				50020	1196880	1196880
应城市	1400	800		2553000	715154	325930
安陆市	3738			2177	828493	828493
汉川市	1000	2000		14816600	1003200	1559680
市直						
荆州市	**7084**	**1566**	**140**	**1699565**	**6801322**	**7927005**
沙市区					350400	350400
荆州区					90000	400000
公安县		1500		699000	1542600	1542600
监利县	75	65	130		937872	1740375
江陵县	190		10	213672	551600	551600

续表 53

单位名称	其中：小麦免耕播种面积(公顷)	水稻免耕播种面积(公顷)	玉米免耕播种面积(公顷)	3.农田基本建设作业量(立方米)	4.实际脱出农产品总量(吨)	5.实际清选农产品总量(吨)
石首市					846725	846725
洪湖市	6817			598193	1518054	1540134
松滋市				163100	956271	955171
开发区	2	1		25600	7800	
市直						
黄冈市	**13522**	**1597**	**278**	**17809991**	**7372816**	**6066365**
黄州区					469543	463689
龙感湖区	67		67	490000	52000	
团风县	1258	837	21	5038410	285625	194531
红安县				237465	531352	513674
罗田县	5520				561892	436000
英山县				145400	357000	355000
浠水县	1250	60	18	6138300	1299600	1299600
蕲春县	520		120	248654	864678	92145
黄梅县	3600	700		229800	1098400	1098400
麻城市	72		52	281962	1505626	1505626
武穴市	1235			5000000	347100	107700
市直						
咸宁市	**21**		**166**	**4117297**	**6168877**	**6155342**
咸安区					1304730	1366860
嘉鱼县					1172317	1172317
通城县				3814157	1077305	1077305
崇阳县	21		10	75530	825800	825800
通山县			156	75300	75790	125
赤壁市				152310	1712935	1712935
市直						
随州市	**369**	**163**	**179**	**2645200**	**2703894**	**2920561**
随县	132	143	124	2058000	1726000	1752000
曾都区	222		50	487200	580338	580338
广水市	15	20	5	100000	397556	588223
市直						
恩施自治州	**70**	**1100**	**1290**	**2836077**	**4068863**	**4048072**
恩施市				37640	923985	923728
利川市	70	1100	1290	300000	1148000	1140000
建始县						
巴东县				857680	580755	580755
宣恩县				300000	390000	390000
咸丰县				683400	442180	442180
来凤县				657357	302623	302623
鹤峰县					281320	268786
市直						
仙桃市				**140000**	**1583000**	**941000**
潜江市			**60**		**1420000**	**1420000**
天门市					**1604212**	**1454260**
神农架林区					**80000**	
省直						

续表 54

单位名称	6.实际保质农产品总量(吨)	7.收获的饲草秸秆总量(吨)	8.饲草料加工总量(吨)	9.畜禽总数（折算为羊单位）(个)	10.环控畜禽总数（折算为羊单位）(个)	11.产奶家畜数量（折算为羊单位）(个)
湖北省	**73969227**	**59820346**	**37018622**	**203956983**	**109198248**	**376327**
武汉市	**7316253**	**1609430**	**861760**	**8128244**	**5425824**	**55354**
洪山区	34082					
东西湖区	500000					
汉南区	268970	89200	43549	345836	293960	
蔡甸区	934942	121489	100238	635713	355637	1287
江夏区	1936440	433224	243923	3204173	1991489	2547
黄陂区	1703819	510096	198050	2813028	1812156	43002
新洲区	1938000	448000	276000	972582	972582	
市直		7421		156912		8518
黄石市	**1352840**	**1014250**	**547544**	**3274920**	**2414296**	
黄石港区						
西塞山区						
下陆区						
铁山区						
阳新县	1100000	730000	375000	1850000	1050000	
大冶市	252840	284250	172544	1424920	1364296	
经济开发区						
市直						
十堰市	**2513240**	**3641227**	**2328400**	**7453627**	**2951993**	**2000**
茅箭区		119795				
张湾区	5000	43120	19800	37709	16685	
郧阳区	620500	1355000	436800	929000	623000	
郧西县	548760	948862	516497	1623560	643768	
竹山县	412500		349333	1401688		2000
竹溪县	445230		541745	1597520	658240	
房县	414750	858050	257625	5950		
丹江口市	66500	316400	206600	1858200	1010300	
市直						
宜昌市	**8474941**	**8508540**	**6514049**	**19799588**	**10328371**	**16653**
西陵区				9000		
伍家岗区				2000	1500	
点军区						
猇亭区	14000	252549	42120	156580		
夷陵区	1464951	148067	685835	2730417	1742271	12655
远安县	313400	224400	154444	1123100	344400	
兴山县	361890	659006	393622	1520742	398533	
秭归县	734240	819001	673837	1426166	846760	
长阳自治县	679213	1692018	805218	2130998	1153284	
五峰自治县	172046	614182	231029	1127901	595054	
宜都市	986115	1593517	1204524	3143324	1100421	
当阳市	2119086	1825800	1428420	4629360	2546148	3998
枝江市	1630000	680000	895000	1800000	1600000	
市直						
襄阳市	**9430303**	**5953159**	**5389702**	**37252190**	**18602942**	**11542**

续表 55

单位名称	6.实际保质农产品总量(吨)	7.收获的饲草秸秆总量(吨)	8.饲草料加工总量(吨)	9.畜禽总数（折算为羊单位）(个)	10.环控畜禽总数（折算为羊单位）(个)	11.产奶家畜数量（折算为羊单位）(个)
襄城区	462350	310000	46200	1040300	416100	9400
樊城区	414200	241764	121565	437166	244812	
襄州区	2360000	2350000	1390000	8240000	4280000	
开发区	1345	2655	1500	30509	27763	
南漳县	786254	106267	87921	1865430	646683	
谷城县	793232	821461	436278	4372336	2121575	
保康县	348922	878452	492438	1588224	930208	65
老河口市	1370000	758660	421000	4000000	1450000	2000
枣阳市	2580000	170000	2050000	8700000	5700000	77
宜城市	314000	309800	336000	6978225	2785801	
襄北农场		4100	6800			
市直						
鄂州市	**1693108**	**724904**	**404252**	**4997708**	**1675172**	**961**
梁子湖区	479010	224952	135201	1530000	76812	270
华容区	479010	224952	135201	1530000	768120	270
鄂城区	735088	275000	133850	1937708	830240	421
开发区						
葛店开发区						
西山街办						
市直						
荆门市	**6075509**	**7952292**	**4908497**	**17097608**	**8798774**	
东宝区	147159	1638091	1576308	1982983	238000	
掇刀区	464600	17200	13000	624000	51000	
京山县	1437600	2022400	1046200	4450000	2892600	
沙洋县	1766000	1655481	936999	5023825	2918221	
钟祥市	2256150	2619120	1335990	5016800	2698953	
屈家岭						
沙洋农场						
漳河新区	4000					
市直						
孝感市	**6027422**	**5354239**	**2654514**	**18407859**	**11192516**	**15087**
孝南区	938950	228000	150000	1560000	1146553	10165
孝昌县	530000	678525	298000	2635000	2026948	
大悟县	785142	1298312	588012	2264869	567533	
云梦县	1196880	503400	259590	2393360	1507090	
应城市	196700	660440	262112	1299600	735854	
安陆市	820070	610112	312620	3886360	2849998	4922
汉川市	1559680	1375450	784180	4368670	2358540	
市直						
荆州市	**7006655**	**3585923**	**1907022**	**14701946**	**10522489**	**130145**
沙市区	350400	80000	42000	400000	210000	
荆州区	300000	172200	97700	2404300	1251000	
公安县	1542600	707256	501489	310000	160000	130000
监利县	914425	463716	42160	2205168	2205168	
江陵县	551600	401200	272000	1038800	1038800	

续表 56

单位名称	6.实际保质农产品总量(吨)	7.收获的饲草秸秆总量(吨)	8.饲草料加工总量(吨)	9.畜禽总数（折算为羊单位）(个)	10.环控畜禽总数（折算为羊单位）(个)	11.产奶家畜数量（折算为羊单位）(个)
石首市	846725	354621	178725	2287654	1450124	145
洪湖市	1540134	990203	511164	1808658	1573532	
松滋市	955171	416725	261784	3751518	2138365	
开发区	5600	2		495848	495500	
市直						
黄冈市	**6380564**	**6195184**	**3495517**	**25789960**	**13204125**	**140887**
黄州区	469543	119366	71516	327346	225930	3071
龙感湖区	52000	28000	197			
团风县	354512	181353	152438	1435191	983458	7904
红安县	513031	686421	313476	3214873	1453216	8220
罗田县	560000	720000	391850	2615178	859410	5000
英山县	355000	63000	200000	1260000	337000	
浠水县	1299600	860000	570000	4030000	3620000	3000
蕲春县	114852	1048654	451242	3824524	1715486	27842
黄梅县	1098400	993400	501000	2590000	1265300	25000
麻城市	1505626	1289990	638798	5809848	2061325	42750
武穴市	58000	205000	205000	683000	683000	18100
市直						
咸宁市	**6068822**	**2001386**	**1708644**	**13182658**	**6420676**	**3155**
咸安区	1279878	5400	373412	4890000	2210000	1830
嘉鱼县	1172317	321167	154490	646578	349152	
通城县	1077305	422889	253161	2091635	1173104	
崇阳县	825800	498300	214500	2533200	1553800	
通山县	587		281500	1256225	556000	
赤壁市	1712935	753630	431581	1765020	578620	1325
市直						
随州市	**3061561**	**1963490**	**1019560**	**12476718**	**8018677**	**60**
随县	1893000	687000	398000	5968000	4259000	
曾都区	580338	1274790	620910	4507250	2270820	
广水市	588223	1700	650	2001468	1488857	60
市直						
恩施自治州	**4055071**	**6994635**	**3573750**	**16271350**	**5738438**	**238**
恩施市	919123	1549600	876860	3805999	1255975	128
利川市	1140000	1504000	750000	3240000	1330000	
建始县						
巴东县	580755	1076320	505883	3057265	765238	
宣恩县	390000	750000	380000	1600000	850000	110
咸丰县	442150	1011685	494712	2380511	981657	
来凤县	302623	609406	350733	1230300	338200	
鹤峰县	280420	493624	215562	957275	217368	
市直						
仙桃市	**1584000**	**2085000**	**802000**	**2100000**	**1700000**	
潜江市	**1420000**	**752000**	**12600**	**352000**	**201000**	
天门市	**1489467**	**1484688**	**890812**	**2670607**	**2002955**	**245**
神农架林区	**19471**					
省直						

续表 57

单位名称	12.产毛畜禽数量（折算为羊单位）(个)	13.蛋禽数量（折算为羊单位）(个)	14.池塘养殖总产量(吨)	15.网箱养殖总产量(吨)	16.工厂化养殖总产量(吨)	17.筏式吊笼及底播养殖总产量(吨)
湖北省	**77467**	**13022996**	**4146913**	**151384**	**4512**	**6081**
武汉市	**320**	**781609**	**431793**	**489**	**597**	
洪山区			6986			
东西湖区			50000			
汉南区		10675	42987			
蔡甸区		29000	57200	141	500	
江夏区	320	70556	67050	348	97	
黄陂区		126145	91570			
新洲区		540000	116000			
市直		5233				
黄石市		**104170**	**158572**			**5118**
黄石港区			630			
西塞山区			1076			
下陆区						
铁山区						
阳新县		60000	83000			1320
大冶市		44170	73866			3798
经济开发区						
市直						
十堰市		**286230**	**4382**	**232**	**3**	
茅箭区						
张湾区		120	255	2	3	
郧阳区		13600	230			
郧西县		81850	75	230		
竹山县		55000	1200			
竹溪县			162			
房县						
丹江口市		135660	2460			
市直						
宜昌市	**1000**	**349648**	**132876**		**470**	
西陵区						
伍家岗区		1000	260			
点军区						
猇亭区						
夷陵区	1000	49310	5324			
远安县		6250	1800			
兴山县		12796				
秭归县		7342	141			
长阳自治县		5513	1221			
五峰自治县						
宜都市		36160	2930		470	
当阳市		104987	61000			
枝江市		126290	60200			
市直						
襄阳市	**30945**	**2264306**	**149389**	**1602**	**665**	**963**

续表 58

单位名称	12.产毛畜禽数量（折算为羊单位）(个)	13.蛋禽数量（折算为羊单位）(个)	14.池塘养殖总产量(吨)	15.网箱养殖总产量(吨)	16.工厂化养殖总产量(吨)	17.筏式吊笼及底播养殖总产量(吨)
襄城区		104100	15200			
樊城区	1445	14975				
襄州区		195000	44500			
开发区		3165				
南漳县		5231	12335	596	665	963
谷城县		875435	8182	6		
保康县		33400	92			
老河口市	20000	200000	30000	1000		
枣阳市	9500	670000	27000			
宜城市		163000	12080			
襄北农场						
市直						
鄂州市	**480**	**83899**	**245411**			
梁子湖区	212	11306	81446			
华容区	212	11306	81446			
鄂城区	56	61287	82519			
开发区						
葛店开发区						
西山街办						
市直						
荆门市	**932**	**1244773**	**398502**	**6912**	**700**	
东宝区	132	88742	30601	871		
掇刀区		32500	13500			
京山县		455800	70500	900	700	
沙洋县		429931	150521	3121		
钟祥市	800	237800	133380	2020		
屈家岭						
沙洋农场						
漳河新区						
市直						
孝感市	**3670**	**1113098**	**362817**	**6900**		
孝南区		141600	55000			
孝昌县		59910	13000			
大悟县			18550			
云梦县		314590	48770			
应城市	782	200980	53440			
安陆市	2888	87668	23557			
汉川市		308350	150500	6900		
市直						
荆州市		**1226396**	**938320**	**48324**	**77**	
沙市区		70000				
荆州区			120000			
公安县		270000	67552			
监利县						
江陵县		76832	28300			

续表 59

单位名称	12.产毛畜禽数量（折算为羊单位）(个)	13.蛋禽数量（折算为羊单位）(个)	14.池塘养殖总产量(吨)	15.网箱养殖总产量(吨)	16.工厂化养殖总产量(吨)	17.筏式吊笼及底播养殖总产量(吨)
石首市		155824	146524		67	
洪湖市		140440	539040	48324		
松滋市		117500	36034			
开发区		395800	870		10	
市直						
黄冈市	**18238**	**2857788**	**404147**	**3096**		
黄州区		34786	41520	806		
龙感湖区			18046	132		
团风县		381045	30357			
红安县	7038	130650	11247			
罗田县		98000	5836			
英山县		37000	3800			
浠水县		520000	80099	1820		
蕲春县		785678	79845	338		
黄梅县		220050	34234			
麻城市		606579	29163			
武穴市	11200	44000	70000			
市直						
咸宁市		**188594**	**204211**	**2949**	**2000**	
咸安区		27200	38852	390		
嘉鱼县			79332		2000	
通城县		80432	10010			
崇阳县		11000	10204	450		
通山县		12950	10000			
赤壁市		57012	55813	2109		
市直						
随州市		**714836**	**87576**			
随县		177000	51250			
曾都区		342000	9000			
广水市		195836	27326			
市直						
恩施自治州		**245507**	**2690**	**632**		
恩施市		42109	150	132		
利川市		47200	2150	500		
建始县			98			
巴东县		60212	50			
宣恩县		50000				
咸丰县		9500	202			
来凤县		25000				
鹤峰县		11486	40			
市直						
仙桃市	**2000**	**800000**	**376000**	**36000**		
潜江市		**180000**	**137955**	**40350**		
天门市	**19882**	**582142**	**112272**	**3898**		
神农架林区						
省直						

续表 60

单位名称	18.果园面积 (公顷)	19.水果采收产量 (吨)	20.茶园面积 (公顷)	21.茶叶采收产量 (吨)
湖北省	**556017**	**9159574**	**4112375**	**2833917**
武汉市	**8208**	**128486**	**7179**	**2568**
洪山区				
东西湖区	592	10850	137	40
汉南区	275	3820		
蔡甸区	1080	19757		
江夏区	2695	33642	590	256
黄陂区	1225	18283	4076	1424
新洲区	2341	42134	2376	848
市直				
黄石市	**5044**	**60503**	**3631**	**1008**
黄石港区				
西塞山区	179	1756	7	2
下陆区				
铁山区				
阳新县	3523	43883	3045	904
大冶市	1342	14864	579	102
经济开发区				
市直				
十堰市	**47299**	**223876**	**97123**	**54279**
茅箭区			60	12
张湾区	784	12046	433	163
郧阳区	5840	46150	51200	32300
郧西县				
竹山县	1000	500	20000	11264
竹溪县	7890	1360	18530	8420
房县	9785	7820	3500	1900
丹江口市	22000	156000	3400	220
市直				
宜昌市	**143625**	**3854893**	**59291**	**89705**
西陵区	686	16150		
伍家岗区	817	19232		
点军区	2180	51320	649	1140
猇亭区	1362	32063		
夷陵区	24455	834271	14867	28711
远安县	4111	71873	3230	2655
兴山县	6852	102794	3183	2341
秭归县	22969	603606	7010	6627
长阳自治县	9266	150598	6961	5561
五峰自治县	410	14192	14303	22895
宜都市	21553	634480	8420	18665
当阳市	24537	534310	578	1090
枝江市	24427	790004	90	20
市直				
襄阳市	**90384**	**3004240**	**22924**	**1440226**

续表 61

单位名称	18.果园面积(公顷)	19.水果采收产量(吨)	20.茶园面积(公顷)	21.茶叶采收产量(吨)
襄城区	350	9100		
樊城区				
襄州区	3390	86000		
开发区				
南漳县	3257	37510	4927	1211231
谷城县	333	650000	8164	128670
保康县	20000	1000000	9333	100000
老河口市	6700	120000		
枣阳市	23034	376730	500	325
宜城市	33320	724900		
襄北农场				
市直				
鄂州市	**1878**	**13644**	**1258**	**86**
梁子湖区	939	6822	629	86
华容区	939	6822	629	
鄂城区				
开发区				
葛店开发区				
西山街办				
市直				
荆门市	**33708**	**288377**	**4300**	**184**
东宝区	15053	20777	500	16
掇刀区				
京山县	2600	68000	1200	22
沙洋县	4215			
钟祥市	6840	193600	2000	144
屈家岭	4000			
沙洋农场				
漳河新区	1000	6000	600	2
市直				
孝感市	**33354**	**81965**	**28350**	**10651**
孝南区	1800	1200	1600	1500
孝昌县	5300	45000	8000	4000
大悟县	22511	23989	18000	5022
云梦县	256			
应城市	628			
安陆市	2297	11776	750	129
汉川市	562			
市直				
荆州市	**50533**	**558210**	**605**	**112206**
沙市区				
荆州区	67	100000		
公安县	6040	199259		
监利县	26500			
江陵县				

续表 62

单位名称	18.果园面积(公顷)	19.水果采收产量(吨)	20.茶园面积(公顷)	21.茶叶采收产量(吨)
石首市	1764	14625	605	112206
洪湖市	128	1561		
松滋市	14934	216965		
开发区	1100	25800		
市直				
黄冈市	**36209**	**187380**	**28731**	**41222**
黄州区				
龙感湖区				
团风县	824	653	812	1152
红安县	2573	5813	2047	2250
罗田县	19000	17000	1000	5000
英山县	480	3000	16900	27500
浠水县	1250	11948	1100	1235
蕲春县	5412	3212	1426	124
黄梅县	1290	555	811	101
麻城市	3120	26499	3635	2960
武穴市	2260	118700	1000	900
市直				
咸宁市	**23723**	**86579**	**32670**	**54807**
咸安区	1322	3846	6330	2598
嘉鱼县	709	5624	1501	1717
通城县	2900	6255	4870	2179
崇阳县	6813	19255	5567	4528
通山县	8233	17208	3661	1945
赤壁市	3746	34391	10741	41840
市直				
随州市	**15205**	**161762**	**7685**	**2999**
随县	10987	78500	4747	2100
曾都区	961	3798	388	106
广水市	3257	79464	2550	793
市直				
恩施自治州	**63513**	**467962**	**3818614**	**1023205**
恩施市	11570	2	20000	5
利川市	4423	49000	16000	760000
建始县				
巴东县	12400	200000	10206	3000
宣恩县	13000	129000	15800	68000
咸丰县	9900	19960	3510000	39890
来凤县	2800	42000		
鹤峰县	9420	28000	246608	152310
市直				
仙桃市	**1176**	**25200**		
潜江市	**1860**			
天门市	**298**	**16497**	**13**	**772**
神农架林区				
省直				

《湖北农村统计年鉴-2019》

农村主要能源及物资消耗

地区	农村用电量（万千瓦小时）	农用柴油使用量（吨）	农药使用量（吨）	农用塑料薄膜使用量（吨）
湖北省	**1652139**	**650967**	**103317**	**63554**
武汉市	**142982**	**20587**	**3577**	**5709**
武汉市辖区	5608	1692	484	1386
汉南区	4273	1867	216	302
蔡甸区	18527	1969	493	615
江夏区	13739	3133	636	640
黄陂区	63512	5689	656	1623
新洲区	37323	6237	1092	1143
黄石市	**113865**	**24477**	**3091**	**1570**
黄石市辖区	559	246	18	64
阳新县	35685	10611	2590	924
大冶市	77621	13620	483	582
十堰市	**72671**	**27043**	**2222**	**3727**
茅箭区	3428	5	10	28
张湾区	1575	171	50	111
郧阳区	9707	2120	502	711
郧西县	12549	3301	100	650
竹山县	9824	5829	205	334
竹溪县	4581	2802	138	647
房县	16536	7044	77	827
丹江口市	14471	5771	1140	419
宜昌市	**106799**	**48857**	**7572**	**5640**
宜昌市辖区	8672	941	489	173
夷陵区	17275	8736	1462	462
远安县	5811	2705	319	452
兴山县	6309	825	193	356
秭归县	7337	2082	600	403
长阳自治县	9743	1372	446	601
五峰自治县	7816	254	59	357
宜都市	12514	7553	767	389
当阳市	16648	13724	1516	1547
枝江市	14674	10665	1721	900
襄阳市	**153659**	**132822**	**15162**	**7408**
高新区	3898	623	100	18
襄城区	7414	10860	862	610
樊城区	12924	4389	235	355
襄州区	30203	25308	3582	1039
南漳县	13065	13927	704	275
谷城县	18781	8160	1385	797
保康县	6151	7013	338	651
老河口市	11881	9502	668	339
枣阳市	34439	32476	4830	1557
宜城市	14903	20564	2458	1767
鄂州市	**56711**	**3262**	**423**	**932**
梁子湖区	6811	678	51	52
华容区	7845	1203	168	65
鄂城区	42054	1381	204	815
荆门市	**124329**	**75044**	**7505**	**5156**
东宝区	8432	5144	298	400
掇刀区	2971	5031	276	185
沙洋县	27752	13051	1627	1199
钟祥市	60251	37782	3486	2159
京山市	24923	14036	1818	1213
孝感市	**155994**	**32741**	**6871**	**4774**

续表

地区	农村用电量（万千瓦小时）	农用柴油使用量（吨）	农药使用量（吨）	农用塑料薄膜使用量（吨）
孝感市辖区	2441	423	2	1
孝南区	21121	3528	784	810
孝昌县	10098	4672	542	593
大悟县	14385	4435	204	1479
云梦县	11462	658	642	209
应城市	55036	9519	356	198
安陆市	6715	5893	958	89
汉川市	34736	3613	3383	1395
荆州市	**235004**	**63117**	**24263**	**2262**
荆州开发区	2996	98	55	12
沙市区	9344	570	1217	79
荆州区	21015	4043	1407	250
公安县	38508	11963	5045	334
监利县	54220	20888	6155	637
江陵县	17479	7722	2475	144
石首市	26513	4112	2594	210
洪湖市	37154	8800	3299	321
松滋市	27775	4921	2016	275
黄冈市	**207923**	**67313**	**13299**	**10622**
龙感湖农场	1932	42	300	2
黄州区	8602	1514	289	372
团风县	14922	1933	795	239
红安县	14118	4538	872	4050
罗田县	15721	2156	618	162
英山县	10544	5014	476	852
浠水县	28359	13785	1950	1568
蕲春县	26846	9856	2017	361
黄梅县	32610	14676	2181	849
麻城市	30313	9396	2015	1803
武穴市	23956	4403	1786	364
咸宁市	**49038**	**52737**	**1618**	**1443**
咸安区	3998	2378	348	482
嘉鱼县	11591	8110	352	322
通城县	7625	12220	24	70
崇阳县	7729	15843	172	175
通山县	8571	2902	74	200
赤壁市	9524	11284	648	194
随州市	**53249**	**50086**	**5484**	**5678**
曾都区	10521	13445	2338	1233
随县	26441	31172	2682	3366
广水市	16287	5469	464	1079
恩施州	**57824**	**5757**	**1254**	**2811**
恩施市	13613	394	164	496
利川市	9394	606	372	537
建始县	10975	1073	99	336
巴东县	4860	1647	173	472
宣恩县	6540	504	104	420
咸丰县	4926	983	170	245
来凤县	2929	326	144	122
鹤峰县	4586	224	28	183
仙桃市	**62065**	**17099**	**3921**	**4120**
潜江市	**25433**	**8498**	**2421**	**1120**
天门市	**32773**	**20756**	**4614**	**544**
神农架林区	**1821**	**771**	**20**	**38**

农用化肥施用

单位：吨

地区	农用化肥施用量(按折纯法计算)	氮肥	磷肥	钾肥	复合肥
湖北省	**2958189**	**1130680**	**460016**	**290650**	**1076843**
武汉市	**115844**	**41716**	**17502**	**14001**	**42625**
武汉市辖区	11257	2767	1416	1151	5923
汉南区	4530	1246	585	342	2357
蔡甸区	11740	3313	1619	1272	5536
江夏区	17278	4341	2305	2660	7972
黄陂区	34356	12976	4841	4922	11617
新洲区	36683	17073	6736	3654	9220
黄石市	**48456**	**21922**	**8530**	**5182**	**12822**
黄石市辖区	415	151	92	44	128
阳新县	24959	11956	4740	1953	6310
大冶市	23082	9815	3698	3185	6384
十堰市	**101255**	**47878**	**16537**	**7458**	**29382**
茅箭区	446	123	40	41	242
张湾区	2446	667	307	268	1204
郧阳区	26529	11843	4472	2624	7590
郧西县	10857	5026	1259	1217	3355
竹山县	8449	5631	777	828	1213
竹溪县	31905	14792	6768	1705	8640
房县	7686	3592	868	526	2700
丹江口市	12937	6204	2046	249	4438
宜昌市	**329409**	**106534**	**55120**	**28922**	**138833**
宜昌市辖区	14033	4180	2175	1559	6119
夷陵区	58590	18229	9299	4399	26663
远安县	7941	3233	1251	203	3254
兴山县	7939	1480	1395	959	4105
秭归县	32670	9470	5792	2858	14550
长阳自治县	24103	11697	1718	292	10396
五峰自治县	23767	8690	5139	2290	7648
宜都市	16077	6033	1164	1794	7086
当阳市	77331	26453	16001	7839	27038
枝江市	66958	17069	11186	6729	31974
襄阳市	**466308**	**174344**	**49256**	**30364**	**212344**
高新区	4815	1751	1710	129	1225
襄城区	28592	11009	4921	1922	10740
樊城区	26602	9761	1945	1566	13330
襄州区	102146	44040	16007	6402	35697
南漳县	47090	19081	5881	5978	16150
谷城县	42935	18870	4689	4675	14701
保康县	8000	2966	302	581	4151
老河口市	35198	12231	2228	582	20157
枣阳市	137352	38663	3730	5905	89054
宜城市	33578	15972	7843	2624	7139
鄂州市	**71436**	**19521**	**12439**	**10554**	**28922**
梁子湖区	9261	2639	1379	918	4325
华容区	40516	9878	7096	8004	15538
鄂城区	21659	7004	3964	1632	9059
荆门市	**292748**	**90151**	**55790**	**28716**	**118091**
东宝区	11075	4444	2476	1055	3100
掇刀区	9885	4359	3484	800	1242
沙洋县	112543	31457	19966	11166	49954
钟祥市	93828	31718	22191	7827	32092
京山市	65417	18173	7673	7868	31703
孝感市	**186596**	**88226**	**27131**	**15844**	**55395**

续表　　单位：吨

地区	农用化肥施用量(按折纯法计算)	氮肥	磷肥	钾肥	复合肥
孝感市辖区	526	175	45	25	281
孝南区	26424	11197	3235	2442	9550
孝昌县	23496	9299	3129	3282	7786
大悟县	15530	9763	1123	432	4212
云梦县	13452	4789	1354	1420	5889
应城市	27153	8415	4213	2142	12383
安陆市	37728	22175	7679	2527	5347
汉川市	42287	22413	6353	3574	9947
荆州市	**314853**	**133763**	**55172**	**39838**	**86080**
荆州开发区	821	262	158	114	287
沙市区	11890	2815	2131	2262	4682
荆州区	23659	8614	3118	2822	9105
公安县	57731	24742	10359	7662	14968
监利县	79223	35493	16515	10486	16729
江陵县	30953	15179	5806	3267	6701
石首市	26084	9423	4649	3457	8555
洪湖市	44438	20893	8235	4970	10340
松滋市	40054	16342	4201	4798	14713
黄冈市	**323059**	**131531**	**44317**	**29592**	**117619**
龙感湖农场	5347	1219	106	217	3805
黄州区	16442	6104	3472	1815	5051
团风县	20142	7717	3544	1876	7005
红安县	46627	21136	9430	4560	11501
罗田县	17095	7427	1425	1925	6318
英山县	5790	2218	651	468	2453
浠水县	47077	22239	2681	2985	19172
蕲春县	42105	20631	5895	2947	12632
黄梅县	43520	19452	6982	2842	14244
麻城市	30460	7218	2318	2962	17962
武穴市	48454	16170	7813	6995	17476
咸宁市	**111963**	**39636**	**20637**	**13436**	**38254**
咸安区	27113	9179	5180	2980	9774
嘉鱼县	28728	9439	5614	3850	9825
通城县	18665	7367	2450	2385	6463
崇阳县	15081	5366	3294	2053	4368
通山县	8312	2021	891	620	4780
赤壁市	14064	6264	3208	1548	3044
随州市	**156590**	**62306**	**30993**	**16224**	**47067**
曾都区	28136	11254	5346	3095	8441
随县	85252	33996	17037	8581	25638
广水市	43202	17056	8610	4548	12988
恩施州	**258534**	**108303**	**41724**	**27674**	**80833**
恩施市	36476	14734	4830	3490	13422
利川市	46572	22063	7299	3934	13276
建始县	36354	18418	7602	2582	7752
巴东县	40656	16368	5045	2931	16312
宣恩县	25939	7882	4244	3455	10358
咸丰县	36703	16280	6080	5500	8843
来凤县	9623	3833	1373	1727	2690
鹤峰县	26211	8725	5251	4055	8180
仙桃市	**53808**	**23486**	**7809**	**4771**	**17742**
潜江市	**50963**	**14329**	**8422**	**7806**	**20406**
天门市	**71945**	**25486**	**8015**	**10107**	**28337**
神农架林区	**4422**	**1548**	**622**	**161**	**2091**

《湖北农村统计年鉴-2019》

主要农作物病虫害发生面积

单位：万亩次

地区	水稻	小麦	玉米	大豆	马铃薯	棉花	油菜	柑橘	蔬菜
湖北省	9891.87	3142.84	1870.40	161.13	485.92	939.80	1846.75	1560.32	2578.41
武汉市	445.43	62.18	45.39	8.77	9.14	66.73	91.53		181.94
黄石市	150.80	18.80	11.10		1.50		64.20	35.50	14.40
十堰市	174.62	162.55	186.55	28.60	40.50		118.21	101.30	173.24
宜昌市	726.05	60.48	315.10	0.00	85.50		191.93	1267.15	240.17
襄阳市	978.64	1331.95	643.79	0.05	29.23	60.70	77.57	10.59	104.80
鄂州市	127.00	7.20	3.00	3.00	1.50	4.97	28.00	9.28	10.70
荆门市	1446.20	405.30	100.80	22.10	1.70	86.40	153.25	58.60	570.13
孝感市	771.70	214.51	28.33	12.36	13.96	22.00	128.90		141.33
荆州市	1778.96	217.62	54.26	27.30		205.44	345.86		68.75
黄冈市	1269.12	152.33	22.86	16.05	36.98	203.57	305.92	7.42	436.00
咸宁市	720.52	15.00	37.62	5.90	7.21	6.47	119.35	18.97	227.34
随州市	303.60	162.10	6.00	0.20	3.00	6.79	10.20	0.00	38.00
恩施州	288.10	10.30	377.20	19.50	249.30		97.70	51.05	234.20
仙桃市	200.20	86.40	12.00	16.50		109.63	71.20	0.46	44.61
潜江市	395.50	153.00	3.00		0.80	38.60	22.43		52.10
天门市	114.00	80.92				128.50	20.00		30.00
神农架林区	1.43	2.20	23.40	0.80	5.60		0.50		10.70

主要农作物病虫害防治面积

单位：万亩次

地区	水稻	小麦	玉米	大豆	马铃薯	棉花	油菜	柑橘	蔬菜
湖北省	14577.06	4679.22	2054.38	173.20	537.86	1405.49	2113.74	2305.55	4301.50
武汉市	549.83	67.65	55.60	10.49	11.78	72.93	88.92		308.57
黄石市	147.58	18.66	10.90		1.40		59.40	48.00	14.16
十堰市	204.25	210.67	113.39	10.95	22.80		102.86	216.50	171.64
宜昌市	904.30	111.30	410.00		90.20		260.74	1833.85	749.27
襄阳市	1389.72	2006.00	854.46	0.06	47.22	90.95	87.23	10.90	159.33
鄂州市	118.00	7.60	4.50	3.00	2.10	7.53	30.10	9.28	10.70
荆门市	2097.40	619.30	127.00	34.40	5.60	151.70	179.15	87.00	1101.69
孝感市	1398.90	284.60	44.03	12.76	27.37	39.05	164.60		236.15
荆州市	3403.27	421.19	62.96	39.10		371.24	482.97		128.40
黄冈市	1426.65	202.43	22.28	14.99	28.81	292.06	298.05	8.90	491.70
咸宁市	825.29	34.82	51.16	6.90	10.88	12.65	152.63	19.37	230.96
随州市	466.00	305.40	15.50	0.60	18.20	13.85	25.00		65.95
恩施州	456.80	9.30	243.30	14.70	264.00		57.10	71.00	337.40
仙桃市	363.50	114.60	12.00	24.75	0.00	119.19	71.20	0.75	59.68
潜江市	724.00	179.00	6.00		2.40	63.60	35.29		169.10
天门市	99.37	83.90				170.74	18.00		55.80
神农架林区	2.20	2.80	21.30	0.50	5.10		0.50		11.00

主要农作物病虫害挽回损失

单位：吨

地区	水稻	小麦	玉米	大豆	马铃薯	棉花	油菜	柑橘	蔬菜
湖北	1705967	600961	316473	12255	169919	40015	185757	775407	4221618
武汉	101428	7678	5415	945	837	1575	11114		99171
黄石	15728	2356	1232		140		3514	9400	1400
十堰	19418	10627	7318	619	3421		3547	29895	47471
宜昌	104986	23096	75021		7509		25955	655275	291585
襄阳	223838	293338	115387	10	7461	4080	8928	1973	238729
鄂州	3342	1145	921	220	89	238	9087	2244	5307
荆门	246771	111367	20195	1547	562	3206	19156	25615	316136
孝感	82216	35649	9489	2576	8703	2718	11383		92605
荆州	324728	21194	2697	1102		10055	30474		13179
黄冈	201865	37600	5194	1493	4233	10691	27767	1763	130244
咸宁	99208	2199	10600	453	2097	270	7964	4243	2549377
随州	104870	28382	608	30	1745	195	709		5023
恩施州	69093	688	58655	2491	132798		5514	43886	206644
仙桃	90184	13865	3096	759		4003	10932	1114	221834
潜江	3826	6529	180		28	81	5386		1807
天门	14426	5200				2903	4311		79
神农架林区	40	49	465	10	295		15		1026

主要农作物病虫害实际损失

单位：吨

地区	水稻	小麦	玉米	大豆	马铃薯	棉花	油菜	柑橘	蔬菜
湖北	304389	120481	54080	3343	41859	13232	47251	49910	727319
武汉	10723	1378	1105	260	110	371	2131		19757
黄石	1412	255	136		10		369	1075	170
十堰	3623	4076	3430	381	1953		1405	5151	20273
宜昌	14890	1340	7761		1686		4896	28688	116577
襄阳	37155	47369	18590	10	1671	874	1210	451	32651
鄂州	300	357	155	33	30	42	1906	93	368
荆门	26239	22254	2377	190	61	317	4418	4013	72794
孝感	15572	8632	2134	536	3920	759	3513		20181
荆州	75459	6720	912	759		3193	9666		3643
黄冈	49963	7789	1050	476	1357	3548	8822	405	29633
咸宁	21659	1439	2236	86	779	194	2432	1384	333830
随州	25924	10869	145	5	396	37	231		812
恩施州	8211	541	13633	416	29863		1432	8479	36693
仙桃	10020	3153	344	190		747	2733	171	39147
潜江	1031	2469	52		10	36	1286		674
天门	2208	1838				3115	798		23
神农架林区	1	3	21	1	13		3		93

农民专业合作社建设情况

	农民专业合作社																	
	户数情况									出资总额								
	12月期末户数	2017年末户数	比上年末±%	2018年1-12月新登记户数	2017年1-12月新登记户数	比上年同期±%	12月新登记户数	上年12月新登记户数	比上年同期±%	12月期末出资总额(万元)	2017年末出资总额(万元)	比上年末±%	2018年1-12月新登记出资总额(万元)	2017年1-12月新登记出资总额(万元)	比上年同期±%	12月新登记出资总额(万元)	上年12月新登记出资总额(万元)	比上年同期±%
合计	96555	83942	15.03	14646	15179	-3.51	1280	1411	-9.28	23965368	20545614	16.64	3622620	3566595	1.57	312764	323737	-3.39
武汉	4690	4494	4.36	427	495	-13.74	35	48	-27.08	904125	820312	10.22	105423	81276	29.71	13630	9573	42.39
黄石	3718	3208	15.90	564	603	-6.47	34	36	-5.56	936422	790057	18.53	154380	152865	0.99	6650	9870	-32.62
十堰	7471	6129	21.90	1465	1955	-25.06	205	217	-5.53	1294906	1084952	19.35	192882	360515	-46.50	24719	56080	-55.92
宜昌	8615	7889	9.20	973	1228	-20.77	74	83	-10.84	1535109	1366833	12.31	179819	233474	-22.98	14884	14504	2.62
襄阳	8279	7797	6.18	953	1066	-10.60	64	110	-41.82	2332651	2201903	5.94	200671	262360	-23.51	20223	17232	17.36
鄂州	1752	1588	10.33	201	183	9.84	15	16	-6.25	410601	369444	11.14	48360	44689	8.21	2958	2544	16.28
荆门	7008	6529	7.34	651	832	-21.75	70	82	-14.63	2078938	1937471	7.30	174382	246585	-29.28	20674	25952	-20.34
孝感	6066	5149	17.81	1008	956	5.44	155	153	1.31	1620788	1229657	31.81	406060	302012	34.45	34473	33675	2.37
荆州	9727	7236	34.43	2610	1452	79.75	168	123	36.59	2922829	2119572	37.90	822957	464018	77.35	63132	51671	22.18
黄冈	10617	9350	13.55	1284	1873	-31.45	70	174	-59.77	3256696	2919449	11.55	296712	340648	-12.90	11845	31572	-62.48
咸宁	5759	4777	20.56	1085	891	21.77	63	60	5.00	1691743	1383296	22.30	328295	288436	13.82	21135	22378	-5.55
随州	4206	3657	15.01	549	667	-17.69	72	28	157.14	1035088	907616	14.04	135272	183679	-26.35	13410	4296	212.15
恩施	12524	10768	16.31	2041	2070	-1.40	123	184	-33.15	1936792	1663514	16.43	309692	326486	-5.14	21987	24608	-10.65
仙桃	1736	1527	13.69	241	270	-10.74	33	15	120.00	596542	501531	18.94	99766	83204	19.91	12600	4253	196.26
潜江	1224	1072	14.18	176	192	-8.33	27	25	8.00	429072	385288	11.36	49603	62484	-20.61	7986	7890	1.22
天门	2825	2444	15.59	408	432	-5.56	69	57	21.05	853202	740805	15.17	112397	131625	-14.61	18610	7640	143.59
林区	338	328	3.05	10	14	-28.57	3	0		129866	123914	4.80	5952	2240	165.74	3849	0	

农村可再生能源及秸秆综合利用情况

地区	清洁能源入户年末累计数（户）	年沼气总产气量（万立方米）	秸秆综合利用率（%）
湖北省	**4465085**	**70015.16**	**89.75**
武汉市	**143147**	**2796.00**	**93.42**
武汉市辖区	6483	237.60	
汉南区	11633	133.20	93.78
蔡甸区	23993	370.80	94.70
江夏区	34195	672.00	93.50
黄陂区	32675	626.40	93.78
新洲区	34168	756.00	92.07
黄石市	**84900**	**362.55**	**91.99**
黄石市辖区			
阳新县	42830	264.00	91.50
大冶市	42070	98.55	92.74
十堰市	**418160**	**7130.26**	**67.15**
茅箭区	6806	164.01	
张湾区	9694	49.98	
郧阳区	77298	1452.50	29.94
郧西县	77530	455.00	73.22
竹山县	63396	1431.50	75.41
竹溪县	61880	1314.80	89.66
房县	64920	1677.27	
丹江口市	56636	585.20	92.86
宜昌市	**594758**	**12722.43**	**87.74**
宜昌市辖区			
夷陵区	121834	2328.00	94.39
远安县	34168	701.73	89.42
兴山县	38276	563.50	92.44
秭归县	57504	1178.00	98.04
长阳县	68783	1456.00	90.03
五峰县	46975	798.00	70.44
宜都市	69217	1575.00	63.52
当阳市	68674	1934.20	93.90
枝江市	89327	2188.00	89.10
襄阳市	**350267**	**5407.76**	**92.80**
襄阳市辖区			
襄城区	13301	243.00	96.14
樊城区	13651	126.00	87.25
襄州区	49534	210.00	94.35
南漳县	44198	664.00	91.83
谷城县	45064	729.00	92.77
保康县	54727	980.00	95.03
老河口市	38654	512.24	92.33
枣阳市	53638	660.00	92.13
宜城市	37500	1283.52	90.22
鄂州市	**35781**	**464.00**	**82.26**
荆门市	**232936**	**2497.10**	94.11
东宝区	37289	283.50	94.22
掇刀区	11548	112.00	94.77
京山县	59028	714.00	94.09
沙洋县	47100	525.20	94.59
钟祥市	77971	862.40	93.65
孝感市	**269934**	**3199.99**	**81.97**

续表

地区	清洁能源入户年末累计数（户）	年沼气总产气量（万立方米）	秸秆综合利用率（%）
孝感市辖区			
孝南区	30879	169.28	97.85
孝昌县	34953		80.59
大悟县	74381	993.84	87.95
云梦县	20034	391.68	87.30
应城市	30445	28.19	63.00
安陆市	37634	458.15	78.08
汉川市	41608	1158.85	84.20
荆州市	**452873**	**7959.00**	**89.89**
荆州市辖区			
沙市区	9632	123.00	99.13
荆州区	13637	126.00	0.00
公安县	100909	1530.00	80.48
监利县	61592	1170.00	94.66
江陵县	46123	990.00	95.47
石首市	35724	540.00	84.61
洪湖市	57441	870.00	88.89
松滋市	127815	2610.00	93.34
黄冈市	**483196**	**5239.24**	**93.49**
黄冈市辖区			
黄州区	17528	56.00	92.99
团风县	41706	280.00	90.89
红安县	52700	524.70	94.01
罗田县	55229	806.40	93.64
英山县	51453	787.65	95.42
浠水县	65841	1388.80	90.64
蕲春县	49397	232.36	92.11
黄梅县	44520	126.00	96.57
麻城市	62577	773.33	92.77
武穴市	42245	264.00	94.94
咸宁市	**239000**	**2802.85**	**89.42**
咸安区	36700	277.20	88.57
嘉鱼县	29730	350.40	90.43
通城县	35244	492.80	86.49
崇阳县	44190	342.00	88.38
通山县	50917	719.95	89.06
赤壁市	42219	620.50	92.08
随州市	**122576**	**1708.70**	**88.56**
曾都区	36402	187.70	89.48
随县	52203	1131.00	87.87
广水市	33971	390.00	89.37
恩施州	**767103**	**14884.82**	**91.17**
恩施市	159328	2157.15	92.79
利川市	95246	3074.16	88.95
建始县	109845	2079.10	89.41
巴东县	111718	1359.88	94.07
宣恩县	79267	1960.66	87.95
咸丰县	90297	1608.34	90.86
来凤县	64571	1464.73	88.77
鹤峰县	56831	1180.80	91.73
仙桃市	**87442**	**1011.36**	**88.16**
潜江市	**64590**	**414.90**	**88.24**
天门市	**107469**	**1364.20**	**93.15**
神农架林区	**10953**	**50.00**	**79.52**

农村土地规模经营及流转情况

单位：亩

地区	1.家庭承包经营的耕地面积	2.家庭承包耕地流转面积	3.适度规模经营的面积
湖北省	45731543	22479434	12875768
武汉市	2508538	1277517	1231842
黄石市	1011862	576326	336534
十堰市	2566955	800758	593869
宜昌市	3616652	1076316	533970
襄阳市	6067088	2498001	1464075
鄂州市	674399	374965	83297
荆门市	3209437	2964326	1675401
孝感市	3339042	1503625	844043
荆州市	5952235	4840795	2591851
黄冈市	4941104	2107345	1287764
咸宁市	2227879	967020	522138
随州市	2023076	993858	396609
恩施州	3874936	903206	495215
仙桃市	1424796	521041	281940
潜江市	699449	381834	71762
天门市	1518077	691100	463409
神农架林区	76018	1401	2049

三品一标统计

单位：个

地区	无公害农产品	绿色食品	有机食品	农产品地理标志
湖北省	**1976**	**1914**	**102**	**143**
武汉市	**191**	**438**	**18**	**9**
武汉市辖区		17		2
东西湖区	37	71		
汉南区	3	39		
蔡甸区	61	50		1
江夏区		136	18	3
黄陂区	34	33		3
新洲区	56	92		
黄石市	**51**	**50**		
黄石市辖区		2		
阳新县	31	16		
大冶市	20	32		
十堰市	**44**	**59**	**12**	**20**
茅箭区	2		1	1
张湾区	12			2
郧阳区	15	16		3
郧西县	3	2	2	4
竹山县	3	21	3	2
竹溪县		30	5	
房县	9	6		5
丹江口市		5	1	2
宜昌市	**243**	**213**	**1**	**36**
宜昌市辖区	6	20		
夷陵区	56	55	1	2
远安县	3	5		4
兴山县	1	20		6
秭归县	18	14		4
长阳县	25	44		2
五峰县	20	4		1
宜都市	51	28		2
当阳市	11	11		4
枝江市	52	12		5
襄阳市	**135**	**55**	**1**	**7**
襄阳市辖区				
襄城区	16			1
樊城区	5			
襄州区	18	16		
南漳县	29	10		3
谷城县	4		1	1
保康县		2		
老河口市	1	1		
枣阳市	48	23		2
宜城市	14	3		
鄂州市	**55**	**11**		**1**
荆门市	**265**	**120**	**12**	**18**
东宝区	20	20		2
掇刀区	12	9		1
京山市	103	27	1	2
沙洋县	54	21	2	2
钟祥市	24	22	7	11
漳河新区	13	17	2	
屈家岭管理区	39	4		
孝感市	**123**	**312**		**7**

续表 单位：个

地区	无公害农产品	绿色食品	有机食品	农产品地理标志
孝感市辖区	3			
孝南区	5	105		
孝昌县	19	1		
大悟县	27	8		
云梦县	21	42		2
应城市	10	104		
安陆市	26	17		1
汉川市	12	35		1
荆州市	**191**	**142**	**1**	**12**
荆州市辖区				
沙市区	1	4		
荆州区	31	16		2
公安县	18	14		
监利县	26	54		3
江陵县	26	13		
石首市	27	9		
洪湖市	5	16		4
松滋市	57	16	1	3
黄冈市	**210**	**94**	**3**	**12**
黄冈市辖区		3		
黄州区	23	1		
团风县	30	9		
红安县	31	4		1
罗田县	9	18		1
英山县	4	11		
浠水县	19	10	1	2
蕲春县	33	6		3
黄梅县	31	7	1	
麻城市	23	12	1	2
武穴市	7	13		3
龙感湖管区				
咸宁市	**283**	**90**	**2**	**6**
咸安区	40	14		2
嘉鱼县	144	43		
通城县	8	9		1
崇阳县	13	3		1
通山县	60	10		2
赤壁市	18	11	2	
随州市	**83**	**63**	**3**	**4**
曾都区	15	15	1	
随县	36	17	2	1
广水市	32	31		1
恩施州	**5**	**204**	**46**	**8**
恩施市		38	16	
利川市		55	11	
建始县	2	8	2	4
巴东县	3	17		
宣恩县		16	10	1
咸丰县		25	3	1
来凤县		16		
鹤峰县		29	4	2
仙桃市	**52**	**12**		
潜江市	**35**	**20**		**2**
天门市	**6**	**25**	**2**	**1**
神农架林区	**4**	**6**	**1**	**1**

《湖北农村统计年鉴-2019》

水库数量

单位：座

地　区	合计	大型	中型	小型
湖北省	**6946**	**77**	**284**	**6585**
武汉市	**265**	**4**	**6**	**255**
蔡甸区	10			10
江夏区	94			94
黄陂区	106	3	5	98
新洲区	42	1	1	40
经济技术开发区	1			1
东湖新技术开发区	12			12
黄石市	**288**	**2**	**6**	**280**
西塞山区	2			2
下陆区	3			3
铁山区	2			2
阳新县	171	2	3	166
大冶市	110		3	107
十堰市	**550**	**9**	**21**	**520**
茅箭区	12		2	10
张湾区	17	1		16
郧县	84		4	80
郧西县	109	1	2	106
竹山县	77	3	3	71
竹溪县	50	2	5	43
房县	95	1	3	91
丹江口市	106	1	2	103
宜昌市	**454**	**7**	**30**	**417**
西陵区	3	1		2
伍家岗区	6			6
点军区	15		1	14
猇亭区	6			6
夷陵区	70	2	4	64
远安县	54		2	52
兴山县	15	1		14
秭归县	19		2	17
长阳自治县	14	1	1	12
五峰自治县	10		3	7
宜都市	47	1	5	41

续表 1 单位：座

地　区	合计	大型	中型	小型
当阳市	127	1	7	119
枝江市	68		5	63
襄阳市	**1215**	**14**	**60**	**1141**
襄城区	55	1	2	52
樊城区	29		4	25
襄阳区	305	2	7	296
南漳县	139	4	1	134
谷城县	87	1	7	79
保康县	20	1	2	17
老河口市	58	2	7	49
枣阳市	396	2	20	374
宜城市	126	1	10	115
鄂州市	**36**		**1**	**35**
梁子湖区	17			17
鄂城区	19		1	18
荆门市	**755**	**8**	**31**	**716**
东宝区	104	1	4	99
掇刀区	56		4	52
京山县	227	4	7	216
沙洋县	82		7	75
钟祥市	254	3	9	242
屈家岭管理区	32			32
孝感市	**453**	**1**	**17**	**435**
孝南区	32		1	31
孝昌县	36	1	3	32
大悟县	133		7	126
云梦县	7			7
应城市	99		2	97
安陆市	146		4	142
荆州市	**114**	**2**	**6**	**106**
荆州区	30	1	2	27
公安县	6		1	5
石首市	18			18
松滋市	60	1	3	56

续表 2 单位：座

地　区	合计	大型	中型	小型
黄冈市	**1237**	**12**	**38**	**1187**
黄州区	2			2
团风县	84	1	6	77
红安县	183	2	4	177
罗田县	174	1	7	166
英山县	83	1	2	80
浠水县	68	1	2	65
蕲春县	180	2	4	174
黄梅县	37	1	2	34
麻城市	325	3	7	315
武穴市	101		4	97
咸宁市	**562**	**4**	**19**	**539**
咸安区	106	1	1	104
嘉鱼县	19	1	1	17
通城县	97		6	91
崇阳县	110	1	4	105
通山县	97		4	93
赤壁市	133	1	3	129
随州市	**704**	**8**	**22**	**674**
曾都区	112	1	5	106
随县	390	5	12	373
广水市	202	2	5	195
恩施自治州	**277**	**5**	**26**	**246**
恩施市	44	1	5	38
利川市	53		5	48
建始县	32		3	29
巴东县	17	1		16
宣恩县	28	1	3	24
咸丰县	25	1	2	22
来凤县	55		4	51
鹤峰县	23	1	4	18
潜江市	**1**	**1**		**0**
天门市	**32**			**32**
神农架林区	**3**		**1**	**2**

泵站工程数量

单位：处

地　区	合计	按规模分			按功能位置分		
		大型	中型	小型	河湖取（排）水	水库取（排）水	其他
湖北省	**48091**	**47**	**317**	**47727**	**24029**	**3913**	**20149**
武汉市	**6429**	**13**	**47**	**6369**	**1336**	**23**	**5070**
市辖区	1	1		0			1
江岸区	13	0	1	12			13
江汉区	10	0	1	9			10
硚口区	6	0		6	6		0
汉阳区	12	0	1	11	4		8
武昌区	22	0		22	3		19
青山区	50	1	6	43	11		39
洪山区	19	0	1	18	4		15
东西湖区	316	4	7	305	226		90
汉南区	132	0	3	129	50		82
蔡甸区	1419	1	6	1412	181		1238
江夏区	978	1	4	973	144	23	811
黄陂区	1622	1	5	1616	268		1354
新洲区	1671	1	8	1662	375		1296
经济技术开发区	47	2	3	42	18		29
东湖新技术开发区	102	0	1	101	37		65
化学工业区	9	1		8	9		0
黄石市	**1432**	**2**	**13**	**1417**	**1360**	**72**	**0**
黄石港区	12	0	4	8	12		0
西塞山区	47	0	2	45	47		0
下陆区	0	0		0			0
铁山区	0	0		0			0
阳新县	655	1	6	648	655		0
大冶市	718	1	1	716	646	72	0
十堰市	**278**	**0**	**1**	**277**	**99**	**29**	**150**
茅箭区	3	0	1	2		3	0
张湾区	0	0		0			0
郧县	51	0		51	57	6	-12
郧西县	34	0		34	3	1	30
竹山县	2	0		2	2		0
竹溪县	40	0		40	5	1	34
房县	37	0		37	5		32
丹江口市	111	0		111	27	18	66
宜昌市	**1098**	**1**	**14**	**1083**	**928**	**92**	**78**
西陵区	13	0		13	6		7
伍家岗区	2	0		2	2		0
点军区	37	0		37	37		0
猇亭区	3	0	1	2	3		0

续表 1 单位：处

地区	合计	按规模分			按功能位置分		
		大型	中型	小型	河湖取（排）水	水库取（排）水	其他
夷陵区	69	0		69	66	3	0
远安县	119	0		119	119		0
兴山县	9	0		9	9		0
秭归县	18	0		18	18		0
长阳自治县	9	0		9	9		0
五峰自治县	1	0		1	1		0
宜都市	136	0	1	135	36	29	71
当阳市	405	0	4	401	390	15	0
枝江市	277	1	8	268	232	45	0
襄阳市	**3293**	**0**	**22**	**3271**	**2726**	**555**	**12**
襄城区	294	0	3	291	276	8	10
樊城区	123	0	1	122	100	21	2
襄阳区	311	0	3	308	255	56	0
南漳县	445	0		445	316	129	0
谷城县	71	0		71	49	22	0
保康县	140	0		140	137	3	0
老河口市	199	0	3	196	141	58	0
枣阳市	1342	0	10	1332	1142	200	0
宜城市	368	0	2	366	310	58	0
鄂州市	**1802**	**1**	**8**	**1793**	**1802**		**0**
梁子湖区	264	0	1	263	264		0
华容区	823	0	2	821	823		0
鄂城区	715	1	5	709	715		0
荆门市	**4565**	**0**	**22**	**4543**	**1209**	**2104**	**1252**
东宝区	737	0	1	736	581	141	15
掇刀区	388	0		388		380	8
京山县	162	0		162	76	20	66
沙洋县	1414	0	10	1404	248	3	1163
钟祥市	1749	0	11	1738	192	1557	0
屈家岭管理区	115	0		115	112	3	0
孝感市	**3699**	**9**	**34**	**3656**	**3379**	**63**	**257**
孝南区	468	2	7	459	430	14	24
孝昌县	147	0	1	146	107	26	14
大悟县	239	0		239	230	2	7
云梦县	365	1	5	359	353	2	10
应城市	937	1	4	932	850	19	68
安陆市	434	0	7	427	373		61
汉川市	1109	5	10	1094	1036		73
荆州市	**14164**	**11**	**93**	**14060**	**4839**	**61**	**9264**
沙市区	599	0	7	592	35		564
荆州区	1213	1	10	1202	194	20	999

续表 2

单位：处

地　区	合计	按规模分			按功能位置分		
		大型	中型	小型	河湖取（排）水	水库取（排）水	其他
公安县	5178	3	10	5165	405	5	4768
监利县	742	3	18	721	166		576
江陵县	1191	0	8	1183	1191		0
石首市	2497	0	6	2491	2496		1
洪湖市	840	4	26	810	246		594
松滋市	1904	0	8	1896	106	36	1762
黄冈市	**4935**	**3**	**20**	**4912**	**669**	**391**	**3875**
黄州区	582	0	2	580	3		579
团风县	845	0	1	844	72	30	743
红安县	300	0	1	299	108	1	191
罗田县	76	0		76	16		60
英山县	91	0		91			91
浠水县	579	0	4	575	161		418
蕲春县	664	1	4	659	111	26	527
黄梅县	1287	2	5	1280	1	332	954
麻城市	239	0	1	238	28	2	209
武穴市	272	0	2	270	169		103
咸宁市	**2703**	**1**	**13**	**2689**	**2258**	**259**	**186**
咸安区	247	0	2	245	61		186
嘉鱼县	966	1	5	960	953	13	0
通城县	353	0		353	325	28	0
崇阳县	421	0		421	419	2	0
通山县	89	0		89	30	59	0
赤壁市	627	0	6	621	470	157	0
随州市	**251**	**0**	**2**	**249**	**25**	**226**	**0**
曾都区	42	0		42		42	0
随县	85	0		85	25	60	0
广水市	124	0	2	122		124	0
恩施自治州	**58**	**0**		**58**	**52**	**6**	**0**
恩施市	8	0		8	8		0
利川市	6	0		6	5	1	0
建始县	2	0		2	2		0
巴东县	7	0		7	7		0
宣恩县	3	0		3	3		0
咸丰县	11	0		11	11		0
来凤县	18	0		18	13	5	0
鹤峰县	3	0		3	3		0
仙桃市	**1014**	**4**	**9**	**1001**	**1010**		**4**
潜江市	**379**	**2**	**8**	**369**	**378**		**1**
天门市	**1991**	**0**	**11**	**1980**	**1959**	**32**	**0**
神农架林区	**0**	**0**		**0**			**0**

水闸工程数量

单位：座

地区	合计	按规模分			按功能位置分		
		大型	中型	小型	河湖引水闸	水库引水闸	其他
湖北省	**21744**	**22**	**166**	**21556**	**11727**	**1946**	**8071**
武汉市	**1572**	**2**	**22**	**1548**	**196**	**13**	**1363**
江岸区	5			5	5		
江汉区	1			1			1
硚口区	2			2	2		
汉阳区	7			7	7		
武昌区	2			2	2		
青山区	3			3	3		
洪山区	6		1	5			6
东西湖区	312		4	308	1		311
汉南区	179			179	27		152
蔡甸区	135		3	132			135
江夏区	142		2	140	2		140
黄陂区	304			304	13	8	283
新洲区	426	1	9	416	116	5	305
经济技术开发区	41	1	3	37	13		28
东湖新技术开发区	4			4	2		2
化学工业区	3			3	3		
黄石市	**433**	**3**	**8**	**422**	**301**	**128**	**4**
黄石港区	4			4			4
西塞山区	13			13	13		
铁山区	3		1	2	3		
阳新县	199	3	3	193	199		
大冶市	214		4	210	86	128	
宜昌市	**1045**	**1**	**17**	**1027**	**845**	**77**	**123**
点军区	13			13		13	
猇亭区	3			3	3		
夷陵区	42			42		17	25
远安县	53		12	41	41	2	10
兴山县	2			2	2		
宜都市	102			102	9	5	88
当阳市	332	1	3	328	312	20	
枝江市	498		2	496	478	20	

续表 1

单位：座

地区	合计	按规模分			按功能位置分		
		大型	中型	小型	河湖引水闸	水库引水闸	其他
襄阳市	**900**		**2**	**898**	**363**	**526**	**11**
襄城区	71			71	50	21	
樊城区	20			20	12	8	
襄阳区	79			79	45	34	
南漳县	269			269	11	258	
谷城县	33			33	18	15	
保康县	8			8	8		
老河口市	34		1	33	11	12	11
枣阳市	90			90	35	55	
宜城市	296		1	295	173	123	
鄂州市	**219**	**1**	**3**	**215**	**218**		**1**
梁子湖区	55		1	54	54		1
华容区	52			52	52		
鄂城区	112	1	2	109	112		
荆门市	799		14	785	202	520	77
东宝区	50		1	49	13	10	27
掇刀区	25		2	23	4	17	4
京山县	131		3	128	61	45	25
沙洋县	290		2	288	74	195	21
钟祥市	237		6	231	10	227	
屈家岭管理区	66			66	40	26	
孝感市	**1630**	**3**	**19**	**1608**	**1435**	**177**	**18**
孝南区	169		9	160	169		
孝昌县	108			108	2	106	
大悟县	67			67		67	
云梦县	238		1	237	219	1	18
应城市	202	1	1	200	199	3	
安陆市	144	1		143	144		
汉川市	702	1	8	693	702		
荆州市	**8186**	**3**	**23**	**8160**	**4566**	**61**	**3559**
沙市区	289			289	38		251
荆州区	447	1		446	9	3	435
公安县	2126	2	4	2120	2118	5	3
监利县	2029		6	2023	204		1825

续表 2　　单位：座

地　区	合计	按规模分			按功能位置分		
		大型	中型	小型	河湖引水闸	水库引水闸	其他
江陵县	965			965	965		
石首市	713		1	712	713		
洪湖市	1146		12	1134	425		721
松滋市	471			471	94	53	324
黄冈市	**2674**	**2**	**15**	**2657**	**311**	**361**	**2002**
黄州区	143			143	1		142
团风县	358			358	37	86	235
红安县	60			60		11	49
罗田县	110		1	109		2	108
英山县	5			5	3		2
浠水县	169	2		167	55		114
蕲春县	731		6	725	84	34	613
黄梅县	680		5	675	1	201	478
麻城市	138			138	55	27	56
武穴市	280		3	277	75		205
咸宁市	**1198**	**3**	**20**	**1175**	**254**	**36**	**908**
咸安区	130	1	5	124	130		
嘉鱼县	317		2	315	66	7	244
通城县	415		5	410	5	16	394
崇阳县	75	1	2	72	26	6	43
通山县	50	1	6	43	25		25
赤壁市	211			211	2	7	202
随州市	**273**	**2**	**2**	**269**	**259**	**13**	**1**
曾都区	49	2	1	46	43	6	
随县	131		1	130	130		1
广水市	93			93	86	7	
恩施自治州	**4**	**1**		**3**	**3**	**1**	
恩施市	1			1	1		
建始县	1			1	1		
巴东县	1	1			1		
来凤县	1			1		1	
合计	2811	1	21	2789	2774	33	4
仙桃市	**1680**	**1**	**15**	**1664**	**1679**		**1**
潜江市	**336**		**3**	**333**	**333**		**3**
天门市	**795**		**3**	**792**	**762**	**33**	

灌溉面积

地　区	按土地用途分				
	合计	耕地灌溉面积	林地灌溉面积	园地灌溉面积	牧草地灌溉面积
湖北省	**4684.18**	**4397.9**	**172.7**	**103.8**	**9.8**
武汉市	**275.0**	**256.3**	**12.1**	**6.6**	
汉阳区	1.3	1.3			
洪山区	0.9	0.9	0.1		
东西湖区	14.5	9.0	4.8	0.7	
汉南区	11.1	10.4	0.6	0.0	
蔡甸区	42.5	40.2	2.3		
江夏区	44.7	43.8	0.5	0.4	
黄陂区	86.0	79.2	3.2	3.6	
新洲区	57.2	56.0	0.6	0.5	
经济技术开发区	0.6	0.6			
东湖新技术开发区	13.6	12.3		1.3	
化学工业区	2.1	2.1			
东湖生态旅游风景区	0.6	0.6			
黄石市	**108.2**	**107.8**	**0.4**	**0.1**	
西塞山区	1.5	1.4	0.1		
下陆区	0.1	0.1	0.0		
铁山区	0.2	0.1	0.0		
阳新县	53.7	53.5	0.1	0.1	
大冶市	52.8	52.6	0.2		
十堰市	**90.3**	**89.3**	**0.7**	**0.3**	
十堰市					
茅箭区	0.7	0.7		0.0	
张湾区	2.4	2.1	0.3	0.0	
郧县	22.7	22.7			
郧西县	9.0	8.9		0.0	
竹山县	15.5	15.2	0.2	0.1	
竹溪县	9.7	9.6		0.1	
房县	14.4	14.2	0.2		
丹江口市	16.0	16.0			
宜昌市	**293.7**	**242.9**	**26.1**	**24.7**	
点军区	4.4	4.4			
猇亭区	1.0	0.6	0.4		
夷陵区	34.5	28.4	6.1		
远安县	19.9	19.5	0.4		
兴山县	25.6	19.9	3.7	2.1	
秭归县	24.4	17.0		7.5	

续表 1

地　区	按土地用途分				
	合计	耕地灌溉面积	林地灌溉面积	园地灌溉面积	牧草地灌溉面积
长阳自治县	16.5	13.7	2.8		
五峰自治县	12.2	12.1		0.1	
宜都市	23.5	16.0	5.2	2.3	
当阳市	58.7	51.2	7.5		
枝江市	72.9	60.1		12.8	
襄阳市	**471.4**	**452.5**	**8.2**	**10.6**	**0.0**
襄城区	17.4	17.4			
樊城区	30.0	27.0	3.0		
襄阳区	117.4	110.5	3.4	3.4	
南漳县	43.7	42.9	0.3	0.5	
谷城县	35.2	32.3	1.1	1.8	0.0
保康县	9.6	9.5		0.0	
老河口市	35.0	34.6	0.1	0.2	
枣阳市	125.3	121.2		4.0	
宜城市	58.0	57.1	0.3	0.7	
鄂州市	**96.1**	**79.0**	**16.3**	**0.8**	
梁子湖区	27.8	17.0	10.6	0.2	
华容区	31.7	31.1	0.5	0.2	
鄂城区	36.5	30.8	5.2	0.5	
荆门市	**385.8**	**359.0**	**13.1**	**8.2**	**5.5**
东宝区	25.1	19.2	3.3	2.6	
掇刀区	22.5	19.5	1.5	1.5	
京山县	90.6	88.8	0.8	1.0	
沙洋县	121.8	119.1	1.6	1.1	
钟祥市	118.8	105.4	5.9	2.0	5.5
屈家岭管理区	7.0	7.0			
孝感市	**538.4**	**537.3**	**0.5**	**0.4**	**0.2**
孝南区	54.9	54.9			
孝昌县	65.0	65.0			
大悟县	46.9	46.9			
云梦县	58.9	57.8	0.5	0.4	0.2
应城市	85.9	85.9			
安陆市	82.5	82.5			
汉川市	144.3	144.3			
荆州市	**888.6**	**855.6**	**18.6**	**14.4**	
沙市区	27.6	27.2		0.4	
荆州区	57.9	57.9			
公安县	135.4	135.4			

续表 2

地　区	按土地用途分				
	合计	耕地灌溉面积	林地灌溉面积	园地灌溉面积	牧草地灌溉面积
监利县	209.3	206.4	2.9		
江陵县	119.6	112.3	2.5	4.8	
石首市	82.2	78.2	2.0	2.0	
洪湖市	153.9	152.7	1.2		
松滋市	102.9	85.6	10.1	7.2	
黄冈市	**523.0**	**472.8**	**38.3**	**11.9**	
黄州区	19.2	17.5	1.7		
团风县	27.1	21.3	2.9	3.0	
红安县	42.8	41.7	1.1		
罗田县	35.7	35.4	0.3		
英山县	21.0	18.6	1.6	0.8	
浠水县	75.7	66.9	5.9	2.9	
蕲春县	60.2	60.2			
黄梅县	91.8	85.7	4.4	1.6	
麻城市	95.2	74.9	19.3	1.1	
武穴市	54.3	50.6	1.2	2.5	
咸宁市	**197.6**	**187.9**	**5.4**	**4.3**	
咸安区	38.7	34.8	3.9		
嘉鱼县	39.7	38.2	1.2	0.3	
通城县	27.3	26.4	0.3	0.6	
崇阳县	30.8	27.5		3.4	
通山县	15.5	15.5		0.0	
赤壁市	45.5	45.5			
随州市	**175.6**	**155.7**	**17.6**	**2.2**	**0.1**
曾都区	30.6	26.7	3.9		
随县	99.8	84.2	13.7	1.9	0.1
广水市	45.2	44.9		0.3	
恩施自治州	**177.7**	**158.3**	**9.2**	**6.5**	**3.8**
恩施市	21.8	21.8			
利川市	38.3	35.4	2.9		
建始县	17.6	16.3	1.3		
巴东县	10.7	10.7			
宣恩县	22.1	22.0	0.0	0.0	
咸丰县	29.9	17.2	5.0	4.0	3.8
来凤县	19.9	18.7		1.2	
鹤峰县	17.4	16.2		1.2	
仙桃市	**185.6**	**170.3**	**5.1**	**10.2**	
潜江市	**111.6**	**109.9**		**1.7**	
天门市	**164.5**	**162.3**	**1.1**	**0.9**	**0.1**
神农架林区	**1.1**	**1.1**			

水土流失治理（本年达到）

单位：千公顷

地　区	水土流失综合治理面积		新增水土流失综合治理面积			
	合计	其中：小流域综合治理面积	合计	按措施分		
				梯田	坝地	水土保持林
湖北省	**6134.72**	**1962.75**	**171.71**	**10.13**	**0.61**	**33.57**
武汉市	**185.23**	**110.20**	**3.01**	**1.30**		**0.34**
江岸区	0.01					
江汉区	0.03					
硚口区	0.06					
汉阳区	0.42		0.07			
武昌区	1.72					
青山区	1.11					
洪山区	4.40		0.04			
东西湖区	4.21	1.70	0.06			0.02
汉南区	3.81					
蔡甸区	11.58	10.70	0.32			0.12
江夏区	46.07	3.52	0.81			0.01
黄陂区	56.75	54.97	1.30	1.30		
新洲区	39.80	39.31	0.27			0.15
经济技术开发区	0.12					
东湖新技术开发区	0.14		0.14			0.04
化学工业区						
东湖生态旅游风景区	15.00					
黄石市	**177.56**	**30.48**	**4.38**			**3.56**
黄石港区	0.16					
西塞山区	9.07		0.09			0.04
下陆区	2.25		0.09			0.02
铁山区	1.70		0.13			0.10
阳新县	123.07	30.48	2.63			2.63
大冶市	41.31		1.44			0.77
十堰市	**1015.39**	**415.68**	**25.67**	**0.64**		**3.40**
茅箭区	18.94	6.35	0.20			
张湾区	26.61		0.38	0.02		0.05
郧县	91.12	11.62	4.89	0.27		0.38
郧西县	130.34	24.26	4.55	0.02		0.29
竹山县	191.91	180.76	3.84	0.08		0.28
竹溪县	140.02	0.10	3.15	0.10		0.16
房县	269.61	59.17	4.44	0.02		0.15
丹江口市	146.84	133.42	4.22	0.13		2.09
宜昌市	**1138.01**	**475.17**	**26.72**	**1.28**	**0.57**	**1.25**
西陵区	5.12		0.03			0.01
伍家岗区	0.33		0.03			
点军区	28.61		0.28	0.04		0.07
猇亭区	2.11		0.09			0.04

续表 1

单位：千公顷

地区	水土流失综合治理面积		新增水土流失综合治理面积			
	合计	其中：小流域综合治理面积	合计	按措施分		
				梯田	坝地	水土保持林
夷陵区	328.78	243.42	4.71	0.05		0.08
远安县	172.33	9.56	1.87			0.04
兴山县	112.37	1.57	3.55	0.05		0.01
秭归县	190.30	164.86	2.86		0.57	
长阳自治县	150.11	5.26	6.82	0.07		0.53
五峰自治县	62.57	10.83	4.54	0.03		0.22
宜都市	13.40	7.86	0.76	0.76		
当阳市	32.76	31.81	0.95	0.28		0.02
枝江市	39.22		0.23			0.23
襄阳市	**660.00**	**380.70**	**14.30**			**3.75**
襄城区	4.24	0.40	0.31			0.05
樊城区	4.32	4.23	0.09			0.02
襄阳区	20.11	14.57	0.89			0.61
南漳县	130.67	83.02	3.27			0.02
谷城县	217.97	132.20	0.92			0.19
保康县	139.42	51.64	4.40			1.54
老河口市	6.61	6.04	0.57			
枣阳市	92.71	85.43	1.90			0.93
宜城市	43.95	3.17	1.95			0.39
鄂州市	**18.69**	**0.17**	**0.50**			**0.30**
梁子湖区	8.29	0.17	0.23			0.22
华容区	1.98		0.05			
鄂城区	8.42		0.22			0.08
荆门市	**77.57**	**2.97**	**9.29**	**0.58**		**2.46**
东宝区	11.30		1.35	0.05		0.81
掇刀区	3.62	2.24	0.56			0.23
京山县	29.71	0.73	3.70	0.06		0.67
沙洋县	5.80		0.28	0.02		0.23
钟祥市	26.19		3.21	0.45		0.52
屈家岭管理区	0.95		0.19			
孝感市	**204.27**		**5.50**	**0.22**		**0.80**
孝南区	1.34		0.08			0.02
孝昌县	43.46		2.48			0.21
大悟县	113.35		2.45	0.20		0.31
云梦县	0.30					
应城市	10.58		0.05	0.02		
安陆市	32.13		0.37			0.19
汉川市	3.11		0.07			0.07
荆州市	**140.78**	**44.83**	**2.36**	**0.01**		**0.33**
沙市区	6.66					

续表 2

单位：千公顷

地　区	水土流失综合治理面积		新增水土流失综合治理面积			
	合计	其中：小流域综合治理面积	合计	按措施分		
				梯田	坝地	水土保持林
荆州区	3.36	3.16				
公安县	27.54	27.54				
监利县	25.68		2.07	0.01		0.18
江陵县	14.83					
石首市	2.73	0.28	0.13			0.13
洪湖市	25.72	8.72	0.06			0.02
松滋市	34.26	5.13	0.10			
黄冈市	**469.95**	**87.32**	**24.05**	**2.19**		**6.28**
黄州区	1.70	1.70	0.10			0.04
团风县	40.53	18.56	3.91			2.06
红安县	38.82	23.55	1.84	0.56		0.57
罗田县	52.27	8.55	1.51	0.03		0.10
英山县	53.26	6.90	4.20	0.68		0.33
浠水县	51.48		1.97			1.42
蕲春县	119.24	6.22	3.84	0.63		1.12
黄梅县	20.24		0.64	0.04		0.02
麻城市	67.31	6.78	5.37	0.25		0.54
武穴市	25.10	15.06	0.67			0.08
咸宁市	**307.90**	**41.49**	**11.45**		**0.04**	**2.38**
咸安区	33.49	31.58	2.15		0.04	
嘉鱼县	21.20		0.27			
通城县	33.82		1.15			0.33
崇阳县	75.10	8.87	4.23			2.03
通山县	88.40	1.04	2.59			0.02
赤壁市	55.89		1.06			
随州市	**437.51**	**36.02**	**14.23**	**2.52**		**3.00**
曾都区	50.73	7.86	1.72	0.78		
随县	186.90	8.48	6.78	0.07		1.31
广水市	199.88	19.68	5.73	1.67		1.69
恩施自治州	**1147.52**	**294.96**	**26.76**	**1.39**		**4.88**
恩施市	195.53	7.28	8.06	0.10		0.74
利川市	237.20	5.52	4.01	0.07		1.31
建始县	81.63		2.17	0.01		0.28
巴东县	170.78	144.62	3.32	1.16		0.05
宣恩县	115.34	103.58	3.64	0.01		0.46
咸丰县	131.95		2.33			
来凤县	66.38	22.58	1.19	0.04		
鹤峰县	148.71	11.38	2.04			2.04
仙桃市	**5.75**	**4.96**	**0.05**			
潜江市	**11.08**					
天门市	**5.49**	**5.04**	**0.08**			
神农架林区	**132.02**	**32.76**	**3.36**			**0.84**

续表 3　　　　　　　　　　　　　　　　　　　　　　　　　　　　单位：千公顷

地　区	新增水土流失综合治理面积				新增小流域综合治理面积
	按措施分				
	经济林	种草	封禁治理	其他措施	
湖北省	**17.38**	**3.08**	**82.12**	**24.82**	**48.84**
武汉市	**0.36**	**0.57**		**0.44**	**0.26**
江岸区					
江汉区					
硚口区					
汉阳区		0.07			
武昌区					
青山区					
洪山区				0.04	
东西湖区	0.01	0.02		0.01	
汉南区					
蔡甸区	0.11	0.05		0.04	
江夏区	0.12	0.40		0.28	
黄陂区					0.26
新洲区	0.09	0.03			
经济技术开发区					
东湖新技术开发区	0.03			0.07	
化学工业区					
东湖生态旅游风景区					
黄石市	**0.05**	**0.02**	**0.65**	**0.10**	**0.50**
黄石港区					
西塞山区	0.02	0.02	0.01		
下陆区			0.07		
铁山区	0.03				
阳新县					0.50
大冶市			0.57	0.10	
十堰市	**1.99**	**0.22**	**14.28**	**5.14**	**8.62**
茅箭区	0.09			0.11	
张湾区	0.26	0.04		0.01	
郧县	0.07	0.03	1.36	2.78	4.89
郧西县	0.15	0.13	3.96		0.01
竹山县	1.31		1.43	0.74	1.80
竹溪县	0.01	0.02	2.86		0.10
房县	0.10		3.50	0.67	1.62
丹江口市			1.17	0.83	0.20
宜昌市	**1.25**	**0.70**	**17.86**	**3.81**	**10.30**
西陵区			0.02		
伍家岗区		0.01		0.02	
点军区				0.17	
猇亭区		0.03		0.02	

续表 4　　单位：千公顷

地　区	新增水土流失综合治理面积				新增小流域综合治理面积
	按措施分				
	经济林	种草	封禁治理	其他措施	
夷陵区		0.33	4.25		3.20
远安县	0.32		0.53	0.98	1.42
兴山县			3.17	0.32	0.97
秭归县				2.29	
长阳自治县	0.65		5.57		2.27
五峰自治县	0.01	0.02	4.26		2.44
宜都市					
当阳市	0.27	0.31	0.06	0.01	
枝江市					
襄阳市	**1.21**	**0.26**	**8.09**	**0.99**	**0.73**
襄城区	0.05	0.05	0.02	0.14	
樊城区				0.07	
襄阳区	0.16	0.06	0.04	0.02	0.73
南漳县	0.11	0.05	3.09		
谷城县	0.13	0.02	0.58		
保康县	0.49		2.37		
老河口市	0.02	0.08	0.01	0.46	
枣阳市	0.22		0.45	0.30	
宜城市	0.03		1.53		
鄂州市	**0.13**	**0.03**		**0.04**	
梁子湖区		0.01			
华容区		0.01		0.04	
鄂城区	0.13	0.01			
荆门市	**1.18**	**0.63**	**1.51**	**2.93**	
东宝区	0.21		0.28		
掇刀区	0.10			0.23	
京山县		0.60	1.23	1.14	
沙洋县		0.03			
钟祥市	0.68			1.56	
屈家岭管理区	0.19				
孝感市	**1.53**		**2.88**	**0.07**	
孝南区	0.03			0.03	
孝昌县	0.13		2.11	0.03	
大悟县	1.17		0.77		
云梦县					
应城市	0.02			0.01	
安陆市	0.18				
汉川市					
荆州市	**0.10**		**1.78**	**0.14**	**0.09**
沙市区					

续表 5 单位：千公顷

地　区	新增水土流失综合治理面积				新增小流域综合治理面积
	按措施分				
	经济林	种草	封禁治理	其他措施	
荆州区					
公安县					
监利县	0.10		1.78		
江陵县					
石首市					
洪湖市				0.04	
松滋市				0.10	0.09
黄冈市	**2.97**	**0.31**	**11.90**	**0.40**	**8.53**
黄州区	0.06				0.10
团风县	0.58		1.27		2.15
红安县	0.18		0.53		
罗田县	0.07		1.31		1.50
英山县	0.19		3.00		4.76
浠水县	0.55				
蕲春县			2.09		
黄梅县	0.21	0.18	0.19		
麻城市	1.11	0.13	3.27	0.07	0.02
武穴市	0.02		0.24	0.33	
咸宁市	**2.81**	**0.11**	**4.37**	**1.74**	**3.18**
咸安区	0.04	0.03	2.02	0.02	2.14
嘉鱼县	0.27				
通城县	0.10	0.08	0.64		
崇阳县			0.48	1.72	
通山县	1.65		0.92		1.04
赤壁市	0.75		0.31		
随州市	**1.79**		**3.55**	**3.37**	**7.35**
曾都区	0.94				
随县	0.16		2.19	3.05	1.62
广水市	0.69		1.36	0.32	5.73
恩施自治州	**1.96**	**0.20**	**12.71**	**5.62**	**6.51**
恩施市	0.27	0.01	4.82	2.12	4.71
利川市		0.18	1.85	0.60	
建始县			1.03	0.85	
巴东县	0.44	0.01	1.66		
宣恩县	0.02		3.15		1.80
咸丰县	0.08		0.20	2.05	
来凤县	1.15				
鹤峰县					
仙桃市	**0.05**				**0.05**
潜江市					
天门市		**0.03**	**0.02**	**0.03**	
神农架林区			**2.52**		**2.72**

《湖北农村统计年鉴-2019》

1.农村基本情况
2.农业产值
3.种植业
4.林业及土特产
5.畜牧业
6.渔业
7.农业机械化
8.农村主要能源及物资消耗
9.农业技术推广及应用
10.水利建设

11.农垦及监狱系统农场☑

农垦基本情况

指标名称	代码	计量单位	年末实有数量
一、农场组织情况	—	—	—
1.农场个数	1	个	65
二、小城镇情况	—	—	—
1.小城镇个数	2	个	53
2.小城镇人口	3	人	358185
3.小城镇占地面积	4	万平方米	9713.00
三、农垦人口情况	-	—	—
1.农垦年末总人口	8	人	1489162
#农场人口	9	人	1324513
少数民族人口	10	人	7947
2.农垦年内平均人口	11	人	1477821
四、收入及住房情况	—	—	—
1.居民人均可支配收入	12	元	21555
2.年末实有住房面积	13	万平方米	5574.00

农垦土地利用和耕地面积

指标名称	代码	计量单位	数量
一、土地总面积	1	公顷	365660.00
1.耕地面积	2	公顷	142551.00
#水田	3	公顷	55979.00
#高标准农田面积	4	公顷	81977.00
2.牧草地面积	5	公顷	477.00
3.林地面积	6	公顷	44815.00
#橡胶面积	7	公顷	0.00
4.水面面积	8	公顷	70641.00
#可养殖水面	9	公顷	51894.00
5.茶果桑园	10	公顷	9046.00
6.可垦荒地面积	11	公顷	3963.00
7.宜林地面积	12	公顷	2967.00
#宜植橡胶面积	13	公顷	0.00
8.居民点及工矿用地面积	14	公顷	51685.00
9.其他面积	15	公顷	39515.00
二、农业产业园区情况	—	-	-
1.农业产业园区个数	16	个	1.00
2.农业产业园区占地面积	17	公顷	2160.00
三、耕地变动情况	—	-	-
1.年初实有耕地面积	18	公顷	138084.00
2.当年增加的耕地面积	19	公顷	4857.00
3.当年减少的耕地面积	20	公顷	390.00
#国家基建占地	21	公顷	57.00

农垦农作物播种面积和产量

指标名称	代码	播种面积（公顷）	总产量（吨）
农作物播种面积总计	1	262418	3170685
一、粮食作物	2	158663	962653
夏收作物	3	61181	214404
（一）谷物合计	4	147141	925658
1.稻谷	5	60311	530836
早稻	6	1853	7379
2.小麦	7	53183	207711
春小麦	8		
3.玉米	9	25449	156850
4.谷子	10		
5.高粱	11	94	500
6.其他谷物	12	8104	29761
（二）豆类合计	13	9409	30108
1.大豆	14	9291	29772
2.杂豆	15	118	336
（三）薯类	16	2113	6887
二、油料合计	17	24201	75722
花生	18	5277	30649
油菜籽	19	16373	40212
芝麻	20	2488	4813
胡麻子	21		
向日葵	22		
三、棉花	23	8387	10297
长绒棉	24		
四、麻类合计	25	38	33
黄红麻	26		
苎麻	27	38	33
大麻（线麻）	28		
亚麻	29		
五、糖料合计	30	85	8233
甘蔗	31	85	8233
甜菜	32		
六、烟叶合计	33	27	31
烤烟叶	34	27	31
七、药材类合计	35	718	6736
八、蔬菜、瓜类	36	60557	2084964
蔬菜	37	51161	1747015
瓜类	38	9396	337949
九、其他作物	39	9742	22016
啤酒花	40		
青饲料	41	6611	16065

农垦畜牧业生产情况

指 标 名 称	计量单位	数量
一、肉类总产量	吨	144664
1.当年出栏肉猪	万头	148.76
猪肉产量	吨	119007
2.当年出售和自宰的肉用牛	万头	1.96
牛肉产量	吨	3915
3.当年出售和自宰的肉用羊	万只	6.82
羊肉产量	吨	1363
4.兔肉产量	吨	2184
5.禽肉产量	吨	18195
二、牛奶产量	吨	28720
三、山羊毛产量	吨	
四、绵羊毛产量	吨	
细羊毛	吨	
半细羊毛	吨	
五、羊绒产量	吨	
六、蜂蜜产量	吨	769
七、禽蛋产量	吨	48513
八、蚕茧产量	吨	
桑蚕茧	吨	

农垦渔业生产情况

指标名称	计量单位	代码	合　　计	1. 海　水	2. 淡　水
一、水产品总产量	吨	1	473003		473003
#养殖产量	吨	2	473003		473003
1.鱼类	吨	3	361799		361799
2.虾蟹类	吨	4	100216		100216
# 对虾	吨	5			
3.贝类	吨	6			
4.藻类	吨	7			
5.其他	吨	8	10988		10988
二 、养殖面积	公顷	9	63994		63994
#对虾	公顷	10			

监狱系统农场基本情况

项　目	单位	合计	沙洋办事处	襄北公司	江北公司	襄南公司
职工人数	人	36280	20708	5500	5492	4580
农场科技人员	人	530	307	127		96
#农业	人	184	79	52		53
耕地面积	公顷	22487	12792	4800	3770	1125
#水田	公顷	12388	8771	127	3371	119
果园面积	公顷	27	14	13		
茶园面积	公顷	18	18			
固定资产投资	万元	8209	5504	1099	930	676
#生产性	万元	6943	4476	1099	930	438
在固定资产投资中						
拨款	万元	1462	1211			251
贷款	万元					
自筹	万元	6452	3985	1099	930	438
其他	万元	308	308			
农业机械总动力	千瓦	62182	33216	15344	10594	3028
农业用电量	万千瓦时	1800.8	963	361	459.8	17
农用动力机械	台	808	370	168	79	191
#电动机	台	628	370	128	76	54
柴油机	台	177		40		137
农用排灌机械	台	330	169	85	76	
农用加工机械	台	287	201	83	3	
大中型拖拉机	台	406	125	144	67	70
小型拖拉机	台	71		3	8	60
农用水泵	台	287	157	54	76	
谷物烘干机	台	34	30	1	3	
机引农具	台	1576	554	481	314	227
联合收割机	台	115	40	51	17	7
机动脱粒机	台	2		2		
农用运输车	辆					
机耕面积	公顷	25454	12909	8217	3203	1125
机播面积	公顷	22516	12234	8217	1572	493
机收面积	公顷	31841	16188	8217	6991	445
有效灌溉面积	公顷	17230	11227	1799	3741	463
机电排灌面积	公顷	12708	7171	1333	3741	463
旱涝保收面积	公顷	13887	8004	1679	3741	463
水库	个	18	4	8		6
化肥施用折纯量	吨	18375	13319	1296	2992	768
农药施用量	吨	437	242	56	137	2

注：2003 年起所有监狱农场均更名为公司，2012 年黄湖公司没有农业生产活动。

监狱系统农场农业总产值、增加值

单位：万元

项　目	合计	沙洋办事处	襄北公司	江北公司	襄南公司
按当年价格计算					
农林牧渔业总产值	76487.0	46310.0	10203.0	16517.0	3457.0
1、农业	56755.0	33560.0	8674.0	11094.0	3427
2、林业	485.0	89.0		396.0	
3、牧业	9131.0	6550.0	1209.0	1372.0	
4、渔业	7549.0	5172.0		2377.0	
5、农林牧渔服务业	2567.0	939.0	320.0	1278.0	30
按当年价格计算					
农林牧渔业增加值	33235.0	19429.0	5413.0	6933.0	1460.0
1、农业	28056.0	16851.0	5132.0	4634.0	1439
2、林业	194.0	27.0		167.0	
3、牧业	460.0	189.0	121.0	150.0	
4、渔业	3182.0	1822.0		1360.0	
5、农林牧渔服务业增加值	1344.0	540.0	160.0	623.0	21

注：2003 年起所有监狱农场均更名为公司，2012 年黄湖公司没有农业生产活动。

监狱系统农场生产情况

项　目	单位	合计	沙洋办事处	襄北公司	江北公司	襄南公司
全年农作物总播面	公顷	38261	20796	8501	7318	1646
全年粮食作物总播面	公顷	31482	17559	6672	6998	253
全年粮食总产量	吨	175410	102088	26550	45180	1592
#夏粮播面	公顷	13582	6441	3721	3287	133
夏粮产量	吨	55400	25228	16590	12890	692
秋粮播面	公顷	17817	11118	2868	3711	120
秋粮产量	吨	131484	88424	9870	32290	900
棉花播面	公顷	813				813
棉花产量	吨	927				927
油料播面	公顷	3070	741	1796	293	240
油料产量	吨	8312	2933	4145	454	780
#油菜籽播面	公顷	627	53	81	293	200
油菜籽产量	吨	1224	120	50	454	600
茶叶产量	吨	1	1			
水果产量	吨	25		25		
水产品产量	吨	6808	5082	0	1726	
大牲畜年末存栏	头					
#耕牛	头					
羊年末存栏	只					
家禽年末存栏	万只	1.3	0.8	0.5		
生猪年末存栏	头	40615	28842	5405	6368	
肥猪出栏	头	57816	44192	5504	8120	
家禽出栏	万只	1.6		1.6		
肉类产量	吨	4845	3543	490	812	
禽蛋产量	吨	29	16	13		
造林面积	公顷					
#当年造林面积	公顷					

注：2003 年起所有监狱农场均更名为公司，2012 年黄湖公司没有农业生产活动。